司法解释理解与适用丛书

最高人民法院
民法典总则编司法解释
理解与适用

贺　荣　主　编
杨万明　刘贵祥　郭　锋　副主编
最高人民法院民法典贯彻实施工作领导小组　编　著

人民法院出版社
PEOPLE'S COURT PRESS

图书在版编目（CIP）数据

最高人民法院民法典总则编司法解释理解与适用 / 贺荣主编；杨万明，刘贵祥，郭锋副主编；最高人民法院民法典贯彻实施工作领导小组编著．-- 北京：人民法院出版社，2022.5

ISBN 978-7-5109-3499-5

Ⅰ．①最… Ⅱ．①贺… ②杨… ③刘… ④郭… ⑤最… Ⅲ．①民法-总则-法律解释-中国②民法-总则-法律适用-中国 Ⅳ．①D923.15

中国版本图书馆 CIP 数据核字（2022）第 068260 号

最高人民法院民法典总则编司法解释理解与适用

贺　荣　主编

杨万明　刘贵祥　郭　锋　副主编

最高人民法院民法典贯彻实施工作领导小组　编著

责任编辑　王　婷　陈　思　尹立霞

执行编辑　高　晖　田　夏　罗羽净　李　瑞

出版发行　人民法院出版社

地　　址　北京市东城区东交民巷 27 号（100745）

电　　话　（010）67550637（责任编辑）　67550558（发行部查询）
65223677（读者服务部）

客服 QQ　2092078039

网　　址　http://www.courtbook.com.cn

E-mail　courtpress@sohu.com

印　　刷　三河市国英印务有限公司

经　　销　新华书店

开　　本　787 毫米×1092 毫米　1/16

字　　数　490 千字

印　　张　37.75

版　　次　2022 年 5 月第 1 版　2022 年 5 月第 1 次印刷

书　　号　ISBN 978-7-5109-3499-5

定　　价　148.00 元

编委会

前 言

《中华人民共和国民法典》（以下简称《民法典》）于2020年5月28日由第十三届全国人民代表大会第三次会议通过，于2021年1月1日起施行。《民法典》共七编、1260条，包括总则、物权、合同、人格权、婚姻家庭、继承、侵权责任，以及附则。其中，《民法典》总则编共10章，204条。为确保《民法典》统一正确实施，依法保护民事主体合法权益，维护社会和经济秩序，指导人民法院正确审理民事案件，2021年12月30日，最高人民法院审判委员会第1861次会议审议通过了《最高人民法院关于适用〈中华人民共和国民法典〉总则编若干问题的解释》（法释〔2022〕6号，以下简称《民法典总则编解释》），自2022年3月1日起施行。

一、《民法典》总则编在《民法典》体系中的特殊地位

《民法典》总则编是在《民法典》编纂分两步走的第一步完成的。《民法典》编纂，始于2015年3月，采取了分“两步走”的编纂工作思路：第一步，编纂《民法典》总则编，即制定《中华人民共和国民法总则》（以下简称《民法总则》），共206条，于2017年3月通过，2017年10月1日施行。第二步，编纂《民法典》各分编，经全国人大常委会审议和修改完善后，再与《民法总则》合并为一部完整的《民法典（草案）》，形成统一的《民法典》。① 总则编是《民法典》的

① 王晨：《关于〈中华人民共和国民法典（草案）〉的说明》（2020年5月22日）。

开篇之作，对《民法典》其他各编起统领作用。总则编按照提取公因式的方式，提炼和归纳出民法的普遍适用的一般性的规则、基本原则、概念和制度。总则编基本上沿用了《民法总则》（删除了2条）。而《民法总则》又是重点以1986年制定的《中华人民共和国民法通则》（以下简称《民法通则》）为基础，采用我国民事立法传统体例，从民法的私法属性出发，以体系化为方法，以民事权利为核心，以民事法律关系为基础，对民事主体、民事权利体系、民事法律行为、民事责任和诉讼时效等基本民事法律制度作出规定，为《民法典》其他各编的体系化和科学化编纂奠定坚实基础。①《民法典》总则编在《民法典》中的地位和作用，可以从以下几方面观察：

首先，《民法典》总则编有关条款集中反映了《民法典》的普通法特征。私法领域的普通法是特别法的对称，也称民事基本法，是指在一国范围内对各类民事主体和一般民事关系普遍适用的民事基本法律，意味着民法规范在一国范围内普遍适用于各类民事主体、调整平等主体间一般民事关系。调整某一特定领域平等主体之间社会关系的法律则为民事特别法，在我国主要有两类：一类是民事特别法，如没有纳入《民法典》编纂体系的知识产权法、《涉外民事关系法律适用法》等；一类是商事特别法，如《公司法》《证券法》《票据法》《保险法》《企业破产法》《海商法》等，我国采取民商合一立法体制，商法不以法典形式存在，而是制定单行商事法律。在法律适用上，作为普通法的《民法典》与民事、商事特别法的关系是：特别法有规定的，优先适用特别法；特别法没有规定的，适用《民法典》；特别法规定与《民法典》规定不一致的，适用特别法。

其次，《民法典》总则编与《民法典》各分编构成科学的法典体系。《民法典》包括一个总则编和六个具体制度编，总则编规定民事

① 最高人民法院民法典贯彻实施工作领导小组主编：《中华人民共和国民法典总则编理解与适用》，人民法院出版社2020年版，绪论，第2页。

活动必须遵循的基本原则和一般性规则，统领《民法典》各编的内容；各分编在整体上按照权利确认、权利行使和权利保护的顺序展开，其中物权、合同、人格权、婚姻家庭和继承五编主要规范权利确认和权利行使问题，侵权责任编则解决权利救济问题。这七编共同构成了权利内容、行使和保护的完整体系。在法律适用时，要从以下方面遵循体系化适用的基本思路：

1. 正确把握总则编与各分编之间的关系。《民法总则》是统领民法典和民法各个部分共同适用的基本规则，是民法中最抽象的部分。①《民法典》总则编是统领后六编的基本规则、基本制度，总则编的立法宗旨、基本原则是各编所有民事活动必须遵循的基本制度。总则编与其他各编的关系，是一般与具体的关系。"《民法典》总则编作为民法立法指导思想和基本原则的集中体现，作为民法一般规则的集中体现，它当然对于《民法典》分则各编具有统辖的效力，分则各编则应该遵从《民法典》总则编的规定。"②《民法典》其他各编有具体规定的，要适用该具体规定；各编没有规定或规定不具体的，适用总则编的规定。比如，自然人制度、时效制度、期间计算，都要适用总则编的内容。有关侵权责任的规定，要注意与总则编第八章民事责任规定衔接，比如有关连带责任、按份责任以及部分免责事由都在该章作了规定，在处理有关侵权责任纠纷时，通常需要综合适用侵权责任编和总则编的有关规定。再比如有关合同效力问题，既要适用合同编第三章合同的效力的规定，也要做到与总则编第六章民事法律行为的规定有效对接。各编的通则、一般规定，是各编的小总则，对内统领具体条款，对外与总则编制度形成传承、互补。

2. 准确把握各分编之间的关系。以合同编与相关其他各分编的关

---

① 王利明：《我国民法典重大疑难问题之研究》，法律出版社2016年版，第89页。

② 孙宪忠：《中国民法典总则与分则之间的统辖遵从关系》，载《法学研究》2020年第3期。

系为例，与传统大陆法系民法典相比，我国《民法典》没有设债法总则，将债法的内容分散于总则编、合同编和侵权责任编之中，由合同编通则代替债法总则，统领合同之债和非合同之债，这是我国《民法典》的一大特色。因此，合同编通则不仅适用于典型合同分编，还适用于准合同分编和侵权责任编。在适用中，要注意凡是合同编通则具体条文中用“债”“债权”“债务”表述的，均为债法总则内容，对非合同之债也具有可以适用的效力；合同编通则具体条文中用“合同”表述的，一般仅适用典型合同分编。最典型的一个例子是第557条，该条中第1款是关于“债权债务”的规定，第2款是关于“合同”的规定，在司法审判中要按照上述规则区分适用。在物权编和合同编的衔接适用方面，要注意物权尚未发生变动并不影响合同效力，物权的设立或者对抗要以符合物权编相关要件为前提，合同效力抑或违约责任的承担则要回归适用合同编以及总则编的相关规定。此外，还要注意合同编与婚姻家庭编的衔接适用问题，对于婚姻、收养、监护等有关身份关系的协议，在有关该身份关系的法律没有明确规定时，可以根据其性质参照适用合同编的规定。关于侵害人格权的纠纷，也要一体化综合适用人格权编关于人格权内容及权利行使规则和侵权责任编有关权利救济规则，切实加强对人格权的全面保护。

3. 正确理解《民法典》基本原则和具体规则的关系。《民法典》总则编规定了一系列民法基本原则，这些基本原则反映了我国社会主义民法的基本价值和精神，是指导民事立法、司法和民事活动的基本准则。《民法典》其他各编对权利确认、权利行使和权利保护作出具体规定，为司法审判提供了具体规则。法律原则与具体规则之间是“一般”与“特殊”的关系。对于某种行为或者事实，《民法典》相关条文有明确规定的，要优先适用该规定；没有明确规定的，也没有习惯可以适用的，则要适用《民法典》第一章规定的基本原则。比如，诚信原则是民法的“帝王条款”，在有关具体条文没有明确规定的，就要适用该原则进行裁判。再如，“绿色原则”首次写进《民法典》，并形成“原则 + 规则”的完整规范体系。在适用时，应当优先适用《民法典》其他各编贯彻“绿色原则”的具体内容，比如有关环境侵权责任规定；但在审理相关案件时缺乏具体规定的，则可以适用“绿色原则”进行裁判。此时，该基本原则就具有了强行适用或者必须适用的属性。

4.《民法典》总则编建立了内容全面、体系周延、层次清晰的民事权利体系。《民法典》总则编提纲挈领，通过抽象化民事领域的共通性规范，系统规定了民事权利的主体、种类、取得、行使，以及侵犯民事权利的民事责任等内容。总则编第五章专门规定民事权利制度，包括各种人身权利和财产权利：人身权方面，规定了人格权、身份权；财产权方面，规定了物权、债权、知识产权、股权等投资性权利。总则编的规定为其他各编奠定了基础。其他各编以总则编所确认的主要权利展开，分别形成了物权编、合同编、人格权编、婚姻家庭编、继承编，并以救济权利的侵权责任编作为最后一编，形成了以总统分、总分结合、规范合理的民事权利体系。《民法典》总则编构建的民事权利体系具有开放性。随着经济社会发展变化和技术的日新月异，民事权利的内涵不断丰富，外延不断扩展，客观上需要法律予以确认和保护，《民法典》总则编、各分编对此进行了充分回应。比如规定自然人的个人信息权（第 111 条和人格权编第六章）；规定了数据、网络虚拟财产权（第 127 条）；在物权编专章规定了居住权（物权编第十四章）；在人格权编专门规定了隐私权（第 1032 条、第 1033 条）。《民法典》总则编第 126 条还通过设置兜底条款，尽可能将民事主体的合法利益纳入民法保护体系中，体现了民法权利设置的开放性。

5.《民法典》总则编规定了权利行使规则。民事主体在享有、行使权利时，必须履行法定、约定义务，承担相应责任。《民法典》在第一章基本规定部分，要求民事主体从事民事活动，应当遵循公平原则，合理确定各方的权利和义务；应当遵循诚信原则，秉持诚实，恪守承诺；不得违反法律，不得违背公序良俗。《民法典》第131条规定，民事主体行使权利时，应当履行法律规定的和当事人约定的义务。《民法典》第132条规定，民事主体不得滥用民事权利损害国家利益、社会公共利益或者他人合法权益。这为权利的行使划定了边界。《民法典》一方面充分保障当事人在法律规定的范围内行使和处分自己的民事权利；另一方面，也要求民事主体在不损害他人和社会公共利益的前提下，善意审慎行使自己的权利，不得违反法律赋权的目的和精神。这表明，民事主体在享有权利、履行义务时，必须对自己的违法、违约行为依法承担责任。凡是破坏公共秩序、侵犯社会公益、违反社会公德、不讲诚实信用、违法滥用权利的行为，必须依法承担民事责任。这对建设法治文化，强化规则意识，促进道德建设，弘扬公序良俗，践行社会主义核心价值观具有重要现实意义。司法实践中，判断权利人是否属于滥用权利较为复杂，可以根据诚信原则、比例原则以及具体个案中不同权利之间的价值位阶等因素综合衡量，确保不同民事主体的权利各行其道、各得其所。

6. 正确把握《民法典》总则编民事责任与相关分编民事责任的关系。我国刑法、民法和有关行政实体法都有相应的法律责任制度，即刑事责任、民事责任和行政责任。刑事责任、行政责任作为法律概念均已规定在刑法和行政法律法规中，《民法典》总则编专章规定民事责任，实现了民事责任体系化，在立法层面构成我国三大法律责任制度。以前，《民法通则》对民事责任进行过专章规定，经过三十多年的法治宣传教育和司法实践，这种立法模式已为社会公众和司法人员普遍接受和熟悉。人们均熟知民事责任作为民事主体违反民事义务应承担的法律后果，是民事权利得以实现的刚性保障。基于处理好《民法典》编纂中总则和各分编的关系，《民法典》在总则编中专章规定民事责任，建立这一上位概念，对《民法典》各分编、民事单行法中的具体民事责任具有统领、指引作用。与《民法通则》相比，《民法典》总则编关于民事责任的规定更加系统全面，一些条款属于创新性规定。

7. 正确理解《民法典》总则编规定的诉讼时效。（1）诉讼时效条文从《民法通则》的7条扩展为《民法典》总则编的12条，将期间计算分离出去另列一章，设置5个条款。（2）将《民法通则》规定的2年普通时效期间延长为3年。从司法实践来看，由于2年普通时效期间太短，很容易出现时效届满未行使权利而导致实体权利无法得到保护的情况，也存在为避免时效届满而仓促行使诉讼权利，加剧法院案多人少矛盾现象。更重要的是，在疫情防控、经济下行周期或经济危机时期，债务人往往需要一定时间恢复正常生产经营，但债权人在诉讼时效压力下加速行使债权，往往造成债务人“囚徒困境”，使局部或整个社会陷入大量经济纠纷。从境外民法典规定来看，时效期间均比我国为长。如法国一切诉讼时效期间30年，契约外民事责任诉讼时效10年；德国普通时效期间30年，养老金时效等4年，17种请求权时效2年；日本债权时效10年，所有权以外其他财产权20年。因其时效期间过长，才有缩短趋势。如欧洲一些国家或地区，对权利保护时效期间改革为2~6年；德国修改债法，将一般债权请求权时效期间规定为3年。（3）《民法典》总则编规定法院不得主动适用诉讼时效，并在第196条新增了不适用诉讼时效的4项请求权事项，其中特别明确了物权请求权，抚养费、赡养费或扶养费请求权不适用诉讼时效。物权如果受到不法侵害或面临不法侵害危险时，就应当随时允许物权人行使物权请求权。支付抚养费、赡养费或扶养费旨在维持当事人的生存生活，支付人承担的是连续性的而非分时段义务。

二、《民法典》及其总则编的核心价值理念

民法是民族精神、时代发展的立法表达。我国《民法典》及其总

则编在传承中华民族优秀法治文化、借鉴国外先进法治成果的基础上，塑造了其独特的价值理念，并将这些价值理念通过《民法典》及其总则编的具体条文进行规范表达，从而实现对民事关系的价值指引和法律调整。① 概括起来，这些价值理念集中表现在：

（一）社会主义核心价值观构成《民法典》的精神内核

在人类法治文明进程中，先后出现过三次民法编纂运动。第一次是6世纪的罗马法编纂，产生了《民法大全》。第二次是19世纪欧洲大陆民法典编纂，产生了《法国民法典》《德国民法典》《瑞士民法典》。第三次肇端于20世纪80年代，产生了1986年中国《民法通则》、1992年《荷兰新民法典》、1994年《俄罗斯民法典》，1996年《越南民法典》等。据不完全统计，目前世界上至少有110个国家或地区有民法典。各国或地区的民法典均是其商品经济、民主政治、私人产权、法律文化、哲学伦理高度发展的产物，除一些被殖民的国家通过继受照搬宗主国的民法典外，大多数民法典都反映了当地的政治经济制度和传统文化特色、民族特征。以私有制、普选政治为共同基础的西方国家，其民法典更是贯穿着相同的资本主义核心价值，如维护资本主义私有制，坚持资本主义自由观、正义观、平等观，将人格、婚姻商品化等。

习近平总书记指出："人类社会发展的历史表明，对一个民族、一个国家来说，最持久、最深层的力量是全社会共同认可的核心价值观。"在我国，党的十八大文件将社会主义核心价值观凝练为二十四个字。在全面推进依法治国的过程中，党和国家把社会主义核心价值观定性为中国特色社会主义法治的价值内核，提出了"入法入规""建立完善社会主义核心价值观的法律政策体系"等法治建设新任务。为此，2018年十三届全国人大一次会议通过的《宪法修正案》第39

① 郭锋：《中国民法典的价值理念及其规范表达》，载《法律适用》2020年第13期。

条将《宪法》第24条第2款“国家提倡爱祖国、爱人民、爱劳动、爱科学、爱社会主义的公德”，修改为“国家倡导社会主义核心价值观，提倡爱祖国、爱人民、爱劳动、爱科学、爱社会主义的公德”，从而首先实现了社会主义核心价值观入宪，将社会主义核心价值观作为中国特色社会主义法治建设的基本遵循。基于此，我国《民法典》第1条将“弘扬社会主义核心价值观”作为立法宗旨，不但开创了核心价值观进入私法法典的先河，树立了《民法典》编纂鲜明的价值导向，而且《民法典》各编将核心价值观作为精神内核，在基本原则、民事主体、法律行为、权利义务责任等具体制度中进行贯彻体现，使核心价值观具有规范意义和效力。核心价值观进入《民法典》并作为《民法典》的精神内核，使我国《民法典》成为弘扬中华民族优秀传统文化、体现新时代中国特色社会主义主流价值的集大成者，是我国《民法典》区别于西方国家或地区民法典的重要标志，对在全社会形成广泛的价值认同、文化认同，强化规则意识，维护公共秩序，促进人的全面发展，引领社会发展进步具有重要现实意义。

（二）绿色原则体现了《民法典》鲜明的自然观

传统民事法律制度注重保护主体的人身和财产权利，忽视主体的环境性权利；注重环境资源的经济价值，忽视生态价值。由于资本主义将人类利益看作调节人与自然关系的根本尺度，造成人类对大自然无节制的征服、支配和掠夺，导致严重的环境污染和生态破坏。随着环境问题的恶化，人的生存环境已经面临污染和破坏的严重威胁时，对人的主体关怀必须扩大到人与自然的关系才是全面的。吸取资本主义经济发展教训和对我国几十年来片面追求国内生产总值（GDP）导致生态环境恶化的反思，党的十八届五中全会提出创新、协调、绿色、开放、共享“五大发展理念”。党的十九大报告强调，建设生态文明是中华民族永续发展的千年大计，必须树立和践行绿水青山就是金山银山的理念，坚持节约资源和保护环境的基本国策，像对待生命一样对待生态环境，实行最严格的生态环境保护制度。节能减排、保护环境已深入国家和社会生活的方方面面，对很多民事行为的评判都直接或间接地涉及经济发展与环境保护平衡问题，司法机关在探索建立环境修复、惩罚性赔偿、环境公益诉讼等方面也积累了一些经验。为此，《民法典》总则编第9条创设了“绿色原则”，并在各分编予以系统贯彻，从而形成了“原则+规则”的完整规范体系。该条以可持续发展理念、绿色发展理念为指导，传承我国天地人和、人与自然和谐共生的优秀文化，确立绿色原则，构建生态时代人与自然和谐相处的新型关系，成为我国《民法典》一大亮点，回应了人民群众对清新空气、干净饮水、安全食品、优质环境的需求，对促进生态文明建设，形成绿色发展方式和生活方式，建设美丽中国，为人民创造良好生产生活环境，为全球生态安全作出贡献具有重大现实意义。“绿色原则”系统性写入中国《民法典》，开世界民事立法之先河，为世界生态文明建设贡献了“中国方案”。绿色原则为在民事活动中正确处理人与环境的关系提供了原则指引和制度框架，为利用私益或公益诉讼制度、民事责任制度依法制裁破坏生态环境的行为奠定了法律基础。

（三）人身权特别是人格权的规定反映了我国《民法典》的人文精神

近代资本主义民法虽然也重视人，重视人的自由和价值，贯穿人本主义哲学伦理，但客观地说，对自然人身份关系的重视高于对自然人人格关系的重视。因此，在《法国民法典》《德国民法典》《瑞士民法典》《日本民法典》等西方民法典中，我们可以发现发达的亲属法、继承法规则，但很难找到体系化的、独立的人格权制度。而且，无论是罗马法规定的“人格减等”，还是《法国民法典》规定的，直到20世纪70年代才废除的丈夫家长制，事实上使自然人的人格处于不平等、不独立地位。《民法典》总则编在开篇之章“基本规定”第3条就强调，民事主体的人身权利、财产权利以及其他合法权益受法律保护，任何组织或者个人不得侵犯。在《民法典》总则编第五章民事权利中把人身权条款前置，并在第109条、第110条明确规定：自然人的人身自由、人格尊严受法律保护；自然人享有生命权、身体权、健康权、姓名权、肖像权、名誉权、荣誉权、隐私权、婚姻自主权等权利。此外，《民法典》专设人格权编，是我国《民法典》的重大制度创新，彰显了《民法典》的人民立场和人文关怀。人格权编系统总结和吸收了《民法通则》《侵权责任法》等法律的立法经验，总结和吸收了人民法院的司法解释、司法政策、典型案例所反映的司法原则、裁判规则、价值导向，构建了完整的民事权利体系。《民法典》将人格权作为重要民事权利与民事主体制度相区分，在民事权利中将人格权作为新型权利类型与身份权、财产权和其他民事权益并列作出规定，并在分编中独立进行体系化展开，与侵权责任编形成互补。人格权编用六章51条详细规定了人格权的内容、权利边界、行使方式、保护规则，特别是完善了人格权请求权基础规范，能够为法官处理人格权纠纷案件提供更为明确的裁判依据，有利于更好地保障裁判规则和裁判尺度的统一。

（四）所有权实质平等集中反映了《民法典》对多种经济成分的平等保护

所有权是其他物权的基础，所有权制度是民法物权制度的基石。建立在私有制基础上的民法从来没有实现过实质意义上的平等。罗马法虽然建立了自由民在私法范围内形式上的平等，但由于没有授予奴隶法律人格，奴隶不但不能成为权利主体，反而被视为权利客体，成为奴隶主所有和支配的财产。《法国民法典》确认了个人财产所有权原则，几乎以三分之一的条文从不同角度保护私有制不可侵犯，维护大革命成果。但《法国民法典》的局限性在于，一是所有权的绝对性本身就妨碍了其他人正常的合法权益，形成新的不平等；二是在剥夺封建所有权和原始积累过程中赚取了巨额财富的大地主、大资本家，与在工业革命时期沦为赤贫的无产阶级，形成了新的财产所有权不平等。我国民法典秉持执政党以人民为中心理念，既借鉴了西方民法典形式平等原则的合理性因素，又更加注重实现民事主体实质上的平等。《民法典》第2条明确规定，民法调整平等主体的自然人、法人和非法人组织之间的人身关系和财产关系。第4条强调，民事主体在民事活动中的法律地位一律平等。在物权编的具体规范中，更是将平等作为物权法律制度的基础，物权当事人的法律地位，物权关系的设立、变更、终止，物权权利的行使与保护，无不贯穿着平等的精神内核和价值理念。所有权平等的实质观念，在《民法典》中体现为：《民法典》既强调国家巩固和发展公有制经济，又申明鼓励、支持和引导非公有制经济的发展，保障一切市场主体的平等法律地位和发展权利；平等保护国家、集体、私人和其他权利人的物权；将国有企业作为平等的市场主体；平等不仅是主体法律地位平等，还包括发展权利的平等；为产权保护提供有力的制度支撑。在司法实践中，恪守平等理念，就要不论国企民企、内资外资、大中小微企业，一视同仁、依法保护。

三、关于《民法典总则编解释》

2020年5月29日，习近平总书记在中共中央政治局第二十次集体学习上的重要讲话中强调指出：“民法典实施水平和效果，是衡量各级党和国家机关履行为人民服务宗旨的重要尺度”，“要及时完善相关民事司法解释，使之同民法典及有关法律规定和精神保持一致，统一民事法律适用标准。”为指导全国各级人民法院统一正确实施《民法典》总则编，2020年6月最高人民法院启动司法解释全面清理工作，并同步启动总则编司法解释的起草工作。2021年3月15日，最高人民法院审判委员会第1834次会议决定，由研究室负责起草《民法典总则编解释》，并列入2021年度立项计划。经过立项、调研、征求意见、专家论证、审委会审议等环节，《民法典总则编解释》已经发布，并自2022年3月1日起施行。

（一）制定《民法典总则编解释》的指导思想

《民法典》总则编统领各分编，在整个《民法典》中具有提纲挈领的作用。制定好总则编的司法解释，不仅对于指导各级人民法院正确理解适用总则编具有重大意义，而且对于整个《民法典》的贯彻实施具有重大意义。在司法解释起草过程中，我们始终以习近平新时代中国特色社会主义思想为根本遵循，深入学习贯彻习近平法治思想，坚持以人民为中心，大力弘扬社会主义核心价值观，突出问题导向、强基导向，系统梳理总结人民法院相关民商事审判实践探索，特别是2017年《民法总则》颁布实施以来所取得的经验成果，不追求大而全的体系，而是力求制定一部小而精的总则编司法解释，指导全国各级人民法院和广大法官牢固树立法典化思维，准确理解《民法典》特别是总则编的精神、制度和规则，统一法律适用标准。

（二）《民法典总则编解释》的调研起草过程

第一阶段是《最高人民法院关于贯彻执行〈中华人民共和国民法通则〉若干问题的意见（试行）》（以下简称《民法通则意见》）条文清理修订阶段。《民法典》颁布后，最高人民法院部署开展司法解释全面清理工作。其中《民法通则意见》《最高人民法院关于适用〈中华人民共和国合同法〉若干问题的解释（一）》（以下简称《合同法解释（一）》）《最高人民法院关于适用〈中华人民共和国合同法〉若干问题的解释（二）》（以下简称《合同法解释（二）》）等是清理工作的重点。最高人民法院研究室按照清理要求对《民法通则意见》等的具体条文进行了认真研究，对每一个条文提出废、改、留的意见。2020年9月至11月，我们就清理结果向本院有关庭室征求了两轮意见，在杭州、北京等地组织全国法院的审判业务专家和法学专家代表进行研讨，对每个条文逐一研究论证。2020年12月，我们以清理后直接保留或修改后保留的条文为基础，形成了《民法典总则编解释稿》，其中有18条系由《民法通则意见》修改而来，并第一次送全国人大常委会法制工作委员会征求意见。

第二阶段是对司法解释条文不断完善和论证阶段。2020年司法解释全面清理工作完成时，最高人民法院审判委员会明确了本司法解释的起草思路，即废止《民法通则意见》后直接保留或修改后保留的条文纳入《全国法院贯彻实施民法典工作会议纪要》，并按照司法解释立项计划同步开展《民法典总则编解释》的起草工作。2021年3月，研究室向全国各高级人民法院发出明传，征集总则编适用问题及起草建议。此后，根据反馈意见和《全国法院贯彻实施民法典工作会议纪要》的有关内容，起草形成了《民法典总则编解释》修改稿，先后在上海、成都、深圳、南通、北京等地法院系统召开多次座谈会，听取全国法院系统审判业务专家和片区专家学者意见；在中国政法大学、中国人民大学召开专家论证会，听取全国民法学、民事诉讼法学专家的意见；组织有关学者在最高人民法院召开闭门研讨会，逐条论证修改。此后，中国法学会、中国社科院法学所又分别召开专家论证会，并将有关论证意见提交最高人民法院研究室。

2021年11月，先后征求了最高人民法院各相关部门、全国各高级人民法院意见，征求中宣部、中政委、中央依法治国办、最高人民检察院、公安部、司法部、民政部、市场监管总局、中国法学会、中国社科院、全国工商联等有关单位意见。2021年11月21日，在中国人民大学召开座谈会，以王利明、崔建远、王轶教授为代表的民法学专家对本司法解释稿给予积极评价，同时对部分条文的进一步完善提出建议。2021年11月30日，第二次书面征求全国人大常委会法制工作委员会意见，并送中国法学会民法学研究会征求意见。我们经研究，全部采纳全国人大常委会法制工作委员会意见，吸收其他单位合理意见，对有关条文做了删除、修改或者调整。2021年12月15日，第三次书面送全国人大常委会法制工作委员会征求意见后，最终形成报送最高人民法院审判委员会的审议稿。

（三）《民法典总则编解释》起草思路与原则

在司法解释全面清理过程中，最高人民法院同时明确了民法典时代相关司法解释体系的构建思路，即以问题为导向、以审判执行需求为出发点、以准确理解和适用法律为原则，构建多层次的《民法典》司法解释体系，不追求大而全、不强调体系化；要按照解释《民法典》的整体适用问题、解释《民法典》某一编的法律适用问题、解释某类具体案件的法律适用问题的思路，构建分层次的民法典司法解释框架体系。《民法典总则编解释》严格遵循上述要求，聚焦人民法院贯彻实施《民法典》中有关总则编的重点难点问题，坚决贯彻《民法典》权利保护理念，大力弘扬社会主义核心价值观，维护和促进《民法典》统一正确适用，使良法经由司法程序转化为善治。

起草《民法典总则编解释》，主要是为了解决三方面问题：(1)确保《民法典》与旧法的有序衔接。《民法典》施行后，《民法通则》《民法总则》《合同法》等法律废止，最高人民法院相应废止了《民法通则意见》《合同法解释（一）》《合同法解释（二）》等司法解释。但这些司法解释中仍有不少条文与《民法典》一致，在审判实践中仍有重要指导价值，有必要予以保留并梳理整合，以免出现法律衔接适用空档，影响《民法典》的实施。(2) 系统梳理人民法院在长期司法实践中总结积累的经验智慧。《民法典》采取的是编纂式的立法技术，大多数条文是对原有法律的承继。人民法院在适用这些法律规定处理民事纠纷时积累了许多行之有效的经验，有必要将此一并纳入，以更好地实现统一裁判尺度的目的。比如，关于表见代理的具体适用，最高人民法院2009年发布的《关于当前形势下审理民商事合同纠纷案件若干问题的指导意见》作出了细化规定，历经十余年的审判实践检验，一些内容有必要吸收到本解释中。基于同样的考虑，《全国法院民商事审判工作会议纪要》中的一些规定精神也被吸收到本解释当中。(3)积极回应《民法总则》施行后亟需明确的具体法律适用问题。《民法典》总则编的绝大多数规定源自《民法总则》，实际上已实施了四年多。其间，人民法院积累了丰富的审判经验，也发现了一些亟需统一规范的具体法律适用问题。特别是，《民法典》总则编凝练了民事法律制度中具有普遍适用性和引领性的规则，集中体现了《民法典》严谨逻辑体系中“总”的特点和规律，这就要求各级人民法院牢固树立体系化思维，准确把握《民法典》总则编与各分编、《民法典》与其他民商事法律、基本原则与具体规定之间的适用逻辑关系。上述三方面，归根结底是为了统一民事案件裁判尺度，更好地贯彻实施《民法典》，维护《民法典》权威。

《民法典总则编解释》起草始终坚持以下原则：

1. 坚持正确政治方向。全面深入贯彻习近平法治思想和习近平总书记关于贯彻实施《民法典》的重要讲话精神，突出了两个鲜明特点：一是坚决贯彻以人民为中心的发展理念，突出强调权利保护，从规范权利行使，平衡失踪人及利害关系人利益，保护胎儿利益、未成年人利益、善意相对人或第三人利益等方面进行系统规定。二是大力弘扬社会主义核心价值观。注重将核心价值观的要求贯穿起草过程，融入解释条文中，进一步弘扬《民法典》突出权利保护、倡导诚实守信和鼓励好人好事的价值导向。

2. 坚持严格依法。始终将准确理解贯彻《民法典》的立法意图作为最高标准，特别注重听取吸收全国人大常委会法制工作委员会民法室意见，坚决避免规则设计偏离立法原意。严格依照立法法赋予的司法解释制定权限，坚守不创设新规则的基本立场，只根据民商事审判执行工作的实际需要作配套补充细化，确保《民法典》总则编的优秀制度设计在司法审判中准确落实落地。例如，关于宣告死亡的利害关系人有无顺序限制问题，完全采纳了全国人大常委会法制工作委员会有关同志的意见建议，根本上修改了《民法通则意见》第25条的规定，不再作出顺序限制，而是区分情形作出规定，确保各方当事人利益平衡。

3. 坚持问题导向和强基导向。始终坚持以解决司法实践中的突出问题为出发点，以指导、帮助各级法院特别是基层法院准确适用民法典为落脚点。对于调研过程中普遍反映的总则编的“总”的特点如何把握的问题，有针对性地设计了法律适用、习惯作为法源的适用、权利滥用的认定等内容。条文规范上尽量给予清晰明确的指引，对法官裁量权予以必要限制；对于不宜或者无法作出“一刀切”规定的，采用动态系统论的模式，细化适用节点和参考因素，为法官适用法律提供明晰的指引。

4. 坚持广泛调研和充分论证。(1) 注重听取基层意见，了解一线需求。在起草过程中，认真贯彻落实周强院长提出的司法解释起草工作要接地气、充分调研的指示精神，在广泛听取全国法院系统意见的基础上，特别注重听取基层法院意见。七次法院系统研讨会中有五次是在中、基层人民法院召开，听取二百余名一线审判业务专家或者骨干意见。广泛收集全国法院系统意见953条，累计修改四十余稿。(2) 注重听取全国人大常委会法制工作委员会意见，做到常态化、动态化、多元化征求全国人大常委会法制工作委员会意见。历次专家论证会均邀请全国人大常委会法制工作委员会同志莅临指导，起草过程中的重要问题与全国人大常委会法制工作委员会方面实时联络沟通。对于全国人大常委会法制工作委员会的正式函复意见全部采纳，共计删除条文5个，删除部分内容或者条款2个，修改条文1个。(3) 注重听取学界意见，广泛凝聚共识。为确保调研的充分性，在起草过程中创新工作形式，除了委托中国人民大学、中国政法大学召开专家论证会，还书面征求中国法学会、中国社科院法学所的意见。两家单位分别组织相关专家进行论证。四次专家论证会涵盖了全国各主要法学院校的老、中、青三代民法学专家，累计一百余名专家学者参与论证。

同时邀请中国人民大学法学院、清华大学法学院、中国政法大学法学院、社科院法学所分别指派专家参加起草小组，实时参加论证工作和提供咨询意见。

在确保充分听取意见的基础上，我们还采取“两个坚持”的思路进一步加强论证工作：(1) 坚持理论与实践相结合。主要条文的设计都要求与最高人民法院作出裁判的案例或者地方人民法院的典型案例相互检验对照，系统梳理了两千多个案例；同时深入征求和吸收民法学界特别是王利明、孙宪忠、崔建远、杨立新、王轶等专家学者的意见建议，将其学术观点与条文规则相互对照，编辑整理了二十余万字文献资料。(2) 坚持解决中国问题与吸收域外经验相结合。在注重听取法院系统意见的同时，广泛研究借鉴德国、日本、法国等二十多个国家或者地区民法典和国际商事合同通则、欧洲合同法原则、欧洲示范民法典草案等域外规则设计。

（四）《民法典总则编解释》主要内容与特点

《民法典总则编解释》共39条，分为一般规定、民事权利能力和民事行为能力、监护、宣告失踪和宣告死亡、民事法律行为、代理、民事责任、诉讼时效和附则九个部分。

第一部分共3条，主要针对《民法典》总则编“总”的特点，对实践中法官普遍感到难以把握的民事法律适用规则、习惯作为法源的适用、滥用民事权利的认定与法律后果等一般性问题作出规定。

第二至第四部分属于对总则编自然人制度中有关民事权利能力和民事行为能力、监护、宣告失踪和宣告死亡等具体规则的细化规定。通过解决诉讼保护胎儿利益问题，遗嘱指定监护人、协议确定监护人、指定监护、意定监护等监护制度适用问题，以及申请宣告失踪、宣告死亡的利害关系人范围确定等问题，实现对胎儿、被监护人、失踪人及利害关系人的权利保护。

第五、第六部分属于对总则编民事法律行为和代理制度中有关具体规则的配套、细化规定。该部分主要是在《民法通则意见》《合同法解释（二）》等的基础上，立足理论进步与实践发展，重点解决重大误解、欺诈、胁迫的认定，以及无权代理、表见代理的具体适用等问题，突出保护善意相对人的利益。

第七、第八部分属于对总则编民事责任制度和诉讼时效制度中有关规则的细化规定。重点解决防卫过当、避险不当的认定标准、见义勇为受益人适当补偿数额的确定等问题，并对无民事行为能力人、限制民事行为能力人的权利受损害时诉讼时效期间的起算作出补充规定。

调研中，有学者建议将《最高人民法院关于审理民事案件适用诉讼时效制度若干问题的规定》（2020年修正，以下简称《诉讼时效规定》）整体纳入《民法典总则编解释》中。我们经研究认为，《民法典总则编解释》和《诉讼时效规定》有不同的侧重点。本部分规则紧密围绕对《民法典》关于诉讼时效的具体条文的细化展开，旨在解决《民法典》关于诉讼时效规则的相互衔接问题，在体系上保持了与《民法通则意见》的连续性。而诉讼时效规定则是针对司法实践中涉及诉讼时效适用的具体问题展开，在内容上与《民法典总则编解释》各有侧重，且在2020年司法解释全面清理工作中已经系统清理修订后重新发布。按照最高人民法院审委会关于构建《民法典》司法解释体系的思路，《民法典总则编解释》起到一般规则的作用，应当紧扣总则编的条文进行；而诉讼时效规定系对具体问题的规定，属于另一层级的司法解释。因此，两者在体系上也各有分工，可以相互呼应，形成完整体系。

第九部分附则规定了《民法典总则编解释》的施行时间为2022年3月1日，以及适用案件范围。

《民法典总则编解释》主要有以下四个显著特点：

1. 大力弘扬社会主义核心价值观。随着时代发展，权利的内涵日益丰富，行使方式也更加多样，与此同时，权利滥用的情况也时有发生。比如，有的民事主体为保护自身权益私装摄像头拍摄、窥视他人的私密活动，就构成对他人隐私权的侵害。根据实践需要，在综合各方意见基础上，本解释第3条对滥用民事权利的具体认定和法律后果作出规定，为相关案件的审理提供统一的裁判标准，也起到行为导向作用，促进形成依法文明行使权利的良好风尚。再就是，通过细化习惯的适用规则、监护制度、民事法律行为、民事责任、诉讼时效等制度规则，将社会主义核心价值观贯穿始终，彰显民法典强调公平正义、倡导诚实守信的价值导向。特别是细化了正当防卫、紧急避险、见义勇为的制度规则，进一步在“扶不扶”“劝不劝”“追不追”“救不救”“为不为”“管不管”等问题上亮明态度，坚决防止“和稀泥”，让司法有力量、有是非、有温度，让群众有温暖、有遵循、有保障。

2. 突出强调权利保护。一是贯彻以人民为中心的发展思想，将自然人的权利保护置于中心位置，从保护未成年人、胎儿利益，规范权利的行使，平衡失踪人与利害关系人利益等方面作出系统规定，体现了人民至上的司法立场。二是践行平等理念，细化权利保护规则。本解释将平等保护权利，特别是自然人权利置于突出位置。比如，根据“最有利于被监护人的原则”细化了监护制度，在民事法律行为和代理制度部分强化了对善意相对人的保护，在诉讼时效部分中细化了无民事行为能力人或者限制民事行为能力人的权利受到损害时的诉讼时效期间起算规则。三是在民事责任部分明确了防卫过当造成不应有损害的，防卫人只承担部分责任，以及见义勇为受益人适当补偿数额的确定规则等。主要目的就是通过明确认定标准和责任承担，鼓励民事主体依法积极保护自己和他人的合法权益。这些规则就社会生活中应当提倡什么、反对什么、禁止什么，亮明了司法的态度，集中体现了“弘扬真善美、鞭笞假恶丑”的价值导向，有利于发挥司法裁判的评价、指引、规范功能。

3. 贯彻诚信原则，维护交易安全。诚信原则是社会主义核心价值观在民事法律制度中的重要体现。《民法典总则编解释》关于权利滥用、重大误解、欺诈、表见代理等认定规则，均贯彻了诚信原则的要求。比如，本解释第21条在传承《民法通则意见》有关欺诈规定的基础上，明确了负有告知义务而故意不告知的，可以认定为欺诈。这里的告知义务的来源，包括了法律规定、交易习惯和诚信原则等。

4. 体现小而精的起草思路。始终坚持以问题为导向、以审判执行需求为出发点、以准确理解和适用《民法典》为原则，不追求大而全的体系，不追求一揽子解决所有问题，而是聚焦总则编适用中审判实践亟需解决、有较为丰富的实践基础，且能够最大限度凝聚共识的问题明确相应的法律适用规则。

目 录

第一部分　司法解释

最高人民法院

关于适用《中华人民共和国民法典》总则编若干问题的解释

（2022 年 2 月 24 日）……………………………………………………… 3

第二部分　新闻发布稿、答记者问及解读

弘扬社会主义核心价值观　确保民法典统一正确实施

最高人民法院出台民法典总则编司法解释………………………………… 15

最高人民法院研究室负责人就《最高人民法院关于适用〈中华人民共和国民法典〉总则编若干问题的解释》答记者问 ……… 18

解读《最高人民法院关于适用〈中华人民共和国民法典〉总则编若干问题的解释》 ……………………………………………… 23

第三部分　司法解释理解与适用

[说明] …… 55

一、一般规定

第一条 …… 59

[条文主旨]

本条是关于人民法院如何适用《民法典》及其他民商事法律规范的规定。

第二条 …… 72

[条文主旨]

本条是关于习惯作为法源如何认定和具体适用的规定。

第三条 …… 90

[条文主旨]

本条是关于滥用民事权利的认定与法律后果的规定。

二、民事权利能力和民事行为能力

第四条 …… 108

[条文主旨]

本条是关于胎儿利益保护的规定。

第五条 …… 126

[条文主旨]

本条是关于认定限制民事行为能力人实施的民事法律行为是否与其年龄、智力、精神健康状况相适应的规定。

三、监　护

第六条 ………………………………………………………… 136

[条文主旨]

本条是关于认定监护人监护能力的规定。

第七条 ………………………………………………………… 146

[条文主旨]

本条是关于遗嘱指定监护人的细化规定。

第八条 ………………………………………………………… 158

[条文主旨]

本条是关于协议监护的细化规定。

第九条 ………………………………………………………… 171

[条文主旨]

本条是关于人民法院指定监护人的规定。

第十条 ………………………………………………………… 187

[条文主旨]

本条是关于处理指定监护争议的规定。

第十一条 ……………………………………………………… 198

[条文主旨]

本条是关于意定监护协议解除及意定监护监督的规定。

第十二条 ……………………………………………………… 214

[条文主旨]

本条是关于申请变更监护人的规定。

第十三条 …… 228

[条文主旨]

本条是关于监护人将监护职责委托他人行使的规定。

四、宣告失踪和宣告死亡

第十四条 …… 239

[条文主旨]

本条是关于申请宣告失踪的利害关系人范围的规定。

第十五条 …… 249

[条文主旨]

本条是关于失踪人的财产代管人诉讼地位的规定。

第十六条 …… 260

[条文主旨]

本条是关于申请宣告死亡的利害关系人范围的规定。

第十七条 …… 273

[条文主旨]

本条是关于战争期间下落不明申请宣告死亡期间及其起算的规定。

五、民事法律行为

第十八条 …… 281

[条文主旨]

本条是关于如何认定民事法律行为的其他形式的规定。

第十九条 …………………………………………………………………… 293

［条文主旨］

本条是关于如何认定重大误解的规定。

第二十条 …………………………………………………………………… 309

［条文主旨］

本条是关于意思表示的误传的规定。

第二十一条 ………………………………………………………………… 317

［条文主旨］

本条是关于欺诈认定的规定。

第二十二条 ………………………………………………………………… 328

［条文主旨］

本条是关于胁迫认定的规定。

第二十三条 ………………………………………………………………… 338

［条文主旨］

本条是关于民事法律行为不成立的法律后果的规定。

第二十四条 ………………………………………………………………… 354

［条文主旨］

本条是关于民事法律行为附不能条件时的效力规定。

六、代 理

第二十五条 …………………………………………………………… 367

［条文主旨］

本条是关于共同代理中部分代理人擅自行使代理权的法律后果的规定。

第二十六条 …………………………………………………………… 384

［条文主旨］

本条是关于紧急情况下的复代理的规定。

第二十七条 …………………………………………………………… 394

［条文主旨］

本条是关于无权代理中相对人善意推定的规定。

第二十八条 …………………………………………………………… 403

［条文主旨］

本条是关于表见代理中认定相对人有理由相信行为人有代理权的规定。

第二十九条 …………………………………………………………… 422

［条文主旨］

本条是关于追认意思表示的作出对象与生效时间的规定。

七、民事责任

第三十条 ………………………………………………………………… 433

［条文主旨］

本条是关于正当防卫的认定的规定。

第三十一条 ……………………………………………………………… 448

［条文主旨］

本条是关于防卫过当的认定和责任的规定。

第三十二条 ……………………………………………………………… 459

［条文主旨］

本条是关于认定紧急避险的规定。

第三十三条 ……………………………………………………………… 469

［条文主旨］

本条是关于避险不当的认定和责任的规定。

第三十四条 ……………………………………………………………… 478

［条文主旨］

本条是关于见义勇为受益人的补偿规则的规定。

八、诉讼时效

第三十五条 ……………………………………………………………… 494

［条文主旨］

本条是关于诉讼时效期间中止、中断和延长的规定。

第三十六条 …………………………………………………………… 502

[条文主旨]

本条是关于无民事行为能力人、限制民事行为能力人权利受到侵害时诉讼时效期间如何起算的规定。

第三十七条 …………………………………………………………… 508

[条文主旨]

本条是关于无民事行为能力人、限制民事行为能力人对法定代理人的请求权的诉讼时效期间的补充规定。

第三十八条 …………………………………………………………… 515

[条文主旨]

本条是关于认定诉讼时效中断的规定。

九、附　则

第三十九条 …………………………………………………………… 524

[条文主旨]

本条是关于司法解释施行日期和溯及力的规定。

附　录

征求意见稿一 …………………………………………………………… 541

征求意见稿二 …………………………………………………………… 553

后　记 …………………………………………………………………… 567

第一部分　司法解释

最高人民法院
关于适用《中华人民共和国民法典》总则编若干问题的解释

法释〔2022〕6号

（2021年12月30日最高人民法院审判委员会第1861次会议通过
2022年2月24日最高人民法院公告公布
自2022年3月1日起施行）

为正确审理民事案件，依法保护民事主体的合法权益，维护社会和经济秩序，根据《中华人民共和国民法典》《中华人民共和国民事诉讼法》等相关法律规定，结合审判实践，制定本解释。

一、一般规定

第一条　民法典第二编至第七编对民事关系有规定的，人民法院直接适用该规定；民法典第二编至第七编没有规定的，适用民法典第一编的规定，但是根据其性质不能适用的除外。

就同一民事关系，其他民事法律的规定属于对民法典相应规定的细化的，应当适用该民事法律的规定。民法典规定适用其他法律的，适用该法律的规定。

民法典及其他法律对民事关系没有具体规定的，可以遵循民法典关于基本原则的规定。

第二条　在一定地域、行业范围内长期为一般人从事民事活动时普遍遵守的民间习俗、惯常做法等，可以认定为民法典第十条规定的习惯。

当事人主张适用习惯的，应当就习惯及其具体内容提供相应证据；必要时，人民法院可以依职权查明。

适用习惯，不得违背社会主义核心价值观，不得违背公序良俗。

第三条 对于民法典第一百三十二条所称的滥用民事权利，人民法院可以根据权利行使的对象、目的、时间、方式、造成当事人之间利益失衡的程度等因素作出认定。

行为人以损害国家利益、社会公共利益、他人合法权益为主要目的行使民事权利的，人民法院应当认定构成滥用民事权利。

构成滥用民事权利的，人民法院应当认定该滥用行为不发生相应的法律效力。滥用民事权利造成损害的，依照民法典第七编等有关规定处理。

二、民事权利能力和民事行为能力

第四条 涉及遗产继承、接受赠与等胎儿利益保护，父母在胎儿娩出前作为法定代理人主张相应权利的，人民法院依法予以支持。

第五条 限制民事行为能力人实施的民事法律行为是否与其年龄、智力、精神健康状况相适应，人民法院可以从行为与本人生活相关联的程度，本人的智力、精神健康状况能否理解其行为并预见相应的后果，以及标的、数量、价款或者报酬等方面认定。

三、监护

第六条 人民法院认定自然人的监护能力，应当根据其年龄、身心健康状况、经济条件等因素确定；认定有关组织的监护能力，应当根据其资质、信用、财产状况等因素确定。

第七条 担任监护人的被监护人父母通过遗嘱指定监护人，遗嘱生效时被指定的人不同意担任监护人的，人民法院应当适用民法典第二十七条、第二十八条的规定确定监护人。

未成年人由父母担任监护人，父母中的一方通过遗嘱指定监护人，另一方在遗嘱生效时有监护能力，有关当事人对监护人的确定有争议的，人民法院应当适用民法典第二十七条第一款的规定确定监护人。

第八条　未成年人的父母与其他依法具有监护资格的人订立协议，约定免除具有监护能力的父母的监护职责的，人民法院不予支持。协议约定在未成年人的父母丧失监护能力时由该具有监护资格的人担任监护人的，人民法院依法予以支持。

依法具有监护资格的人之间依据民法典第三十条的规定，约定由民法典第二十七条第二款、第二十八条规定的不同顺序的人共同担任监护人，或者由顺序在后的人担任监护人的，人民法院依法予以支持。

第九条　人民法院依据民法典第三十一条第二款、第三十六条第一款的规定指定监护人时，应当尊重被监护人的真实意愿，按照最有利于被监护人的原则指定，具体参考以下因素：

（一）与被监护人生活、情感联系的密切程度；

（二）依法具有监护资格的人的监护顺序；

（三）是否有不利于履行监护职责的违法犯罪等情形；

（四）依法具有监护资格的人的监护能力、意愿、品行等。

人民法院依法指定的监护人一般应当是一人，由数人共同担任监护人更有利于保护被监护人利益的，也可以是数人。

第十条　有关当事人不服居民委员会、村民委员会或者民政部门的指定，在接到指定通知之日起三十日内向人民法院申请指定监护人的，人民法院经审理认为指定并无不当，依法裁定驳回申请；认为指定不当，依法判决撤销指定并另行指定监护人。

有关当事人在接到指定通知之日起三十日后提出申请的，人民法院应当按照变更监护关系处理。

第十一条　具有完全民事行为能力的成年人与他人依据民法典第

三十三条的规定订立书面协议事先确定自己的监护人后，协议的任何一方在该成年人丧失或者部分丧失民事行为能力前请求解除协议的，人民法院依法予以支持。该成年人丧失或者部分丧失民事行为能力后，协议确定的监护人无正当理由请求解除协议的，人民法院不予支持。

该成年人丧失或者部分丧失民事行为能力后，协议确定的监护人有民法典第三十六条第一款规定的情形之一，该条第二款规定的有关个人、组织申请撤销其监护人资格的，人民法院依法予以支持。

第十二条 监护人、其他依法具有监护资格的人之间就监护人是否有民法典第三十九条第一款第二项、第四项规定的应当终止监护关系的情形发生争议，申请变更监护人的，人民法院应当依法受理。经审理认为理由成立的，人民法院依法予以支持。

被依法指定的监护人与其他具有监护资格的人之间协议变更监护人的，人民法院应当尊重被监护人的真实意愿，按照最有利于被监护人的原则作出裁判。

第十三条 监护人因患病、外出务工等原因在一定期限内不能完全履行监护职责，将全部或者部分监护职责委托给他人，当事人主张受托人因此成为监护人的，人民法院不予支持。

四、宣告失踪和宣告死亡

第十四条 人民法院审理宣告失踪案件时，下列人员应当认定为民法典第四十条规定的利害关系人：

（一）被申请人的近亲属；

（二）依据民法典第一千一百二十八条、第一千一百二十九条规定对被申请人有继承权的亲属；

（三）债权人、债务人、合伙人等与被申请人有民事权利义务关系的民事主体，但是不申请宣告失踪不影响其权利行使、义务履行的除外。

第十五条 失踪人的财产代管人向失踪人的债务人请求偿还债务的，人民法院应当将财产代管人列为原告。

债权人提起诉讼，请求失踪人的财产代管人支付失踪人所欠的债务和其他费用的，人民法院应当将财产代管人列为被告。经审理认为债权人的诉讼请求成立的，人民法院应当判决财产代管人从失踪人的财产中支付失踪人所欠的债务和其他费用。

第十六条 人民法院审理宣告死亡案件时，被申请人的配偶、父母、子女，以及依据民法典第一千一百二十九条规定对被申请人有继承权的亲属应当认定为民法典第四十六条规定的利害关系人。

符合下列情形之一的，被申请人的其他近亲属，以及依据民法典第一千一百二十八条规定对被申请人有继承权的亲属应当认定为民法典第四十六条规定的利害关系人：

（一）被申请人的配偶、父母、子女均已死亡或者下落不明的；

（二）不申请宣告死亡不能保护其相应合法权益的。

被申请人的债权人、债务人、合伙人等民事主体不能认定为民法典第四十六条规定的利害关系人，但是不申请宣告死亡不能保护其相应合法权益的除外。

第十七条 自然人在战争期间下落不明的，利害关系人申请宣告死亡的期间适用民法典第四十六条第一款第一项的规定，自战争结束之日或者有关机关确定的下落不明之日起计算。

五、民事法律行为

第十八条 当事人未采用书面形式或者口头形式，但是实施的行为本身表明已经作出相应意思表示，并符合民事法律行为成立条件的，人民法院可以认定为民法典第一百三十五条规定的采用其他形式实施的民事法律行为。

第十九条 行为人对行为的性质、对方当事人或者标的物的品种、质量、规格、价格、数量等产生错误认识，按照通常理解如果不发生该错误认识行为人就不会作出相应意思表示的，人民法院可以认定为民法典第一百四十七条规定的重大误解。

行为人能够证明自己实施民事法律行为时存在重大误解，并请求撤销该民事法律行为的，人民法院依法予以支持；但是，根据交易习惯等认定行为人无权请求撤销的除外。

第二十条 行为人以其意思表示存在第三人转达错误为由请求撤销民事法律行为的，适用本解释第十九条的规定。

第二十一条 故意告知虚假情况，或者负有告知义务的人故意隐瞒真实情况，致使当事人基于错误认识作出意思表示的，人民法院可以认定为民法典第一百四十八条、第一百四十九条规定的欺诈。

第二十二条 以给自然人及其近亲属等的人身权利、财产权利以及其他合法权益造成损害或者以给法人、非法人组织的名誉、荣誉、财产权益等造成损害为要挟，迫使其基于恐惧心理作出意思表示的，人民法院可以认定为民法典第一百五十条规定的胁迫。

第二十三条 民事法律行为不成立，当事人请求返还财产、折价补偿或者赔偿损失的，参照适用民法典第一百五十七条的规定。

第二十四条 民事法律行为所附条件不可能发生，当事人约定为生效条件的，人民法院应当认定民事法律行为不发生效力；当事人约定为解除条件的，应当认定未附条件，民事法律行为是否失效，依照民法典和相关法律、行政法规的规定认定。

六、代理

第二十五条 数个委托代理人共同行使代理权，其中一人或者数人未与其他委托代理人协商，擅自行使代理权的，依据民法典第一百七十一条、第一百七十二条等规定处理。

第二十六条 由于急病、通讯联络中断、疫情防控等特殊原因，委托代理人自己不能办理代理事项，又不能与被代理人及时取得联系，如不及时转委托第三人代理，会给被代理人的利益造成损失或者扩大损失的，人民法院应当认定为民法典第一百六十九条规定的紧急情况。

第二十七条　无权代理行为未被追认，相对人请求行为人履行债务或者赔偿损失的，由行为人就相对人知道或者应当知道行为人无权代理承担举证责任。行为人不能证明的，人民法院依法支持相对人的相应诉讼请求；行为人能够证明的，人民法院应当按照各自的过错认定行为人与相对人的责任。

第二十八条　同时符合下列条件的，人民法院可以认定为民法典第一百七十二条规定的相对人有理由相信行为人有代理权：

（一）存在代理权的外观；

（二）相对人不知道行为人行为时没有代理权，且无过失。

因是否构成表见代理发生争议的，相对人应当就无权代理符合前款第一项规定的条件承担举证责任；被代理人应当就相对人不符合前款第二项规定的条件承担举证责任。

第二十九条　法定代理人、被代理人依据民法典第一百四十五条、第一百七十一条的规定向相对人作出追认的意思表示的，人民法院应当依据民法典第一百三十七条的规定确认其追认意思表示的生效时间。

七、民事责任

第三十条　为了使国家利益、社会公共利益、本人或者他人的人身权利、财产权利以及其他合法权益免受正在进行的不法侵害，而针对实施侵害行为的人采取的制止不法侵害的行为，应当认定为民法典第一百八十一条规定的正当防卫。

第三十一条　对于正当防卫是否超过必要的限度，人民法院应当综合不法侵害的性质、手段、强度、危害程度和防卫的时机、手段、强度、损害后果等因素判断。

经审理，正当防卫没有超过必要限度的，人民法院应当认定正当防卫人不承担责任。正当防卫超过必要限度的，人民法院应当认定正当防卫人在造成不应有的损害范围内承担部分责任；实施侵害行为的人请求正当防卫人承担全部责任的，人民法院不予支持。

实施侵害行为的人不能证明防卫行为造成不应有的损害，仅以正当防卫人采取的反击方式和强度与不法侵害不相当为由主张防卫过当的，人民法院不予支持。

第三十二条 为了使国家利益、社会公共利益、本人或者他人的人身权利、财产权利以及其他合法权益免受正在发生的急迫危险，不得已而采取紧急措施的，应当认定为民法典第一百八十二条规定的紧急避险。

第三十三条 对于紧急避险是否采取措施不当或者超过必要的限度，人民法院应当综合危险的性质、急迫程度、避险行为所保护的权益以及造成的损害后果等因素判断。

经审理，紧急避险采取措施并无不当且没有超过必要限度的，人民法院应当认定紧急避险人不承担责任。紧急避险采取措施不当或者超过必要限度的，人民法院应当根据紧急避险人的过错程度、避险措施造成不应有的损害的原因力大小、紧急避险人是否为受益人等因素认定紧急避险人在造成的不应有的损害范围内承担相应的责任。

第三十四条 因保护他人民事权益使自己受到损害，受害人依据民法典第一百八十三条的规定请求受益人适当补偿的，人民法院可以根据受害人所受损失和已获赔偿的情况、受益人受益的多少及其经济条件等因素确定受益人承担的补偿数额。

八、诉讼时效

第三十五条 民法典第一百八十八条第一款规定的三年诉讼时效期间，可以适用民法典有关诉讼时效中止、中断的规定，不适用延长的规定。该条第二款规定的二十年期间不适用中止、中断的规定。

第三十六条　无民事行为能力人或者限制民事行为能力人的权利受到损害的，诉讼时效期间自其法定代理人知道或者应当知道权利受到损害以及义务人之日起计算，但是法律另有规定的除外。

第三十七条　无民事行为能力人、限制民事行为能力人的权利受到原法定代理人损害，且在取得、恢复完全民事行为能力或者在原法定代理终止并确定新的法定代理人后，相应民事主体才知道或者应当知道权利受到损害的，有关请求权诉讼时效期间的计算适用民法典第一百八十八条第二款、本解释第三十六条的规定。

第三十八条　诉讼时效依据民法典第一百九十五条的规定中断后，在新的诉讼时效期间内，再次出现第一百九十五条规定的中断事由，可以认定为诉讼时效再次中断。

权利人向义务人的代理人、财产代管人或者遗产管理人等提出履行请求的，可以认定为民法典第一百九十五条规定的诉讼时效中断。

九、附则

第三十九条　本解释自 2022 年 3 月 1 日起施行。

民法典施行后的法律事实引起的民事案件，本解释施行后尚未终审的，适用本解释；本解释施行前已经终审，当事人申请再审或者按照审判监督程序决定再审的，不适用本解释。

第二部分　新闻发布稿、答记者问及解读

弘扬社会主义核心价值观
确保民法典统一正确实施
最高人民法院出台民法典总则编司法解释

2022 年 2 月 25 日

为指导各级人民法院贯彻实施好《民法典》，充分发挥总则编在《民法典》中统领全局的作用，依法保护民事主体的合法权益，大力弘扬社会主义核心价值观，最高人民法院制定了《最高人民法院关于适用〈中华人民共和国民法典〉总则编若干问题的解释》（以下简称《民法典总则编解释》），由最高人民法院审判委员会第 1861 次全体会议通过，今天正式对外发布，自 2022 年 3 月 1 日起施行。

《民法典总则编解释》是人民法院深入学习贯彻习近平法治思想，坚持以人民为中心，切实实施《民法典》，依法保护广大人民群众的生命健康、财产安全、交易便利、生活幸福、人格尊严的重要规范性文件。这部司法解释的颁布实施，对最高人民法院指导各级人民法院正确审理相关案件、统一裁判标准、确保《民法典》统一正确实施，实现高质量司法具有重要而现实的意义。

《民法典总则编解释》起草工作始自 2020 年 6 月开展的司法解释全面清理工作中对《民法通则意见》《合同法解释（一）》《合同法解释（二）》等司法解释条文的逐一梳理。起草过程中，先后召开二十余次调研论证会，系统征求了全国各高院、有关中央单位和中国法学会民法学研究会的意见，三次书面征求全国人大常委会法制工作委员会意见，得到了有力指导和帮助。

《民法典总则编解释》的起草，严格遵循了《最高人民法院关于司法解释工作的规定》中的要求，始终坚持广泛听取意见，确保条文内容最大限度凝聚共识，经得起检验。一是紧扣立法本意。充分尊重、全部采纳全国人大常委会法制工作委员会意见。二是突出强基导向、实践导向。七次法院系统研讨会有五次是在中、基层人民法院召开，听取二百余名一线审判业务专家意见。三是注重吸收学术成果。四次专家论证会涵盖老中青三代民法学者代表，累计二百余人次参与论证。邀请中国人民大学法学院、中国社会科学院法学研究所、清华大学法学院、中国政法大学民商经济法学院有关专家参加起草论证工作，提供咨询意见。

起草《民法典总则编解释》，主要是为了解决三个方面问题：一是确保《民法典》与旧法的有序衔接。《民法典》施行后，《民法通则》《民法总则》《合同法》等法律废止，最高人民法院相应废止了《民法通则意见》《合同法解释（一）》《合同法解释（二）》等司法解释。但这些司法解释中仍有不少条文与《民法典》一致，在审判实践中仍有重要指导价值，有必要予以保留并梳理整合，以免出现法律衔接适用空档，影响《民法典》实施。二是系统梳理人民法院在长期司法实践中总结积累的经验智慧。《民法典》采取编纂式立法技术，大多数条文是对原有法律的承继。人民法院在适用这些法律规定处理民事纠纷时积累了许多行之有效的经验，有必要将此一并纳入，以更好地实现统一裁判尺度的目的。比如，关于表见代理的具体适用，最高人民法院2009年发布的《关于当前形势下审理民商事合同纠纷案件若干问题的指导意见》作出细化规定，历经十余年的审判实践检验，有必要吸收到《民法典总则编解释》中。基于同样考虑，《全国法院民商事审判工作会议纪要》中的一些规定精神也被吸收到这部司法解释中。三是回应《民法总则》施行后亟待明确的具体法律适用问题。《民法典》总则编的绝大多数规定源自《民法总则》，已实施了四年多。其间，人民法院积累了丰富的审判经验，也发现了一些亟待统一规范的具体法律适用问题。特别是，《民法典》总则编凝练了民事法律制度中具有普遍适用性和引领性的规则，集中体现了民法典严谨逻辑体系中“总”的特点和规律，这就要求各级人民法院牢固树立体系化思维，准确把握《民法典》总则编与各分编、民法典与其他民商事法律、基本原则与具体规定之间的适用逻辑关系。上述三个方面的目的，归根结底是为了统一民事案件裁判尺度，更好地贯彻实施《民法典》，维护《民法典》权威。

《民法典总则编解释》共39条，分为一般规定、民事权利能力和民事行为能力、监护、宣告失踪和宣告死亡、民事法律行为、代理、民事责任、诉讼时效和附则九个部分。主要有以下三个特点：

一是理念上大力弘扬社会主义核心价值观。通过细化习惯的适用规则、监护制度、民事法律行为、民事责任、诉讼时效等制度规则，将社会主义核心价值观贯穿始终，彰显《民法典》强调公平正义、倡导诚实守信的价值导向。特别是细化了正当防卫、紧急避险、见义勇为的制度规则，进一步在“扶不扶”“劝不劝”“追不追”“救不救”“为不为”“管不管”等问题上亮明态度，坚决防止“和稀泥”，让司法有力量、有是非、有温度，让群众有温暖、有遵循、有保障。

二是内容上突出强调权利保护。贯彻以人民为中心的发展思想，将自然人的权利保护置于中心位置，从保护未成年人、胎儿利益，规范权利的行使，平衡失踪人与利害关系人利益等方面作出系统规定，体现了人民至上的司法立场。

三是形式上体现小而精的起草思路。始终坚持以问题为导向、以审判执行需求为出发点、以准确理解和适用《民法典》为原则，不追求大而全的体系，不追求一揽子解决所有问题，而是聚焦总则编适用中审判实践亟待解决、有较为丰富的实践基础，且能够最大限度凝聚共识的问题明确相应的法律适用规则。

最高人民法院研究室负责人就《最高人民法院关于适用〈中华人民共和国民法典〉总则编若干问题的解释》答记者问

2022年2月25日，最高人民法院发布了《最高人民法院关于适用〈中华人民共和国民法典〉总则编若干问题的解释》（以下简称《民法典总则编解释》）。制定《民法典总则编解释》，是最高人民法院深入学习贯彻习近平法治思想，切实实施《民法典》，依法保护民事主体合法权益，确保法律统一正确适用的重要举措。最高人民法院研究室负责人就《民法典总则编解释》有关问题回答了记者提问。

一、问：习近平总书记指出，要坚持依法治国和以德治国相结合，把社会主义核心价值观融入法治建设。据悉，此次《民法典总则编解释》特别强调弘扬社会主义核心价值观，这主要体现在哪些方面？

答：习近平总书记指出，要推动把社会主义核心价值观贯穿立法、执法、司法、守法各环节，使社会主义法治成为良法善治。《民法典总则编解释》通篇都践行了社会主义核心价值观。具体主要体现在如下几个方面：

一是倡导文明观念，弘扬良好社会风尚。随着时代发展，权利的内涵日益丰富，行使方式也更加多样，与此同时，权利滥用的情况也时有发生。比如，有的民事主体为保护自身权益私装摄像头拍摄、窥视他人的私密活动，就构成对他人隐私权的侵害。根据实践需要，在综合各方意见基础上，本解释第3条对滥用民事权利的具体认定和法律后果作出规定，为相关案件的审理提供统一的裁判标准，也起到行为导向作用，促进形成依法文明行使权利的良好风尚。

二是践行平等理念，细化权利保护规则。本解释将平等保护权利，特别是自然人权利置于突出位置。比如，根据“最有利于被监护人的原则”细化了监护制度，在民事法律行为和代理制度部分强化了对善意相对人的保护，在诉讼时效部分中细化了无民事行为能力人或者限制民事行为能力人的权利受到损害时的诉讼时效期间起算规则。

三是贯彻诚信原则，维护交易安全。诚信原则是社会主义核心价值观在民事法律制度中的重要体现。《民法典总则编解释》关于权利滥用、重大误解、欺诈、表见代理等认定规则，均贯彻了诚信原则的要求。比如，本解释第21条在传承《最高人民法院关于贯彻执行〈中华人民共和国民法通则〉若干问题的意见（试行）》有关欺诈规定的基础上，明确了负有告知义务而故意不告知的，可以认定为欺诈。这里的告知义务的来源，包括了法律规定、交易习惯和诚信原则等。

四是褒扬友善品格，鼓励好人好事。本解释在民事责任部分作出细化规定，明确了防卫过当造成不应有损害的，防卫人只承担部分责任，以及见义勇为受益人适当补偿数额的确定规则等。主要目的就是通过明确认定标准和责任承担，鼓励民事主体依法积极保护自己和他人的合法权益。这些规则就社会生活中应当提倡什么、反对什么、禁止什么，亮明了司法的态度，集中体现了“弘扬真善美、鞭笞假恶丑”的价值导向，有利于发挥司法裁判的评价、指引、规范功能。

二、问：总则编是《民法典》的总纲，具有统领性、基础性作用。《民法典》总则编与各分编、《民法典》与其他民商事法律的适用关系，以及《民法典》基本原则的适用一直受到普遍关注。请问，本解释对这一问题是如何考虑的？

答：《民法典》具有严密的逻辑性和科学的体系性，广大法官应当牢固树立法典化思维，准确把握《民法典》总则编“总”的规律和特点，准确把握《民法典》与其他民事法律之间的关系，准确把握《民法典》各编之间以及民事法律具体规范与基本原则之间的关系。基于总则编在《民法典》中的统领地位，对上述问题予以回应，自然成为本解释规定的重中之重。对此，我们经过广泛调研论证，在本解释第1条专门作出规定。

一是关于总则编与其他各编的适用关系。《民法典》其他各编主要围绕具体权利展开，相对于总则编的民事权利一章属于具体规定，应当适用各编规定；而总则编的民事权利能力、民事行为能力等规定，其他各编并没有相应具体规定，此时总则编的规定具有直接适用的效力。有些规则虽然其他各编没有规定，但根据民事法律关系的性质则不得适用总则编的规定。

二是关于《民法典》与其他民事法律的适用关系。对于同一民事关系，其他民事法律的规定属于对《民法典》相应规定的细化，或者《民法典》明确规定适用其他法律的，应当适用该法律的规定。比如，《民法典》第1165条第2款规定：“依照法律规定推定行为人有过错，其不能证明自己没有过错的，应当承担侵权责任。”而《个人信息保护法》第69条第1款明确规定了处理个人信息侵害个人信息权益造成损害，适用过错推定责任。对此类纠纷，就应当适用《个人信息保护法》的规定。这是在符合《立法法》第94条规定精神的前提下，遵循《民法典》第11条的规定，进一步明确民法典与其他民事法律之间的法律适用关系问题。

三是关于具体规定与基本原则之间的适用关系。《民法典》所规定的基本原则能否直接作为裁判规范以及如何作为裁判规范一直有争议。本解释第1条第3款在梳理有关学术成果、实务做法、各方意见的基础上，明确了法律有具体规定的，“应当”适用该具体规定；法律没有具体规定时“可以遵循”基本原则。采用“可以遵循”基本原则的表述，使得条文内容更具包容性，也与法律没有具体规定时，运用法律解释方法确定适用或者参照适用其他具体规定的做法相一致。

三、问：未成年人健康成长问题一直为全社会共同关注。监护制度是《民法典》的亮点内容，对于保护未成年合法权益具有重要意义。请问，本解释是如何回应实践需要，将这一亮点内容落地落实的？

答：未成年人是国家的未来，民族的希望。未成年人的健康成长，关系亿万家庭的幸福安宁，关系社会的和谐稳定。

《民法典》总则编在第二章自然人下专设监护一节，使父母子女之间的法律义务进一步明确，有利于保护未成年子女的健康成长。为践行最有利于被监护人的原则，准确适用《民法典》监护制度，本解释专设8个条文予以规定。比如，关于遗嘱指定监护人，考虑到被监护人是未成年人的，担任被监护人的父母中的一方通过遗嘱指定监护人，遗嘱生效时是按照法定监护由有监护能力的另一方担任监护人，还是按照遗嘱确定监护人，实践中存有争议。为避免未成年子女面临监护真空，本解释第7条第2款明确此时父母中有监护能力的一方为当然的法定监护人。又如，关于协议确定监护人，本解释第8条第1款明确规定有监护能力的父母不得通过协议监护的方式，免除自身对于未成年子女的监护职责。再如，关于监护职责委托行使，为防止监护人逃避监护职责，本解释第13条明确受托人不因监护职责委托行使而成为监护人，强调监护人身份不因监护职责委托行使而改变。

此外，本解释第5条关于行为与年龄、智力、精神健康状况相适应的认定，以及第36条、第37条关于无民事行为能力人、限制民事行为能力人诉讼时效期间的起算、对法定代理人诉讼时效期间的补充规定等规则，也是践行未成年人利益最大化原则的体现。

四、问：我们注意到本解释第28条就表见代理的具体适用作出了专门规定。能否介绍一下制定本条有什么考虑？

答：表见代理制度是信赖保护的一项重要制度，对于保护善意相对人利益、维护交易安全具有重要作用。如何认定“相对人有理由相信行为人有代理权”，是适用表见代理制度的关键问题。对此，本解释第28条第1款以《关于当前形势下审理民商事合同纠纷案件若干问题的指导意见》第13条规定为基础，结合理论研究成果和司法实务经验，明确了认定“相对人有理由相信行为人有代理权”的两个条件：一是存在代理权的外观；二是相对人不知道行为人行为时没有代理权，且无过失。对上述两种情形的认定需要结合代理行为存在诸如合同书、公章、印鉴等有权代理的客观表象形式要素，以及合同的缔结时间、以谁的名义签字、是否盖有相关印章及印章真伪、标的物的交付方式与地点等因素综合判断。

此外，本解释第28条第2款还明确了相对人对行为人实施民事法律行为时存在代理权的外观承担举证责任，被代理人就相对人不构成善意承担举证责任。这一规则既吸收了司法实务中的经验做法和学术界的研究成果，也与《最高人民法院关于适用〈中华人民共和国民法典〉物权编的解释（一）》有关善意取得规定的基本思路一致。

解读《最高人民法院关于适用〈中华人民共和国民法典〉总则编若干问题的解释》

郭　锋　陈龙业　蒋家棣　刘　婷*

为正确审理民事案件，依法保护民事主体的合法权益，维护社会和经济秩序，2021 年 12 月 30 日，最高人民法院审判委员会第 1861 次全体会议审议通过了《最高人民法院关于适用〈中华人民共和国民法典〉总则编若干问题的解释》（法释〔2022〕6 号，以下简称《民法典总则编解释》），自 2022 年 3 月 1 日起施行。为便于广大法官在司法实践中正确理解与适用，现就《民法典总则编解释》的起草背景和过程、基本原则、主要内容，以及有关重点问题作出阐述。

一、《民法典总则编解释》起草的背景和过程

《民法典》是在以习近平同志为核心的党中央坚强领导下取得的新时代我国社会主义法治建设重大成果。2020 年 5 月 29 日，习近平总书记在中共中央政治局第二十次集体学习时的重要讲话中强调指出："民法典实施水平和效果，是衡量各级党和国家机关履行为人民服务宗旨的重要尺度"，"要及时完善相关民事司法解释，使之同民法典及有关法律规定和精神保持一致，统一民事法律适用标准。"为深入学

* 作者单位：最高人民法院、江苏省南通市中级人民法院。

习贯彻习近平法治思想和习近平总书记重要讲话精神，指导全国各级人民法院统一正确实施《民法典》，2020 年 6 月最高人民法院启动司法解释全面清理工作，并同步启动《民法典总则编解释》的起草工作。

在起草初期，最高人民法院有关部门对标《民法典》的规定，对《民法通则意见》《合同法解释（一）》《合同法解释（二）》等司法解释的每一个条文提出废、改、留的意见，并组织专家进行逐条研讨，后将拟保留或修改后保留的条文送全国人大常委会法制工作委员会征求意见，形成《民法典总则编解释》的初稿。

2021 年 3 月，最高人民法院向各高级人民法院发出通知，征集总则编适用问题及起草建议。此后，根据反馈意见和《全国法院贯彻实施民法典工作会议纪要》的有关内容，起草形成了《民法典总则编解释（修改稿）》，并先后召开 7 次法院系统座谈会、4 次民法学专家研讨会、1 次由审判业务专家代表和法学专家代表共同组成的封闭改稿会。11 月，最高人民法院先后征求了院内各相关部门、全国各高级人民法院意见，并送中宣部、中政委、中央依法治国办、最高人民检察院、公安部、司法部、民政部、市场监管总局、中国法学会、中国社科院、全国工商联等有关单位征求意见，后又进一步征求中国法学会民法学研究会的意见，两次书面征求全国人大常委会法制工作委员会的意见，最终形成送审稿，提交最高人民法院审判委员会讨论通过。

二、《民法典总则编解释》起草的基本原则

为确保《民法典总则编解释》严格遵循《民法典》规定精神，切实解决司法实践中具有一定普遍性的法律适用问题，《民法典总则编解释》的起草始终遵循以下基本原则：

（一）坚持正确政治方向

全面深入贯彻习近平法治思想和习近平总书记关于贯彻实施《民

法典》的重要讲话精神，将以人民为中心的发展思想贯穿始终。例如，我们通过规定权利滥用的认定与法律后果，细化监护制度适用规则，明确民事责任的认定，突出了权利保护理念。

（二）坚持严格依法

充分尊重、全部采纳立法机关意见，确保准确理解贯彻《民法典》的立法意图。坚守不创设新规则的基本立场，只根据民商事审判工作的实际需要对总则编制度作配套补充细化，确保《民法典》总则编的新增亮点制度在司法审判中准确落实、落地。

（三）坚持问题导向和强基导向

坚持以解决司法实践中的突出问题为出发点，以指导各级人民法院准确适用《民法典》为落脚点，注重听取法院系统尤其是中基层法院一线审判业务专家或者骨干的意见。在条文规范上尽量给予清晰明确的指引，对法官裁量权予以必要限制；对于不宜或者无法作出“一刀切”规定的，采取动态系统论的思路，细化适用节点和参考因素，为法官适用法律提供指引。

（四）坚持充分研究论证

一方面，坚持理论与实践相结合。通过类案检索、学术资料整理和专家论证的方式，确保条文设计均有人民法院典型案例和主流学术观点支撑；另一方面，坚持解决国内问题与借鉴域外经验相结合，广泛研究借鉴德国、日本、法国等二十多个国家或地区的民法典等域外规则设计。

三、《民法典总则编解释》的主要内容和特点

（一）主要内容

起草总则编司法解释，主要是为了解决三个方面的问题：

1. 确保《民法典》与旧法的有序衔接

《民法典》施行后，《民法通则》《民法总则》《合同法》等法律废止，最高人民法院相应废止了《民法通则意见》《合同法解释（一）》《合同法解释（二）》等司法解释。但这些司法解释中仍有不少条文与《民法典》一致，在审判实践中仍有重要指导价值，有必要予以保留并梳理整合，以免出现法律衔接适用空当，影响《民法典》的实施。

2. 系统梳理人民法院在长期司法实践中总结积累的经验智慧

《民法典》采取的是编纂式的立法技术，大多数条文是对原有法律的承继。人民法院在适用这些法律规定处理民事纠纷时积累了许多行之有效的经验，有必要将此一并纳入，以更好地实现统一裁判尺度的目的。比如，关于表见代理的具体适用，最高人民法院2009年发布的《关于当前形势下审理民商事合同纠纷案件若干问题的指导意见》作出了细化规定，历经十余年的审判实践检验，一些内容有必要吸收到《民法典总则编解释》中。基于同样的考虑，《全国法院民商事审判工作会议纪要》中的一些规定精神也被吸收到《民法典总则编解释》当中。

3. 积极回应《民法总则》施行后亟须明确的具体法律适用问题

《民法典》总则编的绝大多数规定源自《民法总则》，实际上已实施了四年多。其间，人民法院积累了丰富的审判经验，也发现了一些亟须统一规范的具体法律适用问题。特别是，《民法典》总则编凝练了民事法律制度中具有普遍适用性和引领性的规则，集中体现了《民法典》严谨逻辑体系中“总”的特点和规律，这就要求各级人民法院牢固树立体系化思维，准确把握《民法典》总则编与各分编、《民法典》与其他民商事法律、基本原则与具体规定之间的适用逻辑关系。上述三个方面的目的，归根结底是为了统一民事案件裁判尺度，更好地贯彻实施《民法典》，维护《民法典》权威。

《民法典总则编解释》共39条，分为一般规定、民事权利能力和民事行为能力、监护、宣告失踪和宣告死亡、民事法律行为、代理、民事责任、诉讼时效和附则9个部分。其中，第一部分一般规定共3条，主要针对《民法典》总则编“总”的特点，对实践中法官普遍感到难以把握的民事法律适用规则、习惯作为法源的适用、滥用民事权利的认定与法律后果等一般性问题作出规定。第二至第四部分属于对总则编自然人制度中有关民事权利能力和民事行为能力、监护、宣告失踪和宣告死亡等具体规则的细化规定。通过解决诉讼保护胎儿利益问题，遗嘱指定监护人、协议确定监护人、指定监护、意定监护等监护制度适用问题，以及申请宣告失踪、宣告死亡的利害关系人范围确定等问题，实现对胎儿、被监护人、失踪人及利害关系人的权利保护。第五、第六部分属于对总则编民事法律行为和代理制度中有关具体规则的配套、细化规定。该部分主要是在《民法通则意见》《合同法解释（二）》等基础上，立足理论进步与实践发展，重点解决重大误解、欺诈、胁迫的认定，以及无权代理、表见代理的具体适用等问题，突出保护善意相对人的利益。第七、第八部分属于对总则编民事责任制度和诉讼时效制度中有关规则的细化规定。重点解决防卫过当、避险不当的认定标准、见义勇为受益人适当补偿数额的确定等问题，并对无民事行为能力人、限制民事行为能力人的权利受损害时诉讼时效期间的起算作出补充规定。第九部分附则规定了《民法典总则编解释》的施行时间为2022年3月1日，以及适用案件范围。

（二）特点

《民法典总则编解释》的条文内容，主要有以下三个显著特点：

1. 理念上大力弘扬社会主义核心价值观

通过细化习惯的适用规则、监护制度、民事法律行为、民事责任、诉讼时效等制度规则，将社会主义核心价值观贯穿始终，彰显《民法典》强调公平正义、倡导诚实守信的价值导向。特别是细化了正当防卫、紧急避险、见义勇为的制度规则，进一步在“扶不扶”“劝不劝”“追不追”“救不救”“为不为”“管不管”等问题上亮明态度，坚决防止“和稀泥”，让司法有力量、有是非、有温度，让群众有温暖、有遵循、有保障。

2. 内容上突出强调权利保护

贯彻以人民为中心的发展思想，将自然人的权利保护置于中心位置，从保护未成年人、胎儿利益，规范权利的行使，平衡失踪人与利害关系人利益等方面作出系统规定，体现了人民至上的司法立场。

3. 形式上体现小而精的起草思路

始终坚持以问题为导向、以审判执行需求为出发点、以准确理解和适用《民法典》为原则，不追求大而全的体系，不追求“一揽子”解决所有问题，而是聚焦总则编适用中审判实践亟须解决、有较为丰富的实践基础，且能够最大限度凝聚共识的问题，明确相应的法律适用规则。

四、一般规定部分的重点内容

本部分主要是对人民法院适用民事法律、习惯和禁止权利滥用原则作出指引，对司法实践中的重点难点问题作出回应。

（一）民事法律适用规则

《民法典》呈现鲜明的总分结构，不仅在总则编规定了整个法典的一般性规则，在各分编中也是先规定一般性规则，再规定具体规则或者特别规则。这种提取公因式的立法技术，使得民事法律规范在呈现法典化、体系化特征时，也增加了法官“找法”的难度。为帮助广大法官适应《民法典》的体系性，树立法典化思维，《民法典总则编解释》第1条在明确《民法典》各编适用关系的同时，也对《民法典》与其他民事法律的适用问题、法律具体规则与基本原则的适用问题作出规定。

准确把握《民法典》总则编与各分编的适用关系，首先要明确《民法典》总分式架构的内在逻辑。从体系上讲，总则编主要是围绕主体、客体、法律行为、民事责任等法律关系的基本要素展开，而有关具体的民事权利、义务内容则规定在各分编中。① 各分编的具体规定通常可以直接适用于案件审理，但当各分编没有相应的具体规定时，往往需要适用总则编中的一般规定。例如，在处理某一具体的合同纠纷案件时，先要到《民法典》合同编的典型合同分编中查找是否存在与该合同有关的特别规定。如果有，就要优先适用特别规定，只有在没有找到特别规定时，才能适用合同编通则部分的规定；也只有在合同编通则部分没有特别规定时，才能适用总则编关于法律行为与代理的一般规定。② 当然，并非所有各分编未具体规定的问题都可以适用总则编的规定，尤其是涉及身份关系的情形。因此，《民法典总则编解释》第 1 条第 1 款规定："民法典第二编至第七编对民事关系有规定的，人民法院直接适用该规定；民法典第二编至第七编没有规定的，适用民法典第一编的规定，但是根据其性质不能适用的除外。"

关于《民法典》与其他民事法律的适用关系，《民法典》第 11 条规定："其他法律对民事关系有特别规定的，依照其规定。"这就明确了特别法优先于一般法的原则。但应当注意，在《民法典》未明确规定适用其他法律的情况下，适用单行法的前提是单行法的规定属于对《民法典》相应规定细化的规定，且不能违反《民法典》的规定，如此才能体现出《民法典》基础性法律的地位。③ 同时，根据《立法法》第 94 条第 1 款的规定，法律之间对同一事项的新的一般规定与旧

---

① 王利明：《以法律关系为主线构建民法典总则体系》，载《社会科学文摘》2016 年第 1 期。

② 刘贵祥：《民法典适用的几个重大问题》，载《人民司法》2021 年第 1 期。

③ 王利明：《一部有力保障民法典总则编实施的司法解释——评〈最高人民法院关于适用《中华人民共和国民法典》总则编若干问题的解释〉》，载《人民法院报》2022 年 2 月 27 日。

的特别规定不一致，不能确定如何适用时，由全国人民代表大会常务委员会裁决。为指导各级人民法院正确适用《民法典》第11条的规定，处理好《民法典》与其他民事法律的适用关系，《民法典总则编解释》第1条第2款明确了以下两种规则：（1）对于同一民事关系，其他民事法律的规定属于对《民法典》相应规定的细化的，应当适用该民事法律的规定。例如，《民法典》第1165条第2款规定："依照法律规定推定行为人有过错，其不能证明自己没有过错的，应当承担侵权责任。"而《个人信息保护法》第69条第1款明确规定了处理个人信息侵害个人信息权益造成损害，适用过错推定责任。对此类纠纷，就应当适用《个人信息保护法》的这一规定。又如，《电子签名法》第28条关于侵害电子签名人利益归责原则的规定就构成了对《民法典》第1165条第2款有关过错推定责任规定的细化，此时应当适用《电子签名法》的规定。需要注意的是，这里的"民事法律"实质上是指民商事法律。[①]（2）《民法典》规定适用其他法律规定的，适用该法律的规定。因为在此种情形下，《民法典》已经作出了适用其他法律的指引或者授权，此时适用其他法律的规定也不存在与《立法法》规定相冲突的问题。例如，《产品质量法》第45条规定，因产品存在缺陷造成损害要求赔偿的诉讼时效期间为2年，《民法典》第188条明确"法律另有规定的，依照其规定"，此时应当适用《产品质量法》的规定。

《民法典总则编解释》第1条第3款主要解决民事法律具体规定与基本原则的关系问题。就《民法典》所规定的基本原则能否直接作为裁判规范以及如何作为裁判规范一直存在争议。本款在梳理有关学术成果、实务做法、各方意见的基础上，明确了法律有具体规定的，"应当"适用该具体规定；法律没有具体规定时"可以遵循"基本原

① 于飞：《"民法典总则编解释第一条评析"——民法适用的体系化》，载《人民法院报》2022年3月1日。

则。采用“可以遵循”基本原则的表述，使得条文内容更具包容性，也与法律没有具体规定时运用法律解释方法确定适用或者参照适用其他具体规定的做法相一致。通常而言，基本原则的适用可以与有关法律解释和漏洞填补方法相结合，在没有可以适用或者参照适用的具体条文的情况下，可以遵循基本原则的规定。有学者认为，对于纠纷的处理缺乏具体法律规定的情况下，可以结合习惯、法律原则等创造尚未由立法计划所预测或者完成的法律规则，进而填补漏洞。[①] 这一见解较有道理，值得在审判实践中紧密结合《民法典》的制度体系和规定精神进行有益探索。因此，有必要注意的是，在审判实践中对于法律没有具体规定的情形，并非当然直接适用基本原则。

（二）习惯作为法源的适用

根据《民法典》第 10 条的规定，处理民事纠纷可以适用习惯，明确了习惯可以作为法源适用。在我国审判实践中，习惯作为法源多见于与丧葬事宜相关的案件，比如遗体瞻仰、告别、吊唁、祭奠。[②] 需要注意的是，此处所讲的习惯不同于当事人之间形成的交易习惯，要求可以作为裁判依据。

关于习惯的认定，是人民法院适用习惯时首要明确的标准问题。对此，《民法典总则编解释》第 2 条第 1 款规定作为法源意义上的习惯，通常表现为民间习俗、惯常做法等，其核心要义在于能够在一定范围内为特定群体长期确信并自觉遵守。这就意味着，判断是否构成民法法源的习惯，关键在于该习俗或者做法是否具备两方面的条件：一是是否具有长期性、恒定性、内心确信性，二是是否具有具体行为

① 王利明：《法律解释学导论：以民法为视角》，法律出版社 2009 年版，第 45～46 页。

② 参见浙江省绍兴市中级人民法院（2012）浙绍民终字第 950 号民事判决；江苏省南通市中级人民法院（2015）通中民终字第 00832 号民事判决。

规则属性，即并非宽泛的道德评价标准，能够具体引导人们的行为。①

关于习惯的证明，主要涉及举证责任的分配问题。对于习惯是否存在、何为习惯的具体内容，这首先是一项事实问题。因此，当事人主张适用习惯的，应当根据《民事诉讼法》第67条第1款的规定提供证据，必要时，人民法院可以依职权查明。正如王泽鉴先生所言，主张习惯法者，对于习惯法的存在，“固应负举证责任，惟法律亦应依职权调查之。”② 调研中有意见认为，习惯作为法源，应当由法官依职权查明。我们经研究未采纳上述意见，主要是考虑到我国幅员辽阔、风俗多样，人员流动情况复杂，法官事实上难以真正了解掌握当地习惯的情况。采取以由当事人主张并提供证据为主、人民法院依职权查明为辅的方式，不仅符合《民事诉讼法》第67条第2款的规定精神，也是立足我国国情，确保《民法典》第10条规定有效施行的可行做法。

关于习惯的适用，《民法典》明确习惯要作为裁判依据，必须是在法律没有具体规定的前提下，且该习惯不得违背公序良俗。由于我国历史悠久，不少习惯中文明与糟粕并存，有必要对习惯的适用采取审慎的态度。为此，《民法典总则编解释》第2条第3款明确“适用习惯，不得违背社会主义核心价值观，不得违背公序良俗”。

（三）滥用民事权利的认定与法律后果

《民法典》第132条规定禁止权利滥用，为权利设定了范围，明确了权利行使的边界。考虑到该规定是指导民事主体依法行使民事权利的一般准则，具有较强的原则性和抽象性，有必要在司法适用时进一步具体化，《民法典总则编解释》在第3条的位置对滥用民事权利的认定与法律后果问题作出规定。

---

① 王利明：《论习惯作为民法渊源》，载《法学杂志》2016年第11期。

② 王泽鉴：《民法总则》，中国政法大学出版社2001年版，第57～58页。

在学理上，禁止权利滥用原则通常被认为是诚信原则的具体化表现之一，衡量权利是否滥用应围绕诚信原则展开，① 但诚信原则属于抽象性法律原则，法官在适用时仍需具体判断。为解决实务中如何认定构成权利滥用的问题，《民法典总则编解释》第3条第1款、第2款对滥用民事权利的认定作出规定。第1款采用动态系统论的思路，明确人民法院在判断是否构成权利滥用时，可以从权利行使的对象、目的、时间、方式、造成当事人之间利益失衡的程度等因素予以考量。例如，在姚某与潘某相邻损害防免关系纠纷中，姚某安装的可视门铃对潘某进出住宅等活动信息进行自动记录、存储，超出了防盗的必要范围和合理限度，法院认定构成滥用民事权利。② 此即从权利行使的目的、方式、造成当事人之间利益失衡的程度等角度，对当事人行使权利是否超出合理范围作出的界定。第2款主要是从损害目的的角度对人民法院应当认定构成权利滥用的特定情形作出明确。比较法上，《德国民法典》《俄罗斯民法典》明确权利滥用为“专以加害（损害）他人为目的”行使权利。我国学界也认为，权利滥用正是民事主体利用权利的合法形式，来实现损害他人或社会之目的。③ 据此，解释明确，行为人以损害国家利益、社会公共利益、他人合法权益为主要目的行使民事权利的，构成权利滥用。在此需要说明的是，凡符合第2款规定情形的，应当认定构成滥用民事权利；当存在第2款规定以外情形的，应根据第1款规定的参考因素，结合具体案情认定是否构成滥用民事权利。如在一则案例中，被告将厨房改为厕所后，导致其厕所位于原告厨房之上，引起原告心理不适。此时因不能证明被告有损害原告利益之目的，难以直接适用第2款规定，但其权利行使方式明

---

① 陈甦主编：《民法总则评注》，法律出版社2017年版，第910页。

② 参见江苏省无锡市中级人民法院（2019）苏02民终5307号民事判决书；江苏省无锡市梁溪区人民法院（2019）苏0213民初6264号民事判决书。

③ 佟柔主编：《中国民法学·民法总则（修订版）》，人民法院出版社2008年版，第52页。

显不当，法院判决其恢复原状。①

关于滥用民事权利的法律后果。学界多认为，权利滥用的效果以承认权利存在而否认其行使为原则，以权利丧失为例外。② 滥用权利行为将发生两方面的后果：一是不能发生行为人预期的法律效果，二是造成他人损害将承担法律责任。③ 我们经过多次研究论证后，在本解释第3条第3款规定“构成滥用民事权利的，人民法院应当认定该滥用行为不发生相应的法律效力”。换言之，权利行使本来应产生的效果，因其滥用的关系，法律遂不使之发生。④ 但需注意的是，此处否定的应产生的效果限于该滥用行为，并不包括在合理范围内的权利行使部分。另考虑到滥用民事权利可能造成他人损害，权利滥用者应当承担相应的民事责任，故《民法典总则编解释》选取此情形中适用法律的典型领域，列明适用《民法典》侵权责任编的规定。当然，滥用民事权利危及他人人身、财产安全的，不仅涉及《民法典》侵权责任编的适用，还可能涉及人格权编、物权编等有关规定，对于公司股东滥用公司法人独立地位和股东有限责任损害公司债权人的利益等情形，更涉及《公司法》的有关规定，对此直接按照相应规定处理即可，难以一一列举，故使用“等”字予以概括，避免条文过于烦琐。

五、监护部分的重点内容

《民法典》确立了“以家庭监护为基础，以社会监护为补充，以国家监护为兜底”的监护制度体系。为将监护制度准确落实、落地，《民法典总则编解释》从监护能力的认定、监护人的确定、监护职责的委托行使等角度作出了补充规定。其中，遗嘱指定监护人、协议确

① 参见江西省赣州市中级人民法院（2021）赣07民终4407号民事判决书。

② 梁慧星：《读条文 学民法》，人民法院出版社2017年版，第60页。

③ 王利明：《民法总则研究》，中国人民大学出版社2018年版，第45页。

④ 钱玉林：《禁止权利滥用的法理分析》，载《现代法学》2002年第1期。

定监护人、意定监护属于当事人通过意思自治确定监护人的方式，为加强相关规则适用，《民法典总则编解释》第7条、第8条、第11条作出进一步细化规定。

（一）遗嘱指定监护人

《民法典总则编解释》第7条关于遗嘱指定监护人的规定，旨在解决以下两种情形中的监护人确定问题：一是遗嘱生效时，被指定的人不同意担任监护人；二是被监护人是未成年人时，父母中的一方通过遗嘱指定监护人，因而与遗嘱生效时有监护能力的另一方的法定监护人之间产生冲突。

对于第一种情形，《民法典总则编解释》第7条第1款明确，人民法院应当适用《民法典》第27条、第28条的规定确定监护人。在此需要说明的是：（1）关于被指定的人拒绝担任监护人的权利。按照遗嘱的性质，遗嘱人订立遗嘱无论是自书遗嘱还是公证遗嘱，均不要求事先征得拟指定的人（个人或者组织）同意，依据意思自治原则，遗嘱内容公开后被指定的个人或者组织可以拒绝担任监护人。① 且对被指定人而言，担任监护人意味着重大的法律职责，应充分考虑其自愿性，应当允许其拒绝接受指定。② 在比较法上，《魁北克民法典》第202条第2款规定、第203条规定更是直接明确了遗嘱指定监护人应当考虑被指定的人的意愿（《魁北克民法典》第202条第2款规定：如被指定人知悉指定后30日内未拒绝，推定为接受职责。第203条规定：父亲或母亲指定的监护人接受或拒绝监护职责，应告知遗产清算人和公共保佐人）。（2）关于被指定的人拒绝担任监护人时的监护人确定规则。被指定的人拒绝接受指定的，应当视为没有遗嘱指定监护人，故应当按照法律的规定，即适用《民法典》第27条、第28条的

① 梁慧星：《民法总则讲义》，法律出版社2021年版，第68页。

② 满洪杰：《〈民法总则〉监护设立制度解释论纲》，载《法学论坛》2018年第3期。

规定确定监护人。

对于第二种情形，为减少实践争议，《民法典总则编解释》第7条第2款明确人民法院应当适用《民法典》第27条第1款的规定确定监护人，即由父母中有监护能力的另一方担任监护人。这主要是考虑到，父母担任未成年子女的法定监护人是无条件的，只有在父母死亡或者没有监护能力的情况下，才可以由其他组织或者有关组织担任监护人。①

（二）协议确定监护人

《民法典》第30条规定，依法具有监护资格的人之间可以协议确定监护人。由于《民法典》第27条第1款明确规定未成年人的父母为其监护人，故未成年人的父母有监护能力的，当然不得与其他人签订协议，确定由其他人担任监护人，推卸自身责任。② 为此，《民法典总则编解释》第8条第1款对未成年人的父母协议确定监护人的权限作出规定，明确父母不得通过协议免除该具有监护能力的父母的监护职责，而仅得约定在其丧失监护能力时由具有监护资格的人担任监护人。这既兼顾父母了对未成年子女负有法定监护职责的要求，也体现了对父母预先安排未成年子女监护问题的尊重。

关于以协议监护方式确定的监护人能否突破法定监护顺序的问题，有观点认为，有权协商的人，必须是根据《民法典》第27条和第28条有监护资格的人，而且应当遵守这两条关于监护顺位的规定，即必须先由上一顺位的数位具有监护资格的人进行协商。③ 这就意味着，协议确定的监护人将受到监护顺序的限制。也有观点认为，这一解释，

① 黄薇主编：《中华人民共和国民法典释义》，法律出版社2020年版，第58页。

② 黄薇主编：《中华人民共和国民法典总则编释义》，法律出版社2020年版，第82页。

③ 王利明主编：《中华人民共和国民法总则详解》，中国法制出版社2017年版，第142页。

对于监护顺序的理解过于严苛，将以亲属血缘关系为基础的监护顺序置于被监护人的最大利益考虑之上，且不符合监护顺序弱化的发展趋势。① 我们经研究认为，《民法典》第 30 条的立法本意是在尊重被监护人真实意愿的基础上，通过依法具有监护资格的人之间的协商确定，最大限度体现最有利于被监护人原则。如对协议监护在顺序上作出严苛限制，可能因受限于法定监护顺序，而难以确定最合适的监护人，进而与《民法典》第 30 条的立法目的相悖。因此，《民法典总则编解释》第 8 条第 2 款明确，协议确定的监护人不受法定监护顺序的限制，不同顺序依法具有监护资格的人可以共同担任监护人，顺序在后的具有监护资格的人也可以经协议约定作为监护人。

（三）意定监护

意定监护，以书面的监护协议为成立要件。实践中，关于该监护协议能否参照适用委托合同的问题，一直存有争议。有观点认为，一方委托另一方当事人，在一方丧失或者部分丧失民事行为能力时，另一方为其担任监护人的协议，显然具有委托合同的属性。② 也有观点认为，意定监护协议在原则上可以适用委托合同的原理和规则，但需考虑意定监护的特别之处。因为按照意定监护的委托合同构造，委托合同仅给予受托人处理他人事务的事务管理权，不一定包括代理权授予，而意定监护中的代理权主要源于意定授权。③ 且意定监护协议具体参照适用委托合同到什么程度很难确定，比如违约责任、违约金调整以及是否区分有偿与无偿等问题，一概参照适用委托合同不够妥当。最终，《民法典总则编解释》第 11 条重点聚焦实践中普遍关注的意定

---

① 满洪杰：《〈民法总则〉监护设立制度解释论纲》，载《法学论坛》2018 年第 3 期。

② 杨立新：《民法典总则编司法解释对成年意定监护制度的完善》，载《人民法院报》2022 年 2 月 28 日。

③ 朱晓喆：《意定监护与信托协同应用的法理基础——以受托人的管理权限和义务为重点》，载《环球法律评论》2020 年第 5 期。

监护中监护协议的任意解除权问题。

1. 充分考虑监护本身包含的职责或者负担属性，以及双方当事人的信任关系是意定监护的基础等因素，参照《民法典》第 933 条关于委托合同中委托人和受托人任意解除权的规定，明确在成年人丧失或者部分丧失民事行为能力前，成年人和意定监护人均享有任意解除监护协议的权利。这是因为在监护协议生效以前，受托人尚未成为监护人，无须履行监护职责，委托人也尚处于完全民事行为能力阶段，通过意思自治原则完全能充分维护自己的权益，如果任何一方萌生解除协议的念头，强行维持的监护关系也不能最大限度地维护被监护人的利益。①

2. 明确在成年人已经丧失或者部分丧失民事行为能力的情况下，意定监护人无正当理由不享有解除监护协议的权利。这主要是考虑到，此时意定监护人已经负有依据该监护协议履行监护职责的义务，并且此处的监护职责与法定监护、指定监护规则下的监护职责在本质上具有一致性，即具有法定性乃至强制性。如仍允许监护人行使任意解除权，极易产生监护真空，使得意定监护制度功能价值大打折扣。但是如果在此情形下一概认定监护人不享有任意解除权，过于绝对，我们参考借鉴我国台湾地区“民法”的做法，增加了“无正当理由”这一限定。

考虑到成年人丧失或者部分丧失民事行为能力后，意定监护人应当开始履行监护职责，为引导意定监护人依法履行监护职责，保护被监护人的合法利益，《民法典总则编解释》第 11 条第 2 款明确了有关撤销意定监护人监护资格的规则。需要说明的是，该款规定特别注意了与《民法典》第 464 条第 2 款规定的衔接。因为意定监护系以有关监护关系的协议为基础，应当适用有关监护关系的法律规定，仅在监

① 张素华：《意定监护制度实施中的困境与破解》，载《东方法学》2020 年第 2 期。

护制度没有规定的情况下，才可以根据协议性质参照适用合同编的规定。鉴于通过意定监护和法定监护方式确定的监护人，监护行为都应当受到整个《民法典》监护制度的约束，故《民法典总则编解释》第11条第2款将对意定监护人的监督指向《民法典》第36条第1款，不仅没有突破《民法典》第36条的立法本意，还满足了对意定监护人进行监督的实践需要。有观点认为，这一规定为当事人通过协议选择监护监督人也预留了空间。如果成年人与《民法典》第36条第2款规定的其他依法具有监护资格的人，居民委员会、村民委员会、医疗机构、妇女联合会、残疾人联合会、依法设立的老年人组织、民政部门等民事主体签订意定监护监督协议，依据合同自愿原则，没有不认可其效力的理由。这既不违反法律的现行规定，又能认可意定监护监督协议的效力，对意定监护协议进行监督，更好地保护意定被监护人的合法权益。① 这一见解较有道理，在《民法典总则编解释》起草过程中，我们曾根据实践需要对监护监督制度作出规定，后因各方意见尚未完全一致而未规定，但这并不影响实践中继续探索积累经验。

六、宣告失踪、宣告死亡部分的重点内容

《民法典总则编解释》关于宣告失踪、宣告死亡部分的规定共4条，主要是对申请宣告失踪、宣告死亡的利害关系人范围，财产代管人的诉讼地位，战争期间下落不明申请宣告死亡的期间作出规定。

（一）申请宣告失踪的利害关系人

宣告失踪为对自然人失踪事实之司法确定，其具有双重目的：首先，维护失踪人自身的合法利益，使其不因财产无人管理而遭受不测之损害；其次，维护与失踪人有利害关系的当事人的合法权益，使其

① 杨立新：《民法典总则编司法解释对成年意定监护制度的完善》，载《人民法院报》2022年2月28日。

不受失踪人失踪之事实而导致的财产损害。① 因此，在确定申请宣告失踪的利害关系人范围时，应注重平衡被申请宣告失踪人与利害关系人的利益。为此，《民法典总则编解释》第14条第1项沿用了《民法通则意见》第24条的做法，明确被申请人的近亲属有权申请宣告失踪。第2项明确了依据《民法典》第1128条、第1129条规定对被申请人有继承权的亲属也有权申请宣告失踪。这是因为，《民法典》第1128条规定的代位继承人、第1129条规定的丧偶儿媳或者丧偶女婿作为典型的继承人，与被申请人存在财产上的利害关系，且难以为近亲属所涵盖，有必要予以规定。第3项主要是在《民法通则意见》有关"与被申请人有民事权利义务关系的人"的规定基础上，将债权人、债务人、合伙人作为典型的与被申请人有民事权利义务关系的民事主体予以列明，同时为防止申请宣告失踪制度的滥用，设定了"不申请宣告失踪不影响其权利行使、义务履行"的除外条件。

（二）申请宣告死亡的利害关系人

关于申请宣告死亡的利害关系人范围，《全国法院贯彻实施民法典工作会议纪要》曾专门阐释利害关系人申请宣告死亡无顺序限制的问题，对此不再赘述。《民法典总则编解释》的起草也遵循这一思路，并为防止宣告死亡制度的滥用，对申请宣告死亡的利害关系人条件作出严格限制。

考虑到宣告死亡制度对亲属身份利益的影响重大，且主要涉及继承人利益问题，《民法典总则编解释》第16条第1款明确作为第一顺序继承人的配偶、父母、子女以及依据《民法典》第1129条规定对被申请人有继承权的亲属有权申请宣告死亡。第16条第2款主要从尽量减少对近亲属间身份利益尤其夫妻身份权益方面不利影响的角度，对被申请人的其他近亲属以及依据《民法典》第1128条规定对被申

① 尹田：《论宣告失踪与宣告死亡》，载《法学研究》2001年第6期。

请人有继承权的亲属申请宣告死亡的条件作出明确。如对于被申请人的其他近亲属而言，其属于第二顺序的法定继承人，在第一顺序的法定继承人均已死亡或者下落不明时才享有继承权利，此时可认定与被申请人有利害关系。或者其他近亲属符合“不申请宣告死亡不能保护其相应合法权益”的条件的，也可以认定为利害关系人。另外，考虑到多数情况下，债权人、债务人、合伙人等的利益保护问题可以通过财产权益保护制度予以解决，不宜在申请宣告死亡方面过分“开口子”，故在第16条第3款明确了债权人、债务人、合伙人等民事主体无权申请宣告死亡的一般原则，同时结合现实需要，设有“但是不申请宣告死亡不能保护其相应合法权益的除外”的但书规定，给特殊情形下上述主体申请宣告死亡留有空间。如有学者即指出：“自改革开放以来，已经发生利害关系人出于侵占下落不明的自然人的财产、损害其他利害关系人合法权益，以及冒领其退休金、养老金、补助金等违法目的，故意不提出死亡宣告申请的社会问题。”①

七、民事法律行为部分的重点内容

《民法典总则编解释》在民事法律行为部分，对认定民事法律行为的其他形式、重大误解、欺诈、胁迫的认定，以及意思表示的误传、民事法律行为不成立的法律后果、民事法律行为附不可能条件的效力认定作出规定。

（一）重大误解

关于重大误解的认定问题，《民法典总则编解释》第19条对《民法通则意见》第71条的规定作了较大调整。调研中，关于如何构建重大误解的认定规则，有两种不同观点：一种观点主张参考比较法上的做法，强化对善意相对人的保护，严格限制行为人的撤销权，如《国

① 梁慧星：《民法总则讲义》，法律出版社2021年版，第103页。

际商事合同通则》（PICC）第3.2.2条、《欧洲合同法原则》（PECL）第4:103条、《欧洲示范民法典草案》（DCFR）第2-7:201条，以及《荷兰民法典》第6:228条等的规定，均强调相对人参与了行为人的错误认识的，应当保护行为人的真意。反之，相对人属于善意，行为人不得主张撤销。另一种观点认为，不宜对行为人的撤销权作过多限制，不论相对人是否善意，均得主张撤销，故在《民法通则意见》第71条的规定基础上适当修改即可。调研中有意见反映，限制撤销权的行使虽有一定道理，但是过于抽象，且易与欺诈等情形混淆，实践中不易操作，故我们在传承《民法通则意见》第71条规定的基础上，主要作出以下调整：

1. 增加价格作为典型的重大误解情形

这一规定旨在回应实践需求，考虑到因"薅羊毛"问题引发的经营者主张撤销合同问题，主要源于经营者在商品价格方面的标示性错误，故将价格作为重大误解的典型情形予以列举。

2. 根据调研意见适当调整重大误解中重大性的判断标准

调研中，关于重大误解中对重大的认定是否需以造成较大损失为标准，存在不同意见。有意见认为，造成较大损失是《民法通则意见》施行以来形成的共识，法官容易掌握；也有意见认为，较大损失本身很难界定，可操作性不强。我们经研究认为，重大误解的认定不应以造成或者可能造成较大损失为构成要件。例如，卖家混淆买家想购买的纪念品颜色，弄错节日带有特定意义的花束品种，虽未对买家造成重大损失，但违背了买家的交易目的，同样构成重大误解。因此《民法典总则编解释》第19条第1款明确将"重大"解释为"按照通常理解如果不发生该错误认识行为人就不会作出相应意思表示"。

3. 明确主张重大误解的举证责任和不得主张重大误解的情形

行为人主张基于重大误解请求撤销民事法律行为，应当举证证明其在实施民事法律行为时存在重大误解，同时考虑到古董买卖等交易习惯的特殊性，以及社会生活发展的复杂性，作出但书规定“根据交易习惯等行为人不能主张撤销的除外”。

（二）其他重点内容

1. 民事法律行为的其他形式

《民法典》第 135 条延续了《民法通则》《合同法》有关规定的精神，明确民事法律行为可以采取其他形式。同时《民法典》第 140 条为新增规定，明确意思表示可以通过默示或者沉默的方式作出。此前，《合同法解释（二）》第 2 条就订立合同的其他方式作出过规定。我们认为，有关“其他形式”问题，虽以合同领域为典型，但并不限于合同，故有必要在遵循《民法典》规定精神的基础上，总结《合同法解释（二）》的经验做法，上升为总则编的细化规则，并衔接好《民法典》第 135 条和第 140 条的规定，为司法实践中准确认定以其他形式实施民事法律行为作出指引。

2. 意思表示的误传

关于意思表示的误传，《民法典》未作出规定，而《民法通则意见》第 77 条的规定没有解决有关意思表示人与相对人之间的关系问题。对此，调研中有两种不同意见：一种意见认为应当参照域外立法的通行做法，按照意思表示错误（重大误解）的思路解决；另一种意见主张意思表示人与转达人之间是委托关系，可参照表见代理的规则，强调对善意相对人的保护。经研究，我们采纳了第一种意见，主要考虑是：第一，对转达错误参照表见代理的规则，缺乏明确的法律依据。第二，意思表示的转达错误属于意思表示错误范畴，通过重大误解来解决符合法理。特别是转达意思表示的第三人本质上是使者，与代理人存在显著区别，如代理人需有民事行为能力而使者无此限制。第三，符合域外法例的通行规则。

3. 欺诈、胁迫

《民法典总则编解释》在《民法通则意见》的基础上修改完善了

欺诈、胁迫的认定要件。关于欺诈的认定，主要修改是明确行为人故意隐瞒真实情况构成欺诈的，应当以其负有告知义务为前提。欺诈行为包括（故意）告知虚假情况和（故意）隐瞒真实情况两种情形，但二者在评价上不应完全相同。在前一种情形下，行为人积极地通过编造虚假事实、提供误导信息等方式使对方陷入错误认识，违反了交易磋商过程中的普遍性不作为义务，必然对相对人的意思决定自由造成严重侵害；而在后一种情形下，相对人只是因行为人消极地不提供重要交易信息而陷入错误认识，但由于双方当事人之间存在利益冲突，原则上应由相对人亲自搜寻对己方有利之交易信息，除非行为人负有主动告知的义务。[①] 需要注意的是，这里的告知义务可以来源于法律规定、诚信原则、交易习惯等。关于胁迫的认定，采纳学术界的意见，明确被胁迫人是基于恐惧心理作出意思表示。

4. 民事法律行为不成立

《民法典》第 157 条规定了民事法律行为无效、被撤销或者确定不发生效力的法律后果，调研中，部分高院建议吸收 2019 年《全国法院民商事审判工作会议纪要》第 32 条的规定，明确规定民事法律行为不成立的法律后果。我们经研究，采纳了有关建议，明确民事法律行为不成立，当事人请求返还财产、折价补偿或者赔偿损失的，参照适用《民法典》第 157 条的规定。这是因为，在隐藏的不合意时，尽管合同因双方意思表示不一致而不能成立，但当事人完全可能因不知合同不成立的事实而履行合同，此时也存在返还财产、折价补偿、损害赔偿等问题。由于不成立已超出《民法典》第 157 条之可能文义的范围，故是“参照适用”。[②]

---

① 申卫星：《民法典总则编司法解释对法律行为制度的发展》，载《人民法院报》2022 年 3 月 1 日。

② 朱广新：《经验、法理与体系：民法典总则编司法解释的三重思维》，载《人民法院报》2022 年 2 月 28 日。

5. 附不可能条件的民事法律行为

对附不可能条件的民事法律行为的效力，《民法通则意见》第 75 条直接规定为无效，未考虑生效条件、解除条件对民事法律行为效力的不同影响。《民法典总则编解释》根据调研意见对《民法通则意见》第 75 条作出较大调整，分别针对所附条件为生效条件或者解除条件作出规定。当事人约定不可能条件为生效条件的，从意思表示解释的角度看，应当解释为当事人根本不希望民事法律行为发生效力。当事人约定上述条件为解除条件的，因解除条件不可能成就，民事法律行为应视为未附解除条件，民事法律行为是否失效应当依照《民法典》和相关法律、行政法规的规定认定。

八、代理部分的重点内容

《民法典总则编解释》在代理部分的规定共有 5 条，主要规定了共同代理、紧急情况下的转代理、无权代理的适用、表见代理中相对人有理由相信行为人有代理权的认定，以及追认意思表示的作出对象与生效时间。其中，对表见代理制度作出细化规定，尤其是实务界关注的重点。

如何认定相对人有理由相信行为人有代理权，是表见代理认定的核心问题。此前，《关于当前形势下审理民商事合同纠纷案件若干问题的指导意见》第 13 条明确："合同法第四十九条规定的表见代理制度不仅要求代理人的无权代理行为在客观上形成具有代理权的表象，而且要求相对人在主观上善意且无过失地相信行为人有代理权。"鉴于该规定在各级人民法院裁判中得到了普遍遵循，适用效果较好，我们将之上升为司法解释规则。

为细化表见代理制度的适用规则，《民法典总则编解释》第 28 条第 1 款第 2 项将"相对人善意且无过失"进一步明确为"相对人不知道行为人行为时没有代理权，且无过失"。调研中，对于应当采纳无过失标准还是无重大过失标准，存在不同认识。一种意见认为，可以参考《最高人民法院关于适用〈中华人民共和国民法典〉物权编的解释（一）》（以下简称《民法典物权编解释（一）》第14条有关善意取得的认定规则，规定为无重大过失，以体现规则的一致性。另一种意见认为，无过失标准更有利于平衡被代理人与相对人的利益。经研究认为，较之善意取得，在表见代理中，行为人必须以被代理人的名义作出代理行为，因此相对人至少知道被代理人的存在，获知行为人无权代理的信息成本要低一些，故表见代理中相对人善意的要求程度更高一些。[①] 相对人不仅主观上不能有重大过失，而且应无一般过失，否则容易因滥用表见代理制度损害被代理人的利益。还有学者指出，表见代理是以牺牲被代理人的利益为代价实现交易安全保护的一项制度，在未将代理权外观的形成归责于被代理人规定为表见代理的一个构成要件的情况下，如果仅要求相对人负担较轻的注意义务（无重大过失），被代理人通常会面临较为宽泛的受损害风险。[②] 因此，我们采取了无过失的标准。对此情形的认定，需要结合代理行为存在诸如合同书、公章、印鉴等有权代理的客观表象形式要素，以及合同的缔结时间、以谁的名义签字、是否盖有相关印章及印章真伪、标的物的交付方式与地点等因素综合判断。此外，《民法典总则编解释》第28条第2款还规定了有关举证责任的分配问题。这是为了贯彻善意推定原则，明确相对人就行为人存在代理权的外观承担举证责任，被代理人就相对人非善意承担举证责任，为审判实践提供指引。因为"按照社会生活经验，'不知道'是难于举证证明的，故法庭不要求相对人就自己属于善意举证，而依'善意推定'的法理进行判断"。[③]

---

① 王利明主编：《中国民法典释评总则编》，中国人民大学出版社2020年版，第433页。

② 朱广新：《经验、法理与体系：民法典总则编司法解释的三重思维》，载《人民法院报》2022年2月28日。

③ 梁慧星：《民法总则讲义》，法律出版社2021年版，第316～317页。

九、民事责任部分的重点内容

《民法典总则编解释》第七部分通过对正当防卫的认定、防卫过当的认定和责任、紧急避险的认定、避险不当的认定和责任、见义勇为受益人适当补偿数额的确定等细化规定，明确了有关认定标准和责任分担问题，鲜明体现了弘扬社会主义核心价值观的价值导向。

（一）关于正当防卫、紧急避险的认定

关于正当防卫、紧急避险的认定，民事法律和司法解释一直未作出明确规定，此前审判实践中通常是依据民法法理来认定，调研中不少意见认为有必要予以明确，为类似案件审理提供统一具体的法律适用规则。对此，《民法典总则编解释》第30条、第32条在参考有关刑事法律规定的基础上作出明确。《民法典总则编解释》第30条从防卫的起因、目的、时间、对象等角度，为人民法院正确适用正当防卫制度作出指引。《民法典总则编解释》第32条为法官认定是否构成紧急避险，明确了避险的起因、目的、时间、紧迫性等重要参考因素。

（二）关于防卫过当、避险不当的认定与责任

关于防卫过当、避险不当的认定，《民法典总则编解释》第31条、第33条均采取了动态系统论的思路，为人民法院依法认定作出指引。对于防卫过当的民事责任，《民法典总则编解释》第31条第2款规定明确了《民法典》第181条第2款规定的“适当的民事责任”是指部分责任，而不是全部责任，即正当防卫人只在造成不应有的损害范围内承担部分责任。对于避险不当的民事责任，考虑到实践中紧急避险的情形非常复杂（从危险发生的原因看，可能是自然原因引起的，也可能是第三人行为引起的，还有可能是避险人的行为引起的；从避险目的看，可能是为了保护避险人利益，可能是为了保护引起险情的人的利益，也可能是为了保护其他人利益，或者兼而有之；从避险过当造成的损害后果看，可能造成了避险人损害，可能造成了引起

险情的人的损害，也可能造成了其他人的损害），《民法典总则编解释》第33条列出参考因素，指引法官在认定紧急避险人的责任时可以综合紧急避险人的过错程度、避险措施造成不应有的损害的原因力大小、紧急避险人是否为受益人等因素认定。

（三）关于见义勇为受益人适当补偿数额的确定规则

因见义勇为使自己受到损害，在侵害人无力赔偿或者没有侵害人的情况下，受害人提出请求的，《民法通则意见》第142条规定，人民法院可以根据受益人受益的多少及其经济状况，责令受益人给予适当补偿。为鼓励见义勇为行为，不让见义勇为者流血又流泪，《民法典总则编解释》第34条在此基础上，采用动态系统论的思路，明确了见义勇为受益人适当补偿数额的确定规则。第一，保留《民法通则意见》规定中“受益人受益的多少及其经济状况”作为考量因素。第二，增加受害人所受损失的情况作为考量因素。主要考虑是，受益人对受害人的法定补偿是侵权责任法分配正义的体现，[①] 虽不适用赔偿责任的填平原则，但受害人的受损情况仍是最重要的考量因素。因为只有先确定受损情况，才能进一步确定补偿数额。一般而言，受害人所受损害严重的，应适当增加受益人补偿数额。第三，增加受害人已获赔偿的情况作为考量因素。因为按照立法本意，见义勇为受害人的损失原则上应当由侵权人负责赔偿，在有侵权人时受益人仅是可以给予适当补偿，而只有在没有侵权人、侵权人逃逸或者侵权人无力赔偿的情况下，才应当由受益人适当补偿。因此，受害人的损失已经由侵权人部分填补的，受益人的补偿责任应当相应减轻。

---

① ［美］约翰·罗尔斯：《正义论》，何怀宏等译，中国社会科学出版社2009年版，第12页。

十、其他部分的重点内容

（一）关于父母诉讼保护胎儿利益的时间问题

关于胎儿利益能否在娩出前得到保护，理论与实务中主要存在法定解除条件说和法定停止条件说两种观点。[①] 前者认为，根据《民法典》第16条的规定，在涉及遗产继承、接受赠与等胎儿利益保护情形下，胎儿视为具有民事权利能力，虽未出生视为已出生，应当肯定其诉的利益；后者认为，胎儿娩出是否为活体尚未确定，如为死体则涉及利益返还问题，并且胎儿姓名尚未确定，实践中在诉讼主体列明方面存在操作困难，故以胎儿娩出为活体后再起诉为宜。

对此，《民法典总则编解释》第4条明确胎儿利益可以在娩出前得到保护，并且可由父母作为法定代理人主张相应权利。主要理由是，虽然父母在胎儿出生后代为起诉，相对于在胎儿娩出前起诉，人民法院处理有关诉讼案件更为简易，但肯定父母在胎儿娩出前代为起诉的权利，更符合《民法典》第16条关于加强胎儿利益保护的立法本意。[②] 反之，如“一刀切”否定胎儿出生前的诉权，并不利于胎儿利益的保护。不仅不符合《民法典》的立法精神，且可能导致个案诉讼中出现极不公平的局面，比如给侵权人恶意转让财产提供时间，致使胎儿健康维护所需费用得不到及时赔付等。况且，随着医疗卫生事业的发展，胎儿娩出时死亡率较低，即使胎儿娩出为死体，亦可通过受理后中止审理、中止执行甚至执行回转等方式解决。故《民法典总则编解释》采取对胎儿利益可在娩出前诉讼保护的态度，有利于从真正意义上将《民法典》前沿性保护胎儿利益这一亮点规则落实、落地。

关于《民法典》总则编中的第16条规定的“涉及遗产继承、接

---

① 最高人民法院民法典贯彻实施工作领导小组主编：《中华人民共和国民法典总则编理解与适用》，人民法院出版社2020年版，第115页。

② 参见黄薇主编：《中华人民共和国民法典释义》，法律出版社2020年版，第39页。

受赠与等”中的“等”的细化问题，我们在起草过程中曾规定了损害赔偿的情形，但由于这一问题较为复杂，且涉及伦理问题，实践中争议也较大，最终对此未作规定。特别是涉及胎儿身体健康权益侵害的问题，往往与其母体受到相应损害密切相连，有观点认为，对此完全可以通过孕妇主张对自身身体健康权进行损害赔偿进行救济。我们认为，不少情形下通过这一做法可以解决问题，也有利于避免法律关系过于复杂化，但考虑到社会生活及有关纠纷案件的多样性，对于胎儿的损害与孕妇自身所遭受损害的关联性及合理界分问题，还有必要在实践中通过具体案例进一步探索积累经验。

（二）关于诉讼时效的规定

1. 关于诉讼时效中止、中断和延长

《民法典总则编解释》第 35 条对诉讼时效中止、中断和延长的具体适用作出规定，重点是明确《民法典》第 188 条规定的 3 年诉讼时效期间可否延长的问题。对此，理论和实践中存在不同认识。有观点认为，《民法典》第 188 条第 2 款规定的诉讼时效延长主要适用于普通诉讼时效期间，而不适用于最长诉讼时效期间。法律规定最长诉讼时效制度的主要目的是给权利行使设定一个固定期限，如果允许该期限延长，就会使该最长期限变成可变期限，法律设置该最长期限的目的也将不复存在。①《民法通则意见》第 175 条则规定，《民法通则》第 135 条、第 136 条规定的诉讼时效期间，可以适用中止、中断和延长的规定，20 年期间可以适用延长的规定，不适用中止、中断的规定。还有观点认为，《民法典》第 188 条仅规定了最长诉讼时效期间的延长，普通诉讼时效不再适用延长的规则。《民法典》的有关释义性资料也持相同观点。② 部分学术著作亦指出：“所谓诉讼时效期间的延

① 王利明、杨立新、王轶、程啸：《民法学》，法律出版社 2020 年版，第 303 页。

② 参见黄薇主编：《中华人民共和国民法典释义》，法律出版社 2020 年版，第 377 页。

长，只能适用于20年长期时效期间。3年普通时效期间，因有中止、中断的规定，不发生延长问题。”① 产生以上认识分歧的一个重要原因就是《民法典》第188条第2款规定相较于《民法通则》第137条规定的标点符号调整，《民法通则》第137条但书中“有特殊情况的”前面为句号，而《民法典》中为逗号。考虑到立法本意是普通诉讼时效期间不适用延长，而在调研中发现绝大多数法官依然存在《民法通则意见》第175条规定形成的思维惯性，故在充分调研，并征询立法机关意见后达成共识，明确规定普通诉讼时效期间可以适用中止、中断的规定，不适用延长的规定，最长诉讼时效期间不适用中止、中断的规定。

2. 关于无民事行为能力人、限制民事行为能力人的诉讼时效期间起算规则

《民法典总则编解释》第36条明确，无民事行为能力人、限制民事行为能力人遭受法定代理人以外的人侵害的，诉讼时效期间自法定代理人知道或者应当知道损害事实以及义务人之日起计算。此即对照《民法典》第188条第2款，明确无民事行为能力人、限制民事行为能力人权利受到损害的，以其法定代理人知道或者应当知道的时间为起算点。此外，《民法典总则编解释》第37条补充规定了无民事行为能力人、限制民事行为能力人对法定代理人的诉讼时效期间起算规则。主要考虑是，虽然《民法典》第190条规定“无民事行为能力人、限制民事行为能力人对其法定代理人的请求权的诉讼时效期间，自该法定代理终止之日起计算”，但在实践中，已经发生法定代理终止时，无民事行为能力人、限制民事行为能力人仍不知道损害事实和义务人，或者仍因民事行为能力欠缺而无法亲自主张权利的情形。因此，该条规定，即使原法定代理已经终止，诉讼时效期间也并非当然按照《民

① 梁慧星：《民法总论》，法律出版社2017年版，第265页。

法典》第190条的规定开始计算，而是适用《民法典》第188条第2款、《民法典总则编解释》第36条的规定，自相应民事主体知道或者应当知道权利受到损害之日起计算。具体而言，无民事行为能力人、限制民事行为能力人如系因取得、恢复完全民事行为能力导致法定代理终止，且在终止后才知道权利受到损害的，自其本人知道或者应当知道权利受到损害之日起计算；如系原法定代理终止并确定新的法定代理人，且新的法定代理人在原法定代理终止后才知道权利受到损害的，自其新的法定代理人知道或者应当知道权利受到损害之日起计算。

3. 关于与相关司法解释的衔接

调研中，有学者建议将《最高人民法院关于审理民事案件适用诉讼时效制度若干问题的规定》（2020年修正，以下简称《诉讼时效规定》）整体纳入《民法典总则编解释》中。我们经研究认为，《民法典总则编解释》和《诉讼时效规定》有不同的侧重点。本部分规则紧密围绕对《民法典》关于诉讼时效的具体条文的细化展开，旨在解决《民法典》关于诉讼时效规则的相互衔接问题，在体系上保持了与《民法通则意见》的连续性。而《诉讼时效规定》则是针对司法实践中涉及诉讼时效适用的具体问题展开，在内容上与《民法典总则编解释》各有侧重，且在2020年司法解释全面清理工作中已经系统清理修订后重新发布。按照最高人民法院审委会关于构建民法典司法解释体系的思路，《民法典总则编解释》起到一般规则的作用，应当紧扣总则编的条文进行；而《诉讼时效规定》系对具体问题的规定，属于另一层级的司法解释。因此，二者在体系上也各有分工，可以相互呼应，形成完整体系。

第三部分　司法解释理解与适用

为正确审理民事案件，依法保护民事主体的合法权益，维护社会和经济秩序，根据《中华人民共和国民法典》《中华人民共和国民事诉讼法》等相关法律规定，结合审判实践，制定本解释。

【说明】

一、关于本解释制定目的

（一）正确审理民事案件

人民法院民事司法的职能，是规范和保护民事关系，依法解决民事争议案件。民事关系是民事主体产生、变更、终止民事权利义务的社会关系，经法律调整后，也叫民事法律关系，由主体、内容、客体构成。民事法律关系的内容，包括民事主体所享有的权利和承担的义务。随着我国社会经济发展，民商事纠纷案件大量涌现，稳步递增。比如，在2021年最高人民法院审结的28720件案件和地方各级法院审结、执结的3010.4万件案件中，① 有至少90%的案件为民商事纠纷案件。全国各级法院将裁判规则统一到《民法典》规定上来，正确审理民事案件，对切实实施《民法典》、平等保护民事主体合法权益、确保国家法治统一具有重要意义。人民法院要实现对民事案件的正确审理，首先，要准确理解和把握《民法典》条文规定、精神实质；其次，要统一裁判尺度，做到类案同判，并通过落实民事责任实现对正

① 参见2022年3月8日，最高人民法院院长周强在十三届全国人大五次会议第二次全体会议上所作《最高人民法院工作报告》。

常民事关系、合法民事权利的保护，对违法行为的制裁；最后，要依法保护当事人的诉讼权利，通过程序正义实现实体公正。

（二）依法保护民事主体合法权益

民事主体是民事关系的参与者、民事权利的享有者、民事义务的履行者、民事责任的承担者。根据《民法典》的规定，民事主体可以分为自然人、法人、非法人组织。民事主体具有平等性，所有民事主体在法律地位上平等。相较于《民法通则》第5条“公民、法人的合法的民事权益受法律保护，任何组织和个人不得侵犯”的规定，《民法典》将非法人组织纳入民事权利保护原则适用范畴，规定的主体范围更广。民事主体享有广泛的民事权益，必须得到法律和司法的保护。民事主体合法权益的核心是民事权利。民事权利是权利主体以实现其正当利益为目的行使意志的范围，包括人身权利、财产权利，以及其他的合法权益。人身权利以人格利益或身份利益为内容，无法与权利人的人身相分离，包括人身权和身份权。财产权利是与权利人的人格、身份相分离，能够体现出某种财产价值的权利。《民法典》在总则编第五章具体规定了民事主体的各项民事权利，包括人身权、财产权。人身权方面，规定了人格权、身份权；财产权方面，规定了物权、债权、知识产权、股权等。总则之后的各分编，实际上是按照财产权利、合同权利、人格权利、婚姻家庭权利、继承权利、侵犯权利责任为顺序的逻辑展开。一切民事主体的合法民事权益均受法律和司法保护，任何组织或者个人不得侵犯，若受到侵犯，其有权以自己的名义主张权利或请求人民法院予以司法保护。民法作为裁判法，是人民法院审理、裁判民事纠纷的基本法、根本法。《民法典》的大多数条款是裁判规范，供人民法院审理、裁判案件直接适用，司法解释作为《民法典》的必要补充，为法官准确理解、适用《民法典》提供指引，为民事诉讼判断、解决权利义务争议提供裁判依据。

（三）维护社会和经济秩序

社会秩序是指动态有序平衡的社会状态。一定的社会关系体系要成为一种社会秩序并能维持下去，保持相对稳定，就必须借助于反映与适合其需要的社会规范及规则，以及这些规范和规则被广泛遵守和执行。司法解释的规范和规则直接体现着它所代表、维护的社会秩序，遵守与维护这些规范、规则，即是遵守和维护有关的社会秩序。解决社会秩序问题最主要、最有效的途径是通过司法裁判保护合法行为，制裁违法行为，维护社会稳定和谐。经济秩序是关于市场的法律、法规、政策、计划、经济伦理道德等对市场经济活动规范的概括。对于违反经济秩序的行为，一方面要依据行政法规给予行政处罚，另一方面要通过民事诉讼、行政诉讼、刑事诉讼予以制裁，并对被侵权人予以保护或赔偿。本解释进一步贯彻《民法典》规定，确保《民法典》规定的诚信原则、公序良俗原则、法律行为、财产权制度、人身权制度、合同自由制度，以及民事责任等在每一个具体案件中得到遵循、落实，从而维护社会和经济秩序，捍卫市场规则，促进社会公平正义，保障经济健康发展。

二、关于本解释的名称

本解释曾考虑名称为《最高人民法院关于适用〈中华人民共和国民法典〉总则编的解释（一）》。后根据调研意见修改为《最高人民法院关于适用〈中华人民共和国民法典〉总则编若干问题的解释》。删除“（一）”的主要考虑是，按照最高人民法院审判委员会审议通过的司法解释清理工作报告的要求，最高人民法院制定《民法典》配套司法解释，是以准确理解和适用法律为原则，按照解释《民法典》的整体适用问题、解释《民法典》某一编的法律适用问题、解释某类具体案件的法律适用问题的思路，构建紧紧围绕《民法典》的分层次、多元化的民事司法解释体系，并坚持以实践需求为导向，不追求大而全、体系化的司法解释。在本解释之后，短期内不会再出台总则编系统的司法解释。今后如需要就某些具体问题作出解释时，可以采取针对总则编具体制度或回应司法实践中具体问题进行专门解释的方式。

一、一般规定

第一条 民法典第二编至第七编对民事关系有规定的，人民法院直接适用该规定；民法典第二编至第七编没有规定的，适用民法典第一编的规定，但是根据其性质不能适用的除外。

就同一民事关系，其他民事法律的规定属于对民法典相应规定的细化的，应当适用该民事法律的规定。民法典规定适用其他法律的，适用该法律的规定。

民法典及其他法律对民事关系没有具体规定的，可以遵循民法典关于基本原则的规定。

【条文主旨】

本条是关于人民法院如何适用《民法典》及其他民商事法律规范的规定。

【条文理解】

《民法典》是“一部适应新时代中国特色社会主义发展要求，符合我国国情和实际，体例科学、结构严谨、规范合理、内容完整并协调一致的法典”。[①]《民法典》的颁布标志着我国民事立法进入法典化

① 王晨：《关于〈中华人民共和国民法典（草案）〉的说明》（2020年5月22日）。

时代。这就要求审判人员树立法典化思维，遵从《民法典》体系化逻辑，准确适用《民法典》条款。2021年1月4日，最高人民法院院长周强在全国法院贯彻实施《民法典》工作会议上强调，要“牢固树立法典化思维，确立以民法典为中心的民事实体法律适用理念。要准确把握民法典各编之间的关系，充分认识‘总则’与‘分则’‘原则’与‘规则’‘一般’与‘特殊’的逻辑体系”。为指导广大法官准确把握《民法典》各编之间的关系、《民法典》与其他民商事法律之间的关系，特别是准确把握《民法典》总则编“总”的规律和特点，本条适应司法审判实践的需要作出了有关规定。

一、《民法典》总则编与各分编之间的适用关系

本条第1款旨在解决《民法典》总则编与各分编之间的适用关系。按照立法者的解释，《民法典》总则编规定民事活动必须遵循的基本原则和一般性规则，统领《民法典》各分编。[①] 但是，简单将我国《民法典》总则编所采取的提取公因式的立法技术简单化理解为总则编是一般规则，而各分编是特别规则的认识则是不全面、不正确的。从逻辑体系上讲，总则编实质上是围绕民事法律关系的要素展开，而其他各分编则是围绕各类民事权利及权利的救济展开。在法律规范层面，总则编的指导性、统率性地位，不仅体现在总则编中存在一般规则式的规定，比如关于民事权利的规定；更是体现在总则编中存在大量各分编或者相关各编所涉民事关系所通用的具体规定，比如民事权利能力制度、民事行为能力制度、诉讼时效制度、民事法律行为效力制度、代理制度等。通常而言，这些规定都具有普遍适用和直接适用的效力。例如，涉及合同效力问题，合同编没有相应规定的，应当直接适用总则编的规定。

---

① 王晨：《关于〈中华人民共和国民法典（草案）〉的说明》（2020年5月22日）。

在适用《民法典》法条的顺序上，一般应当首先从《民法典》有关分编具体条文中寻找规定，其次从该分编通则中寻找规定，再次从《民法典》总则编第二章至第十章寻找规定，最后从《民法典》总则编第一章“基本规定”寻找依据。以借款合同涉利息纠纷的法律适用为例，第一步要在合同编第十二章寻找直接法律依据（如第 670 条、第 674 条、第 677 条、第 680 条）；第二步要从合同编第一分编“通则”中寻找相应的条款（如第 466 条、第 510 条、第 579 条、第 589 条）；第三步要从《民法典》总则编第二章至第十章寻找依据（如第 142 条、第 143 条、第 153 条）；第四步要从《民法典》总则编第一章“基本规定”寻找关于基本原则或习惯的有关规定。在比较法中，也大致持这种观点。比如德国民法学家认为，在查阅法典时，要按从后向前的顺序进行，因为后面的特殊规定排除前面的一般性规定的适用，只有在后面无法找到特殊规定的情况下，才能适用前面的一般规定。①

要注意的是，并非所有各分编未规定的问题都可以适用总则编规定，尤其是涉及身份关系的情形。例如，欺诈订立的合同可以根据总则编规定予以撤销，但欺诈缔结的婚姻并非均可撤销。因此，在第 1 款后段做了“但是根据其性质不能适用的除外”的限定，以避免本款规定的适用规则过于绝对。

在讨论中，有意见认为，该款中第 1 句表述“民法典第二编至第七编对民事关系有规定的，人民法院直接适用该规定”是不言自明的，可以删除。我们认为，这一句表述与后一句表述是紧密相连的对应关系，如果删除，在理解后一句表述时会出现逻辑错误。比如，一般而言，“民法典第二编至第七编没有规定的”，不仅可以适用第一编的规定，还应当优先适用民事特别法的规定。在保留第 1 句表述的情况下，就明确了该款是解决第一编与后六编之间的法律适用关系，不

---

① ［德］迪特尔·梅迪库斯：《德国民法总论》，法律出版社 2000 年版，第 34 页。

解决与适用民事特别法的关系。

二、其他民商事法律与《民法典》的适用关系

本条第2款旨在解决其他民商事法律与《民法典》的适用关系。如何处理其他法律规定与《民法典》规定的关系问题，是当前理论界与实务界争议较大的问题。有观点认为，按照《民法典》第11条的规定，只要其他法律对民事关系有不同于《民法典》规定的，就一概适用其他法律的规定。另有观点认为，对于《民法典》第11条不能作绝对化理解，这里的“特别规定”包含着此规定要与《民法典》规定精神一致，因为《民法典》作为民事领域的基本法，其他民商事特别法有必要对标《民法典》规定精神进行修改。我们倾向于第二种观点。为确保《民法典》的有效贯彻实施，厘清民商事特别法与《民法典》之间的适用层次关系，避免出现法律适用上的混乱，损害人民群众合法权益，本条在准确把握《民法典》第11条关于《民法典》与其他法律之间适用关系规定精神的基础上，严格按照司法解释的制定权限，就《民法典》与其他民商事法律的适用关系问题作出规定：

（一）明确了对于同一民事关系，其他民商事法律的规定属于对《民法典》规定的具体细化的，应当适用该法律的规定

这一规定旨在回应实践需求，就《民法典》与民商事特别法之间的关系问题统一法律适用规则。《立法法》第94条规定，法律之间对同一事项的新的一般规定与旧的特别规定不一致，不能确定如何适用时，由全国人民代表大会常务委员会裁决。因此，对于《民法典》与其他民商事法律规定“不一致”的情形，司法解释无权作出规定，本款规定仅限定于其他民商事法律对《民法典》规定具体细化的情形，并不存在上述的“不一致”问题。这样理解不仅符合《立法法》第94条的规定精神，也有利于统一裁判尺度。例如，《个人信息保护法》第69条第1款关于侵害个人信息权益归责原则的规定就构成了对《民

法典》第 1165 条第 2 款有关过错推定责任的具体细化，此时就应当适用《个人信息保护法》的规定。①

（二）明确了《民法典》具体条款规定适用其他法律的，应当适用该法律的规定

对于这种情形，因为《民法典》已经作出了适用其他法律的指引或者“授权”，司法解释明确此种情形适用其他法律的规定也不存在与《立法法》冲突的问题。例如，《产品质量法》第 45 条规定因产品存在缺陷造成损害要求赔偿的诉讼时效期间为两年，《民法典》第 188 条明确“法律另有规定的，依照其规定”，此时应当适用《产品质量法》的规定。本条第 2 款作出以上规定，既能有效回应以上争议，也能实现《民法典》第 11 条与《立法法》第 94 条规定的有机衔接，统一相应的法律适用规则。

（三）本条第 2 款同时解决了《民法典》与其他民商事单行法之间的适用层次关系

本条第 2 款旨在紧密结合我国民商合一立法体例，就涉及这一问题的最典型情形予以规定，促进民商事法律适用体系的科学性、统一性。按照《立法法》第 92 条的规定，同一机关制定的法律，特别规定与一般规定不一致的，适用特别规定。因此，人民法院应当优先适用全国人大及其常委会制定的民商事特别法，比如“著作权法、专利法、保险法等民商事特别法”。② 对于民商事单行法以外的其他法律规定与《民法典》规定的关系处理问题，本条并未涉及，主要是因为此类情形争议很大，还有待进一步研究论证。例如，《刑事诉讼法》第 108 条第 6 项规定的近亲属范围与《民法典》第 1045 条第 2 款规定的

① 我们认为，《个人信息保护法》中的民事规范，构成民事特别法范畴。

② 李建国：《关于〈中华人民共和国民法总则（草案）〉的说明》（2017 年 3 月 8 日）。

近亲属范围不一致，难以由本解释解决；刑事犯罪涉及的“两金”赔偿问题，亦是如此。

三、民事法律具体规定与基本原则的关系

本条第3款旨在解决民事法律具体规定与基本原则的关系。基本原则是民事主体从事民事活动和司法机关进行民事司法活动应当遵循的基本准则。[①] 民法的基本原则能否直接作为裁判规范以及如何作为裁判规范一直存有争议。我国民法学主流观点认为：“民法总则规定的民法基本原则，具有指导整个民法典立法的作用、对民法具体条文和具体制度加以解释的作用以及在具体条文规定不详备的情况下直接适用的作用。”[②] 在比较法上，也有直接适用民法基本原则来裁判处理民事纠纷案件的例子。我们在梳理有关学术成果、实务做法、各方意见的基础上，在第3款规定了法律有具体规则的“应当”适用具体规则，仅在没有具体规则时才“可以遵循”基本原则。本款使用“可以遵循”一词，采取了柔化表述的思路，主要考虑是，即使没有具体规则，也并非当然适用基本原则。一方面，在没有对应的具体规则时，可以通过法律解释或者漏洞填补如类推适用、目的性限缩等方式适用有关具体规则；另一方面，有观点认为，在没有具体规则时可以适用习惯，也不必然适用基本原则。[③] 本条第3款曾规定没有具体规则，也没有相应习惯的，适用基本原则。征求意见过程中有意见提出，这一表述会产生对《民法典》第10条的误读，认为没有法律规定时应当主动适用习惯，也有意见认为如此无异于要求法官在审理民事案件

---

① 李建国：《关于〈中华人民共和国民法总则（草案）〉的说明》（2017年3月8日）。

② 孙宪忠：《中国民法典总则与分则之间的统辖遵从关系》，载《法学研究》2020年第3期。

③ 王利明：《我国民法典重大疑难问题之研究》，法律出版社2016年第2版，第127～130页。

时更多地主动审查有无习惯存在，增加办案负担。考虑到这一问题还有争议，故最终未作规定。本款并不从整体上解决适用法源的顺序问题。

根据民法学研究会的意见，并采纳地方法院的部分意见，在本款中不具体列举基本原则内容。主要考虑是，实践中将诚信、公序良俗、绿色原则作为裁判规范争议不大，但对于自愿、公平原则，其价值内涵已作为基本的价值理念融入到《民法典》的具体规则中，能否直接作为裁判规范在理论和实务上均存在争议。例如，梁慧星教授即认为“自愿原则、公平原则不具有裁判规范的性质”。①

在《民法典》颁布以前，本条基本内容往往散见于民法学教科书或有关著述，且观点不尽一致。在《民法典》采取总分结构立法体例情况下，法官适用法条时需要统一思路和方法。对于本条规定的必要性及具体内容，王利明、崔建远等专家学者予以肯定，认为本条集中体现了总则编的规律和特点，解决了长期以来未解决的问题。征求意见过程中，采纳民法学研究会和社科院法学所的意见，对民事法律具体规范与基本原则的适用关系及相应文字作出了修改。

【审判实践中应注意的问题】

2021年1月1日《民法典》施行后，正确理解《民法典》与其他法律的关系，要处理好以下几方面关系：

一、新法和旧法的关系

《民法典》施行后，《婚姻法》等九部民事法律同步废止。对于《民法典》施行前发生的行为或者事件，要坚持法不溯及既往原则，

① 梁慧星：《民法总则讲义（修订版）》，法律出版社2021年版，第12～14页。

适用当时的法律或者司法解释规定。如果当时没有规定或者规定内容不具体而《民法典》有明确规定的，按照《立法法》第93条规定的“为了更好地保护公民、法人和其他组织的权利和利益”的要求，可以例外适用《民法典》的规定。比如：《民法典》关于保理合同、自助行为、自甘冒险等的规定。关于《民法典》与九部法律的新旧衔接适用问题，最高人民法院已于2021年1月1日实施《关于适用〈中华人民共和国民法典〉时间效力的若干规定》（以下简称《民法典时间效力规定》）。

二、《民法典》与其他单行法的关系

对没有编入《民法典》的23部单行民商法和其他规定了民事法律规范的法律，在处理其与民法典之间的适用问题时，应当遵循如下原则：对于民法典与仍然有效施行的单行法的规定出现不一致时，要优先适用单行法的规定。例如，《民法典》规定的一般诉讼时效期间为三年，而《保险法》第26条第2款“人寿保险请求给付保险金的请求权”规定了五年的特别诉讼时效期间。这时要优先适用后者规定。但是，就某一具体事项，《民法典》专门对其他单行法做了补充或者完善规定的，或者原有规定与《民法典》规定相冲突的，则要遵循“后法优于先法”的规则，适用《民法典》的规定。比如关于法人分支机构承担责任问题，《民法典》第74条第2款规定：“分支机构以自己的名义从事民事活动，产生的民事责任由法人承担；也可以先以该分支机构管理的财产承担，不足以承担的，由法人承担。”《公司法》第14条第1款规定：“公司可以设立分公司。分公司不具有法人资格，其民事责任由公司承担。”在《公司法》修改前，应该适用《民法典》的规定。

三、《民法典》与其他部门法的关系

《民法典》与刑法、行政法律法规等共同构成社会主义法律体系。

《民法典》以民事权利为出发点和落脚点，刑法以罪刑法定为基本原则，刑罚打击和预防犯罪的目的也是保护广大人民群众的人身财产安全和社会公共秩序。人民法院在处理相关案件时，既要准确适用刑法规定，更要坚决防止以刑事案件名义插手民事纠纷、经济纠纷。要协调好《民法典》规定和行政法律法规的关系，准确认识司法救济与行政职权的关系，在审理行政案件时，要把《民法典》作为重要标尺，坚持依法行政原则，切实维护人民群众的合法权益。涉及民事主体救济时，要坚持民事责任优先承担的原则，始终将对人民群众合法权益的保护放在第一位。《民法典》第11条规定的“其他法律”应作狭义解释，限于民事、商事特别法，不包括刑法、行政法、社会法等。

另外，从历史上看，自《民法典》2020年5月28日颁布至2021年1月1日施行，当时有半年多的过渡期。在此期间需要处理好旧法与新法的衔接问题。2021年1月1日前，《民法通则》《民法总则》《婚姻法》《继承法》《收养法》《担保法》《合同法》《物权法》《侵权责任法》九部法律继续适用，依据上述法律作出的司法解释也继续适用。对于现行法律、司法解释没有规定或者规定内容不具体，而《民法典》有明确规定的情形，应当按照有利于保护双方当事人合法权益、有利于依法妥善解决纠纷、有利于维护法律秩序统一的原则，可参照《民法典》相关的精神、内容处理，但在裁判依据上不能援引《民法典》具体条文。对《民法典》规定与上述法律规定不一致的，要从有利于保护当事人权利出发，相互兼顾处理。例如，关于欺诈、胁迫问题，根据《合同法》的规定，只有合同当事人之间存在欺诈、胁迫行为的，被欺诈、胁迫一方才享有撤销合同的权利。而依《民法典》总则编的规定，第三人实施的欺诈、胁迫行为，被欺诈、胁迫一方也有撤销合同的权利。

【相关规定】

一、《民法典》第11条：其他法律对民事关系有特别规定的，依照其规定。

第188条：向人民法院请求保护民事权利的诉讼时效期间为三年。法律另有规定的，依照其规定。

诉讼时效期间自权利人知道或者应当知道权利受到损害以及义务人之日起计算。法律另有规定的，依照其规定。但是，自权利受到损害之日起超过二十年的，人民法院不予保护，有特殊情况的，人民法院可以根据权利人的申请决定延长。

第1045条第2款：配偶、父母、子女、兄弟姐妹、祖父母、外祖父母、孙子女、外孙子女为近亲属。

第1165条第2款：依照法律规定推定行为人有过错，其不能证明自己没有过错的，应当承担侵权责任。

第1179条：侵害他人造成人身损害的，应当赔偿医疗费、护理费、交通费、营养费、住院伙食补助费等为治疗和康复支出的合理费用，以及因误工减少的收入。造成残疾的，还应当赔偿辅助器具费和残疾赔偿金；造成死亡的，还应当赔偿丧葬费和死亡赔偿金。

第1240条：从事高空、高压、地下挖掘活动或者使用高速轨道运输工具造成他人损害的，经营者应当承担侵权责任；但是，能够证明损害是因受害人故意或者不可抗力造成的，不承担责任。被侵权人对损害的发生有重大过失的，可以减轻经营者的责任。

二、《立法法》第92条：同一机关制定的法律、行政法规、地方性法规、自治条例和单行条例、规章，特别规定与一般规定不一致的，适用特别规定；新的规定与旧的规定不一致的，适用新的规定。

第94条：法律之间对同一事项的新的一般规定与旧的特别规定不

一致，不能确定如何适用时，由全国人民代表大会常务委员会裁决。

行政法规之间对同一事项的新的一般规定与旧的特别规定不一致，不能确定如何适用时，由国务院裁决。

三、《刑事诉讼法》第108条第6项：本法下列用语的含意是：

……

（六）“近亲属”是指夫、妻、父、母、子、女、同胞兄弟姊妹。

四、《个人信息保护法》第69条第1款：处理个人信息侵害个人信息权益造成损害，个人信息处理者不能证明自己没有过错的，应当承担损害赔偿等侵权责任。

五、《产品质量法》第45条：因产品存在缺陷造成损害要求赔偿的诉讼时效期间为二年，自当事人知道或者应当知道其权益受到损害时起算。

因产品存在缺陷造成损害要求赔偿的请求权，在造成损害的缺陷产品交付最初消费者满十年丧失；但是，尚未超过明示的安全使用期的除外。

六、《铁路法》第58条：因铁路行车事故及其他铁路运营事故造成人身伤亡的，铁路运输企业应当承担赔偿责任；如果人身伤亡是因不可抗力或者由于受害人自身的原因造成的，铁路运输企业不承担赔偿责任。

违章通过平交道口或者人行过道，或者在铁路线路上行走、坐卧造成的人身伤亡，属于受害人自身的原因造成的人员伤亡。

七、《最高人民法院关于适用〈中华人民共和国刑事诉讼法〉的解释》第192条第2款：犯罪行为造成被害人人身损害的，应当赔偿医疗费、护理费、交通费等为治疗和康复支付的合理费用，以及因误工减少的收入。造成被害人残疾的，还应当赔偿残疾生活辅助器具费等费用；造成被害人死亡的，还应当赔偿丧葬费等费用。

【典型案例】

一、袁某诉廉某探望权纠纷案［河南省新乡市中级人民法院（2019）豫07民终2861号民事判决］

裁判要旨：就隔代探望问题，法律和司法解释并无明确规定，本裁判认为祖父母探望孙子女系人之常情，既符合探望权的价值取向，也符合我国传统家庭伦理及善良风俗。

基本案情：原告袁某之子闫某某与被告廉某原系夫妻，双方婚后生育长子闫甲和次子闫乙。闫某某2017年因车祸去世，两个孩子现随廉某一起生活。闫某某去世后，原、被告因对孩子的探望权产生纠纷，袁某向法院起诉要求对其孙子行使探望权。

生效裁判认为：探望权是依赖于身份关系形成的权利，是亲权的延伸。祖父母对父母已经死亡的未成年孙子女尽了抚养义务，其定期探望的权利应当得到尊重，并有权通过诉讼方式获得司法保护。祖父母探望孙子女系人之常情，既符合探望权的价值取向，也符合我国传统家庭伦理及善良风俗，应予支持。

二、陈某勇诉周某凤确认合同无效纠纷案［浙江省高级人民法院（2019）浙民再245号民事判决］

裁判要旨：当事人诉请确认已经履行完毕的合同无效，有违诚信原则，法院不予支持。

基本案情：徐某康与陈某勇系夫妻关系。2002年3月，徐某康与周某凤订立《房屋产权买卖协议》，约定徐某康将自有房产卖给周某凤，双方分别签字。协议订立后，周某凤依约付给徐某康购房款，徐某康亦将房屋交付给周某凤使用至今。现陈某勇诉至法院，请求判决《房屋产权买卖协议》无效，周某凤返还其房产。

生效裁判认为：本案双方当事人于2002年3月签订《房屋产权买卖协议》并已履行完毕，现陈某勇时隔16年后起诉要求确认案涉房屋买卖协议无效，明显有违诚信原则，对其诉请不予支持。

第二条　在一定地域、行业范围内长期为一般人从事民事活动时普遍遵守的民间习俗、惯常做法等，可以认定为民法典第十条规定的习惯。

当事人主张适用习惯的，应当就习惯及其具体内容提供相应证据；必要时，人民法院可以依职权查明。

适用习惯，不得违背社会主义核心价值观，不得违背公序良俗。

【条文主旨】

本条是关于习惯作为法源如何认定和具体适用的规定。

【条文理解】

《民法典》第10条明确了习惯可以作为法源予以适用，对于司法实践具有重要意义。为指导人民法院准确适用《民法典》这一规定，本条在认真梳理立法释义、理论学说、实践经验及域外做法基础上，对习惯的认定和具体适用作出规定。

一、关于习惯的认定

本条第1款规定了习惯的认定问题。习惯，是指在某区域范围内，基于长期的生产生活实践而为社会公众所知悉并普遍遵守的生活和交易习惯。按学理解释，通行于全国的习惯，为一般习惯；通行于一地区的习惯，为地方习惯；一般人所遵循的习惯，为普通习惯；特定行业、特定职业所遵循的习惯，为特别习惯（比如合同中的交易习惯）。

为避免法官将法源意义上的习惯与仅在当事人之间形成的惯例相混淆，本款强调可以作为法源意义上的习惯，通常表现为民间习俗、惯常做法等，其核心要义在于能够在一定范围内为特定群体长期确信并自觉遵守。本款不涉及仅在合同当事人之间形成的惯例与习惯。关于习惯的认定，是人民法院适用习惯时首先要明确的标准问题。判断是否构成民法法源的习惯，关键在于该习俗或者做法是否具备两方面的条件：一是是否具有长期性、恒定性、内心确信性；二是是否具有具体行为规则属性，即并非宽泛的道德评价标准，而是能够具体引导人们的行为。王利明教授在汇集有关主流学说基础上，归纳出判断是否构成民法法源习惯应同时具备的积极条件和消极条件。积极条件包括：一是具有长期性、恒定性、内心确信性，二是具有具体行为规则属性，三是具有可证明性；消极条件是不违反法律强制性规定，不违反公序良俗。[①] 这一观点同样适用于理解《民法典》关于习惯的规定。特别需要强调的是，习惯的效力在于补充法律，而非取代或违背法律。

习惯是人们长期生活经验的总结，它既是人与人正常交往关系的规范，也是生产生活实践中的一种惯行。此种惯行得到了人们的普遍遵守，尤其是对一些习惯而言，其效力在长期的历史发展过程中已经得到了社会公众的认可，长期约束人们的行为，因此，也被称为“活的法”。通常作为民法法源的“习惯”，限于习惯法，即国家认可的民事习惯。在罗马法和近代欧陆国家和地区法律发展中，习惯（consuetudo，mos，mores）是法形成的最初方式，是法的最自然和最自发的渊源。“由习惯制定的法叫作习惯法，即由习俗认可的法（jus quod usus comprobavit）。”罗马法学家认为，习惯是由最广泛的同意所认可

① 王利明：《我国民法典重大疑难问题之研究》，法律出版社 2016 年版，第 122 ~ 127 页。

的长期习俗，习惯法是符合人民法律信念并自发遵守的规范。① 梅仲协先生指出："习惯法者，基于国民之直接的法之认识，以继续不息，反复奉行之习惯，确信为法律，而援用之之法规也。"② 起草《拿破仑民法典》的法学家曾指出，当事人之间发生争议找不到法律依据时，应当寻求习惯法解决，且运用习惯法解决争议是司法行为，而非立法行为。③

习惯是各国和地区司法裁判中的重要法源。罗马法规定，在不采用成文法的情况下，必须遵守由习俗和习惯确定的那些规范（《学说汇纂》第94编）。在大陆法系，民法的法源主要有：制定法，习惯法，其他渊源，如法理、学理等，习惯法属于非制定法范畴。英美法系的法律渊源主要是判例法，也承认制定法的法律渊源地位。有的学者认为，判例本身就是习惯法的渊源。《瑞士民法典》第1条规定："凡依本法文字或释义有相应规定的任何法律问题，一律适用本法。无法从本法得出相应规定时，法官应依据习惯法裁判；如无习惯法时，依据自己如作为立法者应提出的规则裁判。在前1款的情况下，法官应依据公认的法理和判例。"我国台湾地区"民法"第1条、第2条规定："民事，法律所未规定者，依习惯；无习惯者，依法理。""民事所适用之习惯，以不背于公共秩序或善良风俗者为限。"涉及商事关系的适用方面，《日本商法典》第1条规定："关于商事，本法没有规定时适用商习惯法，没有商习惯法时适用民法。"从而确立了"商法—商习惯法—民法"的适用顺序。虽然《民法通则》没有规定习惯作为民法的法源，但此后的单行立法明确规定了一些习惯为民法法源。我国不承认法理、学理为司法裁判的法源。

---

① ［意］彼德罗·彭梵得：《罗马法教科书》，中国政法大学出版社1992年版，第16页。

② 梅仲协：《民法要义》，中国政法大学出版社1998年版，第9页。

③ 何勤华主编：《20世纪外国民商法的变革》，法律出版社2004年版，第11页。

二、关于习惯的查明

本条第2款规定了习惯的查明问题。《民法典》第10条明确，“可以”适用习惯而非“应当”适用习惯。习惯的适用，首先要以查明习惯是否存在以及习惯的具体内容为前提，这是一个事实认定问题。因此，当事人主张适用习惯的，应当根据《民事诉讼法》第67条第1款的规定提供证据。同时，作为法源意义上的习惯的适用，在必要时人民法院也应当有相应的查明职责。按照《最高人民法院关于适用〈中华人民共和国民事诉讼法〉的解释》（以下简称《民事诉讼法解释》）第90条第1款的规定，当事人对自己提出的诉讼请求所依据的事实或者反驳对方诉讼请求所依据的事实，应当提供证据加以证明。因此，将习惯作为需要查明的事实首先交由当事人举证，符合《民事诉讼法》及其司法解释的规定。

本款规定参考了学界成果、实务经验，并借鉴了外国法、境外法查明的做法。王泽鉴教授认为，习惯法是否存在，除主张的当事人依法提出证据外，法院应依职权调查。① 学理认为，法官应当知悉本国的法律，因此本国法律不应当成为诉讼中的证明对象，但外国法律、地方性法规、地方或行业习惯不一定为审理案件的法官所了解，因此要求当事人举证证明是合适和必要的。当然，在互联网高度发达，电子信息的收集、交换高度便捷的现代社会，一些处于弱势地位的当事人无力或不便取得习惯存在的证明的，人民法院可以依职权取证或查明。另外，法官在诉讼中是以三段论方法作出裁判，即以法律为大前提，以案件事实为小前提，再通过推论作出裁判。在案件审理中，当法官在第一阶段寻找法律未果时，就应当同时具有查明有无习惯的意识，必要时可以向当事人释明。

① 王泽鉴：《民法概要》，中国政法大学出版社2003年版，第15页。

调研中有个别意见认为，习惯作为法源，就应当由法官依职权查明。我们经研究未采纳该建议，主要是考虑到我国幅员广阔、风俗多样，法官难以了解习惯是否存在的实际情况，也出于当前人民法院案多人少矛盾突出、不宜过重增加法官负担的现实需要。本款采取以由当事人主张并提供证据为主，人民法院依职权查明为辅的方式，不仅符合《民事诉讼法》第 67 条第 2 款规定的精神，也是立足我国国情，有效确保《民法典》第 10 条规定具体施行的可行做法。

三、关于习惯的审查：公序良俗标准

本条第 3 款规定了习惯的审查问题。按照《民法典》第 10 条的规定，要将习惯作为裁判依据，必须是在法律没有具体规定的前提下，且该习惯不得违背公序良俗。公序良俗是从民族共同的优秀文化、道德意识中抽象出来，由社会公共秩序、生活秩序、道德准则构成。习惯不得违背公序良俗，有力遏制了不符合社会公共利益的习惯无限制地进入民法中，为习惯法提供了过滤器，同时为有益于社会的习惯进入民法中提供了通道。① 公序良俗的核心价值是强调习惯和民事法律行为需要遵守社会公共道德，倡导优良社会风尚，抑制伤风败俗行为，建立和谐稳定社会秩序。公序良俗作为强行法的补充，具有配合各种具体的强行法规则调控民事活动的作用，其司法意义是对习惯进行调控、对法律行为进行效力判断。公序良俗作为意识形态的价值观演化为法律层面有约束力的条文规范后，就成为对习惯是否可以适用、对民事法律行为进行效力判断的依据，并赋予法官自由裁量权，在遇有损害国家利益、社会公共利益和道德秩序的行为，而又缺乏相应的禁止性法律规定时，法官可以直接适用公序良俗原则判定不得适用该习惯，或判定行为无效。

---

① 梁慧星：《中国民法典草案建议稿附理由·总则编》，法律出版社 2013 年版，第 20 页。

按照大陆法系传统民法典规定，各国和地区法官以往大都将违反公序良俗的法律行为理解为绝对无效，认为该法律行为自成立之时起，当然、确定、全部无效。但是，如果不加区别地赋予任何人主张无效的权利，有可能不利于保护双方当事人利益。从国际上看，20 世纪中期以来，不少国家法官改采相对无效说，且只赋予遭受不利益一方有主张无效的权利，在无效范围上也从全部无效改为部分无效，仅认定违反公序良俗的条款无效，其余条款继续有效。这样就赋予当事人和法院更多的协商、裁量空间，更好地协调当事人之间的利害关系，达到保护弱者利益的目的。至于违反公序良俗的习惯，不存在绝对无效还是相对无效问题。从《民法典》第 10 条的规定来看，应当理解为整体无效，不得适用该习惯。

我国历史悠久，在众多习惯中文明与糟粕并存。调研中绝大多数意见都认为在习惯的适用上必须采取审慎的态度。为此，本款明确人民法院对习惯负有审查职责。要将是否违背公序良俗作为重要审查标准。根据学界通说和实务共识，公序良俗包括公共秩序和善良风俗。需要注意的是，此处所讲的习惯属于法源，不同于当事人之间形成的交易习惯，应可以作为裁判依据。在审判实践中，习惯作为法源多见于与丧葬事宜、婚嫁相关的案件，比如遗体瞻仰、告别、吊唁、祭奠、订婚。民间存在的一些具有封建传统的订婚习俗，特别是包办、买卖婚姻习俗，违背公序良俗和社会主义核心价值观，不得作为习惯适用。个别地方不允许寡妇改嫁，剥夺外嫁女继承权，奖励参加宗族械斗族人等陈规陋习，不但违反法律，也不符合公序良俗，不能作为司法适用的习惯。①

调研中，我们采纳有关意见，删除了原有关于《民法典》第 10 条“法律”范围的界定；考虑到“民间习俗、惯常做法”难以涵盖全

① 王利明主编：《中国民法典释评·总则编》，中国人民大学出版社2020 年版，第37 页。

部的习惯类型，采纳有关意见，增加“等”字以示周延；采纳有关意见，强调习惯应当长期为一般人确信并遵守。

另有意见指出，可以考虑增加审查“是否存在法律具体规定”这一标准。我们认为这属于适用习惯的前提条件，并非对习惯适用本身的审查，且在《民法典》第10条已有明确规定，故未再重复列举。

四、关于习惯的审查：社会主义核心价值观标准

按照本条第3款规定，人民法院应当依法审查习惯是否符合社会主义核心价值观。调研中有意见认为，社会主义核心价值观与公序良俗存在重合，可以不予规定。经研究认为，社会主义核心价值观的内涵十分丰富，明确这一标准与当前中央有关社会主义核心价值观入法入规的精神要求一致。价值观是法治的灵魂，法治是价值观的保障，两者相辅相成、相互促进。人们对法律的自觉遵守，很大程度上依赖于法律的价值与人们内心价值的一致性。

核心价值观是国家的共同价值，是法治建设的道德基础。国家治理的重要使命，就是要以核心价值观引领法治，提升法律政策的合理性、认可性和权威性，促进道德的规范性、约束性和自觉性，将法治和德治紧密结合与统一。《民法典》在第1条立法宗旨中规定弘扬社会主义核心价值观，是完善弘扬社会主义核心价值观的法律政策体系的有力措施，实现了核心价值观入法，树立了民事立法正确的价值导向。《民法典》通过规定诚信、公序良俗、平等、合法等原则，法律行为、民事责任等制度，发挥民事法律对民事活动、公共秩序、民事权利行使等的规范、引领、保护作用，对于强化规则意识、引领社会风尚、维护公共秩序具有重大意义。

将是否符合社会主义核心价值观作为习惯的审查标准，符合《民法典》的立法宗旨，有利于全面发挥核心价值观在司法审判中的价值判断和价值引领作用。在个案审判中，可以保障国家、社会和个人在

共同的价值体系下，自觉遵从共同的价值标准，促进国家发展、维护社会秩序和规范个人行为。违背社会主义核心价值观的习惯，也必然是违背公序良俗的习惯，人民法院不得适用。

【审判实践中应注意的问题】

一、国家政策不作为民法渊源和司法裁判依据

《民法典》总则编中的第10条规定："处理民事纠纷，应当依照法律；法律没有规定的，可以适用习惯，但是不得违背公序良俗。"《民法通则》第6条规定："民事活动必须遵守法律，法律没有规定的，应当遵守国家政策。"从学者观点和国外立法看，民法的渊源包括法律、习惯法、判例、法理、学说等。《民法典》总则编在起草过程中对民法的渊源问题进行过反复研究和论证，最终规定了法律和习惯，删除了国家政策。

《民法典》总则编没有将国家政策作为民法法源。主要理由是：第一，政策不具有稳定性；第二，政策往往不以公告的形式告之于全体国民，有的只以内部文件的形式下达给各有关机关；第三，政策的规范性太弱，缺乏对具体行为的指导性和可操作性。随着我国市场经济体制的建立和健全，依法治国方略的全面推进，不宜再将国家政策作为直接的民法渊源：一是中国特色社会主义法律体系已经基本建成，民事法律已经基本完备，已经基本解决了无法可依的问题，适用国家政策增补民事法律漏洞的空间已经非常小了。二是党的十八大后全面加强依法治国，法治的基本内涵在于依照法律而不是依照政策来治理社会关系。三是国家政策的优势是灵活性，但其缺点是不稳定和不公开性，不利于形成社会关系的稳定预期。

国家政策不作为民法渊源，并不等于说国家政策在调整民事关系

和民事司法裁判中不发挥作用。在司法裁判中，国家政策可以通过民法中引致条款发挥作用，如认定为不可抗力、情事变更、社会公共利益等情形；或者作为诚信原则、公序良俗原则的新内涵以平衡当事人的利益以及个人利益与社会利益，国家政策的目的同样可以实现。很多重要政策对民事活动具有很强约束，如小产权房、房屋限购、《民事诉讼法解释》第28条规定的政策性房屋等，在涉及民事纠纷时，国家政策可以作为裁判说理的依据。

二、用公序良俗判断法律行为效力

公序良俗不仅是习惯的判断标准，也是法律行为的判断标准。公序良俗的概念起源于罗马法。"以公序良俗之观念限制法律行为之内容，为罗马法以来所公认。"① 按照罗马法学家的观点，所谓公序即国家的安全、人民的根本利益；所谓良俗是指人民的一般道德准则。传承了罗马法的《法国民法典》第6条规定："任何人均不得以特别约定违反涉及公共秩序和善良风俗的法律。"法国民法是把公序良俗作为对契约自由的例外的限制。在法国法中，所谓公共秩序，实际上就是一种公共利益，所谓善良风俗，实际是指社会道德。违反公序良俗而无效的合同主要包括：违反性道德的合同、赌博合同、限制人身自由、违背家庭伦理道德等合同都将被宣告无效。《德国民法典》第138条确认了善良风俗的概念，但并没有采纳公共秩序的概念。在德国法中，善良风俗原则是对私法自治的一种限制。《德国民法典》施行后，1901年德国最高法院判决，关于是否违反善良风俗，由法官"按照正当且公平的一切人的道义感"规则来判断。日本民法采纳了公序良俗，并重点运用该原则对法律行为进行调整。

我国在编纂《民法典》之前，法律并未明确采用公序良俗概念。

---

① 史尚宽：《民法总论》，中国政法大学出版社2000年版，第40页。

比如，《民法通则》第7条规定，民事活动应当尊重社会公德，不得损害社会公共利益，扰乱社会经济秩序。《合同法》第7条要求当事人订立履行合同时，应当尊重社会公德，不得扰乱社会经济秩序，损害社会公共利益。作为《民法典》编纂第一步成果的《民法总则》正式引入公序良俗概念，此后《民法典》总则编中的第8条、第10条、第143条、第153条第2款规定都强调，民事活动不得违背公序良俗。公序良俗中的公共秩序，强调的是国家和社会层面的价值理念，善良风俗突出的则是民间的道德观念，是社会主义核心价值观在《民法典》中的规范表达。

在我国民事司法实践中，运用公序良俗原则几乎涉及各种民事纠纷。包括对民事法律行为的效力判断，民事权利的确权，不当得利等的认定。在具体案件中，对违反公序良俗，涉及赠与或承诺的，判决协议或承诺内容无效；涉及侵害物权、人格权和人格利益的，判决加害人承担排除妨碍、恢复原状、赔偿损失等责任。但需要检讨的是，个别意见将公序良俗理解为社会一般利益、一般道德，而没有严格遵循公序良俗的本意，不深究法理和规则，仅以相关社会关系中存在违背道德行为判决法律行为无效。比如对涉及婚外同居关系的，简单以婚外同居违背公序良俗为由确定其他相关法律行为（如期间发生的财产关系）无效。必须认识到，公序良俗原则作为强行法的补充，只有在法律、行政法规没有明确规定时，才可以适用；在将习惯作为补充法源进行判案时，法官应当用公序良俗作为审查习惯的价值标准，克服经验性、个别性、零散性运用习惯状况；用公序良俗原则判定法律行为效力时，应当对当事人之间的法律关系进行全面审查，不得随意扩大法律行为无效或受影响的范围。

三、将社会主义核心价值观融入司法审判活动

用社会主义核心价值观指引民事审判活动，推动民事主体在民商

事活动中自觉践行社会主义核心价值观具有重要意义。《民法典》和所有单行民商事法律法规的很多制度都体现或贯穿了社会主义核心价值观的要求。《民法典》总则编确立的平等原则、自愿原则、公平原则、诚信原则、守法原则、绿色原则，是社会主义核心价值观在民法中的具体体现，也是人民法院处理民事纠纷的基本价值遵循。人民法院要遵循法律精神和原则，充分发挥司法解释、司法政策、指导性案例、个案审理和裁判对彰显法治精神、强化规则意识、引领社会风尚、维护公共秩序的重要作用，维护法律的严肃性，体现正确价值导向，使符合社会主义核心价值观的行为受到鼓励、褒奖，使背离社会主义核心价值观的现象受到制约、制裁，形成有利于弘扬主流价值观念的法律导向、社会环境。

为深入贯彻落实中共中央关于进一步把社会主义核心价值观融入法治建设的工作要求，正确贯彻实施《民法典》，充分发挥司法裁判在国家治理、社会治理中的规则引领和价值导向作用，进一步增强司法裁判的公信力和权威性，最高人民法院于 2021 年 1 月 19 日发布《关于深入推进社会主义核心价值观融入裁判文书释法说理的指导意见》。该指导意见一是要求深入推进社会主义核心价值观融入裁判文书释法说理，积极回应人民群众对公正司法的新要求新期待，准确阐明事理，详细释明法理，积极讲明情理，力求讲究文理，不断提升人民群众对司法裁判的满意度，以司法公正引领社会公平正义。二是要求各级法院将社会主义核心价值观作为理解立法目的和法律原则的重要指引，作为检验自由裁量权是否合理行使的重要标准，确保准确认定事实，正确适用法律。三是要求法官对于裁判结果有价值引领导向、行为规范意义的案件，应当强化运用社会主义核心价值观释法说理，切实发挥司法裁判在国家治理、社会治理中的规范、评价、教育、引领等功能，以公正裁判树立行为规则，培育和弘扬社会主义核心价值观。在释法说理时，应当针对争议焦点，根据庭审举证、质证、法庭辩论以及法律调查等情况，结合社会主义核心价值观，重点说明裁判事实认定和法律适用的过程和理由。

该指导意见规定，下列案件的裁判文书，应当强化运用社会主义核心价值观释法说理：(1) 涉及国家利益、重大公共利益，社会广泛关注的案件；(2) 涉及疫情防控、抢险救灾、英烈保护、见义勇为、正当防卫、紧急避险、助人为乐等，可能引发社会道德评价的案件；(3) 涉及老年人、妇女、儿童、残疾人等弱势群体以及特殊群体保护，诉讼各方存在较大争议且可能引发社会广泛关注的案件；(4) 涉及公序良俗、风俗习惯、权利平等、民族宗教等，诉讼各方存在较大争议且可能引发社会广泛关注的案件；(5) 涉及新情况、新问题，需要对法律规定、司法政策等进行深入阐释，引领社会风尚、树立价值导向的案件；(6) 其他应当强化运用社会主义核心价值观释法说理的案件。

在裁判文书释法说理的逻辑顺序上，该指导意见要求：有规范性法律文件作为裁判依据的，法官应当结合案情，先行释明规范性法律文件的相关规定，再结合法律原意，运用社会主义核心价值观进一步明晰法律内涵、阐明立法目的、论述裁判理由。民商事案件无规范性法律文件作为裁判直接依据的，除了可以适用习惯以外，法官还应当以社会主义核心价值观为指引，以最相类似的法律规定作为裁判依据；如无最相类似的法律规定，法官应当根据立法精神、立法目的和法律原则等作出司法裁判，并在裁判文书中充分运用社会主义核心价值观阐述裁判依据和裁判理由。案件涉及多种价值取向的，法官应当依据立法精神、法律原则、法律规定以及社会主义核心价值观进行判断、权衡和选择，确定适用于个案的价值取向，并在裁判文书中详细阐明依据及其理由。

在解释方法上，该指导意见要求，深入推进社会主义核心价值观融入裁判文书释法说理应当正确运用以下解释方法：(1) 运用文义解释的方法，准确解读法律规定所蕴含的社会主义核心价值观的精神内涵，充分说明社会主义核心价值观在个案中的内在要求和具体语境。(2) 运用体系解释的方法，将法律规定与中国特色社会主义法律体系、社会主义核心价值体系联系起来，全面系统分析法律规定的内涵，正确理解和适用法律。(3) 运用目的解释的方法，以社会发展方向及立法目的为出发点，发挥目的解释的价值作用，使释法说理与立法目的、法律精神保持一致。(4) 运用历史解释的方法，结合现阶段社会发展水平，合理判断、有效平衡司法裁判的政治效果、法律效果和社会效果，推动社会稳定、可持续发展。此外，裁判文书释法说理应当使用简洁明快、通俗易懂的语言，讲求繁简得当，丰富修辞论证，提升语言表达和释法说理的接受度和认可度。

人民法院近年来审理了一大批弘扬社会主义核心价值观的典型案例。比如：审理侵害袁隆平院士名誉荣誉案，维护共和国功勋的尊严；审理女童热心助人致伤案，判决善意助人不担责；审理高铁霸铺案，判决曝光公共场所不文明行为无需担责；对长期霸占已售房屋的当事人采取强制搬迁措施，决不让“赖而不决”大行其道。通过一系列司法判决，鼓励崇尚英模、邻里相助、助人为乐、志愿服务、舆论监督，决不向耍横霸道者让步，决不迁就纵容恶习陋俗，让广大群众知道法治社会提倡什么、反对什么、禁止什么。

【相关规定】

一、《民法典》第 10 条：处理民事纠纷，应当依照法律；法律没有规定的，可以适用习惯，但是不得违背公序良俗。

第 289 条：法律、法规对处理相邻关系有规定的，依照其规定；法律、法规没有规定的，可以按照当地习惯。

第 1015 条第 2 款：少数民族自然人的姓氏可以遵从本民族的文化

传统和风俗习惯。

二、《民事诉讼法》第67条：当事人对自己提出的主张，有责任提供证据。

当事人及其诉讼代理人因客观原因不能自行收集的证据，或者人民法院认为审理案件需要的证据，人民法院应当调查收集。

人民法院应当按照法定程序，全面地、客观地审查核实证据。

三、《涉外民事关系法律适用法》第10条：涉外民事关系适用的外国法律，由人民法院、仲裁机构或者行政机关查明。当事人选择适用外国法律的，应当提供该国法律。

不能查明外国法律或者该国法律没有规定的，适用中华人民共和国法律。

四、《民事诉讼法解释》第94条：民事诉讼法第六十七条第二款规定的当事人及其诉讼代理人因客观原因不能自行收集的证据包括：

（一）证据由国家有关部门保存，当事人及其诉讼代理人无权查阅调取的；

（二）涉及国家秘密、商业秘密或者个人隐私的；

（三）当事人及其诉讼代理人因客观原因不能自行收集的其他证据。

当事人及其诉讼代理人因客观原因不能自行收集的证据，可以在举证期限届满前书面申请人民法院调查取证。

第95条：当事人申请调查收集的证据，与待证事实无关联、对证明待证事实无意义或者其他无调查收集必要的，人民法院不予准许。

第96条：民事诉讼法第六十七条第二款规定的人民法院认为审理案件需要的证据包括：

（一）涉及可能损害国家利益、社会公共利益的；

（二）涉及身份关系的；

（三）涉及民事诉讼法第五十八条规定诉讼的；

（四）当事人有恶意串通损害他人合法权益可能的；

（五）涉及依职权追加当事人、中止诉讼、终结诉讼、回避等程序性事项的。

除前款规定外，人民法院调查收集证据，应当依照当事人的申请进行。

五、《合同法解释（二）》（已废止）第7条：下列情形，不违反法律、行政法规强制性规定的，人民法院可以认定为合同法所称“交易习惯”：（一）在交易行为当地或者某一领域、行业通常采用并为交易对方订立合同时所知道或者应当知道的做法；（二）当事人双方经常使用的习惯做法。

对于交易习惯，由提出主张的一方当事人承担举证责任。

六、《最高人民法院关于审理涉外民事或商事合同纠纷案件法律适用若干问题的规定》（已废止）第9条：当事人选择或者变更选择合同争议应适用的法律为外国法律时，由当事人提供或者证明该外国法律的相关内容。

人民法院根据最密切联系原则确定合同争议应适用的法律为外国法律时，可以依职权查明该外国法律，亦可以要求当事人提供或者证明该外国法律的内容。

当事人和人民法院通过适当的途径均不能查明外国法律的内容的，人民法院可以适用中华人民共和国法律。

七、《最高人民法院关于适用〈中华人民共和国涉外民事关系法律适用法〉若干问题的解释（一）》第15条：人民法院通过由当事人提供、已对中华人民共和国生效的国际条约规定的途径、中外法律专家提供等合理途径仍不能获得外国法律的，可以认定为不能查明外国法律。

根据涉外民事关系法律适用法第十条第一款的规定，当事人应当提供外国法律，其在人民法院指定的合理期限内无正当理由未提供该外国法律的，可以认定为不能查明外国法律。

【典型案例】

一、北京奇虎科技有限公司、奇智软件（北京）有限公司诉腾讯科技（深圳）有限公司、深圳市腾讯计算机系统有限公司不正当竞争纠纷案［最高人民法院（2013）民三终字第5号民事判决］

裁判要旨：行业性规范通常反映了行业内的公认商业道德和行为标准，可以成为人民法院发现和认定行业惯常行为标准和公认商业道德的重要渊源。

基本案情：2010年10月，腾讯公司、腾讯计算机公司发现奇虎公司、奇智公司通过其运营的www. 360. cn网站向用户提供“360扣扣保镖”软件下载。腾讯认为该软件通过虚假宣传，鼓励和诱导用户删除腾讯QQ软件中的增值业务插件、屏蔽其客户广告，并将有关产品和服务嵌入QQ软件界面，借机宣传和推广自己的产品，构成不正当竞争，诉至法院。

生效裁判认为：在市场经营活动中，相关行业协会或者自律组织为规范特定领域的竞争行为和维护竞争秩序，有时会结合其行业特点和竞争需求，在总结归纳其行业内的竞争现象的基础上，以自律公约等形式制定行业内的从业规范，以约束行业内的企业行为或者为其提供行为指引。这些行业性规范常常反映和体现了行业内的公认商业道德和行为标准，可以成为人民法院发现和认定行业惯常行为标准和公认商业道德的重要渊源。本案中，互联网协会《互联网终端软件服务行业自律公约》第18条规定了终端软件在安装、运行、升级、卸载等过程中，不应恶意干扰或者破坏其他合法终端软件的正常使用；第19条规定了除恶意广告外，不得针对特定信息服务提供商拦截、屏蔽合法信息内容及页面。该自律公约系互联网协会部分会员提出草案，并得到包括本案当事人在内的互联网企业广泛签署，说明该自律公约确实具有正当性并为业内所公认。人民法院在确定上述内容合法、公正和客观的基础上，将其作为认定互联网行业惯常行为标准和公认商业道德的参考依据，并无不当。奇虎公司、奇智公司的行为违反了上述行业惯例和商业道德，构成不正当竞争，应承担相应责任。

二、上海市崇明区新村乡新浜村村民委员会诉徐某土地承包经营权出租合同纠纷案［上海市崇明区人民法院（2020）沪0151民初1502号民事判决］

裁判要旨：作为裁判依据的习惯应当符合合法性、合理性、明确性特征，否则不能作为裁判依据，同时，民事习惯的证成应当全面、准确，说理论证应当充分。

基本案情：2016年11月30日，新浜村委会与徐某订立流转合同，约定徐某承租新浜村1组、2组土地309.59亩，期限自2016年11月30日至2023年11月30日。合同签订后，新浜村委会按约将土地交付徐某使用。后因徐某未支付2020年度土地流转租金，新浜村委会诉至法院。

生效裁判认为：本案争议焦点是租赁土地面积的四至界定。徐某主张村委会未按约定交付土地，新浜村委会主张将部分田垄纳入测量面积，实际测量面积为316.8亩；徐某主张将全部田垄排除在外，仅测量实际测量面积为290.27亩，两者相差26.6亩。关于田垄是否属于可耕种面积，法律没有明确规定，但对于土地承包人、承租人有排他性管理、使用田垄的权利，实践中没有争议。本案田垄实际一直由徐某管理、使用。经调查，测量的习惯做法是将田垄纳入可耕种面积。测绘公司也认为，此符合土地面积测量习惯。新浜村委会交付的土地符合约定，徐某应支付所欠租金。

三、陈某田、王某兰等与南通中智建设工程有限公司一般人格权纠纷案［江苏省南通市中级人民法院（2015）通中民终字第00832号民事判决］

裁判要旨：我国立法对“遗体瞻仰、告别、吊唁、知情权”没有明确规定，但根据民事法律适用原则，有法律依照法律规定，没有法律规定依照民事习惯。按照我国民间风俗习惯，亲人去世之后，近亲属有瞻仰、告别、吊唁等权利，以寄托哀思。

基本案情：刚果（布）当地时间2012年12月15日，陈某华在建设公司刚果（布）工地发生意外死亡。陈某田、王某兰等（系陈某华近亲属）与建设公司达成调解协议，委托建设公司处理陈海华的遗体。后双方因赔偿问题发生矛盾。建设公司因遗体不能久放，遂在医院火化。陈某田、王某兰等认为建设公司侵犯其对陈某华遗体的瞻仰、告别、吊唁、知情等权利，诉至法院请求赔偿。

生效裁判认为：《民法通则》第5条规定，公民、法人的合法的民事权益受法律保护，任何组织和个人不得侵犯。瞻仰、吊唁等权利虽不属于我国法律中明确规定的民事权利，但基于死者亲属与死者之间的亲属身份，我国亦有在遗体入殓之前死者亲属到现场瞻仰、告别的风俗，原告方有权主张对逝者遗体进行瞻仰、告别、吊唁等权利。

第三条　对于民法典第一百三十二条所称的滥用民事权利，人民法院可以根据权利行使的对象、目的、时间、方式、造成当事人之间利益失衡的程度等因素作出认定。

行为人以损害国家利益、社会公共利益、他人合法权益为主要目的行使民事权利的，人民法院应当认定构成滥用民事权利。

构成滥用民事权利的，人民法院应当认定该滥用行为不发生相应的法律效力。滥用民事权利造成损害的，依照民法典第七编等有关规定处理。

【条文主旨】

本条是关于滥用民事权利的认定与法律后果的规定。

【条文理解】

一、制定本条规则的主要考虑

任何权利的实现，不仅关涉权利人的利益，而且关涉义务人的利益以及国家和社会的利益。因此，民事主体在行使民事权利时，应尊重他人的利益，不得滥用民事权利。[①] 民法一方面鼓励权利主体正当

① 参见王利明：《民法总则研究》，中国人民大学出版社2018年版，第449页。

地行使权利，另一方面为权利的行使划定了明确的界限。[①] 许多国家和地区的民法典对禁止权利滥用问题作出了明确规定。例如，《德国民法典》第226条规定："专以加害他人为目的之权利行使，不得为之。"《瑞士民法典》第2条规定："行使权利，履行义务应依诚实及信用为之。显属滥用权利者，不受法律保护。"《日本民法典》第1条规定："（1）私权须符合公共福祉。（2）行使权利及履行义务必须遵守信义，诚实为之。（3）禁止滥用权利。"此前，我国的《民法通则》（已废止）并未规定禁止滥用权利规则，有关禁止权利滥用的规则是以宪法规则的形式体现。我国《宪法》第51条规定："中华人民共和国公民在行使自由和权利的时候，不得损害国家的、社会的、集体的利益和其他公民的合法的自由和权利。"因此，在民事案件中认定是否构成权利滥用时，往往需要基于诚信原则、公序良俗原则等民法的基本原则进行推演。2017年的《民法总则》第132条正式明确规定了这一规则，规定："民事主体不得滥用民事权利损害国家利益、社会公共利益或者他人合法权益。"这一规定最终成为《民法典》第132条的规则，使得禁止权利滥用规则在我国民法中直接、明确地确立下来。

当然，实践中滥用权利的情形十分复杂，立法不可能事无巨细一一明确，只能作出原则性规定。事实上，各国和地区民法典大多也只是作出原则性规定。但在我国的具体国情下，对于较为原则性的规定，有必要在司法适用中进一步细化，以统一法律适用标准。因为我国幅员辽阔、人口众多，而法官的经验、知识水平也参差不齐，加上其他因素的干扰，容易造成法律适用的千差万别。因此，当前的司法政策导向也是要尽可能给法官以具体明确的指引，限制自由裁量权。特别是在《民法典》第132条的适用方面，如果不提出具体明确的指引，

① 黄薇主编：《中华人民共和国民法典释义》，法律出版社2020年版，第258页。

可能会出现个别法官滥用“禁止权利滥用规则”，给民事主体行使权利施加过度干预的问题。

基于以上考虑，我们就本条的适用问题进行了深入的调研。从各级法院和民法学界反馈意见的情况看，司法实践中如何适用《民法典》第132条规定的禁止权利滥用规则，亟需解决两个问题：一是如何认定权利滥用。这里就蕴藏着一个价值判断的问题。即解决权利滥用的认定问题，不能仅局限于提出一些认定的参考因素，还要明确传递《民法典》的基本导向。我们认为，《民法典》第132条的基本价值导向是：以鼓励权利行使为原则，以否定权利行使为例外。因此，适用《民法典》第132条的一个关键点是要准确把握何为滥用。只有权利的行使明显超过正当界限时才应当认定构成滥用，如权利行使的目的违背了权利设定的目的，权利行使的方式违背公序良俗等。二是明确权利滥用的法律后果。《民法典》第132条只规定了不得滥用权利，但是没有明确滥用权利的法律后果。如果不能明确滥用行为的法律后果，就不能有效治理当前日益普遍的权利冲突现象，特别是权利主体完全不顾及他人利益而行使自己的权利所造成的权利冲突现象。滥用权利的行为古已有之，但随着社会发展、科技进步，人类的活动领域不断拓展，权利之间的冲突现象日益普遍。例如，民事主体为了保护自己的财产安全而在家门口安装摄像头，① 由此就可能损及他人的隐私和个人信息权益。如果民事主体只考虑自己的权利行使而完全不顾及他人的行为可以不用承担法律后果，就会滋长自私自利的社会风气，因而与社会主义核心价值观的要求背道而驰。

针对上述情况，我们就《民法典》第132条规定的适用制定了配套、细化的规则，也就是本解释第3条的规定。本条分为3款，其中第1、2款解决滥用权利的认定问题，第3款解决滥用权利的法律后果

① 典型案例如本节后附的江苏省无锡市梁溪区人民法院（2019）苏0213民初6264号民事判决。

问题。

需要说明的是《民法典》关于权利滥用的规则在总则编第五章“民事权利”部分，而本条则放在本解释第一部分“一般规定”中，主要原因有二：一是本条规定相对于本解释的其他规定，如胎儿利益保护、监护制度等而言，更具有统揽全局的作用。二是本解释的起草采取的“小而精”思路，不追求“大而全”的体系。因此，本解释是针对具体问题设计规则，在篇章结构上未与《民法典》总则编一一对应。例如，本解释重点针对自然人制度的细化适用作出规定，而将法人制度的问题留待实践继续探索。本解释第一部分命名为“一般规定”也是基于此，避免被误解为完全针对《民法典》总则编第一章“基本规定”的解释。

二、认定关于权利滥用的参考因素

基于鼓励和维护权利行使的基本价值导向，本条分设第1、2款对权利滥用的认定作出规定。第1款是关于权利滥用的一般认定标准的规定。法律确立禁止权利滥用规则，旨在阐明“一切民事权利之行使，不得超过其正当界限”。[①] 但司法实践中的难点在于，应当如何认定权利行使是否超过正当界限。本款采用动态系统论的模式，在综合实务经验、学界成果、域外规定的基础上，提炼出权利行使的对象、目的、时间、方式、造成当事人之间利益失衡的程度等因素作为参考因素，指引人民法院在具体判断是否构成权利滥用时，即是否超过正当界限时，可以从不同的维度进行综合考量。这一标准系将诚信原则和公序良俗原则融入其中，既为法院审理相关案件提供具体、统一的指引，也有助于引导民事主体依法行使权利、形成良好风尚。

① 梁慧星：《民法总论》，法律出版社2017年版，第53页。

（一）权利行使的对象

民事权利包括相对权和绝对权。绝对权能够对权利人之外的每一个人产生效力，每一个人都应尊重它。① 绝对权的这种对世性特征强调的是任何人都不得侵犯该权利，而不是可以无边界地对抗、限制所有人。当绝对权受侵犯时，权利主体应当向侵权人主张权利，而不是向其他人主张。当权利主体对自己的权利采取预防性保护措施时，尤其要注意合理界限。例如，前述安装摄像头的案例，实际上就是为了防止潜在侵害人，而对所有人的权利无差别地予以限制。故此，本条列举权利行使的对象作为考量因素，重点在于强调对公共利益的保护，不能以防止潜在侵害者为由损及不特定多数人的利益。在相对权的情形下，权利人只能针对特定主体主张权利，但在有些情形下，特别是涉及第三人时，也会出现权利行使的对象不适当的问题。例如，本解释第29条规定的“法定代理人、被代理人依据民法典第一百四十五条、第一百七十一条的规定向相对人作出追认的意思表示”，实际上即隐含追认权的行使应当向相对人作出的意思。例如，在无权代理的场合，可能会出现被代理人向无权代理人为追认，而相对人却向被代理人行使催告权、撤销权的情形，如果不加限制，可能会出现追认权滥用的情形。对此，《日本民法典》第113条第2款规定：“追认或拒绝，未对相对人作出者，不得对抗该相对人。但相对人已知该事实时，不在此限。”

（二）权利行使的目的

权利的行使不得背离或者超出权利设定的目的。许多国家和地区的民法典都侧重从权利行使的目的角度来决定权利滥用。如《俄罗斯民法典》第10条第1款规定：“公民与法人不得实施专以损害他人为目的的行为，亦不得以其他形式滥用民事权利。不得为限制竞争之目

① 王利明、杨立新、王轶、程啸：《民法学》，法律出版社2017年版，第316页。

的而行使民事权利，亦不得滥用市场支配地位。”再如，《埃及民法典》第5条第1项、第3项规定，仅以损害他认为目的或者所欲实现的利益为不法的，权利的行使构成不法。《魁北克民法典》第7条也强调了任何人均不得以损害他人为目的行使权利。此外，《德国民法典》、我国台湾地区“民法”也将目的作为认定权利滥用的重要标准。因此，本条第1款综合各国和地区民法的规则，将权利行使的目的作为重要参考因素。本条第2款，则在此基础上作出进一步强调，即明确以损害国家利益、社会公共利益、他人合法权益为主要目的行使民事权利的，应当认定为权利滥用。

（三）权利行使的时间

例如，在夜晚通常认为应当休息的时间，权利人不得以行使权利为由制造噪音，影响他人安宁。此类情形多见于相邻关系之中。《民法典》关于相邻关系的规定本身可认为是禁止权利滥用精神的具体化。其基本旨趣是强调不动产权利人在对自己的不动产行使权利时，要克制自己对权利的任意使用。[①] 除了不动产权利人之间相邻关系涉及权利行使的合理时间外之外，实践中常见的还有广场舞深夜扰民问题。此外，“高考”期间权利主体也应当对权利行使作出克制，避免形成噪音。

（四）权利行使的方式

强调以合理方式行使权利也是许多国家、地区的民法典中有关禁止权利滥用规则的共同特点。在如何判断权利行使的方式是否合理方面，这些国家又多强调按照诚信原则、公序良俗原则来衡量。如《日本民法典》第1条第2款规定：“行使权利及履行义务必须遵守信义，诚实为之。”《魁北克民法典》第7条除了强调权利行使的目的外，还

① 参见黄薇主编：《中华人民共和国民法典释义》，法律出版社2020年版，第562页。

强调不得以“违背诚实信用的要求以过分且不合理的方式行使权利”。《瑞士民法典》第2条规定：“行使权利，履行义务应依诚实及信用为之。”《西班牙民法典》第7条第1款规定：“权利应善意行使。”《葡萄牙民法典》第334条规定：“权利人行使权利明显超越基于善意、善良风俗或该权利所具之社会或经济目的而产生之限制时，即为不正当行使权利。”因此，本款参考各国民法典的规定，将权利的行使方式提炼为一个重要参考因素。

（五）造成当事人之间利益失衡的程度

禁止滥用权利的目的在于消除权利冲突，保持权利主体之间的利益平衡。因而，调研中，有观点提出应当把权利行使造成当事人之间利益失衡的程度作为一个参考因素。一些立法例也就此问题作出明确规定。如《埃及民法典》第5条第2项规定，所欲取得的利益是如此的微不足道而与由此致人的损害极其不相称的，权利的行使构成不法。因此，本款将造成当事人之间利益失衡的程度也作为参考因素列明。

同时，本款的列举也是不完全列举，实践中仍然可以根据具体情况提炼出其他因素。列举上述参考因素，除了可以为法官提供明确指引外，还可以发挥行为导向的作用。禁止权利滥用规则是法律化的道德准则，具有法律调整与道德调整双重功能，其核心是道德问题，要求权利主体行使自己的权利时应当为他人着想，为社会着想。① 因此，通过明确人民法院在认定是否构成权利滥用时会考虑哪些因素，有利于促使权利主体在行使权利时也相应注意权利行使的对方、时间、方式、目的等因素，从而促进文明行使权利的风尚的形成，助力弘扬社会主义核心价值观。

第1款在适用时应当注意的是，这里的条文表述为“可以”认定而非“应当”认定，旨在说明，上述因素只是参考因素，人民法院在

① 参见杨立新：《民法总则》，法律出版社2020年版，第232页。

具体认定是否构成权利滥用时应当结合具体案情进行综合衡量。之所以采用“可以”的表述，原因是实践中滥用权利的情形十分复杂，需要具体问题具体分析，不宜轻易认定构成权利滥用。这一表述也是本解释所持的“以鼓励权利行使为原则，以否定权利行使为例外”立场的具体体现。本条曾规定“行为人以违背公序良俗、诚信原则或者其他明显不合理的方式行使民事权利的构成权利滥用”，调研中，有学者提出该标准过于宽泛，经研究删除了相关内容。

三、关于应当认定构成权利滥用的情形

由于动态系统论的思路只能提供一般性的指引，具体适用时会有较大难度，而法官也往往希望获得直接、明确、具体的指引；而且认定权利滥用事关重大，稍有偏差就有可能背离《民法典》的权利保护理念，故而有必要对法官的裁量权予以必要限制。因此，本条第 2 款针对滥用权利中最典型、最普遍的情形作出明确规定，即行为人以损害国家利益、社会公共利益、他人合法权益为主要目的行使民事权利的，人民法院应当认定构成滥用民事权利。《民法典》第 132 条规定，民事主体不得滥用民事权利损害国家利益、社会公共利益或者他人合法权益，突出强调了滥用权利对他人权益的损害性。比较法上，德国、俄罗斯民法典均将滥用权利明确为“专以加害（损害）他人为目的”行使权利，我国台湾地区“民法”也明确为“以损害他人为主要目的”。如《德国民法典》第 226 条规定：“专以加害他人为目的之权利行使，不得为之。”我国台湾地区“民法”第 148 条规定：“权利之行使，不得以损害他人为主要的目的。”我国实务上有关案例也认为“民事主体不得滥用民事权利损害国家利益、社会公共利益或者他人合法权益。权利人行使权利需以不妨害社会秩序、公共利益及他人合法权益为前提”（详见后附典型案例三）。综合以上考量，本款明确了行为人以损害国家利益、社会公共利益、他人合法权益为主要目的的行

使民事权利的构成权利滥用。

调研中，有意见指出，本款规定“以……为主要目的”会导致实践中认定难度较大，适用不便。实际上增加适用难度正是本款所追求的结果。与侵权责任、刑事责任中故意、过失以及“非法占有目的”的认定一样，本条中“主要目的”的认定也需要采取主客观相结合的思路，根据客观现象来认定行为人的主观心理状态，本身会有一定难度。同时，也有利于将一部分模糊不清、难以认定的情形排除，避免权利滥用的认定过于泛化。

在此需要说明的是，本条第1款和第2款的适用关系。凡符合第2款规定情形的，应当认定为构成权利滥用；当存在第2款规定以外情形的，根据第1款规定的参考因素，结合具体案情认定是否构成滥用民事权利。例如，在一则案件中，原告居于被告楼下，被告将其厨房改为厕所，虽然被告对自己所有的房屋进行装修是其行使物权的具体体现，但因此造成厕所位于原告厨房之上，引起原告心理不适。此时因不能证明被告有损害原告之目的，难以适用第2款规定，但其权利行使方式明显不当，属于以违背公序良俗的方式行使权利，法院判决其恢复原状。① 这样，当符合第2款情形时，人民法院可以直接作出认定；当是否符合第2款情形难以认定时，人民法院可以根据第1款规定进行综合衡量。这样就形成了原则性与具体性的有机统一，有利于避免适用具体规则造成的挂一漏万现象，也有利于避免原则性规定

① 江西省赣州市中级人民法院案例：2014年，刘某装修时改变房屋原户型，将客厅的公卫拆除，拓宽客厅面积，又将厨房改为公卫，导致公卫正对楼下厨房。2016年，李某购买刘某楼下的房屋，装修后于2019年入住。入住后，李某在厨房做饭时经常听见管道的排水声音，心理不适。李某遂诉至法院，要求刘某将改为公卫的厨房恢复原状。生效裁判认为：厨房和卫生间的功能明确，对其建造有一定的特殊要求。《住宅设计规范》(GB50096－2011) 5.4.4明确规定了：“卫生间不应直接布置在下层住户的卧室、起居室(厅)、厨房、餐厅的上层。”城乡建设部在发布《住宅设计规范》(GB50096－2011)时明确规定该条为强制标准，必须严格执行。根据上述规定，刘某不应将卫生间设置在下层厨房的上方。其行为不仅违反了国家强制标准，亦有违公序良俗，给下层住户造成心理不适，对居住生活造成不良影响，应恢复原状。

可能会出现的适用泛化问题。

四、权利滥用的法律后果

第3款规定了权利滥用的法律后果。对此，立法上属于空白，但实务中对此予以明确的需求较为强烈。调研中，山东高院、重庆高院、河北高院等多地法院希望对这一问题予以明确，我们在有关高校座谈时，多数学者也强烈建议明确权利滥用的法律后果。学界多认为，权利滥用的效果以承认权利存在而否认其行使为原则，以权利丧失为例外。[①] 滥用权利行为将发生两方面的后果：一是不能发生行为人预期的法律效果，二是造成他人损害将承担法律责任。[②] 我们经过多次研究论证后采纳了上述意见。第3款关于权利滥用的法律后果的规定包含两个层次：

（一）权利的滥用行为不发生相应的法律效力

这是权利滥用的基本法律后果。换言之，即使权利滥用行为尚未造成实际损害后果，但可能导致潜在损害时，仍然可以否定该权利行使的主张。实践中，滥用权利的情形十分复杂。其中较为常见的是滥用支配权的情形。前述加装摄像头侵害他人隐私和个人信息权益的案例，以及装修时将厨房改造为卫生间，使自己的卫生间正对楼下厨房的案例，均属滥用支配权的典型案例。在重庆发生的一起案例中（详见后附典型案例四），黄某、顾某因邻里纠纷产生积怨，后黄某故意在顾某母亲坟前修建粪坑并倾倒粪便。该粪坑虽然是修建在黄某自家承包地内，但法院依然判其败诉。本案也属于滥用支配权的典型例子。而其构成权利滥用的典型表征也在于其以违背公序良俗的方式行使权利，且以损害他人合法权益为主要目的。由于构成了权利滥用，故而

---

① 梁慧星：《读条文 学民法》，人民法院出版社2017年版，第60页。

② 王利明：《民法总则研究》，中国人民大学出版社2018年版，第45页。

黄某在自己承包地上建粪坑的行为不产生相应的法律效力，因此，法院支持顾某关于恢复原状的主张。需要注意的是，本案中黄某是在自己的承包地内修建粪坑，并未对顾某的财产造成毁损，故黄某很难根据《民法典》第237条（《物权法》第36条）主张恢复原状。故法院是以对顾某物权造成妨害为由判决黄某排除妨害。但实际上本案对顾某造成的损害主要是心理上的不适，是精神利益的损害，而非对物权的损害。今后此类案例，首先以构成权利滥用为由否定权利行使的效力，再要求其恢复原状可能更为妥适。

除了支配权外，形成权、请求权、抗辩权等也有可能构成滥用。其典型法律后果也是不发生权利行使的效力。表现在诉讼中即为权利主张不被法院支持。例如，《全国法院民商事审判工作会议纪要》第47条规定："合同约定的解除条件成就时，守约方以此为由请求解除合同的，人民法院应当审查违约方的违约程度是否显著轻微，是否影响守约方合同目的的实现，根据诚实信用原则，确定合同应否解除。违约方的违约程度显著轻微，不影响守约方合同目的的实现，守约方请求解除合同的，人民法院不予支持；反之，则依法予以支持。"这一规定的精神要义是，违约程度显著轻微，不影响守约方合同目的的实现时，守约方主张解除合同的构成滥用解除权，是滥用形成权的典型情形。① 构成滥用解除权的，该滥用行为不发生解除权行使的效力。因此，《全国法院民商事审判工作会议纪要》第47条明确规定，此时人民法院不予支持。滥用请求权的案例详见后附典型案例三。域外也有一些滥用请求权的案例，主要表现为土地所有权人请求拆除地下水管道、变电设施，被法院认定为构成权利滥用，理由是权利行使显然损害公

① 需要注意的是，有观点对本条持有不同看法，认为既然当事人约定了解除权，就应当尊重意思自治。笔者赞同《全国法院民商事审判工作会议纪要》的立场，认为有必要对约定解除权予以限制。例如，标的额为1000万元的合同，当事人已经支付了999万元，剩余1万元仅因客观原因逾期1天支付，对方就以约定解除权产生为由主张解除合同，将会造成明显不公平的后果。

共利益。[1] 抗辩权的行使也可能构成滥用。例如，当事人故意作出虚假意思表示，对方当事人请求履行时，其又以构成真意保留为由对抗善意相对人的，该抗辩权的行使显然违背了诚信原则，不应得到人民法院支持。在以通谋虚伪表示对抗善意第三人的情形中也存在此类情况。本解释起草过程中，曾拟根据实践需要，就真意保留和通谋虚伪表示不得对抗善意第三人作出具体规定，后因各种考虑而删除。真意保留和通谋虚伪表示不得对抗善意第三人作为法理并无不当，虽然最终未成为解释条文，但有关原理仍可经由诚信原则、禁止权利滥用规则、意思表示解释规则等得出。

调研中，专家学者曾建议本款表述为不发生相应的法律“效果”。经研究，《民法典》中并未使用“效果”一词，涉及权利行使的法律效果时，均使用“效力”一词。例如，《民法典》第221条第1款规定：“当事人签订买卖房屋的协议或者签订其他不动产物权的协议，为保障将来实现物权，按照约定可以向登记机构申请预告登记。预告登记后，未经预告登记的权利人同意，处分该不动产的，不发生物权效力。”再如，《民法典》第565条第1款规定：“当事人一方依法主张解除合同的，应当通知对方。合同自通知到达对方时解除；通知载明债务人在一定期限内不履行债务则合同自动解除，债务人在该期限内未履行债务的，合同自通知载明的期限届满时解除。对方对解除合同有异议的，任何一方当事人均可以请求人民法院或者仲裁机构确认解除行为的效力。”上述条款中涉及动产转让、合同解除等权利行使行为的法律效果时，均使用了“效力”一词。为与《民法典》的表述相一致，确保用语的规范性，本款使用了“效力”的表述。实际上，使用“效力”的表述，也符合民事权利“是法律之力与特定利益的结合”[2] 的本质特征。起草过程中，本款曾表述为权利的“行使”不发

---

① 参见梁慧星：《民法总论》，法律出版社2017年版，第281～282页。

② 王利明、杨立新、王轶、程啸：《民法学》，法律出版社2017年版，第127页。

生相应的法律效力，后有调研意见认为，这样表述可能会使得本款的适用范围过广，影响权利的正常行使，用“滥用”一词更加准确，故本款第1句最后表述为“该滥用行为”不发生法律效力，意即仅滥用部分不发生相应法律效力。

（二）滥用民事权利造成损害的，应当承担侵权责任等民事责任

滥用权利可能尚未造成实际损害，此时只需否定权利行使的效果，如前述滥用解除权的行为。但在更典型的情况下，滥用权利已经造成了实际损害或者现实危险，因此，有必要对这种情形作出明确规定，以统一法律适用。故第3款第2句规定滥用民事权利造成他人损害的，应当适用《民法典》侵权责任编等的规定。滥用权利造成损害，大多数情况下构成侵权责任，因此，本条指明适用《民法典》侵权责任编的规定。同时，滥用民事权利危及他人人身、财产安全的，不仅涉及侵权责任编的适用问题，还可能涉及《民法典》人格权编、物权编等有关规定，对于公司股东滥用公司法人独立地位、股东有限责任或者股东权利，损害公司债权人、公司或者其他股东利益的情形，则涉及《公司法》的有关规定，对此直接按照相应规定处理即可，无法一一列举，故使用“等”字予以概括，避免条文过于烦琐。

【审判实践中应注意的问题】

认定滥用民事权利时，应当注意以下问题：

一、关于本条第1款的适用问题

本款的适用应当结合具体案情综合评判，而不能采取一刀切的简单做法。关键要看滥用行为是否对他人造成不利影响。例如，在他人母亲坟前修建粪坑的案例（详见后附典型案例四），其行使权利的方式违背了公序良俗，虽然一般不会对他人的物权造成实际损害，但依

公众的通常认识，显然会造成他人心理不适。

二、关于“主要目的”的证明

在认定“主要目的”时，要注意参考司法实践在认定侵权责任、刑事责任中的故意、过失、以非法占有为目的中积累的成熟做法，从客观表现上认定行为人的主观心理状态。例如，如果按照一般人的生活常识，都能认识到以该方式行使权利对权利人本身没有实际利益，但对他人合法权益会造成严重侵害的，应当认定为以损害他人合法权益为主要目的。

三、关于认定构成滥用权利的基础条件

“构成权利滥用，需有正当权利存在。”① 如果根本没有权利，也就谈不上“滥用”。② 有正当权利存在是认定是否构成滥用权利的基础条件。例如，要认定当事人构成滥用解除权，首先应当认定其有解除权存在。如果当事人根本没有解除权，则人民法院直接依照《民法典》第565条规定确认合同不解除即可，无需援引《民法典》第132条的规定。

四、关于法条竞合的处理

《民法典》的许多条文直接对民事主体的权利行使作出了限制，该条文本身即蕴含了禁止权利滥用的思想，如《民法典》关于相邻关系的规则等。在具体适用时，有具体规则的应当直接援引相应的具体规则；没有相应具体规则时，才适用《民法典》第132条及本条的规定。

---

① 梁慧星：《民法总论》，法律出版社2017年版，第280页。

② 王利明主编：《中国民法典释评·总则编》，中国人民大学出版社2020年版，第313页。

【相关规定】

一、《宪法》第51条：中华人民共和国公民在行使自由和权利的时候，不得损害国家的、社会的、集体的利益和其他公民的合法的自由和权利。

二、《民法典》第132条：民事主体不得滥用民事权利损害国家利益、社会公共利益或者他人合法权益。

【典型案例】

一、王某永诉深圳歌力思服饰股份有限公司、杭州银泰世纪百货有限公司侵害商标权纠纷案［最高人民法院指导案例82号］

裁判要旨：当事人违反诚实信用原则，损害他人合法权益，扰乱市场正当竞争秩序，恶意取得、行使商标权并主张他人侵权的，人民法院应当以构成权利滥用为由，判决对其诉讼请求不予支持。

基本案情：2008年12月，歌力思公司受让取得第1348583号“歌力思”商标（核定使用于第25类的服装等商品之上），该公司同时是第4225104号“ELLASSAY”的商标注册人（核定使用商品为第18类的（动物）皮；钱包；旅行包等）。王某永于2011年6月申请注册了第7925873号“歌力思”商标（核定使用商品为第18类的钱包、手提包等），并曾于2004年7月申请注册第4157840号“歌力思及图”商标。后因法院认定，该商标损害了歌力思投资管理有限公司的在先字号权，未予核准注册。自2011年9月起，王某永先后在杭州、南京、上海、福州等地“ELLASSAY”专柜，通过公证程序购买了带有“品牌中文名：歌力思，品牌英文名：ELLASSAY”字样吊牌的皮包。2012年3月，王某永以歌力思公司及银泰公司生产、销售皮包的行为侵害其"歌力思"商标、"歌力思及图"商标权，提起诉讼。

生效裁判认为："歌力思"商标由中文文字"歌力思"构成，与歌力思公司在先使用的企业字号及在先注册的"歌力思"商标的文字构成完全相同。"歌力思"本身为无固有含义的臆造词，具有较强的固有显著性，依常理判断，在完全没有接触或知悉的情况下，因巧合而出现雷同注册的可能性较低。作为地域接近、经营范围关联程度较高的商品经营者，王某永对"歌力思"字号及商标完全不了解的可能性较低。在上述情形之下，王某永仍在手提包、钱包等商品上申请注册"歌力思"商标，其行为难谓正当。王某永以非善意取得的商标权对歌力思公司的正当使用行为提起的侵权之诉，构成权利滥用。

二、潘某诉姚某相邻损害防免关系纠纷案［江苏省无锡市梁溪区人民法院（2019）苏0213民初6264号民事判决］①

裁判要旨：行为人安装具有摄录、存储功能的可视门铃装置，超

---

① 相关案例还有：(1) 李某与黄某某隐私权纠纷［广东省高级人民法院（2016）粤民再464号民事判决］：一、二审法院经审理认为，监控摄像装置拍摄范围属于公共活动区域，公民在该区域的行为具有公开性，黄某某安装摄像监控装置的行为没有侵权，判决驳回李某的全部诉讼请求。再审法院经审理认为，黄某某在自家住宅大门安装的摄像监控装置虽出于自我防护，但该装置可以完整监控相邻住户李某出入住宅全部情况，记录和存储李某不愿为他人知悉的个人信息，对李某的个人居住安宁造成了侵扰后果，应视为民事侵权。根据《民法通则》第5条"公民、法人的合法的民事权益受法律保护，任何组织和个人不得侵犯"的规定，以及《侵权责任法》第6条第1款"行为人因过错侵害他人民事权益，应当承担侵权责任"的规定，黄某某在采取保护住宅和财产安全措施时，未能善尽注意义务，导致行为超出合理限度，具有过错，应承担民事侵权责任。李某主张黄某某安装摄像监控装置的行为侵犯了其隐私权，有事实和法律依据，应予支持。原审法院判决错误，应予以纠正。

(2) 白某芬与贾某成、张某君隐私权纠纷［北京市第二中级人民法院（2016）京02民终6654号民事判决］：本案中，鉴于贾某成、张某君居住的房屋周边出现过被人泼尿等不良行为，贾某成、张某君安装摄像头对其居住安全起到一定作用。虽然涉诉的摄像头可拍摄到院内公共区域，考虑到白某芬与贾某成、张某君系不动产相邻方，且涉诉的摄像头并未涉及白某芬的私密空间。因此，白某芬在贾某成、张某君未明显侵害其利益的前提下亦有一定的容忍义务，故对于白某芬要求贾某成、张某君拆除摄像头的诉讼请求，法院不予支持。

出了防盗的必要范围和合理限度，构成民事权利滥用，侵害他人隐私权。被侵权人主张行为人承担停止侵害、排除妨碍、消除危险等民事责任的，人民法院应予支持。

基本案情： 潘某房屋与姚某房屋相邻，姚某安装的可视门铃位于潘某入户门左前方，可覆盖潘某入户门门口位置，对潘某进出其住宅的情况等活动信息进行自动记录、存储。如潘某入户门打开，潘某房屋内部门口位置的物品陈设情况及人员活动信息亦在该可视门铃的监控及摄录范围内。潘某认为，姚某安装可视门铃的行为侵犯了其隐私权，请求法院判令姚某拆除可视门铃、删除门铃存储的影视资料。

生效裁判认为： 虽然我国现行法律法规并未明确禁止公民安装带有摄录、存储功能的门铃装置，但并不意味着公民安装此类可视门铃可以不受任何限制。姚某安装可视门铃保护自身人身及财产安全具有合理性，但其在维护自身合法权益时，也负有不得妨害他人合法权益的注意义务。姚某在现有位置安装可视门铃已对潘某的生活安宁造成侵扰，经潘某多次交涉后仍拒不纠正，已构成民事权利滥用，侵害了他人的合法权益，潘某主张姚某拆除该可视门铃并删除与其相关的记录资料，于法有据。

三、徐某与黑龙江天辰燃气有限责任公司、曲某祥物权保护纠纷案［黑龙江省哈尔滨市松北区人民法院（2018）黑0109民初268号民事判决］

裁判要旨： 民事主体不得滥用民事权利损害国家利益、社会公共利益或者他人合法权益。权利人行使权利需以不妨害社会秩序、公共利益及他人合法权益为前提。

基本案情： 徐某虽非裕林村村民，但其从裕林村村民即承包人王某华处通过转让的方式取得土地经营权。天辰燃气公司在未征得徐某许可亦未取得施工许可证的前提下即进行施工，该施工行为侵犯了徐某对案涉土地的用益物权。徐某享有诉争土地的使用权，其合法权益应当得到保护，但天辰燃气公司在诉争土地下铺设天然气管道且已建成并开始供气使用，徐某要求移出正在使用的天然气管道的诉讼请求，将导致大规模用气人遭受损失，而该损失远远大于徐某所获得的利益，故徐某主张移出管道、恢复原状的诉讼请求，法院不予支持。

四、邹某1、邹某2诉黄某1、黄某2排除妨害纠纷案［2020年度重庆法院民事审判十大典型案例之一］

裁判要旨：行为人在他人墓地周围一定区域内从事可能毁损、污化坟墓的民事活动，有违中华民族尊重先人的善良风俗，虽未违反法律、法规强制性规定，但构成滥用民事权利。

基本案情：邹、黄两户就土地使用权争议已久。2019年7月，邹某的母亲顾某去世，邹家将其土葬。2020年2月，因黄某在顾氏墓前的土地上种植玉米被邹家挖掉，两户矛盾激化。之后，黄某在顾某坟墓前位于自己的承包地上修挖一个粪坑并倾倒粪便，矛盾再次升级。为此，邹某诉至法院，请求判决排除妨害、恢复原状，拆除、填平在顾某坟前修建的粪坑，清除粪便。

生效裁判认为：民事主体在从事民事活动中不得毁损、污化他人坟墓，否则不仅会侵害坟墓这一特殊的财产、死者的人格利益以及死者近亲属的祭祀权益，还违背“入土为安”、尊重先人的传统丧葬风俗。本案中，行为人在他人墓地周围一定区域内从事可能毁损、污化坟墓的民事活动，虽不违反法律、行政法规的强制性规定，但该粪坑位于他人坟墓前，且距离较近，有违中华民族尊重先人的善良风俗，有违公序良俗，也不符合社会主义核心价值观倡导的友善共处的价值准则，行为人应当承担停止侵害、排除妨害、赔礼道歉等民事责任。

二、民事权利能力和民事行为能力

第四条　涉及遗产继承、接受赠与等胎儿利益保护，父母在胎儿娩出前作为法定代理人主张相应权利的，人民法院依法予以支持。

【条文主旨】

本条是关于胎儿利益保护的规定。

【条文理解】

对胎儿利益如何在司法上予以保护是落实《民法典》第16条规定的保护胎儿权益的重要问题，在实践中具有一定的普遍性。本条在遵循《民法典》规定精神的基础上明确了涉及遗产继承、接受赠与等胎儿利益保护，父母在胎儿娩出前作为法定代理人有权主张相应权利的规则。对于本条的理解，需要把握以下问题：

一、胎儿利益保护概述

关于胎儿利益保护，近代民法上主要有以下保护模式[①]：（1）概括主义的保护模式。只要涉及胎儿利益的保护，均视为胎儿已出生。

① 参见尹田：《论胎儿利益的民法保护》，载《云南大学学报法学版》2002年第1期。

如《瑞士民法典》第31条第2项规定："子女只要其出生时尚存，出生前即具有权利能力。"《奥地利民法典》第22条规定："胎儿自受孕时起受法律保护，涉及非属第三人的个人权利时视作既已出生，但以活体出生为取得条件的权利，死产儿视作从未受孕。"《匈牙利民法典》规定："人，如活着出生，其权利能力应从受孕时算起，出生前300天作为受孕时间，但是允许证明受孕时间早于或迟于300天，出生日包括在300天之内。"《意大利民法典》第1条第2款规定："法律承认的胎儿权利的取得，以出生为条件。"我国台湾地区"民法"第7条规定："胎儿以将来非死产者为限，关于其个人利益之保护，视为既已出生。"其第1166条第2款规定："遗产之分割，以其母为代理人。"（2）个别规定的保护模式。即原则上胎儿无权利能力，但于若干例外情形下，视为有权利能力。此种立法模式为法国、德国及日本等所采。《法国民法典》第906条规定："胎儿在赠与时已存在者，即有承受生前赠与的能力。胎儿在遗嘱人死亡时已存在者，即有受遗赠的能力，但赠与或者遗赠仅对于婴儿出生时能生存者，发生效力。"第725条规定："必须在继承开始时生存之人，始能继承。因此，下列人不能继承：（1）尚未受胎者；（2）出生时未成活的婴儿。"《德国民法典》第884条规定："在受害人被害当时，第三人尚未出生的胎儿，亦发生损害赔偿义务。"第1912条（2）规定："但可假定子女已出生，而父母享有侵权照顾权者，父母有权进行保佐。"第1923条规定："在继承开始时尚未出生但已孕育的胎儿，视为在继承开始之前出生。"《日本民法典》第721条规定："胎儿，就损害赔偿请求权，视为已出生。"《日本民法典》第886条规定："1. 胎儿就继承，视为已出生。2. 前款规定，不适用于胎儿以死体出生情形。"《日本民法典》第965条还规定："胎儿继承能力的规定准用于受遗赠人。"与个别保护模式类似，《苏联民法典》未总括规定胎儿有权利能力，但在继承法上，将胎儿视为"尚未出生的继承人"，在分割遗产时，应当扣除属于胎儿的继承份额后才有权分配遗产，即胎儿出生前就有继承权。

在《民法总则》立法过程中，关于胎儿的利益保护与赋予胎儿民事权利能力间是否存在直接关系，存在两种不同意见，立法最终明确规定胎儿在特定情形下视为具有民事权利能力。① 与之一脉相承的《民法典》总则编也是既未一概赋予胎儿权利能力，也未采取完全的个别规定保护模式，而是采用了折中模式，规定“涉及遗产继承、接受赠与等胎儿利益保护的，胎儿视为具有民事权利能力。但是胎儿娩出时为死体的，其民事权利能力自始不存在”，也就是说仍以“自然人的权利能力始于出生”为原则，但在涉及本条规定的特定事项时，胎儿视为具有民事权利能力，由此可见，《民法典》实际上采取的为个别保护主义立法模式。②

就条文规范本身而言，《民法典》第16条及本条仅列举了“遗产继承”“接受赠与”这两种情形，但如前所述，“等”中涵盖了其他需要保护胎儿利益的情形。就这两种情形，一是其主要涉及胎儿的权利，不涉及义务，这符合保护胎儿利益的立法初衷；二是规定遗产继承，也基本延续了《继承法》第28条的规定，保持了法律的稳定性和一致性；三是与采取个别保护主义立法模式的其他国家和地区的规定保持了一致。至于其他情形，就胎儿需保护的利益范围而言，不仅存在未来需要保护的利益，也存在某些现实利益的保护需要，比如能否作为继承人继承遗产份额，再如胎儿在其孕育过程中遭受损害致其出生后疾病的，或者其父母受到人身伤害影响到对其出生后的抚养等。③ 这一思路与立法精神及学界通说是一致的，按立法精神，“原则上也包括侵权等其他需保护胎儿利益的情形”，④ 学界也认为不仅包括胎儿

① 参见黄薇主编：《中华人民共和国总则编释义》，法律出版社2020年版，第48页。

②③ 最高人民法院民法典贯彻实施工作领导小组主编：《中华人民共和国民法典总则编理解与适用》，人民法院出版社2020年版，第113～114页。

④ 黄薇主编：《中华人民共和国总则编释义》，法律出版社2020年版，第49页。

的人格与财产利益，按审判实践，不限于所列举的遗产继承与接受赠与等情形，[①] 胎儿还可在抚养费、胎体受损损害赔偿等其他方面享有利益。[②] 这些观点都较有道理，也都涉及对《民法典》第 16 条规定的“等”的理解问题，其中特别重要的就是有关“损害赔偿”的问题。对此，我们将在后面予以阐述。

二、关于胎儿娩出前的胎儿利益保护问题

胎儿利益能否在娩出前得到保护，理论与实务中主要存在法定停止条件说和法定解除条件说两种观点。[③] 依照法定停止条件说，胎儿权利能力的取得有生效条件，即胎儿于孕育期间实际上并无民事权利能力，当胎儿出生时是活体的，再追溯至权利成立之时取得民事权利能力。如为死体则涉及利益返还问题，并且胎儿姓名尚未确定，实践中在诉讼主体列明方面存在操作困难，故以胎儿娩出为活体后再起诉为宜。依照法定解除条件说，胎儿的民事权利能力的取得有解除条件，即在孕育期间，胎儿也被推定为具有民事权利能力，而且这种推定是法律推定，不得推翻，应当肯定其诉的利益。但若娩出时为“死产”，其已经取得的民事权利能力才溯及地消灭，即“其民事权利能力自始不存在”，所取得的诉讼利益也将丧失。学界多认为，“我国《民法总则》（《民法典》总则编）第 16 条更接近于前述‘法定的解除条件说’的观点。”[④]

对此，本解释第 4 条明确胎儿利益可以在娩出前得到保护，并且可由父母作为法定代理人主张相应权利。一方面，父母在胎儿出生后

① 参见王利明主编：《中国民法典释评 · 总则编》，中国人民大学出版社 2020 年版，第 48 页。

② 参见陈甦主编：《民法总则评注》，法律出版社 2017 年版，第 105 页。

③ 参见最高人民法院民法典贯彻实施工作领导小组主编：《中华人民共和国民法典总则编理解与适用》，人民法院出版社 2020 年版，第 115 页。

④ 王利明：《民法总则研究》，中国人民大学出版社 2018 年版，第 184 ~ 185 页。

代为起诉，相对于在胎儿娩出前起诉，有关案件事实更容易查清，人民法院处理有关诉讼案件更为简易，双方当事人也更容易服判息诉。另一方面，从准确理解《民法典》规定精神出发，肯定父母在胎儿娩出前代为起诉的权利，符合《民法典》第16条关于加强胎儿利益保护的立法本意。[①] 反之，如“一刀切”否定胎儿出生前的诉权，并不利于胎儿利益的保护。如此不仅不符合《民法典》的立法精神，且可能导致个案诉讼中出现极不公平的局面，比如给侵权人恶意转让财产提供时间，致使胎儿健康维护所需费用得不到及时赔付等。况且，随着医疗卫生事业的发展，胎儿娩出时死亡率较低，即使胎儿娩出为死体，亦可通过受理后中止审理、中止执行、甚至执行回转等方式解决。故本解释采取对胎儿利益可在娩出前诉讼保护的态度，有利于从真正意义上将《民法典》前沿性保护胎儿利益这一亮点规则落实。

三、关于父母以法定代理人身份主张相应权利的规则

在本解释起草过程中，不少高院建议在本条关于胎儿利益保护的规定中明确父母在诉讼中的地位。考虑到审判实践的现实需要，本条在总结既有审判经验的基础上，明确父母可以法定代理人的身份诉请保护胎儿利益。

按照《民法典》第16条，在遗嘱继承、接受赠与等涉及胎儿利益保护的情形下，胎儿被视为具有民事权利能力。从与诉讼程序衔接的角度考虑，其在《民事诉讼法》上也能作为当事人，如我国台湾地区“民事诉讼法”第40条第2款规定：胎儿关于其可享受之利益，有当事人能力。由于其尚无民事行为能力及诉讼行为能力，故就权利行使与保护，应比照未成年人监护制度，由其父母作为其法定代理人行

① 有关立法考虑可参见黄薇主编：《中华人民共和国民法典释义》，法律出版社2020年版，第39页。

使权利，既包括实施法律行为，也包括代理诉讼。[①] 本条一方面明确肯定了胎儿父母法定代理人的地位，可代理其起诉；另一方面，人民法院对父母代理胎儿主张民事权利予以支持，即依法支持其代理实施相应诉讼行为。在本解释起草过程中，这一规则得到了各地法院和有关法学专家的支持和肯定。

至于就此类案件在诉讼中如何列当事人的问题，审判实践中已有一定的经验积累。因涉及权益保护的问题，在诉讼地位上讲，该胎儿应当居于原告的地位，在列当事人时可以在原告处列其为某某之胎儿，然后再列明该法定代理人。在二审等程序中也可对应当事人诉讼地位的变化按照上述方式列明。这一思路也在调研中得到参加调研的法官和专家学者的肯定。

四、关于胎儿利益所涉损害赔偿的问题

关于《民法典》总则编第 16 条规定的“涉及遗产继承、接受赠与等”中的“等”的细化问题，我们在起草过程中曾规定了“损害赔偿”的情形，但由于这一问题较为复杂，且涉及伦理问题，实践中争议也较大，最终对此未作规定。特别是涉及胎儿身体健康权益侵害的问题，往往与其母体受到相应损害密切相连，有观点认为，对此完全可以通过孕妇主张对自身身体健康权进行损害赔偿进行救济即可。我们认为，不少情形下通过这一做法可以解决问题，既有利于快速予以救济，也有利于避免法律关系过于复杂化，但考虑到社会生活及有关纠纷案件的多样性，对于胎儿的损害与孕妇自身所遭受损害的关联性及合理界定问题，还有必要在实践中通过具体案例进一步探索积累经验。

但不可否认的是，有关涉及胎儿利益损害赔偿的问题在实践中具

---

① 参见最高人民法院民法典贯彻实施工作领导小组主编：《中华人民共和国民法典总则编理解与适用》，人民法院出版社 2020 年版，第 113 ~ 114 页。

有一定的普遍性，涉及相关案件处理时，人民法院也要依法予以裁判。在《民法总则》草案审议过程中，有一些代表和委员提出对胎儿利益的保护，除了“遗产继承”“接受赠与”之外，还应增加“损害赔偿请求”的内容，应承认胎儿独立的损害赔偿请求权，不少学者也持有这种观点。立法机关在起草本条文时，最初规定了胎儿的损害赔偿请求权，即遗腹子出生后请求损害赔偿的问题。但有人指出此规定涉及妇女有无堕胎权的问题，而这一问题涉及伦理、宗教等多方面因素，民法无法解答。故立法机关最终用“等胎儿利益保护”这一表述涵盖未来的损害赔偿请求权，将这一问题暂行搁置。①《民法典》沿袭了此种立法态度，未加改动。

为了回应实践需要，本解释稿也曾根据调研意见、总结实务经验、借鉴域外做法②另设专条规定“涉及胎儿人身损害赔偿，父母可以在胎儿娩出前作为法定代理人主张相应权利”。此主要考虑是，以“涉及人身损害赔偿”对胎儿利益保护情形作出“等外”补充解释，旨在贯彻《民法典》关于保护胎儿利益的基本精神的前提下，在查明胎儿所受损失等相关案件事实的基础上，公正便捷解决纠纷。但有关方面认为，关于胎儿人身损害赔偿问题，如上述，《民法典》编纂过程中各方未完全形成共识，故未明确规定，司法解释亦不宜规定。学界也有意见建议删除该部分内容。为减少不必要争议，我们最终删除了这一规定。但考虑到现实中还会发生此类案件，再结合立案登记制中有案必立、有诉必理的程序要求，依法处理此类纠纷是人民法院的职责所在。此前，各地法院对于涉及胎儿利益保护问题也有一定的实践，积累了有益经验。比如，就加害人应当向被害人一方支付死者生前扶养的人必要的生活费等费用，有的法院依法运用既有法律规定，指出

① 参见最高人民法院民法典贯彻实施工作领导小组主编：《中华人民共和国民法典总则编理解与适用》，人民法院出版社2020年版，第116页。

② 比较法上，德国、日本在立法上肯定了胎儿人身损害赔偿请求权。

“死者生前扶养的人”既包括死者生前实际扶养的人，也包括应当由死者抚养，但由于死亡的发生，未能抚养的尚未出生的子女。① 同时，交通事故双方在交警部门签订赔偿调解协议，但未对受害人一方尚未出生的胎儿抚养费作出明确约定的，胎儿应保有相应诉权，待其出生后有权向责任主体追索相应的抚养费用。②

下一步，在不断总结审判实践经验的基础上，我们将适时通过发布指导性案例或者典型案例等方式切实加强对下指导。对此，我们根据调研意见，提供一个可以参考的思路：

1. 倡导以胎儿出生后起诉为原则

涉及人身损害赔偿，父母在胎儿出生后作为法定代理人主张相应权利的，人民法院依法予以支持。胎儿出生后，其不仅具备相应的民事权利能力，自然可以成为诉讼中的原告，而且其出生后有关损害后

---

① 参见王某钦诉杨某胜、泸州市汽车二队交通事故损害赔偿纠纷案，四川省泸州市江阳区人民法院（2003）江阳民初字第356号民事判决书，载《最高人民法院公报》2006年第3期。在本案中，2002年4月27日，挂靠在被告泸州市汽车二队的被告杨某胜驾驶川E073××号小货车，从泸州市纳溪区安富镇沿泸纳二级公路向泸州方向行驶，当行至该公路3KM+200M处会车时，由于对前方路面情况观察不够，将同向行走的赶猪人王某强撞倒，王某强经抢救无效死亡。泸州市公安局交通警察支队二大队认定，此次事故杨某胜负主要责任。在解决杨某胜交通肇事应承担的民事赔偿责任时，被害人王某强的父母曾请求杨某胜和泸州市汽车二队连带赔偿“未生下来的小孩抚养费”。由于王某强至死未婚，且小孩尚未出生，无法断定其与王某强的关系，故在杨某胜反对下，未能满足此项赔偿请求。2002年10月22日，牟某生育了原告王某钦，经医学鉴定王某钦是死者的亲生儿子。2003年1月，牟某代理王某钦提起本案诉讼。泸州市江阳区人民法院认为，父母对子女的抚养教育义务，是由父母与子女间存在的血缘关系决定的，不因父母之间是否存在婚姻关系而发生实质性变化。根据《民法通则》规定，侵害公民身体造成死亡的，加害人应当向被害人一方支付死者生前扶养的人必要的生活费等费用。“死者生前扶养的人”，既包括死者生前实际扶养的人，也包括应当由死者抚养，但因为死亡事故发生，死者尚未抚养的子女。原告王某钦与王某强存在父子关系，是王某强应当抚养的人。王某钦出生后，向加害王某强的人主张赔偿，符合《民法通则》的这一规定。由于被告杨某胜的加害行为，致王某钦出生前王某强死亡，使王某钦不能接受其父王某强的抚养。本应由王某强负担的王某钦生活费、教育费等必要费用的二分之一，理应由杨某胜赔偿。据此，泸州市江阳区人民法院根据杨某胜、泸州市汽车二队在此次道路交通事故中的过错判定其分别承担相应的责任。

② 参见曹某某诉乔某才交通事故追索胎儿被抚养生活费纠纷案，江苏省沭阳县人民法院（2012）沭民初字第2769号民事判决书。

果、损害后果与侵权人的侵权行为之间的因果关系更容易查明，也就更有利于公正解决纠纷，便于当事人接受裁判结果，也可以避免因胎儿娩出为死体后发生执行回转，避免给当事人造成不必要的诉累，而且通常情况下也不会给胎儿利益保护造成不利影响。

2. 从保护胎儿利益的现实需要出发，按照立案登记制的要求，对于父母在胎儿娩出前作为法定代理人起诉的，也应当予以尊重，依法予以受理

因为这样可以更好地与现有诉讼程序制度衔接，用足用好相应的法律救济手段，比如父母作为法定代理人申请保全，或者因追索医疗费用等申请先予执行，经审查符合法律规定的，人民法院应当依法采取保全措施或者裁定先予执行。主要考虑是胎儿遭受人身损害需要医疗费用救治，如因侵权人转移财产等原因影响胎儿治疗，若不允许在胎儿娩出前起诉，将会使胎儿利益保护大打折扣。如上所述，允许在胎儿娩出前起诉，不仅符合《民法典》第 16 条立法精神，符合有案必立、有诉必理的程序要求，也可以通过依法采取诉前或者诉中保全措施、先予执行措施等来最大化保护胎儿利益。在此情形下，就诉讼的举证责任分配，提出胎儿利益保护请求的一方，即本条规定的胎儿父母须对胎儿阶段即应享有权益保护的情况予以证明，具体包括两种事实：一是已有胎儿之存在，即已经妊娠并形成胚胎或胎体；二是对胎儿阶段的权利发生事实。而否认胎儿享有民事权利能力的另一方，须对胎儿娩出时为死体负担举证责任。①

3. 对于有关损害后果、因果关系等事实需要在胎儿娩出后才能确定的，人民法院可以根据案件的具体情况，依照《民事诉讼法》第 153 条第 1 款第 6 项的规定中止诉讼

这在《民事诉讼法》上都有据可循，且可以实现《民法典》规定

① 参见陈甦主编：《民法总则评注》，法律出版社 2017 年版，第 109 页。

的胎儿利益保护条款与现有《民事诉讼法》有关程序规则的有机衔接。

在本解释起草过程中，有意见建议对于胎儿娩出为死体时父母的损害赔偿请求权问题予以规定，我们经研究后认为，这在本质上并不属于胎儿人身损害赔偿请求权的范畴，且此通常作为母亲身体健康权侵害予以救济在理论和实务上也都有共识，可以不作出规定。我们也曾根据调研意见规定了胎儿出生为死体时的有关赔偿费用返还问题，这在本质上与民事权利能力制度特别是《民法典》第16条的规定精神相一致，但有可能引发道德风险，我们最终对此未作规定。至于"不当出生"或者"不当生命"的损害赔偿问题，通常发生在医疗损害责任纠纷领域，可以在相关领域中以适当方式予以指导，实践中还需要不断总结经验，最终在本条中未作出专门规定。

【审判实践中应注意的问题】

关于本条的适用，在审判实践中需要注意以下问题：

一、关于胎儿遗产继承、接受赠与的法律适用问题

关于遗产继承问题，依据《民法典》第1155条的规定，遗产分割时，应当保留胎儿的继承份额。胎儿娩出时是死体的，保留的份额按照法定继承办理。《最高人民法院关于适用〈中华人民共和国民法典〉继承编的解释（一）》第31条规定：应当为胎儿保留的遗产份额没有保留的，应从继承人所继承的遗产中扣回。为胎儿保留的遗产份额，如胎儿出生后死亡的，由其继承人继承；如胎儿娩出时是死体的，由被继承人的继承人继承。对于此类情形，应当直接适用这两条规定。至于"遗产分割时"，应理解为包括法定继承和遗嘱继承，也包括遗赠在内的遗产分割。法定继承，视胎儿为继承权人，其继承权受保护，

应予保留其“特留份”。遗嘱继承和遗赠均属于单方行为，无须胎儿的意思表示。遗嘱和遗赠协议上亦无须胎儿签名。遗嘱、遗赠合法有效，且内容明确该胎儿享有继承权或受遗赠权利的，该胎儿即取得相应权利。遗产分割时，也将其继承份额作为“特留份”，出生时是死体的，保留的份额也按照法定继承办理。①

至于接受赠与，考虑到赠与合同是诺成合同，胎儿受赠与可以由其父母即监护人作为法定代理人实施这一法律行为。但参照《民法典》第145条的规定，这里的接受赠与原则上应当以纯获利益为限，不得设定负担。

在此需要注意的是，在胎儿出生前即已接受赠与或者取得继承遗产的情况下，如果其娩出为死体的，依据《民法典》第16条第2句的规定，“胎儿娩出时为死体的，其民事权利能力自始不存在”，这时就会涉及有关财产的返还问题。由于娩出为死体的胎儿自始不具有民事权利能力，故而，其受法律保护的利益也自始不享有。例如，胎儿在接受赠与后，如果娩出时为死体的，则该赠与无效，应当将该财产返还赠与人。② 在涉及胎儿遗嘱继承、接受赠与的案件审判过程中，胎儿娩出为死体的，人民法院应当裁定驳回主张胎儿利益保护一方的起诉。③ 在作出支持胎儿利益保护判决但尚未执行时，可通过终止执行避免返还问题。在已执行后，胎儿娩出为死体，向胎儿给付利益的一方起诉要求胎儿父母返还的，人民法院应依法予以受理。符合执行回转条件的，可通过执行回转程序向给付方返还。作为胎儿财产权益保护的问题，上述规则可以在实践中作出进一步有益探索。但在涉及胎儿利益保护的人身损害赔偿案件中，如上所述，“一刀切”式的在规

---

① 参见《最高人民法院关于贯彻执行〈中华人民共和国继承法〉若干问题的意见》第45条。

② 参见王利明：《民法总则研究》，中国人民大学出版社2018年版，第185页。

③ 参见张卫平：《民事诉讼法》，法律出版社2016年版，第125页。

则层面明确胎儿娩出为死体的，进行相应的利益返还，会引发道德风险，甚至会造成极大的不公平，这其中需要考虑侵权人的主观过错是故意还是过失、有关赔偿项目的费用支出是否为保胎所必需、损害的权益主体是胎儿还是其母体等因素来综合认定，审慎把握。对此，有必要用足用好现有民事诉讼法律制度，比如，在依法保护胎儿利益的前提下，准确适用诉讼中止的规则，因其娩出前无法查明损害后果、因果关系等事实的问题，依法中止审理，待胎儿娩出后根据不同情形依法进行相应的裁判。

二、关于保全、先予执行的衔接适用问题

如上所述，胎儿娩出后其父母作为法定代理人依法主张相应的权利，有利于公正便捷解决纠纷，也可以减少当事人诉累。但遵循《民法典》第16条的规定精神，胎儿的法定代理人在胎儿娩出前提起诉讼的权利，应当得到保护，当然这也要以符合相应的法律规定或者当事人合法有效的约定为前提。在此情况下，基于对胎儿利益有效保护的思路，就要用足用好相应的民事诉讼法律制度，这其中最为重要的就是保全，特别是诉前保全、先予执行制度。

保全制度对于有效救济原告方损失以及尽快止损、防止损害扩大具有重要意义。依据《民事诉讼法》第103条的规定，人民法院对于可能因当事人一方的行为或者其他原因，使判决难以执行或者造成当事人其他损害的案件，根据对方当事人的申请，可以裁定对其财产进行保全、责令其作出一定行为或者禁止其作出一定行为；当事人没有提出申请的，人民法院在必要时也可以裁定采取保全措施。人民法院采取保全措施，可以责令申请人提供担保，申请人不提供担保的，裁定驳回申请。人民法院接受申请后，对情况紧急的，必须在四十八小时内作出裁定；裁定采取保全措施的，应当立即开始执行。允许胎儿娩出前法定代理人提起诉讼的，就意味着该法定代理人不仅可以在诉

讼中根据情况依法申请保全措施，还可以在符合法律规定条件下申请诉前保全特别是诉前财产保全，从而固定相应的财产或者及时止损，避免后续对胎儿利益保护目的的落空。

同样，在符合《民事诉讼法》第109条、第110条规定的情况下，该法定代理人可以申请先予执行，以及时就损害胎儿利益的情形给予相应救济。

三、关于冷冻胚胎保护的问题

胚胎是发育为胎儿前的必备阶段，虽非胎儿利益保护的直接问题，但《民法典》未对其设有任何规定，司法实践中也存在不少难题。在国内首例争夺冷冻胚胎监管权和处置权的纠纷案中，法院认为，结合本案实际，从特殊利益保护的角度，胚胎是介于人与物之间的过渡存在，具有孕育成生命的潜质，比非生命体具有更高的道德地位，应受到特殊尊重与保护。① 有观点认为应以受精发育时间及程度等判断要素作为胎儿与胚胎的区分方式，对受精发育两周以上的，按照胎儿对待。② 有的国家法律对胎儿的保护可以扩大到对胚胎的保护，还有的规定可以将胎儿的保护时间提前到受孕时，如《奥地利民法典》第22条规定。学界有意见认为，“我国《民法总则》（《民法典》总则编）对胎儿的利益保护作出规定，也可以为胚胎的保护提供法律依据”。③ 这一观点较有道理，但由于胚胎保护问题与人类辅助生殖技术发展密切相关，具有很强的伦理性，处理不当会产生很大争议，因此，有必要在遵循现行法律规定特别是对标《民法典》规定精神的基础上，对这一前沿性问题作出进一步的理论研究，实践中更要进一步探索总结

① 江苏省无锡市人民法院（2014）锡民终字01235号民事判决书。

② 参见龙卫球、刘保玉主编：《中华人民共和国民法总则释义与适用指导》，中国法制出版社2017年版，第65页。

③ 王利明：《民法总则研究》，中国人民大学出版社2018年版，第184页。

经验。

【相关规定】

一、《民法典》第 13 条：自然人从出生时起到死亡时止，具有民事权利能力，依法享有民事权利，承担民事义务。

第 16 条：涉及遗产继承、接受赠与等胎儿利益保护的，胎儿视为具有民事权利能力。但是，胎儿娩出时为死体的，其民事权利能力自始不存在。

第 23 条：无民事行为能力人、限制民事行为能力人的监护人是其法定代理人。

第 27 条：父母是未成年子女的监护人。

未成年人的父母已经死亡或者没有监护能力的，由下列有监护能力的人按顺序担任监护人：

（一）祖父母、外祖父母；

（二）兄、姐；

（三）其他愿意担任监护人的个人或者组织，但是须经未成年人住所地的居民委员会、村民委员会或者民政部门同意。

第 1155 条：遗产分割时，应当保留胎儿的继承份额。胎儿娩出时是死体的，保留的份额按照法定继承办理。

第 1179 条：侵害他人造成人身损害的，应当赔偿医疗费、护理费、交通费、营养费、住院伙食补助费等为治疗和康复支出的合理费用，以及因误工减少的收入。造成残疾的，还应当赔偿辅助器具费和残疾赔偿金；造成死亡的，还应当赔偿丧葬费和死亡赔偿金。

二、《民事诉讼法》第 103 条：人民法院对于可能因当事人一方的行为或者其他原因，使判决难以执行或者造成当事人其他损害的案件，根据对方当事人的申请，可以裁定对其财产进行保全、责令其作出一定行为或者禁止其作出一定行为；当事人没有提出申请的，人民法院在必要时也可以裁定采取保全措施。

人民法院采取保全措施，可以责令申请人提供担保，申请人不提供担保的，裁定驳回申请。

人民法院接受申请后，对情况紧急的，必须在四十八小时内作出裁定；裁定采取保全措施的，应当立即开始执行。

第 104 条：利害关系人因情况紧急，不立即申请保全将会使其合法权益受到难以弥补的损害的，可以在提起诉讼或者申请仲裁前向被保全财产所在地、被申请人住所地或者对案件有管辖权的人民法院申请采取保全措施。申请人应当提供担保，不提供担保的，裁定驳回申请。

人民法院接受申请后，必须在四十八小时内作出裁定；裁定采取保全措施的，应当立即开始执行。

申请人在人民法院采取保全措施后三十日内不依法提起诉讼或者申请仲裁的，人民法院应当解除保全。

第 109 条：人民法院对下列案件，根据当事人的申请，可以裁定先予执行：

（一）追索赡养费、扶养费、抚育费、抚恤金、医疗费用的；

（二）追索劳动报酬的；

（三）因情况紧急需要先予执行的。

第 110 条：人民法院裁定先予执行的，应当符合下列条件：

（一）当事人之间权利义务关系明确，不先予执行将严重影响申请人的生活或者生产经营的；

（二）被申请人有履行能力。

人民法院可以责令申请人提供担保，申请人不提供担保的，驳回申请。申请人败诉的，应当赔偿被申请人因先予执行遭受的财产损失。

第 153 条：有下列情形之一的，中止诉讼：

（一）一方当事人死亡，需要等待继承人表明是否参加诉讼的；

（二）一方当事人丧失诉讼行为能力，尚未确定法定代理人的；

（三）作为一方当事人的法人或者其他组织终止，尚未确定权利义务承受人的；

（四）一方当事人因不可抗拒的事由，不能参加诉讼的；

（五）本案必须以另一案的审理结果为依据，而另一案尚未审结的；

（六）其他应当中止诉讼的情形。

中止诉讼的原因消除后，恢复诉讼。

三、《最高人民法院关于适用〈中华人民共和国民法典〉继承编的解释（一）》第31条：应当为胎儿保留的遗产份额没有保留的，应从继承人所继承的遗产中扣回。

为胎儿保留的遗产份额，如胎儿出生后死亡的，由其继承人继承；如胎儿娩出时是死体的，由被继承人的继承人继承。

【典型案例】

一、李某、郭某诉郭某和、童某某继承纠纷案［最高人民法院指导案例50号］

裁判要旨：如果夫妻一方所订立的遗嘱没有为胎儿保留遗产份额，因违反《继承法》第19条的规定，该部分遗嘱内容无效。分割遗产时，应当依照《继承法》第28条的规定，为胎儿保留继承份额。

基本案情：1998年李某与郭某顺结婚。2002年郭某顺以个人名义购买房屋一套，并办理产权登记。2004年1月，李某和郭某顺签订人工授精协议书，李某经人工授精怀孕。2004年4月，郭某顺因患癌症表示不要这个孩子，但李某坚持要生下。同年5月20日，郭某顺立下自书遗嘱，声明不要这个孩子，并将房屋赠与父母郭某和、童某某，后于5月23日病故。李某于当年10月22日产下一子郭某阳。现李某诉至法院请求继承。

生效裁判认为： 案涉房屋是郭某顺与李某夫妻关系存续期间取得的夫妻共同财产。郭某顺死亡后，该房屋的一半应归李某所有，另一半作为郭某顺的遗产。郭某顺在遗嘱中将全部房产处分归其父母所有，侵害了李某的权利，这部分遗嘱无效。此外，郭某顺在立遗嘱时，没有为胎儿保留必要的遗产份额，该部分遗嘱内容亦无效。因此，在扣除归李某所有的财产和应当为胎儿保留的继承份额后，郭某顺的剩余遗产才可按遗嘱处理。

二、隋某桃、张某良等与岳阳县公路管理局、岳阳县荣家湾镇人民政府等生命权、健康权、身体权纠纷案［湖南省岳阳县人民法院（2017）湘0621民初1075号民事判决］

裁判要旨： 胎儿在出生前父亲因交通事故死亡，其母亲可以以法定代理人身份主张权益。

基本案情： 任某系隋某汐之母，隋某汐之父隋某明于2017年4月22日因交通事故死亡，此时隋某汐尚为腹中胎儿，任某遂以隋某汐法定代理人身份向侵权人主张支付被扶养人生活费。生效裁判文书中列隋某汐为原告，表述为任某腹中胎儿。

三、展某某诉秦某、某保险公司机动车交通事故责任纠纷案［（2015）二中少民终字第3930号民事判决］

裁判要旨： 胎儿在受胎后至出生前，其人身受到侵权行为的损害，同样享有向加害人请求人身损害赔偿的请求权。

基本案情： 秦某驾驶车辆与展某驾驶的车辆（内乘周某）发生交通事故。周某有孕8个多月，入院进行保胎治疗，被诊断为胎膜早破，先兆早产，分娩出展某某，展某某出生后被诊断为：孕33+6周早产儿、新生儿肺炎、呼吸性酸中毒、低钙血症等。展某某（法定代理人周某）起诉至法院，要求判令秦某、某保险公司赔偿医疗费、住院伙食补助费、护理费、精神损害抚慰金等。

生效裁判认为：虽原告展某某在事故发生时尚未出生，但其在此次交通事故后出生，并具有因早产所导致的损害后果，根据法律保护胎儿合法权益的精神，展某某作为民事权益受到侵害一方，享有向侵权人主张侵权责任的请求权，故判决被告秦某对原告损失承担80%的责任。

第五条　限制民事行为能力人实施的民事法律行为是否与其年龄、智力、精神健康状况相适应，人民法院可以从行为与本人生活相关联的程度，本人的智力、精神健康状况能否理解其行为并预见相应的后果，以及标的、数量、价款或者报酬等方面认定。

【条文主旨】

本条是关于认定限制民事行为能力人实施的民事法律行为是否与其年龄、智力、精神健康状况相适应的规定。

【条文理解】

一、基本概念

民事行为能力是指自然人独立实施民事法律行为的资格。民事行为能力是民法上的重要制度规范，与未成年人独立人格培养、未成年人和精神智力障碍者权益保护，以及交易相对人信赖利益保护密切相关。[①] 创设民事行为能力制度的目的主要有两个方面：一是保护无行为能力人、限制行为能力人，避免其因独立行为能力欠缺而利益受损；二是保护交易相对人的信赖利益，维护交易安全和秩序。民事行为能力由法律规定，是否享有及其内容不以当事人的意愿为转移，当事人

① 朱广新：《民事行为能力制度的立法完善——以〈中华人民共和国民法总则（草案）〉为分析对象》，载《当代法学》2016 年第 6 期。

亦不得自行限制、转让和抛弃。民事行为能力以民事权利能力为基础，以意思能力为前提。自然人的民事行为能力状况，决定于其意思能力状况。① 意思能力是指自然人可以独立判断和预见自己行为后果的能力，与自然人的年龄和智力相关联。意思能力属于事实问题，意思能力的有无及状况，最理想的认定方法是个案审查。然而此种方法过于繁难，不具有可操作性。一般而言，自然人的意思能力随年龄增长而渐趋成熟，到成年后已经具有相当的知识和社会经验，并能够独立判断和预见自己行为的后果。因此，各国一般以特定年龄为标准，采用"年龄主义＋有条件的个案审查"模式，划分自然人的民事行为能力。我国《民法典》延续《民法通则》的规定，根据自然人意思能力的不同，将自然人的民事行为能力分为完全行为能力、限制行为能力和无民事行为能力。完全民事行为能力人具有健全的意思能力，可以独立实施民事法律行为。限制行为能力人可以实施与其年龄、智力、精神健康状况相适应的法律行为。无民事行为能力，因欠缺意思能力，不具有独立实施法律行为的资格，其行为应由其法定代理人代理。

二、制定背景

本条在《民法典》第19条、第22条规定的基础上，对认定限制民事行为能力人实施的民事法律行为是否与其年龄、智力、精神健康状况相适应作了规定。《民法典》第19条规定："八周岁以上的未成年人为限制民事行为能力人，实施民事法律行为由其法定代理人代理或者经其法定代理人同意、追认；但是，可以独立实施纯获利益的民事法律行为或者与其年龄、智力相适应的民事法律行为。"《民法典》第22条规定："不能完全辨认自己行为的成年人为限制民事行为能力人，实施民事法律行为由其法定代理人代理或者经其法定代理人同意、

① 张俊浩主编：《民法学原理》，中国政法大学出版社2000年版，第108页。

追认；但是，可以独立实施纯获利益的民事法律行为或者与其智力、精神健康状况相适应的民事法律行为。”《民法典》第19条、第20条分别以《民法通则》第12条第1款、第13条第2款①为基础，吸收《合同法》第47条第1款，补充修改完成，是我国民事立法继承和发展的产物。《民法典》第19条中的“八周岁以上”是对《民法通则》第12条第1款规定中“十周岁以上”的修正，《民法典》第22条将《民法通则》第13条第2款“不能完全辨认自己行为的精神病人”改为“不能完全辨认自己行为的成年人”，与《民法典》第19条“未成年人”相对应，逻辑上更加周延，其中的“可以独立实施纯获利益的民事法律行为”则吸收了《合同法》第47条第1款的规定。②

关于限制民事行为能力人实施的民事法律行为是否与其年龄、智力、精神健康状况相适应具体如何认定，本条基本承继了《民法通则意见》的精神。比如，《民法通则意见》第3条规定：“十周岁以上的未成年人进行的民事活动是否与其年龄、智力状况相适应，可以从行为与本人生活相关联的程度、本人的智力能否理解其行为，并预见相应的行为后果，以及行为标的数额等方面认定。”第4条规定：“不能完全辨认自己行为的精神病人进行的民事活动，是否与其精神健康状态相适应，可以从行为与本人生活相关联的程度、本人的精神状态能否理解其行为，并预见相应的行为后果，以及行为标的数额等方面认定。”

征求意见过程中，绝大多数单位对本条无不同意见，在征求意见座谈会上有关专家对本条也持肯定态度。本条曾沿袭《民法通则意

① 《民法通则》第12条第1款规定：“十周岁以上的未成年人是限制民事行为能力人，可以进行与他的年龄、智力相适应的民事活动；其他民事活动由他的法定代理人代理，或者征得他的法定代理人的同意。”《民法通则》第13条第2款规定：“不能完全辨认自己行为的精神病人是限制民事行为能力人，可以进行与他的精神健康状况相适应的民事活动；其他民事活动由他的法定代理人代理，或者征得他的法定代理人的同意。”

② 陈甦主编：《民法总则评注》，法律出版社2017年，第128页。

见》的规定，对有关民事行为能力鉴定问题作出规定，但调研中多数意见认为鉴定问题属于民事诉讼程序中的普遍问题，有关行为能力鉴定并无特殊之处，统一适用《民事诉讼法》第79条的规定即可。而且，专门规定民事行为能力的鉴定问题，可能会诱发滥用行为能力鉴定的问题，既影响诉讼效率，也会对被鉴定当事人造成名誉或者隐私上的损害，最终删除了这一规定。另有学者提出本条的“精神健康状况”应改为“身心健康状况”，与本解释第6条表述保持一致。最终未采纳该意见，主要考虑是本条解决的是行为能力认定问题，而第6条解决的是监护能力认定问题，二者目的不一致。行为能力认定重在考虑行为人的认识能力和控制能力，通常与肢体残疾等其他疾病无关，故用精神健康状况较为准确。而监护能力认定除了要考虑精神健康状况外，还要考虑是否残疾、有无劳动能力、管教能力等因素，故用身心健康状况较为准确。本条使用“精神健康状况”也与《精神卫生法》保持一致。

三、判断标准

关于限制民事行为能力人实施的民事法律行为是否与其年龄、智力、精神健康状况相适应的判断标准，《民法通则意见》第3条、第4条分别针对未成年人、限制民事行为能力的精神病人作出明确规定，总体思路是，行为人进行的民事活动是否与其年龄、智力状况（精神健康状况）相适应，可以从行为与本人生活相关联的程度、本人的智力（精神状态）能否理解其行为，并预见相应的行为后果，以及行为标的数额等方面认定。从长期司法实践看，《民法通则意见》的这些规定起到了较好的指引作用，对于目前审判实践仍有指导意义。本条在上述基础上，不再区分限制民事行为能力的未成年人和成年人，而是遵循《民法典》规定精神，统一从限制民事行为能力人的角度作出指引。考虑到限制民事行为能力人实施的民事法律行为主要涉及财产关系，本条参考《民法典》第 470 条关于合同内容的规定，将标的、数量、价款或者报酬等作为参考因素。

【审判实践中应注意的问题】

一、限制行为能力人得单独实施的民事法律行为

民法设立限制行为能力制度的目的，在于限制限制民事行为能力人对其财产的处分，避免其因意思能力不足或社会经验欠缺而遭受不利，以维护限制行为能力人的利益。① 因此，限制行为能力人实施对其并无不利益的民事法律行为时，法律并无干涉必要，应当认定有效。通常来讲，限制行为能力人得单独实施以下民事法律行为：其一，纯获利益的行为，或者被免除义务的行为。如成为赠与合同的受赠人、人身保险合同的受益人等。其二，对其自由财产的处分行为。如使用学费、旅费等由其法定代理人预设使用目的的财产，及零用钱等未预设使用目的的财产等。其三，缔结劳动合同和请求劳动报酬。法律规定年满 16 周岁的未成年人可以参加工作，当然可以独立缔结劳动合同和请求劳动报酬。其四，日常生活中的定型化行为。如乘坐交通工具，购票进入公园等。同时，要注意只有限制行为能力人超出行为能力实施的合同行为，才存在效力瑕疵问题，经法定代理人同意或者追认后有效。而民事限制行为能力人实施的单方法律行为超出其年龄、智力、精神健康状况的无效。比如，限制行为能力人所立的遗嘱无效、② 抛弃行为无效。

① 梁慧星：《民法总论》，法律出版社 2017 年版，第 104 页。

② 《民法典》第 1143 条第 1 款规定："无民事行为能力人或者限制民事行为能力人所立的遗嘱无效。"

二、举证责任分配

《民法典》第136条中规定，民事法律行为自成立时生效。当事人对民事法律行是否有效产生争议时，这一规定对举证责任分配具有基础性意义。根据《民法典》第136条和举证责任分配规则，主张民事法律行为有效或主张民事法律行为上权利的当事人，只需要对民事法律行为的成立承担举证责任，否认民事法律行为有效或者否定民事法律行为上权利的当事人，则需要证明民事法律行为存在法律明确规定无效的事由。因此，当双方当事人因民事法律行为效力发生争议时，主张民事法律行为有效的一方当事人，仅对民事法律行为成立的事实负证明责任，而不必证明自己享有民事行为能力；对方当事人主张一方当事人欠缺相应民事行为能力并作为抗辩事由的，应为此承担证明责任。当对方当事人举证证明一方当事人欠缺相应民事行为能力时，一方当事人可以举证证明，限制民事行为能力人实施的民事法律行为与其年龄、智力、精神健康状况相适应，并以此抗辩。

【相关规定】

一、《民法典》第19条：八周岁以上的未成年人为限制民事行为能力人，实施民事法律行为由其法定代理人代理或者经其法定代理人同意、追认；但是，可以独立实施纯获利益的民事法律行为或者与其年龄、智力相适应的民事法律行为。

第22条：不能完全辨认自己行为的成年人为限制民事行为能力人，实施民事法律行为由其法定代理人代理或者经其法定代理人同意、追认；但是，可以独立实施纯获利益的民事法律行为或者与其智力、精神健康状况相适应的民事法律行为。

第136条：民事法律行为自成立时生效，但是法律另有规定或者当事人另有约定的除外。

行为人非依法律规定或者未经对方同意，不得擅自变更或者解除民事法律行为。

第145条第1款：限制民事行为能力人实施的纯获利益的民事法律行为或者与其年龄、智力、精神健康状况相适应的民事法律行为有效；实施的其他民事法律行为经法定代理人同意或者追认后有效。

第470条：合同的内容由当事人约定，一般包括下列条款：

（一）当事人的姓名或者名称和住所；

（二）标的；

（三）数量；

（四）质量；

（五）价款或者报酬；

（六）履行期限、地点和方式；

（七）违约责任；

（八）解决争议的方法。

当事人可以参照各类合同的示范文本订立合同。

二、《民法通则意见》（已废止）第3条：十周岁以上的未成年人进行的民事活动是否与其年龄、智力状况相适应，可以从行为与本人生活相关联的程度、本人的智力能否理解其行为，并预见相应的行为后果，以及行为标的数额等方面认定。

第4条：不能完全辨认自己行为的精神病人进行的民事活动，是否与其精神健康状态相适应，可以从行为与本人生活相关联的程度、本人的精神状态能否理解其行为，并预见相应的行为后果，以及行为标的数额等方面认定。

三、《合同法》（已废止）第47条第1款：限制民事行为能力人订立的合同，经法定代理人追认后，该合同有效，但纯获利益的合同或者与其年龄、智力、精神健康状况相适应而订立的合同，不必经法定代理人追认。

四、《民事诉讼法》第79条： 当事人可以就查明事实的专门性问题向人民法院申请鉴定。当事人申请鉴定的，由双方当事人协商确定具备资格的鉴定人；协商不成的，由人民法院指定。

当事人未申请鉴定，人民法院对专门性问题认为需要鉴定的，应当委托具备资格的鉴定人进行鉴定。

五、《精神卫生法》第27条： 精神障碍的诊断应当以精神健康状况为依据。

除法律另有规定外，不得违背本人意志进行确定其是否患有精神障碍的医学检查。

【典型案例】

一、范某贵诉范某等法定继承纠纷案 ［中国审判案例要览案例：重庆市永川区人民法院（2011）永民初字第02862号民事判决］

裁判要旨： 限制民事行为能力人在签订《房屋产权协议》时，不知道自己行为的性质，不能预见相应后果，也不知道放弃继承的房屋系价值较大的财产，其以协议放弃产权的行为与其精神健康状况不相适应，该行为应属无效。

基本案情： 范某先、范某贵与范某海是同父异母兄弟姐妹。范某贵于1983年8月因枪伤患有精神病，2010年6月取得精神二级残疾人证。范某贵之夫高某权亦系精神病人，二人育有一子高某明。1998年11月（高某明当时尚未成年），范某海与范某贵、范某先签订《房屋产权协议》，约定“就案涉房产范某先自愿放弃继承权，由范某海承担房屋还产的补差余额，范某贵系残障人且多年生活由范某海照顾，未承担就该房产补差等义务，故放弃产权，但享有房屋居住权，该房屋的产权归范某海所有，范某贵的子女不享有范某贵所居住房的继承权”。现范某贵（高某明作为法定代理人）诉至法院，称《房屋产权协议》系范某海、范某先伪造其签名，请求依法继承。

生效裁判认为：范某贵于1983年8月至2010年6月期间并无证据证明其已治愈，应视作限制民事行为能力人，且在签订《房屋产权协议》时亦无医学证据证明其是在精神清醒状态下作出的意思表示。范某贵作为限制民事行为能力人，在没有法定代理人监护的情况下签订《房屋产权协议》，其并不知道自己行为的性质，不能预见相应后果，也不知道其放弃继承房屋系价值较大的财产，故其在所签订的《房屋产权协议》中放弃产权的条款无效。

二、徐某生诉葛某偿还读初中时写下欠条的欠款案［人民法院案例选案例：江苏省宿迁市中级人民法院二审判决］

裁判要旨：限制民事行为能力人的行为是否属于依法不能独立实施的行为，可以从行为与本人生活相关联的程度，本人的智力能否理解其行为，并预见相应的行为后果，以及行为标的额等方面认定。

基本案情：原告徐某生在东小店乡从事个体饮食业，被告葛某（法定代理人：葛某虎）于1995年至1997年在东小店中学读初中时，有部分时间在原告处搭伙，被告父母经常为其交钱粮。1997年6月4日，原告告知被告2年间其累计欠饭菜款4515元，成品粮286千克，并要被告同时写下两张欠条，一张为欠现金600元、成品粮286千克，另一张为欠现金3915元，且言明数额小的欠条向被告父母索要，数额大的欠条款项由被告离校打工时予以归还。原告用同样方式让在此搭伙的许多学生（均为未成年人）写了欠条。由于欠款数额较大，原告均叫这些学生待离校以后打工归还。对上述情况原告均未告知学生家长和学校老师。原告持被告所写的小额欠条向被告家长索款时，被告家长以饭账已结清为由拒绝给付而引起纠纷，原告于1998年1月持该两张欠条向沭阳县人民法院起诉，要求被告付清欠款4515元及欠粮食286千克。

生效裁判认为：被告在读初中期间在原告处搭伙时，为限制行为能力的未成年人，从事的民事活动应与其年龄相适应。原告作为学校附近的餐饮经营者，为学生提供有偿搭伙服务，无可非议。但对其服务的未成年人，应具善意和公平的心态和行为。原告在无老师和学生家长在场时，要求被告出具大、小额各不相同的 2 张欠据，其中要求大额欠款待被告离校打工后归还，有悖于社会公德，有碍社会对未成年人的爱心帮助，原告的行为带有明显的欺诈性质，被告此时书写欠据的行为属无效民事行为，故对原告的诉讼请求不予支持。被告认可欠原告 100 千克成品粮，予以认定，依法由被告归还。

三、监　护

第六条　人民法院认定自然人的监护能力，应当根据其年龄、身心健康状况、经济条件等因素确定；认定有关组织的监护能力，应当根据其资质、信用、财产状况等因素确定。

【条文主旨】

本条是关于认定监护人监护能力的规定。

【条文理解】

一、关于监护制度在《民法典》中的位置

监护，是为了保障无民事行为能力人和限制民事行为能力人的合法权益，弥补其民事行为能力不足的法律制度。被监护人包括两类：一类是未成年人。另一类是无民事行为能力和限制民事行为能力的成年人，例如，不同程度的智障残疾人、精神病人及老年痴呆患者等，因其部分不能辨认或完全不能辨认自己的行为，为无行为能力或限制行为能力的成年人。通过为行为能力欠缺者设定监护人，一方面对被监护人进行照管，保护其人身财产等权益，另一方面代理被监护人实施民事法律行为，从而避免被监护人因行为能力上的瑕疵而被阻挡在

法律交往的大门之外，使被监护人能够为自身利益和发展进行更为充分的社会交往和活动。

监护制度是我国基本的民事法律制度之一，与民事主体制度、婚姻家庭制度、民事法律行为制度、代理制度和民事责任制度等有着密切的联系。《民法典》规定的监护制度与《民法典》婚姻家庭编、《未成年人保护法》《妇女权益保障法》《老年人权益保障法》等法律对监护的规定共同构建了我国的监护制度法律体系，构建起了以家庭监护为基础，社会监护为补充、国家监护为兜底的监护制度。

《民法典》规定的监护制度，既包括未成年人的父母担任监护人，也包括父母之外的其他人担任监护人。父母与子女之间基于血缘关系自然产生并受法律确认的权利义务关系属于亲权，相关内容规定在《民法典》婚姻家庭编中。但监护权并不等同于亲权，监护权包含了所有监护人与被监护人之间的权利义务关系，如社会监护和国家监护。国家公权力作为监护制度的监督者和最后的责任承担者，能够确保监护权益的实现。所以说，监护权与亲权有重合，但在外延上又有交叉，兼具公法和私法双重法律属性。

二、关于监护人的职责

《民法通则》未对监护职责的具体内容作出相应的规定。《民法通则意见》第 10 条则对此作了解释，即监护人监护职责具体包括：保护被监护人的身体健康，照顾被监护人的生活，管理和保护被监护人的财产，代理被监护人进行民事活动，对被监护人进行管理和教育，在被监护人合法权益受到侵害或者与人发生争议时，代理其进行诉讼。

三、关于监护人监护能力的认定

关于自然人的监护能力，《民法通则意见》第 11 条列举了监护人的身体健康状况、经济条件以及与被监护人在生活上的联系状况作为参考因素。调研中，有意见提出删除“与被监护人在生活上的联系状况”因素，增加“年龄”“品行”等作为参考因素。经研究，自然人的“年龄”可能关涉其处理事务的能力，对被监护人的生活照料、利益保护等具有一定影响，可以作为认定自然人的监护能力的参考因素；而自然人的“品行”难以客观界定，评价的主观性较强。故对监护人监护能力的认定宜采客观标准，“与被监护人在生活上的联系状况”“品行”等主观因素可以作为人民法院指定监护时贯彻“最有利于被监护人”原则的考量因素。同时，考虑到监护人既可能是自然人，也可能是组织，故本条明确监护人是组织的情形下，人民法院应当根据其资质、信用、财产状况等因素认定监护能力。

征求意见过程中，各方对本条内容无实质性意见。有意见建议增加“受教育程度”这一因素，并明确自然人监护优先于组织监护的规则。经研究，这一建议缺乏明确的法律依据和理论支撑，且会引起不必要的争议，故未予采纳，但此建议可以在个案处理中予以考量。还有意见建议将有关组织的从业人员状况纳入，经研究，这在居民委员会、村民委员会作为监护人的层面可能不具备可操作性，可以将此作为本条规定的“等外因素”在具体案件中予以参考。

关于监护人监护能力的认定，可以从以下几个方面进行把握：

（一）自然人监护能力的认定

为了对未成年人、无行为能力和限制行为能力的成年人的民事权益进行保护，使他们的民事权利能力得到真正实现，民事行为能力得到弥补，监护人应当具备必要的监护能力。一般来讲，除要求监护人具有完全民事行为能力之外，还应当根据监护人的意愿、身体健康状况、经济条件以及与被监护人的生活情感联系、有表达能力的被监护人的意愿等相关因素综合判断。

1. 行为能力

监护人具备完全民事行为能力是其履行监护职责的前提条件，也是具备监护能力的应有之意，无须再行列明，故在本条文中未予表述。成年人为完全行为能力人；十六周岁以上的未成年人，以自己的劳动收入为主要生活来源的，视为完全民事行为能力人，也可以独立实施民事行为。未成年人的父母以及其他法定监护人，首先都要具有完全民事行为能力。作为监护人的兄、姐，也应当是具有完全民事行为能力的成年人。

2. 年龄

一般意义上，自然人的"年龄"关涉其处理事务的能力，对被监护人的生活照料、利益保护等具有一定影响，应当作为认定自然人监护能力的参考因素。除成年人之外，十六周岁以上的未成年人，以自己的劳动收入为主要生活来源的，在符合法定条件的情况下也可以独立实施监护行为。

3. 身心健康状况

无论是担任无行为能力人的监护人，还是限制行为能力人的监护人，都有管理和照料被监护人生活的职责。如果监护人本人身体健康状况不佳，或者存在心理疾病，如性格暴躁、情绪不稳定等，尚不能照料自己，自然也就不能尽到监护人的职责。对于身心健康状况，应当以具备照顾他人、代理他人事务的心理、身体健康状况为认定标准。

考察域外相关立法，《日本民法典》第 843 条第 4 项规定："选任成年监护人时，须考虑成年监护人的身心状态、生活及财产状况、将成为监护人的职业及经历及与成年被监护人之间有无利害关系（将成为成年监护人的人为法人时，其事业的种类及内容、法人及法人的代表人与成年被监护人之间有无利害关系）、成年被监护人的意见等其他一切情况。"

4. 监护人的经济条件

在被监护人自己没有财产又没有生活来源，必须依靠监护人支付生活费才得以生活时，监护人的经济条件就成为衡量监护人具备监护能力的必备条件之一。如果被监护人本人有财产，可以支付其生活费，或者有其他负有扶养、赡养义务的人提供其生活费的，要求监护人具有经济条件就不重要了。

5. 其他因素

关于监护能力的认定，《民法通则意见》第 11 条中还规定了“与被监护人在生活上的联系状况等因素。”本条对此未予规定。主要考虑是，“生活上的联系状况、情感因素”等不属于监护能力的判断标准，将该部分内容纳入本解释第 9 条的调整范围较为适当。第 9 条规定了指定监护人贯彻“最有利于被监护人原则”时应当考虑的因素，具体包括与被监护人生活、情感联系的密切程度；依法具有监护资格的人的监护顺序；是否有不利于履行监护职责的违法犯罪等情形；以及依法具有监护资格的人的监护能力、意愿、品行等。相关理解与适用可详见本解释第 9 条。

（二）关于“有关组织”的监护能力的认定

根据监护的责任范围，监护人还要对被监护人的财产进行管理和保护，代理被监护人实施民事法律行为，对所监护的未成年人的侵权行为承担法律责任。故法院认定担任监护人的社会组织应当具备履行监护职责的基本条件，即具有相应的资质、良好的信誉以及一定的经济基础和工作人员。具体包括以下几个方面：

1. 资质

因法律规定而具有保护被监护人利益免遭侵害的特定职责的组织，如居民委员会、村民委员会、学校、医疗机构、妇女联合会、残疾人联合会、未成年人保护组织、依法设立的老年人组织、民政部门设立的社会福利院等，在具备履行监护职责的基本条件时，应当认定为具有监护资质。除此之外，“有关组织”应当是以提供监护服务为职能的专业监护机构。对其资质的判断，可以根据相关机构的设立宗旨、社会声誉、专业程度以及有关的资格证明文件等方面进行衡量。对于不具备上述基本条件的社会组织，不应当给予其担任监护人的资格。

2. 信誉和经济

法人担任监护人的，应当具备良好的信誉。经济条件指的是担任监护人的社会组织应当具有稳定的财产或经费收入，能够保证机构的正常运营，可以持续提供监护服务。

3. 其他要求

认定法人的监护能力，应当考虑的因素很多，无法一一列出，故用“等”字概括。参考域外规定，法院指定法人担任监护人，应当审查法人及其代表人与被监护人是否有实际或潜在的利益冲突。此外，是否具备足够的具有履行相应监护职责所需专业素质的工作人员，也是一个考量因素。

规范“有关组织”的监护能力，其意义在于：一是完善监护组织的内部组织机构，为其持续、稳定规范发展奠定基础；二是利于对监护组织准入性控制，只有资质符合条件的组织，才能从事相关范围的监护职责。三是提高管理水平。一旦有任何劣迹发生，如监护机构虐待无行为能力人或限制行为能力人，将会被跟踪备案，暂停承接监护工作等。

【审判实践中应注意的问题】

一、关于自然人没有监护能力的判断标准

实践中，自然人没有监护能力多为以下三种情况：一是不具有完全民事行为能力；二是被剥夺人身自由；三是下落不明。具体到“父母没有监护能力”，一般表现为：不具备履行监护职责的身体健康要求或相应经济条件，无法履行监护职责等。具体到“父母之外的其他个人没有监护能力”，一般表现为：年龄较大、身体健康状况不佳、

与未成年人相隔较远、自身工作生活负担繁重，无暇承担监护责任、或已负担较重监护任务，无法承担新的监护任务等。

二、关于“组织没有监护能力”的判断标准

具体到“组织没有监护能力”，一般表现为：信誉不佳、没有相应人员和财产、无法对未成年人实施生活照护和人身财产保护、无法提供相应学习条件、无法代理被监护人实施法律行为、无法对被监护人的侵权行为承担责任等。对于“其他愿意担任监护人的组织”是否真正具备监护能力问题，诉讼到法院的，由法院依据本条规定的认定标准综合作出判断。

三、法院指定监护人的基本原则

根据《民法典》第31条第2款的规定，人民法院指定监护人的原则：一是应当尊重被监护人的真实意思表示；二是按照最有利于被监护人的原则指定，如结合具有监护资格的人与被监护人之间的情感因素、有无利害关系，具有监护资格的人的品行、身心健康状况、经济条件以及能够为被监护人提供的教育水平或者生活照料措施等因素来进行认定。

四、法院指定监护人之前的临时监护人

人民法院指定监护人之前，被监护人的人身权利、财产权利以及其他合法权益处于无人保护状态的，依据《民法典》第31条第3款的规定，由被监护人住所地的居民委员会、村民委员会、法律规定的有关组织或民政部门担任临时监护人。当监护人被人民法院指定后，不得擅自变更；擅自变更的，不免除被指定的监护人的责任。

【相关规定】

一、《民法典》第27条：父母是未成年子女的监护人。

未成年人的父母已经死亡或者没有监护能力的，由下列有监护能力的人按顺序担任监护人：

（一）祖父母、外祖父母；

（二）兄、姐；

（三）其他愿意担任监护人的个人或者组织，但是须经未成年人住所地的居民委员会、村民委员会或者民政部门同意。

第28条：无民事行为能力或者限制民事行为能力的成年人，由下列有监护能力的人按顺序担任监护人：

（一）配偶；

（二）父母、子女；

（三）其他近亲属；

（四）其他愿意担任监护人的个人或者组织，但是须经被监护人住所地的居民委员会、村民委员会或者民政部门同意。

二、《民法通则意见》（已废止）第11条：认定监护人监护能力，应当根据监护人的身体健康状况、经济条件，以及与被监护人在生活上的联系状况等因素确定。

三、《未成年人保护法》第22条第2款：未成年人的父母或者其他监护人在确定被委托人时，应当综合考虑其道德品质、家庭状况、身心健康状况、与未成年人生活情感上的联系等情况，并听取有表达意愿能力未成年人的意见。

【典型案例】

一、张某诉镇江市姚桥镇迎北村村民委员会撤销监护人资格纠纷案［最高人民法院公报案例：江苏省镇江市经济开发区人民法院民事判决］

裁判要旨：认定监护人的监护能力，应当根据监护人的身体健康状况、经济条件以及与被监护人在生活上的联系状况等综合因素确定。未成年人的近亲属没有监护能力，亦无关系密切的其他亲属、朋友愿意承担监护责任的，人民法院根据对被监护人有利的原则，可以直接指定具有承担社会救助和福利职能的民政部门担任未成年人的监护人，履行监护职责。

基本案情：2010 年 11 月张某林与徐某登记结婚，婚后生育一子张某鑫。2014 年 7 月双方离婚，张某鑫由张某林抚养。张某林于 2014 年 8 月申请姚桥村委会另行指定张某鑫的监护人。姚桥村委会指定张某为张某鑫的监护人。现张某诉至法院请求撤销姚桥村委会指定。

生效裁判认为：张某鑫的父亲张某林是视力一级残疾人，无固定工作和生活收入来源，不具有担任张某鑫监护人的能力；张某鑫的母亲徐某是智力二级残疾人，不能完全辨认自身的行为，也不具备担任张某鑫监护人的能力。张某鑫的祖母和外祖父母是法定应当担任其监护人的“近亲属”，但均因身体和经济原因不具有担任监护人的能力。张某作为张某鑫的姑姑，是张某鑫关系较密切的亲属，其担任张某鑫的监护人，应以自愿为前提。现张某经姚桥村委会指定后向法院提出撤销申请，表明其不愿意担任张某鑫的监护人。且张某是视力一级残疾，丈夫虽无残疾，但两人需要抚养三岁的儿子，同时还需照顾母亲及哥哥，再由其担任监护人抚养张某鑫，并不妥当，也不利于张某鑫的健康成长。张某的申请符合法律规定，应予支持。鉴于张某鑫的父母和近亲属没有监护能力，且没有关系密切的其他亲属、朋友愿意承担监护责任，根据法律规定应当由张某鑫父母所在单位或者住所地的村、居民委员会或者民政部门担任监护人。

二、**广州市黄埔区民政局与陈某申请变更监护人案**［广东省广州市黄埔区人民法院（2021）粤0112民特221号民事判决］

裁判要旨：在没有依法具有监护资格的人时，依据《民法典》和新修订的《未成年人保护法》规定的公职监护人制度，人民法院可以根据其资质、信用、财产状况等因素，确定民政部门承担未成年人的监护责任。

基本案情：吴某，2010年10月28日出生，于2011年8月22日被收养。吴某为智力残疾三级，其养父母于2012年和2014年先后因病死亡，后由其养祖母陈某作为监护人。除每月500余元农村养老保险及每年2000余元社区股份分红外，陈某无其他经济收入来源，且陈某年事已高并有疾病在身。吴某的外祖父母也年事已高亦无经济收入来源。2018年起，陈某多次向街道和区民政局申请将吴某送往儿童福利机构养育、照料。为妥善做好吴某的后期监护，广州市黄埔区民政局依照《民法典》相关规定向人民法院申请变更吴某的监护人为民政部门。广州市黄埔区人民检察院出庭支持民政部门的变更申请。

生效裁判认为：被监护人吴某为未成年人，且智力残疾三级，养父母均已去世，陈某作为吴某的养祖母，年事已高并有疾病在身，经济状况较差，已无能力抚养吴某。鉴于陈某已不适宜继续承担吴某的监护职责，而吴某的外祖父母同样不具备监护能力，且陈某自愿将吴某的监护权变更给广州市黄埔区民政局。将吴某的监护人由陈某变更为广州市黄埔区民政局不仅符合法律规定，还可以为吴某提供更好的生活、教育环境，更有利于吴某的健康成长。故判决自2021年7月23日起，吴某的监护人由陈某变更为广州市黄埔区民政局。

第七条　担任监护人的被监护人父母通过遗嘱指定监护人，遗嘱生效时被指定的人不同意担任监护人的，人民法院应当适用民法典第二十七条、第二十八条的规定确定监护人。

未成年人由父母担任监护人，父母中的一方通过遗嘱指定监护人，另一方在遗嘱生效时有监护能力，有关当事人对监护人的确定有争议的，人民法院应当适用民法典第二十七条第一款的规定确定监护人。

【条文主旨】

本条是关于遗嘱指定监护人的细化规定。

【条文理解】

一、遗嘱监护概述

通过遗嘱设立监护起源于罗马法，最早源于《十二表法》，是罗马法中一项较为完备的法律制度，主要是指父亲或母亲通过遗嘱为处于其权利之下的未婚子女指定监护人。同时规定，遗嘱监护优于法定监护。遗嘱监护制度早已存在于世界上许多国家和地区的民法制度中，在承继罗马法有关规定的基础上，各个国家和地区不断完善和规范遗嘱监护制度，并对有关适用条件作出了严格的限制。应当说，遗嘱指定监护符合私法自治原则。根据《民法典》第 27 条的规定，如果父母死亡或者丧失监护能力，未成年人的监护人即根据法律规定的顺序，在法定监护人中产生。这样的规定虽可一定程度避免监护人“缺位”，但无法体现当事人的意思自治。而根据本条规定，被监护人的父母作为与其子女血缘关系最近、情感最深厚的人，可以在去世前立下遗嘱，挑选自己最为信赖的人作为子女的监护人，最大限度保护子女利益，也彰显了民法自治原则，体现了民法的人文关怀。① 我国《民法典》第29条规定了担任监护人的父母可以通过遗嘱方式指定其死亡后子女的监护人，以便更好地安排好子女的利益保护人。一方面，该项立法的内容与德、法、日、加拿大魁北克等多数其他立法例相似，即在遗嘱监护制度中仅认可遗嘱可作为父母指定监护人的手段。另一方面，该条与其他域外立法例也有不同之处。域外立法例仅限于为未成年子女指定监护人，但依据本条规定，考虑到满足扩大遗嘱监护的适用范围，其允许作为监护人的父母为无民事行为能力及限制行为能力的成年人指定监护人，父母既可以为未成年子女指定监护人，也可以为成年子女指定监护人。②

比较法上，不少立法例将遗嘱指定监护权仅归属于最后死亡或（且）可以行使监护权的父母一方，如《法国民法典》第403条第1款规定：“如父母二人中后去世的一方在其本人去世时仍然在行使亲权，选任监护人的个人权利，仅属于该后去世的父或母，无论其选任的监护人是否是未成年人的血亲属。”《日本民法典》第839条规定：“对未成年人最后行使亲权的人，可以依遗嘱指定监护人，但是无管理权者，不在此限。行使亲权的父母一方无管理权时，另一方得依前款之规定指定未成年人监护人。”《魁北克民法典》第201条规定：“指定监护人的权利只属于最后死亡或者可以行使监护权的父母一方。”而我国《民法典》第29条规定相对比较原则，对于担任监护人

① 参见最高人民法院民法典贯彻实施工作领导小组主编：《中华人民共和国民法典总则编理解与适用》，人民法院出版社2020年版，第180页。

② 参见黄薇主编：《中华人民共和国总则编释义》，法律出版社2020年版，第49页。

的父或者母而言，他们都可以通过遗嘱方式指定监护人。依照文义解释和体系解释，有关遗嘱指定监护的规则，需要注意以下内容：

遗嘱指定监护是指父母通过订立遗嘱为由自己监护的子女指定监护人的法律行为。既然是以遗嘱形式指定监护人，则必须符合一般遗嘱的形式要件和实质要件，对此，要适用《民法典》第1133条至第1139条等规定，如基于单方真实意思表示即可发生预期法律效果，遗嘱人必须具备完全民事行为能力，设立遗嘱不得进行代理，紧急情况下才可使用口头形式以及必须以遗嘱人的死亡作为生效条件等。同时，根据《民法典》第29条的规定，遗嘱指定监护还应具备以下条件：一是指定主体为被监护人的父母，其他人担任监护人的无权通过遗嘱指定监护人；二是父母必须正在担任子女的监护人，如因丧失监护能力而没有担任监护人或者因侵害子女权益而被撤销监护资格的，就不能通过遗嘱指定监护人；三是指定监护应以遗嘱方式进行，而非通过协议等其他方式；四是作为无民事行为能力或限制民事行为能力的被监护人，不仅包括未成年子女也包括成年子女；五是被指定的遗嘱监护人应当具有监护能力，经指定后确实无法履行监护义务的，应依法另行确定监护人；六是被指定的遗嘱监护人具有优先地位，其优于但不限于《民法典》第27条和第28条所列法定监护人。①

二、关于遗嘱指定的监护人不同意担任监护人的问题

由于《民法典》第29条的规定较为原则，特别是关于遗嘱指定监护后的监护责任承担问题以及父母通过各自遗嘱指定了不同监护人时的遗嘱效力问题等，有待于进一步明确。为最大化保护被监护人特别是未成年人利益，有必要根据实践需要对有关情形予以细化，以切实指导人民法院妥善审理相关案件。被监护人的父母通过遗嘱指定监

① 最高人民法院民法典贯彻实施工作领导小组主编：《中华人民共和国民法典总则编理解与适用》，人民法院出版社2020年版，第180页。

护人包括三种情形：一是父母双方共同通过遗嘱指定监护人。二是父母中一方通过遗嘱指定监护人，另一方已去世或者同意其指定的人担任监护人（被监护人为未成年人的除外）。三是父母双方分别通过遗嘱指定监护人。这些情形都涉及被指定的人不同意担任监护人的问题。因为监护在本质上属于职责的范畴，从某种意义上讲具有义务的属性，有必要尊重被指定的人的意见。本条第 1 款即对此作出规定。同时，根据在上海调研的意见，被指定的人不同意担任遗嘱指定的监护人，应当依照《民法典》第 27 条、第 28 条关于法定监护人顺位的规定另行确定监护人。这一规定也符合主流学界意见，“如果遗嘱所指定的人拒绝担任监护人，则该指定不发生效力，否则在性质上就不属于遗嘱监护，而是法定监护人”。[①] 一方面，按照“遗嘱”的性质，遗嘱人订立遗嘱无论是自书遗嘱或者公证遗嘱，均不要求事先征得拟指定的人（个人或者组织）同意，依据意思自治原则，遗嘱内容公开后被指定的个人或者组织理当可以拒绝担任监护人。[②] 且对被指定人而言，担任监护人意味着重大的法律职责，应充分考虑其自愿性，应当允许其拒绝接受指定。[③] 在比较法上，《魁北克民法典》第 202 条规定：“遗嘱监护自被指定人接受指定起生效。被指定人在知道指定后 30 日内不作出接受或者拒绝指定的表示的，视为接受指定。”第 203 条规定，“被指定人拒绝接受指定的，应及时通知遗嘱执行人和公共监督人。”另一方面，被指定的人拒绝接受指定的，应当视为没有遗嘱指定监护人，对被监护人设立监护应当按照法律的规定，即适用《民法典》第 27 条、第 28 条的规定确定监护人。当然，在实务中，为了避免不必要的纠纷，担任监护人的父母在立遗嘱指定监护人时，应当与

① 王利明：《民法总则研究》，中国人民大学出版社 2018 年版，第 220～221 页。

② 梁慧星：《民法总则讲义》（修订版），法律出版社 2021 年版，第 68 页。

③ 参见满洪杰：《〈民法总则〉监护设立制度解释论纲》，载《法学论坛》2018 年第 3 期。

该被指定的人沟通，这也符合常理。同时依照体系解释，其也应当尊重被监护人的真实意愿。

另外，针对上述各情形下可能出现的确定监护人存在争议的情形，本条在起草过程中曾作了转引至《民法典》第 31 条关于监护争议解决程序的衔接规定，但考虑到这属于指定监护的类问题，而且适用上也不只有该条规定，故最终删除了这一内容。在具体适用上按照《民法典》第 31 条和本解释第 9 条的规定处理。在域外立法方面，《法国民法典》第 404 条规定："如没有遗嘱指定的监护人，或者如指定为监护人的人停止履行监护职责，由亲属会议另行指定未成年人的监护人。"

三、关于父母一方通过遗嘱指定监护人与法定监护的衔接问题

本条第 2 款涉及的问题是被监护人是未成年人的，担任被监护人的父母中的一方通过遗嘱指定监护人，在其死亡后究竟是按照法定监护还是按照遗嘱指定监护处理，实践中存有争议，有必要予以明确。比较法上，《德国民法典》第 1776 第 2 款规定："父亲和母亲已指定不同的人的，以最后死亡的父母一方指定为准。"第 1777 条第 2 款规定："假如子女已在父亲死亡之前出生，父亲会有权为之指定监护人的，父亲可以为在他死亡后才出生的子女指定监护人。"在我国《民法总则》第 29 条的立法过程中，曾在两种意见间进行取舍。《民法总则（草案）》征求意见稿将该条列入了未成年人监护人确立条款中，表述为"未成年人的父母可以通过遗嘱指定未成年人的监护人，其父、其母指定的监护人不一致的，以后死亡一方的指定为准"；二审稿中修改为"未成年人的父母可以通过遗嘱指定未成年人的监护人，其父、母指定的监护人不一致的，应尊重被监护人的意愿，根据最有利于被监护人的原则确定"；三审稿则表述为"被监护人的父母可以

通过遗嘱指定监护人”。[1] 学界也有观点认为指定监护人的遗嘱应由最后行使监护权的父或母一方作出。“唯有最后行使监护权的父或母一方，方有权利作出有效的遗嘱监护。这是因为，根据《民法总则》第27条之规定，如果父或母有一方先死亡时，另一方仍然能够对子女承担监护职责。那么就根本没有必要选任新监护人。即使先死亡一方在遗嘱中表示希望由其他主体担任监护人的，根据《民法总则》第36条、第39条之规定，也不能直接产生撤销或终止其配偶监护权的法律效果。”[2] 我们在综合学界观点、[3] 实务经验[4]和借鉴域外做法的基础上，在该款明确了父母中健在的一方有监护能力的，是当然的法定监护人的规则，即按照《民法典》第27条第1款的规定确定监护人，即由父母中有监护能力的另一方担任监护人。[5] 这主要是考虑到，父母担任未成年子女的法定监护人是无条件的，只有在父母死亡或者没有监护能力的情况下，才可以由其他组织或者有关组织担任监护人。这既体现了意思自治原则，又反映了基本的人伦情感，更符合《民法典》第27条规定的精神。之所以在本款限定为未成年人的父母，一方面是考虑到在成年监护中还涉及该被监护人的配偶作为监护人的情形，

① 最高人民法院民法典贯彻实施工作领导小组主编：《中华人民共和国民法典总则编理解与适用》，人民法院出版社2020年版，第179页。

② 参见陈甦主编：《民法总则评注》，法律出版社2017年版，第208页。

③ 参见王利明主编：《中国民法典释评·总则编》，中国人民大学出版社2020年版，第78页。

④ 相关案例：(1) 龙某与刘某甲、刘某乙等变更抚养关系纠纷[江苏省睢宁县人民法院(2014)睢魏民初字第0286号民事判决]：未成年人的父母是未成年人的法定监护人，父母一方死亡的，另一方即是未成年人的唯一法定监护人。(2) 吴某与王某变更抚养关系纠纷[安徽省黄山市中级人民法院(2015)黄中法民一终字第00059号民事判决]：离婚后父母一方死亡的，另一方是子女当然的抚养人。(3) 吴某与王某变更抚养关系纠纷[安徽省休宁县人民法院(2014)休民一初字第01372号民事判决]：张某甲与吴某离婚时，确定女儿张某乙随张某甲生活，由张某甲承担抚养教育义务。现张某甲因交通事故死亡，离婚后父母一方死亡，另一方就是子女当然的抚养人。张某乙现已随吴某生活，对此法院予以准许。

⑤ 参见黄薇主编：《中华人民共和国民法典释义》，法律出版社2020年版，第58页。

另一方面也是着眼于这一典型领域，对于未成年人而言，父母是其当然的监护人，这也突出了对未成年人的保护。

由此引申出的一个问题是，对于担任监护人的父母均已死亡且通过遗嘱指定的监护人不一致时是按照最有利于被监护人的原则确定监护人，还是按照后死亡一方的遗嘱意思确定监护人，这在实践中也存有争议。我们曾采纳地方法院调研时多数法官意见和中国人民大学会议上多数专家意见，明确了按照最有利于被监护人的原则，由人民法院尊重被监护人的真实意愿，在不同遗嘱指定的监护人中确定监护人，以符合未成年人利益保护乃至被监护人利益保护最大化原则。我们曾在此基础上，根据浙江高院等调研意见，规定了担任监护人的父母均已死亡且各自所立遗嘱指定的监护人不一致时，也按照最有利于被监护人的原则确定监护人的规则。但有关方面回复意见认为，这一规则与第 2 款规定的遗嘱人死亡后被监护人健在且有监护能力的被监护人父或者母作为法定监护人的规则不一致，实践中情形也较为复杂，建议再作研究。中国社科院法学所也提出相似意见。经研究，我们采纳了这一建议，最终删除了这一内容。实践中遇到类似问题，应当按照本条第 2 款的适用逻辑来确定相应的法律适用规则。无论是父母共同订立遗嘱，还是父母一方有遗嘱其死亡后，另一方又定遗嘱的情况，以及父母分别订立遗嘱，一方死亡后另一方后死亡的情形，在符合《民法典》第 29 条规定前提下，都要遵循以在后死亡一方订立的遗嘱为准的思路，此处实际上已推定，由健在的父母通过遗嘱指定监护人，最有利于实现被监护人利益的最大化。当然，如果该立遗嘱人订立了数份遗嘱，则应根据《民法典》第 1142 条第 3 款的规定，以最后的遗嘱为准。

对于父母同时死亡的情形，这在实践中也会发生，《民法典》继承编中的第 1121 条第 2 款即对同时死亡有关继承问题作出了规定。本解释也曾专门设第 3 款规定：“被监护人父母中的一方通过遗嘱指定的监护人与另一方通过遗嘱指定的监护人不一致，且双方同时死亡的，人民法院应当尊重被监护人的真实意愿，按照最有利于被监护人的原则在不同遗嘱指定的监护人中确定监护人；遗嘱生效时，被指定的人不同意担任监护人的，适用第一款的规定。”即按照法律规定的前提预设和规范精神，适用最有利于被监护人的原则。在本解释起草的最后阶段，有意见指出，这种情形在实际中比较少，不必通过司法解释予以规定。我们最终删除了这一内容。但需要注意的是，上述删除理由并非该规定内容是错误的，只是现实中这种情形可能较少的问题。因此，实践中如果出现类似问题，可以遵循这一思路进行有益探索。此外，对于父母同时死亡，双方共同遗嘱或者仅有一方通过遗嘱指定监护人的，这时应当遵循父母是子女利益最佳判断者的常理和意思自治原则，在该遗嘱合法有效的前提下，按照该遗嘱的指定确定监护人。当然，这也要和本条第 1 款规定的情形做好衔接。

【审判实践中应注意的问题】

一、关于尊重被监护人的真实意愿问题

《民法典》第 29 条及本条均给被监护人父母提供了自主选择的空间。虽然本条未明确规定子女可就监护人的指定表达意愿，但从体系解释的角度看，我国《民法典》于第 30 条、第 31 条、第 35 条、第 38 条等分别关于确定监护人、监护职责的履行及恢复监护人资格之规定中均要求尊重被监护人的真实意愿，按照同一精神，同属监护确定方式规定的本条亦包含了父母在指定遗嘱监护人时，应当尊重被监护人的真实意愿的内涵。学界也有类似意见，“尽管因为立遗嘱人是被监护人的父母，通常会指定最符合被监护人利益的监护人，但在设立遗嘱监护时，仍然应当考虑被监护人的真实意愿。此外，如果遗嘱监

护指定的监护人确实不利于被监护人，也可以通过法律程序变更监护人”。① 如此，有利于构建起和谐和相互信赖的监护关系。

二、关于立遗嘱人订立遗嘱后又依法被撤销监护资格等情形时遗嘱指定监护的效力问题

本条规定可以通过遗嘱指定子女监护人的父母，必须是完全民事行为能力人，且正在担任子女的监护人。如其虽然在立遗嘱时具有监护资格，但在其死亡时已经根据《民法典》第36条的规定被撤销监护资格或者经核实认定其具备应撤销监护资格情形的，该遗嘱指定监护是否有效，则有必要进一步探讨，有必要结合监护制度宗旨及《民法典》第29条的立法精神、意思自治原则以及当事人立遗嘱时的意愿等因素综合予以考量。

三、指定监护人的遗嘱成立与生效要件问题

此种情形下，遗嘱生效的实质和形式要件与一般遗嘱相同，其指定监护在遗嘱生效时产生效力。② 原因在于此时遗嘱也是父母意思自治的体现，即为了被监护人未来利益保护的需要，从近亲属、亲戚朋友甚至相关组织中挑选自己信任的主体作为未成年人的监护人，故不必为其设置特别的效力要件，仅要求意思表示真实、相应形式要件以及相应的父母死亡的法律事实，即可产生遗嘱指定监护人的法律效力。

四、父母在孩子胎儿阶段为其通过遗嘱形式指定监护人的问题

遗嘱指定监护人会涉及胎儿利益保护的问题。依据《民法典》第

① 王利明：《民法总则研究》，中国人民大学出版社2018年版，第221页。

② 参见王利明主编：《中国民法典释评·总则编》，中国人民大学出版社2020年版，第78页。

16 条及本解释第 4 条规定的精神，虽然《民法典》第 29 条要求指定监护人的父母必须担任被监护人，但可允许其为未出生的胎儿遗嘱指定监护人。这一观点亦为学界观点所支持，“对于遗腹子，虽然父母在设立遗嘱监护之时尚无监护权，但应例外地承认此种遗嘱监护的效力”。[①] 有关为胎儿利益保护而通过遗嘱形式指定监护的问题，也要同样适用《民法典》第 29 条和本条规定。

【相关规定】

《民法典》第 27 条：父母是未成年子女的监护人。

未成年人的父母已经死亡或者没有监护能力的，由下列有监护能力的人按顺序担任监护人：

（一）祖父母、外祖父母；

（二）兄、姐；

（三）其他愿意担任监护人的个人或者组织，但是须经未成年人住所地的居民委员会、村民委员会或者民政部门同意。

第 28 条：无民事行为能力或者限制民事行为能力的成年人，由下列有监护能力的人按顺序担任监护人：

（一）配偶；

（二）父母、子女；

（三）其他近亲属；

（四）其他愿意担任监护人的个人或者组织，但是须经被监护人住所地的居民委员会、村民委员会或者民政部门同意。

第 29 条：被监护人的父母担任监护人的，可以通过遗嘱指定监护人。

---

① 参见陈甦主编：《民法总则评注》，法律出版社 2017 年版，第 208 页。

第 31 条：对监护人的确定有争议的，由被监护人住所地的居民委员会、村民委员会或者民政部门指定监护人，有关当事人对指定不服的，可以向人民法院申请指定监护人；有关当事人也可以直接向人民法院申请指定监护人。

居民委员会、村民委员会、民政部门或者人民法院应当尊重被监护人的真实意愿，按照最有利于被监护人的原则在依法具有监护资格的人中指定监护人。

依据本条第一款规定指定监护人前，被监护人的人身权利、财产权利以及其他合法权益处于无人保护状态的，由被监护人住所地的居民委员会、村民委员会、法律规定的有关组织或者民政部门担任临时监护人。

监护人被指定后，不得擅自变更；擅自变更的，不免除被指定的监护人的责任。

【典型案例】

黄某敏、陈某杰、危某琼申请确定监护人案［四川省武胜县人民法院（2018）川 1622 民特 6 号民事判决］

裁判要旨：父母担任监护人的，有权通过遗嘱指定监护人。

基本案情：江某文与黄某某系夫妻，二人共同生育了江某甲、江某乙。后江某甲与江某文相继因病去世。2017 年黄某某去世。黄某某去世前留有亲笔遗嘱，“现有儿子江某乙，年龄尚小，我去世后，交由黄某敏抚养”。黄某敏据此诉至法院请求确定其为江某乙监护人。

生效裁判认为：陈某杰、危某琼（系江某乙的祖父母）虽然否认黄某某遗嘱的真实性，但未能提供有效证据予以反驳。经法院释明后，其亦未申请鉴定，故对遗嘱的真实性予以认定。依照《民法总则》第 29 条之规定，遗嘱指定监护人应当满足两个条件，一是立遗嘱人是被监护人的父母，二是立遗嘱人担任被监护人的监护人。本案中，黄某某在去世前指定黄某敏作为江某乙的监护人符合遗嘱指定监护的相关规定，法院予以确认。

第八条　未成年人的父母与其他依法具有监护资格的人订立协议，约定免除具有监护能力的父母的监护职责的，人民法院不予支持。协议约定在未成年人的父母丧失监护能力时由该具有监护资格的人担任监护人的，人民法院依法予以支持。

依法具有监护资格的人之间依据民法典第三十条的规定，约定由民法典第二十七条第二款、第二十八条规定的不同顺序的人共同担任监护人，或者由顺序在后的人担任监护人的，人民法院依法予以支持。

【条文主旨】

本条是关于协议监护的细化规定。

【条文理解】

一、起草背景

协议监护是《民法典》总则编的亮点制度之一。有监护资格的人之间通过协议方式确定监护人，最早规定于《民法通则意见》。该意见第15条规定："有监护资格的人之间协议确定监护人的，应当由协议确定的监护人对被监护人承担监护责任。"《民法典》第30条在吸收司法实践经验的基础上规定了协议监护制度，充分体现了"最有利于被监护人原则"和"尊重被监护人真实意愿原则"，是关于依法具有监护资格的人在尊重被监护人真实意愿的前提下通过协商一致的方式确定监护人的规定，既是对我国司法实践经验的总结，也是顺应现代监护制度发展趋势、尊重人权保护理念的体现。[①] 从制度功能的角度出发，本条与指定监护存在异曲同工之处，均为对法定监护顺序的校正，只不过前者依靠的是监护人之间的意思自治，而后者则是有权机关的外力介入。[②] 在法律已对具有监护资格的人作了严格限定的前提下，允许具有监护资格的人之间协议确定监护人，不会损害被监护人的合法权益。具有监护资格的人之间可以根据各自与被监护人的生活联系状况、经济条件、能够提供的教育条件或者生活照料措施等，在尊重被监护人意愿的基础上，经过充分协商，选择合适的监护人，既是对具有监护资格的人共同意愿的尊重，也有利于保护被监护人的合法权益。法律对协议监护制度予以认可，既是对实践需求的回应，也有利于进一步规范协议监护制度。[③]

二、条文理解

（一）未成年人的父母不得通过协议免除监护职责

根据《民法典》第30条的规定，依法具有监护资格的人之间可以协议确定监护人。协议确定监护人应当尊重被监护人的真实意愿。这表明协议监护应当符合以下两个条件：（1）协议主体为依法具有监护资格的人，即《民法典》第27条、第28条规定的个人或者组织。对于未成年人，协议的主体为：①祖父母、外祖父母；②兄、姐；③经未成年人住所地的居民委员会、村民委员会或者民政部门同意的其他愿意担任监护人的个人或者有关组织。对于无民事行为能力或者限制民事行为能力的成年人，协议的主体为：①配偶；②父母、子女；

① 参见最高人民法院民法典贯彻实施工作领导小组主编：《中华人民共和国民法典总则编理解与适用》，人民法院出版社2020年版，第182页。

② 参见陈甦主编：《民法总则评注》，法律出版社2017年版，第213页。

③ 参见黄薇主编：《中华人民共和国民法典释义》，法律出版社2020年版，第63页。

③其他近亲属；④经该成年人住所地的居民委员会、村民委员会或者民政部门同意的其他愿意担任监护人的个人或者组织。（2）协议监护应当尊重被监护人的真实意愿。

本条第1款进一步明确协议主体不包括有监护能力的未成年人父母。根据《民法典》第27条规定，父母是未成年子女的监护人。父母对未成年子女负有抚养、教育和保护的义务，属于基于身份关系对未成年子女的专属权利义务，具有当然性、法定性和优先性。相关权利义务系以保护管教未成年子女、促进子女健康成长为目的，父母不得抛弃也不得滥用。因此，父母不得通过监护协议的形式，放弃履行其监护职责。未成年人的父母有监护能力的，当然不得与其他人签订协议，确定由其他人担任监护人，推卸自身责任，对于未成年人，协议监护只限于父母死亡或者没有监护能力的情况。①

但是，未成年人的父母与他人签订有关监护的协议也并非一概无效，实践中存在两种例外情形，一是父母与他人约定在其丧失监护能力时由该他人监护，二是委托监护的情形。被监护人的父母作为与其子女血缘关系最近、情感最深厚的人，一般而言无疑是父母最关心子女的健康成长与权益保护，由父母确定监护人最有利于保障被监护人利益。基于这一考量，《民法典》第29条规定了遗嘱监护制度，有助于满足实践中父母在生前为其需要监护的子女作出监护安排的要求，体现了对父母意愿的尊重，也有利于更好地保护被监护人的利益。②但是，遗嘱监护仅适用于父母死亡的情形，实践中如父母未死亡但丧失监护能力时如何处理，法律未作明确规定。考虑到父母作为未成年人利益的最佳判断者，应当尊重他们的意愿，以备在其将来丧失监护能力时对未成年子女的监护问题预作安排。本款对未成年人的父母协议确定监护人的权限作出规定，明确父母不得通过协议免除该具有监

① 参见黄薇主编：《中华人民共和国民法典释义》，法律出版社2020年版，第63页。

② 参见黄薇主编：《中华人民共和国民法典释义》，法律出版社2020年版，第61页。

护能力的父母的监护职责，而仅得约定在其丧失监护能力时由具有监护资格的人担任监护人。这既兼顾父母了对未成年子女负有法定监护职责的要求，也体现了对父母预先安排未成年子女监护问题的尊重。关于委托监护的问题，本解释第13条作出规定。

（二）协议监护是否受监护顺序限制

《民法典》第27条、第28条规定了未成年人和成年人的法定监护顺序，对于以协议监护方式确定的监护人能否突破监护顺序的问题，学界存在较大争议。一种观点认为，协议监护本质上仍然是法定监护的一种，必须是在依法具有监护资格的人之间进行协商，但要尊重监护人的法定顺序。仅法律规定属于同一顺序的有监护资格的人之间可以协议确定监护人，虽有监护资格但属于不同顺序的人不得协议确定监护人。① 因此，必须先由上一顺位的数位具有监护资格的人进行协商，协商无法达成一致意见的，才能由次一顺位的数位具有监护资格的人进行协商。当上一顺位的监护人之间已经有了协商结果，次一顺位的监护人就无权协商确定监护人。② 也有观点认为，"这一解释，对于监护顺序的理解过于严苛，将以亲属血缘关系为基础的监护顺序置之于被监护人的最大利益考虑之上，且不符合前述对于监护顺序弱化的发展趋势。实践中，有多个不同顺位监护人，在其中选择最有利于被监护人和符合被监护人意愿的人担任监护人，不仅是可行的，而且是必要的。"③ 在协议确定监护人规则中，处于不同监护顺序的具有监护资格的人，均可平等参与协商并以协议方式对监护人选任。④ 未成年人父母死亡或者没有监护能力的，被监护人的祖父母、外祖父母、

---

① 梁慧星：《民法总则讲义》（修订版），法律出版社2021年版，第69页。

② 参见王利明主编：《中国民法典释评·总则编》，中国人民大学出版社2020年版，第80页。

③ 满宏杰：《〈民法总则〉监护设立制度解释论纲》，载《法学论坛》2018年第3期。

④ 陈甦主编：《民法总则评注》，法律出版社2017年版，第214页。

兄、姐以及经未成年人住所地的居民委员会、村民委员会或者民政部门同意的其他愿意担任监护人的个人或者组织，均可以参与监护权的协商，不受监护顺序的限制。当被监护人为成年人时，有权进行监护协商的主体包括：配偶、父母、子女、其他近亲属、经被监护人住所地的居民委员会、村民委员会或者民政部门同意的其他愿意担任监护人的个人或者组织，同样不受监护人顺位的限制。①

本条采纳了第二种意见，主要理由是：（1）《民法典》第30条的立法本意是在尊重被监护人真实意愿的基础上，通过依法具有监护资格的人之间的协商确定，最大程度体现最有利于被监护人的原则。如对协议监护作顺序上的限制，可能因受限于法定监护顺序，难以综合监护人的监护能力、与被监护人的生活情感联系状况等因素选择确定最合适的监护人，有悖于《民法典》第30条的立法目的。（2）实践中大量存在的同一顺序的监护人仅有一人的情形，例如，无民事行为能力或者限制民事行为能力的成年人的第一顺位的监护人为其配偶，在此情形下，将有权进行协议监护的人限定为同一顺序无实践意义。（3）在法律对具有监护资格的人已经作出严格限定的前提下，允许具有监护资格的人之间协议确定监护人，不会损害被监护人合法权益。如采用第一种观点，则只能由顺序在先的人担任监护人，不一定有利于被监护人利益。且将以亲属血缘关系为基础的监护顺序置于被监护人的最大利益考虑之上，也不符合监护顺序弱化的发展趋势。（4）参与《民法典》立法工作的人员也倾向于这一观点，即"协议监护可以不按照第27条、第28条规定的顺序确定监护人。"② 有关实务案例也支持协议监护不受法定监护顺序限制的思路。③ 据此，本款明确协议

① 参见王利明主编：《中国民法典评注·总则编》，人民法院出版社2021年版，第113页。

② 参见黄薇主编：《中华人民共和国民法典释义》，法律出版社2020年版，第63页。

③ 司法实践中大量案例由后顺序的人担任监护人，参见所附相关案例。

监护确定的监护人不受法定监护顺序的限制，不同顺序具有监护资格的人可以共同担任监护人，亦可以约定顺序在后的人作为监护人。

（三）协议监护的监护人数量

对于共同监护的问题，《民法典》对协议监护的监护人的数量未作限制性规定，关于监护人以一人还是数人为宜，理论上存在一定争议。考虑到对于未成年人，父母是法定的共同监护人，在实践中也有大量未成年人由祖父母或者外祖父母共同监护，将监护人限制为一人显然与我国立法和社会发展现状不相吻合。鉴于我国立法尚未明确规定监护监督制度，顺位在后的人通过共同监护的方式进行监护也有利于保护被监护人的权益。本解释第 9 条第 2 款规定："人民法院依法指定的监护人一般应当是一人，由数人共同担任监护人更有利于保护被监护人利益的，也可以是数人。"因此，本条与第 9 条规定一致，明确有监护资格的人可以约定不同顺序的人共同担任监护人。当然，共同监护也面临诸多制度困境，例如，实践中父母离婚后不共同生活的一方监护职责如何履行、多个监护人监护职责如何分配、由何人实际履行照护职责、监护人意见不一致如何处理等，对于相关问题，本解释制定过程中部分法院和专家学者也提出了建议，但相关问题较为复杂，且涉及司法解释权限问题，故本解释未作规定。

【审判实践中应注意的问题】

一、注意区分成年监护和未成年监护

对未成年人进行监护的目的在于以家庭为堡垒，以亲情血缘为纽带，由父母保护未成年人健康成长。对于未成年监护而言，更侧重适用"最大利益"原则，特别是在父母为监护人的情况下，基于父母为子女的自然血亲，立法更倾向于信任父母对子女的保护，更强调父母的当然监护责任。因此，在未成年人的父母有监护能力时，不得与其他人签订监护协议来约定由其他人担任监护人。只有在父母死亡或没有监护能力的情况下，其他法定监护人才可通过协商确定监护人，此时，应当结合未成年人的年龄和智力状况，尊重其真实意愿。而对于成年监护，则更加注重通过制度设计帮助成年被监护人最大程度行使自己的权利，也即需要更多体现成年被监护人的意愿和偏好。对于被监护人有能力独立处理的事务，特别是其与日常生活相关的行为，应充分尊重其真实意愿，监护人不应干涉。在监护人协议确定时，应当结合其智力和精神健康状况，并综合考量成年被监护人平时或原有的价值偏好，尊重其真实意愿。①

二、协议监护应当尊重被监护人真实意愿

协议确定监护人对被监护人的利益影响重大，应当充分尊重被监护人的真实意愿。被监护人都是无民事行为能力人或者限制民事行为能力人，“尊重被监护人的真实意愿”不是简单地征求被监护人的意见，要结合多种情况进行综合考量判断，探求其内心真实的愿望。限制民事行为能力的未成年人和成年人已经具备了一定的认知判断能力及较强的表达能力，协议确定监护人应当直接听取其意见，并对其意见是否反映其真实意愿，结合其他一些因素，例如，是否受到胁迫等进行判断。无民事行为能力的被监护人，不具有独立的认知判断能力，但这不意味着这些被监护人没有真实意愿。对于无民事行为能力的被监护人，也应当结合各种情况，例如，被监护人与哪一个具有监护资格的人生活联系最为密切等因素，去发现并充分尊重被监护人的真实意愿，这对于保护被监护人的身心健康，具有重要意义。此外，对于父母丧失监护能力的情形，虽然父母不能作为协议监护的主体，但对

① 参见最高人民法院民法典贯彻实施工作领导小组主编：《中华人民共和国民法典总则编理解与适用》，人民法院出版社2020年版，第185页。

协议确定监护人也可以提出自己的意见，具有监护资格的人在协议确定未成年人的监护人时，从有利于保护被监护人的利益出发，应当尽量予以尊重。

三、协议确定监护人的法律效力

通过协议确定监护人后，就会产生相应的法律效力。该监护人应当根据法律规定，保护被监护人的人身和财产权益，代理被监护人从事法律行为，除为被监护人利益外不得处理被监护人财产，违反监护职责或侵害被监护人合法权益应承担相应法律责任和赔偿损失。如果被选定的监护人未能依照约定或法定履行监护职责，应当根据《民法典》第34条的规定承担法律责任，还可依据《民法典》第36条的规定撤销其监护资格。根据《民法典》第1188条的规定，无民事行为能力人、限制民事行为能力人造成他人损害的，由监护人承担侵权责任。监护人尽到监护职责的，可以减轻其的侵权责任。有财产的无民事行为能力人、限制民事行为能力人造成他人损害的，从本人财产中支付赔偿费用；不足部分，由监护人赔偿。相关规定亦应适用于经协商确定的监护人。

四、区分协议监护与委托监护

虽然《民法典》并未如《民法通则意见》第22条和《未成年人保护法》第16条那样，直接规定监护人可以将监护职责部分或者全部委托给他人的相关条款，但结合《民法典》第36条第2项的条文表述可以看出，《民法典》并不禁止此种委托行为，还将其视为监护人履行监护职责的一种方式。因此，对于未成年人监护的情形，父母也不得以协议方式将监护人身份转交他人，但这并不妨碍其在必要情况下，通过协议将部分或全部监护职责委托给他人行使。例如，实践中父母外出务工由祖父母、外祖父母实际履行监护职责较为常见。但是，在委托监护的情形，监护人可以将监护职责委托他人行使，接受委托的人不受监护资格的限制，委托人仍然是监护人。而协议监护的结果是监护人的变更，协议主体必须是有监护资格的人。对此，本解释第13条规定："监护人因患病、外出务工等原因在一定期限内不能完全履行监护职责，将全部或者部分监护职责委托给他人，当事人主张受托人因此成为监护人的，人民法院不予支持。"

五、父母离婚后共同生活的一方死亡，祖父母、外祖父母申请担任监护人

实践中，父母离婚后，与未成年人共同生活的父亲或者母亲死亡，祖父母、外祖父母申请担任监护人的案件较为突出，部分案件中祖父母或者外祖父母与父亲或者母亲达成监护协议，由祖父母、外祖父母担任监护人，此类案件如何处理？有案例认为父母一方在外地，子女随祖父母或者外祖父母长期共同生活，由祖父母或者外祖父母担任监护人更有利于保护未成年人的人身权利、财产权利以及其他合法权益等，亦有利于未成年人以后的成长、教育和学习，故指定祖父母或者外祖父母担任监护人。① 我们认为，根据本条第1款的规定，未成年人的父母不得通过与其他依法具有监护资格的人订立协议的方式免除其监护职责。因此，未成年人的祖父母、外祖父母不得自行通过与父亲或者母亲签订协议的方式取得监护权。但是，如未成年人父亲或者母亲缺乏监护能力或者有其他不利于被监护人利益的情形，未成年人的祖父母、外祖父母申请人民法院指定监护人的，人民法院可以根据《民法典》第31条以及本解释第9条的规定，根据最有利于被监护人的原则，综合考量与被监护人生活、情感联系的密切程度、监护顺序、是否有不利于履行监护职责的违法犯罪等情形以及依法具有监护资格

① 参见江苏省启东市人民法院（2020）苏0681民特239号、贵州省安龙县人民法院（2020）黔2328民特4号民事判决。

的人的监护能力、意愿、品行等因素，指定由父母以外的其他有监护资格的人担任监护人或者由其父亲或者母亲与其他有监护资格的人共同担任监护人。

【相关规定】

一、《民法典》第 27 条：父母是未成年子女的监护人。

未成年人的父母已经死亡或者没有监护能力的，由下列有监护能力的人按顺序担任监护人：

（一）祖父母、外祖父母；

（二）兄、姐；

（三）其他愿意担任监护人的个人或者组织，但是须经未成年人住所地的居民委员会、村民委员会或者民政部门同意。

第 28 条：无民事行为能力或者限制民事行为能力的成年人，由下列有监护能力的人按顺序担任监护人：

（一）配偶；

（二）父母、子女；

（三）其他近亲属；

（四）其他愿意担任监护人的个人或者组织，但是须经被监护人住所地的居民委员会、村民委员会或者民政部门同意。

第 30 条：依法具有监护资格的人之间可以协议确定监护人。协议确定监护人应当尊重被监护人的真实意愿。

二、《民法通则意见》（已废止）第 15 条：有监护资格的人之间协议确定监护人的，应当由协议确定的监护人对被监护人承担监护责任。

【典型案例】

一、**周某1、沈某申请确定监护人案**［上海市青浦区人民法院（2019）沪0118民特1139号民事判决］

裁判要旨：具有监护资格的人之间可以通过协议方式确定监护人。当未成年人的父母已经死亡或者无法履行监护职责时，其他顺位具有监护资格的人可以协商确定未成年人的监护人。但该协议行为必须遵循最有利于被监护人原则和尊重被监护人真实意愿原则。

基本案情：2017年10月，周某2（系周某1与沈某之女）与俞某生育周某3，双方未登记结婚。2018年8月，周某2被俞某杀害。现俞某被关押在看守所，周某3随周某、沈某共同生活。俞某母亲朱某与周某、沈某签订监护协议，同意由周某、沈某作为周某3的监护人。故周某、沈某诉至法院请求确定其为周某3的共同监护人。

生效裁判认为：周某3的母亲周某2已经死亡，父亲俞某因涉嫌故意杀人罪被羁押，目前不具备监护能力。周某、沈某作为周某3的外祖父母申请作为共同监护人符合法律规定，且周某3的祖母对此并无异议，对其申请予以支持。

二、**申请人张某1、张某2与被申请人张某3、第三人李某国申请变更监护人案**［江苏省扬州经济技术开发区人民法院（2021）苏1091民特24号民事判决］

裁判要旨：具有监护资格的人之间协议确定监护人后，向人民法院申请指定监护人的，该协议结果经监护人住所地居委会同意，且尊重被监护人真实意愿的，人民法院可以依据协议按照最有利于被监护人原则指定监护人。

基本案情：2020年11月，法院在征求张某1及其配偶李某国、其父张某3的监护意见后，判决宣告张某1为限制行为能力人，并指定张某3为张某1的监护人。2021年2月，法院立案受理申请人张某1、张某2（系张某1表兄）与被申请人张某3、第三人李某国申请变更监护人纠纷案。张某1、张某2申请终止张某3与张某1的监护关系，由张某2担任张某1的监护人。审理中，张某1、张某2、张某3、李某国一致同意由张某2单独担任监护人，张某1住所地居民委员会对此并无异议。法院判决张某3与张某1的监护关系终止，同时指定张某2为张某1的监护人。

三、申请人熊某1、熊某2与被申请人谭某英申请宣告自然人无民事行为能力案［重庆市渝中区人民法院（2021）渝0103民特456号民事判决］

裁判要旨：依法具有监护资格的人之间协商一致由数人共同担任监护人的，人民法院可以依法指定其共同担任监护人。

基本案情：熊某1、熊某2、熊某3、熊某4均系谭某英子女，谭某英的配偶熊某已去世。诉讼过程中，经熊某1、熊某2申请对谭某英的民事行为能力进行鉴定，鉴定意见认为谭某英患器质性智能损害（重度），目前无民事行为能力。四子女协商一致，请求宣告谭某英为无民事行为能力人，并指定熊某1、熊某2为监护人。

生效裁判认为：依法具有监护资格的人之间可以协议确定监护人。本案中，被申请人谭某英系无民事行为能力人，熊某1、熊某2作为子女申请宣告其为无民事行为能力人，符合法律规定。谭某英的配偶现已去世，其四子女协商确定熊某1、熊某2为其监护人，本院予以准许。

四、申请人何某1申请认定何某2无民事行为能力案［浙江省义乌市人民法院（2022）浙0782民特41号民事判决］

裁判要旨：依法具有监护资格的人之间协商一致由顺序在后的人担任监护人的，人民法院可以准许。

基本案情：申请人何某1系被申请人何某2的女婿。经何某1申请，法院委托浙江光华司法鉴定中心对何某2是否具有民事行为能力进行鉴定。经鉴定何某2目前无民事行为能力。何某2的父母均已去世。何某2与王某1共生育有二女一子，次女已于2018年去世，儿子王某2，长女王某3。申请人何某1系次女的丈夫，被申请人代理人王某4系王某2的儿子。王某1、王某2、王某3、何某1、王某4协议由王某4担任何某2的监护人，并在义乌市上溪镇某村民委员会出具的说明空白处签名。

生效裁判认为：依法具有监护资格的人之间可以协议确定监护人。现具有何某2监护资格的人按法定顺序为：何某2的丈夫王某1；儿子王某2、女儿王某3；孙子王某4。王某1、王某2、王某3、王某4协议确定由王某4作为监护人，系各方的真实意思表示，应予确认合法有效。申请人何某1的申请，于法有据，应予支持。故判决认定何某2为无民事行为能力人。指定王某4为何某2的监护人。

第九条　人民法院依据民法典第三十一条第二款、第三十六条第一款的规定指定监护人时，应当尊重被监护人的真实意愿，按照最有利于被监护人的原则指定，具体参考以下因素：

（一）与被监护人生活、情感联系的密切程度；

（二）依法具有监护资格的人的监护顺序；

（三）是否有不利于履行监护职责的违法犯罪等情形；

（四）依法具有监护资格的人的监护能力、意愿、品行等。

人民法院依法指定的监护人一般应当是一人，由数人共同担任监护人更有利于保护被监护人利益的，也可以是数人。

【条文主旨】

本条是关于人民法院指定监护人的规定。

【条文理解】

一、起草背景

本条由《民法通则意见》第 14 条规定修改而成，该条规定："人民法院指定监护人时，可以将《民法通则》第十六条第二款中（一）、（二）、（三）项或第十七条第一款中的（一）、（二）、（三）、（四）、

（五）项规定视为指定监护人的顺序。前一顺序有监护资格的人无监护能力或者对被监护人明显不利的，人民法院可以根据对被监护人有利的原则，从后一顺序有监护资格的人中择优确定。被监护人有识别能力的，应视情况征求被监护人的意见。监护人可以是一人，也可以是同一顺序中的数人。”但是，严格按照法定顺位确定的监护人并不总是符合被监护人的最大利益。例如，在老年人监护的场合，被监护人配偶依据法律规定享有第一顺位的监护权，但其往往也因年老、体弱等原因而并不适宜担任监护人。另一方面，婚姻所带来的亲密关系以感情为纽带，赋予已无感情基础的配偶优先于直系血亲的第一顺位监护权，显然于理不合。基于上述原因，关于监护顺位的规定已为多数国家（地区）的立法所废止，而代之以更为灵活的选任标准。①修订后的《德国民法典》第 1897 条并未对担任照管人的自然人的范围作出任何限制，而是规定“照管法院选任这样的自然人作为照管人，即：该自然人适合于在法院所规定的职责范围内，在法律上处理被照管人的事务，并在此为必要的范围内亲自照管被照管人。”②有关学者也认为，虽然《民法总则》第 27 条、第 28 条在规定监护人范围时，设定了一定的顺序限制，但在居民委员会、村民委员会、民政部门或者人民法院指定监护人时，并不需要严格按照这一顺序指定，而应当从《民法典》第 27 条、第 28 条所确定的监护人范围中指定。③指定单位依据本条指定监护人，应受第 27 条、第 28 条规定的具有监护资格人的“范围”的限制、但不受两个条文规定的（担任监护人）“顺序”的限制。④根据目前理论与实务界的一致观点，本条不再规定指定监护的顺序。同时对监护人的数量问题，明确以一人单独监护为主、

① 李贝、彭诚信：《共同监护制度的解释适用——以〈民法总则〉颁布为背景》，载《法律适用》2017 年第 13 期。

② 《德国民法典》，陈卫佐译注，法律出版社 2020 年版，第 632 页。

③ 参见王利明等主编：《民法学》，法律出版社 2020 年版，第 80 页。

④ 梁慧星：《民法总则讲义》（修订版），法律出版社 2021 年版，第 72 页。

数人共同监护为辅的原则。

二、指定监护的考量因素

根据《民法典》第31条第2款规定，居民委员会、村民委员会、民政部门或者人民法院指定监护人，应当尊重被监护人的真实意愿，按照最有利于被监护人的原则在依法具有监护资格的人中指定监护人。按照“最有利于被监护人的原则”，是指居民委员会、村民委员会、民政部门或者人民法院指定监护人不需要遵照《民法典》第27条第2款、第28条规定的顺序，而应当结合具有监护资格的人与被监护人的生活情感联系、有无利害冲突，具有监护资格的人的品行、身体状况、经济条件以及能够为被监护人提供的教育水平或者生活照料措施等，综合进行判断，并尊重被监护人的真实情感，选择最有利于被监护人健康成长或者健康恢复、最有利于被监护人合法权益的人担任监护人。①《最高人民法院、最高人民检察院、公安部、民政部关于依法处理监护人侵害未成年人权益行为若干问题的意见》第36条第2款规定：“没有其他监护人的，人民法院根据最有利于未成年人的原则，在民法通则第十六条第二款、第四款规定的人员和单位中指定监护人。指定个人担任监护人的，应当综合考虑其意愿、品行、身体状况、经济条件、与未成年人的生活情感联系以及有表达能力的未成年人的意愿等。”本条结合上述规定，从指导审判实践的角度，列举了相关重要因素供法官审理时参考。

（一）与被监护人生活、情感联系的密切程度

监护职责的履行，需要监护人照顾被监护人的生活，还要保护被监护人的身心健康、促进未成年人健康成长和成年被监护人的健康恢

① 参见黄薇主编：《中华人民共和国民法典释义及适用指南》，法律出版社2020年版，第85页。

复、管理和保护被监护人的财产、对被监护人进行必要的教育和管理，在不恰当履行监护职责或者被监护人侵犯他人合法权益时，还要承担相应的法律责任。因此，一般而言履行监护职责对于监护人是沉重的负担，在生活、情感上与被监护人有更密切的联系是履行监护职责的良好基础。具备监护资格的人与被监护人生活、情感联系的状况，是指定监护的重要考量因素之一。《民法通则意见》第 11 条规定："认定监护人监护能力，应当根据监护人的身体健康状况、经济条件，以及与被监护人在生活上的联系状况等因素确定。"本解释将"被监护人在生活上的联系状况"调整为"与被监护人生活、情感联系的密切程度"，并将其作为指定监护的考量因素而非认定监护能力的因素，主要考虑是对监护能力的认定主要应从客观方面进行判断。例如，监护人因疾病等成为无民事行为能力人，或者法人、非法人组织破产，对于此类因客观因素不能履行监护职责的情形，可以认为该自然人或者法人、非法人组织不具备或者丧失了监护能力。有监护资格的人与被监护人生活、情感上联系的密切程度，应作为居民委员会、村民委员会、民政部门以及人民法院在指定监护时考量的主观因素，而非对监护能力判断的因素。例如，未成年人的父母死亡，但有多个成年的兄、姐，均具备监护能力，其中一人与该未成年人长期共同生活，感情深厚，其他成年的兄、姐均在外地，联系较少，在此情形下，在尊重该未成年人真实意愿的基础上，一般而言与其共同生活的成年兄、姐就更适合做监护人，但是，并不因此而免除其他成年兄、姐根据《民法典》第 1075 条负有的扶养义务。

（二）依法具有监护资格的人的监护顺序

《民法典》第 27 条、第 28 条规定了法定监护的顺序，该顺序主要根据法定监护人与被监护人的亲疏关系、履行监护职责的便利程度以及我国的社会生活习惯来确定，其主要目的在于"防止具有监护资格的人之间互相推卸责任。如果两个或者两个以上具有监护资格的人，都愿意担任监护人，也可以按照本条规定的顺序确定监护人，或者依照本法第30条规定进行协商；协商不成的，按照本法第31条规定的监护争议解决程序处理，由居民委员会、村民委员会、民政部门或者人民法院按照最有利于被监护人的原则指定监护人，不受本条规定的‘顺序’的限制，但仍可作为依据。”① 按照顺序确定监护人一般而言有利于保护被监护人的利益，也符合社会公众的一般认知。因此，居民委员会、村民委员会、民政部门以及人民法院在指定监护时，具有监护资格的人的监护顺序仍然是重要考量因素。

（三）是否有不利于履行监护职责的违法犯罪等情形

司法实践中，如将存在殴打、虐待、性侵等与履行监护职责有关的违法犯罪记录的人指定为监护人，对被监护人利益可能造成不利影响，也有违社会公众的道德观念。因此，本条基于最有利于被监护人的原则，规定人民法院在指定监护人时应当将是否有不利于履行监护职责的违法犯罪的情形纳入考量因素。本条原仅规定了违法犯罪情形，在征求全国各高院意见时，有意见提出，违法犯罪情形不够周延，如长期酗酒等也可能属于不利于履行监护职责的情形，故建议修改为“违法犯罪等情形”，经研究采纳该建议。此外，本项加“等”字作为兜底，对于一些不构成违法犯罪或者存在利益冲突、不利于履行监护职责的情形，也应当作为指定监护的考量因素。例如，《日本民法典》第847条规定“对被监护人提起诉讼或者曾提起诉讼的人及其配偶”不得担任监护人；《德国民法典》第1897条第3项规定：“与成年人已被安置或居住于其中的疗养机构、休养所或其他机构有隶属关系或其他密切关系的人，不得被选任为照管人。”虽然法律并未明确规定，对于与被监护人存在或者可能存在利益冲突的情形，但实践中也应纳入是否不利于履行监护职责的情形的考量范畴。

---

① 参见黄薇主编：《中华人民共和国民法典释义》，法律出版社2020年版，第59页。

（四）依法具有监护资格的人的监护能力、意愿、品行等

比较法上，《德国民法典》第1786条规定：将“照顾多于3个的未成年子女的人身或财产的人”“已满60岁的人”“因疾病或残疾而不能适当地执行监护的人”等作为拒绝监护的合法理由。本条参酌相关立法例，结合司法实践，将具有监护资格的人的监护能力的大小、监护能力的强弱、品行的好坏等作为人民法院指定监护的具体考量因素。需要注意的是，实践中指定监护还有很多考量因素不能一一涵盖，例如，《德国民法典》第1782条第1项规定的“因被监护人的父母的指示而被排除在监护之外的人，不应被选任为监护人。”故加“等”以作为兜底。

三、指定监护人的人数

本条第2款在《民法通则意见》第14条第2款规定的基础上作了调整，首先明确监护人原则上应当是一人，其次取消了数人共同监护“同一顺序”的限制，最后明确数人共同监护的前提是“更有利于保护被监护人利益”。关于监护人的人数问题，《民法通则意见》第14条第2款规定：“监护人可以是一人，也可以是同一顺序中的数人。”本条参照了德国和瑞士立法例，以一人单独监护为原则、数人共同监护为例外。《德国民法典》第1775条的规定：“家庭法院可以将夫妻共同选任为监护人。除此以外，以不存在选任两个以上监护人的特殊原因为限，家庭法院应为被监护人只选任一个监护人，并且，兄弟姐妹须予监护的，为所有被监护人只选任一个监护人。”《瑞士民法典》第400条规定：“成年人保护机构应指定一名自然人担任保佐人；作为保佐人，须有良好的品行和处理保佐事务的能力，有执行保佐事务的充分时间，并能亲自执行保佐事务。依情事如有必要，得指定多名保佐人。”由于监护是监护人对被监护人长期、持续的照顾、教育和保护，将监护职责落实到一个人身上，有利于明确责任承担，有利于避

免因指定监护人数量过多造成责任不清、互相推诿，也可防止数人监护意见冲突而不利于被监护人利益的情形。但是，考虑到社会生活十分复杂，一概规定监护人只能是一人未必最符合被监护人利益，且审判实践中也有较多案例是指定多人监护且效果较好。例如，实践中父母不能担任监护人，祖父母、外祖父母往往年龄较大、监护能力较弱，人民法院往往指定祖父母或者外祖父母共同担任监护人，有利于维护被监护人的合法权益。因此，本条第2款明确规定人民法院指定监护时一般应当是一人，如数人共同监护更有利于被监护人的，也可以指定数人。需要注意的是，本条与本解释第8条第2款一致，均未限制有监护资格的人为“同一顺序”，以符合《民法典》的立法精神。

【审判实践中应注意的问题】

一、监护资格与监护能力的关系

关于监护能力，在《民法总则》起草过程中即有意见提出，监护一节多次提到“监护能力”一词，而且将监护能力作为是否具有担任监护人资格的重要标准，但是没有对“监护能力”作出明确的界定，在具体认定上可能会出现争议，建议明确监护能力的认定标准。立法机关经研究认为：具有监护能力首先要具有完全民事行为能力，至于如何判断是否具有监护能力的其他条件，在实践中情况较为复杂，需要综合考虑多种因素，法律可不一一作出界定，需在实践中根据具体情况进行判断。① 根据本解释第6条的规定，自然人的监护能力应当根据监护人的年龄、身心健康状况、经济条件等因素确定，有关组织的监护能力，应当根据其资质、信用、财产状况等因素确定。实践中，

① 黄薇主编：《中华人民共和国民法典释义》，法律出版社2020年版，第60页。

自然人没有监护能力多为以下三种情况：一是不具有完全民事行为能力；二是被剥夺人身自由；三是下落不明。具体到“没有监护能力”，一般表现为：不具备履行监护职责的身体健康要求或相应经济条件，无法履行监护职责等。具体到“组织没有监护能力”，一般表现为：信誉不佳、没有相应人员和财产、无法对未成年人实施生活照护和人身财产保护、无法提供相应学习条件、无法代理被监护人实施法律行为、无法对被监护人的侵权行为承担责任等。对于“其他愿意担任监护人的个人或者组织”是否真正具备监护能力，能否真正维护未成年人合法权益，需经未成年人住所地的居民委员会、村民委员会或者民政部门结合未成年人的具体情况审查确定。①

《民法典》第27条、第28条规定，“未成年人的父母已经死亡或者没有监护能力的，由下列有监护能力的人按顺序担任监护人：……”“无民事行为能力或者限制民事行为能力的成年人，由下列有监护能力的人按顺序担任监护人：……”一般认为，上述条文规定了“有监护资格”的人的范围。根据条文文义，监护人具有监护能力，是具有监护资格的必要条件，如果丧失监护能力，也就不得再担任监护人，监护关系终止。② 在具备监护能力的基础上，《民法典》第27条、第28条对监护资格作出正面规定，即符合《民法典》第27条、第28条规定的人具备监护资格。《民法典》第36条对监护人的消极资格作出了规定，即：（1）实施严重损害被监护人身心健康的行为；（2）怠于履行监护职责，或者无法履行监护职责且拒绝将监护职责部分或者全部委托给他人，导致被监护人处于危困状态；（3）实施严重侵害被监护人合法权益的其他行为。符合以上条件的，不具备监护资格或者应当撤销监护资格。监护人的消极资格，也叫作“监护人缺

① 参见最高人民法院民法典贯彻实施工作领导小组主编：《中华人民共和国民法典总则编理解与适用》，第170页。

② 参见黄薇主编：《中华人民共和国民法典释义》，法律出版社2020年版，第81页。

格”，是因为监护人职责繁重，对于被监护人的利益所关至巨，以有相当能力且自愿忠实为被监护人谋利益的人为必要。故各国立法均规定不得担任监护人的消极资格。有这种消极资格的人，谓之“监护人缺格”。① 比较法上，一般都规定了监护人的消极资格，例如，《法国民法典》规定下列人员不得担任监护人：未成年人；受监护或财产管理的成年人；被判处实体刑或加辱刑以及刑法规定不得负担监护任务的人；丧失亲权的人；明显行为不轨的人以及公认不诚实、一贯失职或无能力管理事务的人。《日本民法典》第 847 条规定：“下列人不得担任监护人：（1）未成年人；（2）被家庭法院免职的法定代理人、保佐人或者辅助人；（3）破产人；（4）对被监护人提起诉讼或者曾提起诉讼的人及其配偶、直系血亲；（5）去向不明的人。”需要注意的是，对于监护能力和监护资格一般并未作出严格的区分，如失踪人、被监禁的人属于欠缺监护能力而不具备监护资格，抑或是具备监护能力但丧失监护资格？虽结果均为不具备监护资格，但对监护能力的判断确有不同。考虑到《民法典》第 27 条、第 28 条规定监护资格的判断以监护能力为前提，且未规定第 36 条以外的监护人的消极资格要件，故根据目前立法，可以纳入监护能力的判断因素予以考量。

因此，审判实践中要注意监护能力的大小和有无的区分，有监护资格的人的年龄大小、身体健康好坏、经济情况优劣等，属于监护能力大小、强弱的范畴，可以作为指定监护的考量因素，但没有监护能力的人不具备监护资格，不能被指定为监护人。人民法院在指定监护人时，首先，应当审查有关当事人是否具备监护能力（此时考量的是监护能力的有无），没有监护能力的人，例如，无民事行为能力人、限制民事行为能力人、被宣告失踪人、被宣告死亡人、被剥夺人身自由的人、破产的法人和非法人组织，不能被指定为监护人；其次，应

① 参见史尚宽：《亲属法论》，我国台湾地区荣泰印书馆 1980 年版，第 640～641 页。

当审查具备监护能力的人是否有监护资格，即是否符合《民法典》第27条、第28条的规定；最后，人民法院在有监护资格的人中，按照尊重被监护人真实意愿和最有利于被监护人原则，综合审查与被监护人生活、情感联系的密切程度、监护顺序、是否有不利于履行监护职责的违法犯罪等情形、依法具有监护资格的人的监护能力大小、意愿、品行等因素作出判断。有观点认为，下列人员一般不得指定担任监护人：一是无行为能力人或限制行为能力人，如精神病人或者间歇性精神病人；二是对被监护人提起诉讼之人及其配偶、直系亲属；三是与被监护人有其他利害冲突的人；四是下落不明的人；五是患有严重危害被监护人利益的疾病，尚未治愈的人；六是涉嫌犯罪或已被判处刑罚的人；七是无监护能力或者对被监护人明显不利的其他人员。①

二、数人共同监护时监护职责的履行

在监护人为数人的情形下，可能会产生数个监护人之间责任不清、相互推诿的问题，例如，数个监护人职责如何分配？监护人之间意见不一致如何处理？域外立法对此作了比较完善的规定，例如，《日本民法典》第857条规定："未成年监护人有数人时，共同行使其权限。"第859条规定："成年人监护人有数人时，家庭法院可以依职权使数个成年监护人共同或者分掌事务，行使其权限。"《德国民法典》第1797条规定："两个以上监护人共同执行监护。在意见不一致的情形下，家庭法院作出裁判，但以在选任时不另有规定为限。家庭法院可以按特定的效力范围，在两个以上监护人之间分配监护的执行。在为之划定的效力范围内，每个监护人独立地执行监护。"第1798条规定："对被监护人进行人身照顾和财产照顾的权利属于不同的监护人的，在关于实施既涉及被监护人人身也涉及被监护人财产的行为的意

① 参见最高人民法院民法典贯彻实施工作领导小组主编：《中华人民共和国民法典总则编理解与适用》，人民法院出版社2020年版，第222页。

见不一致时，家庭法院作出裁判。”《法国民法典》第 389－5 条规定：“在父母之间达不成一致意见的情况下，拟完成的行为应经监护法官批准。”关于数人共同监护时监护职责的履行问题，目前我国立法未作明确规定，本解释制定过程中部分法院和专家学者也提出了建议，但相关问题较为复杂，且涉及司法解释权限问题，经研究未作规定，相关问题有待实践中进一步深入探索。

【相关规定】

一、《民法典》第 27 条：父母是未成年子女的监护人。

未成年人的父母已经死亡或者没有监护能力的，由下列有监护能力的人按顺序担任监护人：

（一）祖父母、外祖父母；

（二）兄、姐；

（三）其他愿意担任监护人的个人或者组织，但是须经未成年人住所地的居民委员会、村民委员会或者民政部门同意。

第 28 条：无民事行为能力或者限制民事行为能力的成年人，由下列有监护能力的人按顺序担任监护人：

（一）配偶；

（二）父母、子女；

（三）其他近亲属；

（四）其他愿意担任监护人的个人或者组织，但是须经被监护人住所地的居民委员会、村民委员会或者民政部门同意。

第 31 条：对监护人的确定有争议的，由被监护人住所地的居民委员会、村民委员会或者民政部门指定监护人，有关当事人对指定不服的，可以向人民法院申请指定监护人；有关当事人也可以直接向人民法院申请指定监护人。

居民委员会、村民委员会、民政部门或者人民法院应当尊重被监护人的真实意愿，按照最有利于被监护人的原则在依法具有监护资格的人中指定监护人。

依据本条第一款规定指定监护人前，被监护人的人身权利、财产权利以及其他合法权益处于无人保护状态的，由被监护人住所地的居民委员会、村民委员会、法律规定的有关组织或者民政部门担任临时监护人。

监护人被指定后，不得擅自变更；擅自变更的，不免除被指定的监护人的责任。

二、《民法通则意见》（已废止）第14条：人民法院指定监护人时，可以将《民法通则》第十六条第二款中（一）、（二）、（三）项或第十七条第一款中的（一）、（二）、（三）、（四）、（五）项规定视为指定监护人的顺序。前一顺序有监护资格的人无监护能力或者对被监护人明显不利的，人民法院可以根据对被监护人有利的原则，从后一顺序有监护资格的人中择优确定。被监护人有识别能力的，应视情况征求被监护人的意见。

监护人可以是一人，也可以是同一顺序中的数人。

三、《最高人民法院、最高人民检察院、公安部、民政部关于依法处理监护人侵害未成年人权益行为若干问题的意见》第36条第2款：没有其他监护人的，人民法院根据最有利于未成年人的原则，在《民法通则》第十六条第二款、第四款规定的人员和单位中指定监护人。指定个人担任监护人的，应当综合考虑其意愿、品行、身体状况、经济条件、与未成年人的生活情感联系以及有表达能力的未成年人的意愿等。

【典型案例】

一、沈某1申请确定监护人案［上海市普陀区人民法院（2020）沪0107民特1176号民事判决］

裁判要旨：人民法院可以指定数人共同担任监护人。

基本案情：被申请人沈某2，于2020年12月21日被法院宣告为无民事行为能力人。申请人沈某1与案外人沈某3均系沈某2妹妹。沈某2早年与配偶离异，育有一女张某雯。

生效裁判认为：对于无民事行为能力人，有关当事人可以向人民法院申请指定监护人。监护人应当保护被监护人的合法权益，不得加以侵害。被申请人沈某2为无民事行为能力人，其妹妹及女儿一致同意共同担任沈某2的监护人于法不悖，予以准许。

二、肖某1申请确定监护人案［湖北省鄂州市华容区人民法院（2015）鄂华容民特字第00001号民事判决］

裁判要旨：人民法院指定监护人并不一定按照监护顺序，应当根据案情综合考虑各方因素确定监护人。

基本案情：被监护人肖某2为无民事行为能力人。申请人肖某1与被申请人王某某同时向华容镇某村民委员会申请担任肖某2的监护人，鄂州市华容镇某村民委员会作出指定肖某1和王某某为肖某2的监护人，共同行使对肖某2的监护责任。因肖某1不服该指定，请求依法判决撤销某村委会指定监护人决定书，指定申请人及申请人的姐弟担任肖某2的监护人。

生效裁判认为：指定监护人并非一定按照《民法通则》第17条所排列的顺序进行指定，而是应该根据实际情况，综合对比肖某1、王某某对监护职责的认识、态度及双方的具体条件，从有利于肖某2的晚年生活，切实保障肖某2的合法权益的角度考虑，某村民委员会指定由肖某1和王某某共同担任肖某2的监护人的指定并无不当。

三、周某2、邱某1申请宣告公民无民事行为能力、确定监护人案［福建省泉州市鲤城区人民法院（2020）闽0502民特34号民事判决］

裁判要旨：由数人监护有利于被监护人利益的，人民法院可以指定不同顺序的数人共同担任监护人。

基本案情：邱某1配偶周某冬于2013年9月去世。邱某1共生育子女三人，分别为长女周某1、长子周某2、次子周某3。邱某1有在世兄弟姐妹四人，分别为邱某2、邱某3、邱某4、邱某5（香港特别行政区居民）。2020年4月，邱某1、周某1、周某2、周某3签订《遗产出售和赡养费协议》，其中约定周某2、周某3同意周某1担任邱某1的法定监护人。根据周某2的申请，对邱某1目前的精神状态及民事行为能力进行鉴定，鉴定意见认为邱某1目前患器质性精神障碍；器质性智能损害（重度），目前对任何民事事宜均无民事行为能力。在审理过程中，邱某4于2021年1月15日向本院提交书面申请，请求担任邱某1的监护人。周某1、周某3、邱某3、邱某2、邱某5均向本院提交书面意见，要求指定邱某4担任邱某1的监护人。

生效裁判认为：依法具有监护资格的人之间可以协议确定监护人，周某2、周某3、周某1协议已约定了由周某1担任监护人。周某1将邱某1接到东莞居住后，其几乎每周到东莞看望邱某1，对邱某1的照顾得到邱某3、邱某2、邱某4等近亲属的认可。自新冠疫情发生以来，周某1因香港特别行政区与内地通关不便未再到东莞看望邱某1，但是其仍经常通过微信、远程视频等方式了解关心母亲的情况，及时与邱某4沟通解决邱某1看病治疗等事宜，管理邱某1的赡养费用等，虽处异地但仍尽量承担起监护人的职责。新冠疫情的影响是暂时的，待疫情影响解除之后，周某 1 仍可随时到内地履行监护人职责。因此，周某 1 适宜担任监护人。邱某 4 虽然是香港籍，但其长期居住在东莞，与邱某 1 均居住在广东省东莞市，具备了履行监护职责的便利条件。在邱某 1 子女不在身边时，邱某 4 经常到邱某 1 家中探望，为其采购日常用品，陪同其到医院看病治疗，承担了照顾邱某 1 的部分义务。邱某 1 平时虽然是由保姆照顾日常起居，但邱某 4 作为亲人，给予邱某 1 生活上的帮助和精神上的慰藉是保姆所不能替代的，体现了兄弟姊妹之间互相扶持的宝贵精神，得到邱某 1 其他亲属的一致认同，由其担任监护人符合最有利于被监护人的原则。监护人可以是一人，也可以是多人。在最有利于被监护人的大原则之下，结合邱某 1 的实际情况，应由周某 1、邱某 4 共同担任邱某 1 的监护人。

四、汤某 2、汤某 1 申请确定监护人案［上海市虹口区人民法院（2020）沪 0109 民特 927 号民事判决］

裁判要旨：父母监护能力有欠缺，申请由其他近亲属共同监护的，人民法院可以指定该近亲属共同担任监护人。

基本案情：汤某 1 与汤某 2 系父子关系。汤某 2 与杨某原系夫妻，生育一女汤某 3，后于 2018 年 1 月协议离婚，双方协议汤某 3 随汤某 2 生活，并由汤某 2 承担全部的生活费、教育费、医疗费、保险费至 18 岁。诉讼中，上海市虹口区某居民委员会出具情况证明，证明汤某 3 随父亲汤某 2 共同生活，因汤某 2 系肢体壹级伤残，故日常生活全由爷爷汤某 1 负责照顾。

生效裁判认为：父母是未成年子女的监护人，未成年人的父母死亡或者没有监护能力，可由祖父母等有监护能力的人担任监护人；另依法具有监护资格的人之间可以协议确定监护人。现被监护人汤某 3 自幼随父亲与祖父生活，由父亲独自承担抚养义务，因父亲汤某 2 系肢体壹级残疾人，无独立担任监护人的能力，而汤某1亦有能力及意愿承担监护职责，为更好地照顾被监护人，可增加汤某1为共同监护人。故从有利于被监护人的成长出发，对申请人汤某2、汤某1共同担任汤某3监护人的诉请依法予以准许。

第十条　有关当事人不服居民委员会、村民委员会或者民政部门的指定，在接到指定通知之日起三十日内向人民法院申请指定监护人的，人民法院经审理认为指定并无不当，依法裁定驳回申请；认为指定不当，依法判决撤销指定并另行指定监护人。

有关当事人在接到指定通知之日起三十日后提出申请的，人民法院应当按照变更监护关系处理。

【条文主旨】

本条是关于处理指定监护争议的规定。

【条文理解】

一、《民法典》关于指定监护的规定

指定监护制度是对监护人的确定有争议的情形下由有关主体提出申请并由人民法院指定监护人的制度，是自《民法通则》确立的制度。《民法通则》第16条第3款、第17条第2款规定，对于担任未成年人或者精神病人的监护人有争议的，由未成年人父、母所在单位，精神病人所在单位或者被监护人的住所地的居民委员会、村民委员会在被监护人的近亲属中指定监护人，对指定不服的，由人民法院裁决。《民法通则》第16条第2款及《民法通则意见》第16条规定，对担任监护人有争议的案件，在向法院提起诉讼前，必须先经有关单位或者居民委员会、村民委员会进行指定。人民法院的指定监护以有关主

体的指定为前置程序。《民法总则》和《民法典》对指定监护制度进行了几方面的修改：（1）《民法典》中不再将未成年人父、母所在单位以及精神病人所在单位作为指定监护人的主体。（2）不再保留《民法通则》规定的诉前指定程序。《民法典》不再规定监护诉讼的指定前置程序，对监护人的确定有争议的，有关当事人可以不经指定，直接向人民法院提出申请，由人民法院指定。（3）相对于《民法通则》，增加了民政部门指定监护人的内容。

《民法典》第31条第1款规定，对监护人的确定有争议的，由被监护人住所地的居民委员会、村民委员会或者民政部门指定监护人，有关当事人对指定不服的，可以向人民法院申请指定监护人；有关当事人也可以直接向人民法院申请指定监护人。对监护的确定有争议的，既包括争当监护人的情况，也包括推卸拒不担当监护人的情况，主要包括以下几类情形：（1）具有监护资格的人均认为自己适合担任监护人，互相争当监护人的；（2）按照《民法总则》第27条、第28条规定的顺序应当担任监护人的，认为自己没有监护能力，无法履行监护职责或者认为其他具有监护资格的人更适宜担任监护人的；（3）后一顺序具有监护资格的人要求前一顺序具有监护资格的人依法履行监护职责的；（4）具有监护资格的人均推卸监护职责，拒不担当监护人的。①

《民法典》第31条第2款规定，居民委员会、村民委员会、民政部门或者人民法院应当尊重被监护人的真实意愿，按照最有利于被监护人的原则在依法具有监护资格的人中指定监护人。该款规定了居民委员会、村民委员会、民政部门或者人民法院指定监护人的原则：（1）应当尊重被监护人的真实意愿；（2）要按照最有利于被监护人的原则指定。“按照最有利于被监护人的原则指定”，是指居民委员会、

① 贾东明主编：《〈中华人民共和国民法总则〉释解与适用》，人民法院出版社2017年版，第73页。

村民委员会、民政部门或者人民法院指定监护人并不需要遵照《民法总则》第27条第2款、第28条规定的顺序，而应当结合具有监护资格的人与被监护人的生活情感联系、有无利害冲突，具有监护资格的人的品行、身体状况、经济条件以及能够为被监护人提供的教育水平或者生活照料措施等，综合进行判断，并尊重被监护人的真实意愿，选择最有利于被监护人健康成长或者健康恢复、最利于保护被监护人合法权益的人担任监护人。①

《民法典》第31条第3款规定了临时监护制度。监护争议的解决程序需要一定的时间，在有关机关或者人民法院指定监护人前，被监护人的人身权利、财产权利及其他合法权益不能处于无人保护状态。有必要通过设立临时监护制度，保护监护争议发生时到监护争议解决时被监护人的合法权益。临时监护制度在《民法通则意见》中已有体现。《民法通则意见》第19条第2款规定，在人民法院作出判决前的监护责任，一般应当按照指定监护人的顺序，由有监护资格人承担。该条规定，在监护争议解决前，应当按照指定监护人的顺序由排名在前的先承担监护职责。但该条规定在实践中缺乏可操作性。发生指定监护的原因正是因为对监护人产生争议或是互相推诿，即使法律作出规定，但是由于临时监护人缺乏承担监护职责的意愿，往往不能妥善履行其监护职责，使得被监护人的利益难以得到保障。因此，《民法典》规定，临时监护人由被监护人住所地的居民委员会、村民委员会、法律规定的有关组织或者民政部门担任。

《民法典》第31条第4款规定了指定监护的法律效力。依照监护争议解决程序，由居民委员会、村民委员会、民政部门或者人民法院指定监护人后，被指定的监护人应当履行监护职责，不得推卸，不得擅自变更。如果擅自变更为由其他人担任监护人的，不免除被指定的

① 贾东明主编：《〈中华人民共和国民法总则〉释解与适用》，人民法院出版社2017年版，第74页。

监护人的责任。被监护人侵害他人的合法权益，或者被监护人自身受到损害的，被指定的监护人仍应当承担责任，擅自变更后的监护人也要根据过错程度承担相应的责任。

二、本条是对人民法院指定监护案件的处理作出的规定

发生监护争议时，按照《民法典》第31条第1款规定，可以按照以下两种途径解决争议：（1）由被监护人住所地的居民委员会、村民委员会或者民政部门指定监护人。但有关当事人对该指定不服的，可以向人民法院提出申请，由人民法院指定监护人。（2）有关当事人可以不经居民委员会、村民委员会或者民政部门的指定，直接向人民法院提出申请，由人民法院指定监护人。当事人根据第一种途径请求居民委员会、村民委员会或者民政部门指定后仍然不服，向人民法院在申请指定监护时，人民法院如何指定监护以及按照何种程序指定监护有必要根据《民法典》的规定进行必要的调整。《民法通则意见》第17条规定，有关组织依照《民法通则》规定指定监护人，以书面或者口头通知了被指定人的，应当认定指定成立。被指定人不服的，应当在接到通知的次日起三十日内向人民法院起诉。逾期起诉的，按变更监护关系处理。本条参考2020年修正的《民事诉讼法解释》第351条（对应2022年修正的《民事诉讼法解释》第349条）第1款的规定，对标《民法典》第31条第1款的规定，对人民法院指定监护案件的处理作出规定。

本条第1款规定实际上明确了有关当事人不服居民委员会、村民委员会或者民政部门的指定，申请人民法院指定监护人的，应当在接到指定通知之日起三十日内提出申请。本款是基于2020年修正的《民事诉讼法解释》第351条修改而来。2020年修正的《民事诉讼法解释》第351条第1款中规定："被指定的监护人不服指定，应当自接到通知之日起三十日内向人民法院提出异议。"按照《民法典》第31条

第1款的规定，本条将有权申请人民法院重新指定的主体明确为“有关当事人”，这里的“有关当事人”既包括被指定的监护人，也包括其他依法具有监护资格的人。根据《民法典》的规定，本条规定扩大了对于不服居民委员会、村民委员会或者民政部门的指定可以向人民法院起诉的主体资格。实践中，对监护人的确定有争议的，例如，具有监护资格的人均推卸监护职责，拒不担当监护人的，被监护人住所地的居民委员会、村民委员会或者民政部门就要按照《民法典》第31条第2款的规定，征求被监护人的意见，按照最有利于被监护人的原则在依法具有监护资格的人中指定监护人。这时，居民委员会、村民委员会或者民政部门应当结合具有监护资格的人与未成年人的生活情感联系、有无利害冲突，具有监护资格的人的品行、身体状况、经济条件以及能够为未成年人提供的教育水平或者生活照料措施等，综合判断选择最有利于未成年人健康成长、最有利于保护未成年人合法权益的人担任监护人。但被指定的监护人不服指定或者其他具有监护资格的人不服居民委员会、村民委员会或者民政部门指定监护的，应当在接到指定通知之日起三十日内申请人民法院重新指定。由于居民委员会、村民委员会辖区面积大，情况复杂，可能存在因不了解被监护人的具体情况而指定不当的情形，对于不服指定的，仍然有权请求人民法院裁定居民委员会、村民委员会或者民政部门的指定是否妥当并重新指定。此处三十日的期间要求与《民法通则意见》及2020年修正的《民事诉讼法解释》第351条的规定相同，有利于维护法律适用的前后一致性。对于指定监护人案件，人民法院按照特别程序进行审理，不服指定的有关当事人列为申请人，经审理认为指定符合《民法典》第31条第2款规定的，应当作出裁定驳回申请。经审理认为指定不当的，应当判决撤销指定，并重新指定新的监护人。

第2款沿袭了《民法通则意见》第17条的规定精神，对当事人逾期申请人民法院指定监护的处理作出规定。明确当事人逾期申请重新指定的，按照申请变更监护关系案件处理；经审理符合变更监护条件的，人民法院依法判决变更监护关系。按照《民法典》及本解释第12条的规定，一般有三种情形导致变更监护关系：（1）监护人不能履行监护职责，其他有监护资格的人或者有关单位向人民法院提出申请变更监护人。根据本解释第12条第1款的规定，监护人、其他依法具有监护资格的人之间就监护人是否有《民法典》第39条第1款第2项、第4项规定的应当终止监护关系的情形发生争议，申请变更监护人的，人民法院应当依法受理。（2）本款规定的不服有关组织指定的监护人且未在规定期限内起诉的，有关当事人向人民法院提出申请变更监护人。《民法典》第31条第4款规定，监护人被指定后，不得擅自变更；擅自变更的，不免除被指定的监护人的责任。对于不服有关组织的指定监护，未在三十日内提出异议的，应当视为向人民法院提出申请前有关组织的指定有效，未经法定程序不得擅自变更。如若不服指定，只能按照变更监护程序向人民法院提出申请。对于擅自变更的，亦不免除被指定的监护人的责任。对此，与指定监护不同的是，如果不服有关组织的指定监护，在三十日内向人民法院申请重新指定监护的，根据《民法典》第31条第3款规定，指定监护人前，被监护人的人身权利、财产权利以及其他合法权益处于无人保护状态的，由被监护人住所地的居民委员会、村民委员会、法律规定的有关组织或者民政部门担任临时监护人。也就是说，不服有关组织指定监护向人民法院申请重新指定的，为加强对被监护人的临时保护，由临时监护人承担监护职责。但对于逾期未申请的，应视为有关组织的指定具有效力，未经法定程序变更的，并不免除指定后变更前的监护责任。（3）被依法指定的监护人与其他具有监护资格的人达成变更监护人的协议，并向人民法院提出申请的情形。《民法典》第31条第4款规定监护人被指定后不得擅自变更。换言之，被指定的人不能与其他具有监护资格的人自行变更监护人。此时，如果被指定的人与其他具有监护资格的人能够协商一致的，应当允许其向人民法院提出申请。是否允许，由人民法院在尊重被监护人的真实意愿基础上，按照最有利于被监护人的原则作出裁判。

本解释征求意见过程中，有意见建议对指定不当的情形予以列举，比如，“被指定的监护人有较重家庭负担、高龄、疾病或体衰、住所遥远或者其他明显影响其履行监护职责的情形”，经研究认为所列情形过于具体琐碎，可以在个案中处理，不宜在司法解释中规定，故未采纳。

【审判实践中应注意的问题】

关于指定监护的救济应当适用的程序问题，《民法通则》对因指定监护人产生的争议处理问题未作详细规定，《民法通则意见》对此作了补充解释，第 19 条规定，被指定人对指定不服提起诉讼的，人民法院应当根据本意见第 14 条的规定，作出维持或者撤销指定监护人的判决。如果判决是撤销原指定的，可以同时另行指定监护人。此类案件，比照《民事诉讼法（试行）》规定的特别程序进行审理。按照《民法通则意见》第 19 条的规定，当未成年人、精神病人的近亲属对有关组织的指定不服而提起诉讼时，人民法院才依法定程序和法定条件，通过判决指定未成年人、精神病人的监护人。有关组织在指定监护人时要依照《民法通则》的规定进行，书面或者口头形式通知被指定人均可，一经通知应当认定指定成立；但是有关组织的指定并非终局性的，被指定人不服的，应当在接到通知的次日起三十日内向人民法院起诉；既不服指定，又不向人民法院起诉的，被指定人应当负起监护责任。被指定人对指定不服提起诉讼的，人民法院应当根据规定，作出维持或者撤销指定监护人的判决，如果判决是撤销原指定的，可以同时另行指定监护人，此类案件的审理程序，按照《民事诉讼法》

所规定的特别程序审理。《民法典》实施后，对监护人的确定确有争议的，有两种救济途径：（1）可以由被监护人住所地的居民委员会、村民委员会或者民政部门指定监护，有关当事人对指定不服的，可以向人民法院申请指定监护人。此种对有关组织指定不服向人民法院申请指定的，仍然按照以前的规定适用特别程序审理。按照2022年修正的《民事诉讼法解释》第349条规定，被指定的监护人不服居民委员会、村民委员会或者民政部门指定，应当自接到通知之日起三十日内向人民法院提出异议。经审理，认为指定并无不当的，裁定驳回异议；指定不当的，判决撤销指定，同时另行指定监护人。判决书应当送达异议人、原指定单位及判决指定的监护人。（2）对于《民法典》规定的当事人也可以不经有关组织指定，直接向人民法院申请指定监护人的救济程序。《民法典》实施后，2020年修正的《民事诉讼法解释》进行了修改，在第351条第1款后面增加了第2款，即有关当事人依照《民法典》第31条第1款规定直接向人民法院申请指定监护人的，适用特别程序审理，判决指定监护人。判决书应当送达申请人、判决指定的监护人。也就是说，对于两种方式向人民法院起诉的，都适用特别程序审理。但是，根据本条第2款规定，有关当事人在接到指定通知之日起三十日后提出申请的，人民法院应当按照变更监护关系处理。对于变更监护关系，按照《民事案件案由规定》的规定仍然是监护权特别程序案件，仍然适用特别程序。

【相关规定】

一、《民法典》第31条：对监护人的确定有争议的，由被监护人住所地的居民委员会、村民委员会或者民政部门指定监护人，有关当事人对指定不服的，可以向人民法院申请指定监护人；有关当事人也可以直接向人民法院申请指定监护人。

居民委员会、村民委员会、民政部门或者人民法院应当尊重被监护人的真实意愿，按照最有利于被监护人的原则在依法具有监护资格的人中指定监护人。

依据本条第一款规定指定监护人前，被监护人的人身权利、财产权利以及其他合法权益处于无人保护状态的，由被监护人住所地的居民委员会、村民委员会、法律规定的有关组织或者民政部门担任临时监护人。

监护人被指定后，不得擅自变更；擅自变更的，不免除被指定的监护人的责任。

二、《民法通则》（已废止）第16条第3款：对担任监护人有争议的，由未成年人的父、母的所在单位或者未成年人住所地的居民委员会、村民委员会在近亲属中指定。对指定不服提起诉讼的，由人民法院裁决。

第17条第2款：对担任监护人有争议的，由精神病人的所在单位或者住所地的居民委员会、村民委员会在近亲属中指定。对指定不服提起诉讼的，由人民法院裁决。

三、《民法通则意见》（已废止）第17条：有关组织依照民法通则规定指定监护人，以书面或者口头通知了被指定人的，应当认定指定成立。被指定人不服的，应当在接到通知的次日起三十日内向人民法院起诉。逾期起诉的，按变更监护关系处理。

四、《民事诉讼法解释》第349条：被指定的监护人不服居民委员会、村民委员会或者民政部门指定，应当自接到通知之日起三十日内向人民法院提出异议。经审理，认为指定并无不当的，裁定驳回异议；指定不当的，判决撤销指定，同时另行指定监护人。判决书应当送达异议人、原指定单位及判决指定的监护人。

有关当事人依照民法典第三十一条第一款规定直接向人民法院申请指定监护人的，适用特别程序审理，判决指定监护人。判决书应当送达申请人、判决指定的监护人。

【典型案例】

一、姜某某申请确定监护人案［上海市嘉定区人民法院（2014）嘉民一（民）特字第18号民事判决］

裁判要旨：有监护资格的人对村民委员会指定监护不服的，有权向人民法院申请撤销监护指定并重新指定监护。人民法院应当按照最有利于被监护人的原则在依法具有监护资格的人中指定监护人。

基本案情：徐某英与姜某信生育长女姜某萍（已故）、长子姜某某、次子姜某海、次女姜某薇。2014年8月，徐某英患老年痴呆。自此至10月期间，姜某某多次陪同徐某英入院治疗。徐某英住院期间，均由姜某某等人照顾，费用也由姜某某等人支付，姜某海未尽陪护义务，也未支付过医疗费。此后徐某英夫妇入住养老院的费用均由姜某某支付，姜某海未予探望。2014年9月，法院分别判决宣告徐某英、姜某信为无民事行为能力人。2014年9月，居民委员会指定姜某某为姜某信监护人、姜某海为徐某英监护人。姜某某不服，诉至法院请求指定其为徐某英的监护人。

生效裁判认为：姜某某和姜某海作为徐某英的成年子女，均有担任监护人的资格。目前，徐某英夫妇被宣告为无民事行为能力人，客观上不宜单独居住。姜某某将父母安排至养老院，由专业人员负责照顾，不失为一种合理的安排。且在姜某海保管父母退休工资的情况下，姜某某先行垫付费用，较好地履行了赡养义务。现除姜某海之外其余具有监护资格的近亲属均表示由姜某某作为徐某英的监护人，故有关部门指定姜某海作为徐某英的监护人有失妥当。据此，为切实保障被监护人徐某英的合法权益，根据本案实际状况，法院判决撤销居民委员会作出的指定，指定姜某某为徐某英的监护人。

二、李某1与李某2等申请确定监护人案［北京市顺义区人民法院（2015）顺民特字第13027号民事判决］

裁判要旨：有监护资格的人对村民委员会指定监护不服的，有权向人民法院申请撤销监护决定并重新指定监护。

基本案情：李某瑞被法院宣告为限制民事行为能力人。2015年，村民委员会指定本案申请人李某1及被申请人李某2等五人共同为李某瑞的监护人，申请人与被申请人均为李某瑞之子女。2009年，李某瑞自妻子去世后便与李某2共同生活。2014年年底，李某1因李某瑞摔伤将其接至住处，照顾至今。现李某1以李某2霸占李某瑞财产，其他监护人不履行监护义务为由，诉至法院请求撤销村民委员会指定，并指定其为李某瑞的监护人。

生效裁判认为：监护人应当履行监护职责，除为被监护人的利益外，不得处理被监护人的财产，否则应当承担责任，人民法院可以根据有关人员或者单位的申请，撤销监护人的资格。现申请人李某1对村委会指定监护不服，要求撤销村委会的指定，法院综合考虑申请人、被申请人各方的身体健康状况、经济条件、李某瑞与各方共同生活的密切程度，同时考虑李某瑞的个人意愿，对申请人李某1的申请予以支持。

第十一条　具有完全民事行为能力的成年人与他人依据民法典第三十三条的规定订立书面协议事先确定自己的监护人后，协议的任何一方在该成年人丧失或者部分丧失民事行为能力前请求解除协议的，人民法院依法予以支持。该成年人丧失或者部分丧失民事行为能力后，协议确定的监护人无正当理由请求解除协议的，人民法院不予支持。

该成年人丧失或者部分丧失民事行为能力后，协议确定的监护人有民法典第三十六条第一款规定的情形之一，该条第二款规定的有关个人、组织申请撤销其监护人资格的，人民法院依法予以支持。

【条文主旨】

本条是关于意定监护协议解除及意定监护监督的规定。

【条文理解】

一、起草背景

近年来，我国人口呈老龄化趋势，且在不断加快。据国家统计局有关数据显示，我国2017年末，60周岁及以上人口24090万人，占总人口的17.3%；2018年末，60周岁及以上人口24949万人，占总人口的17.9%；2019年末，60周岁及以上人口25388万人，占总人口的18.1%；2020年末，60周岁及以上人口26402万人，占总人口的

18.7%；2021 年末，60 周岁及以上人口 26736 万人，占总人口的 18.9%。随着人口老龄化程度的不断加深，与之相应的社会养老问题也在不断突显，有关成年人监护制度的建立与完善引发社会关注。

在我国民法中，监护制度主要系为保护未成年人的人身、财产等权益而设立，有关成年人监护制度的规范较少。关于成年人监护制度，主要是指对无民事行为能力或者限制民事行为能力的成年人不能独立处理事务时予以保护和援助的制度。以监护的设立方式为依据，可将之分为成年人法定监护和成年人意定监护。关于成年人意定监护，最早应追溯至《老年人权益保障法》（2012 年修订）第 26 条。其规定："具备完全民事行为能力的老年人，可以在近亲属或者其他与自己关系密切、愿意承担监护责任的个人、组织中协商确定自己的监护人。监护人在老年人丧失或者部分丧失民事行为能力时，依法承担监护责任。""老年人未事先确定监护人的，其丧失或者部分丧失民事行为能力时，依照有关法律的规定确定监护人。"① 2017 年《民法总则》第 23 条在此基础上，将成年人意定监护的适用对象由"具备完全民事行为能力的老年人"扩大至"具有完全民事行为能力的成年人"，并确立了书面形式的监护设立方式。《民法典》第 33 条吸收该条规定精神，确立了意定监护制度。

随着意定监护在北京、上海等地的不断应用，司法实践中逐渐产生了一些具体适用问题，例如，意定监护协议的生效、解除，意定监护监督等。由于《民法典》第 33 条规定较为原则，意定监护制度作为一项较新的制度，在实践中具体如何落实仍有必要进一步研究探索。

二、起草过程中相关意见和建议

在司法解释的起草过程中，关于意定监护的生效、解除，争议较

① 该条内容首次规定于《老年人权益保障法》（2012 年修订）第 26 条，2015 年修正时未作修改，2018 年修正时亦未作修改。

大。下面结合该条文在起草过程中的变化情况，对相关意见和建议予以介绍。

在司法解释初稿和征求意见稿中，曾规定“具有完全民事行为能力的成年人依照民法典第三十三条的规定与他人事先协商确定自己的监护人的，监护协议的成立、生效等，可以依其性质参照适用民法典合同编通则和合同编关于委托合同的规定。”“任何一方在该成年人丧失或者部分丧失民事行为能力前请求解除监护协议的，人民法院依法予以支持。在该成年人丧失或者部分丧失民事行为能力后，监护人、其他具有监护资格的人请求解除监护协议的，人民法院不予支持；但是，符合民法典第三十九条第一款规定的情形的，人民法院应当依法认定监护关系终止。”“监护协议生效后，监护人存在民法典第三十六条第一款规定情形之一，该条第二款规定的有关个人、组织申请撤销其监护人资格的，人民法院应予支持。”主要考虑是，一般认为，意定监护协议属于无名合同，但鉴于其合同内容以及双方当事人之间的关系，均与委托合同类似，其成立、生效、解除或终止的基础规则，可以参照委托合同的相关规定。① 故我们按照这一思路对意定监护协议的成立、生效等参照适用委托合同的规定拟出相应条文，并对意定监护协议任意解除、意定监护监督等问题予以明确。但在司法解释讨论和征求意见过程中，法官代表和专家学者提出了不同意见。有的意见认为意定监护协议参照适用委托合同的规定具有合理性，但是具体参照适用委托合同到什么程度很难确定，比如，违约责任、违约金调整以及是否区分有偿与无偿等问题，与《民法典》有关监护职责规定的衔接问题，一概采取参照适用委托合同的做法不妥。有的意见认为规定意定监护协议的成立、生效等参照适用《民法典》合同编通则和合同编关于委托合同的规定，有架空《民法典》监护制度和民事法律

① 参见陈甦：《民法总则评注》，法律出版社 2018 年版，第 237～238 页。

行为制度之嫌。有的意见认为表述为“任何一方”易产生第三人也有权解除意定监护协议的误读。有的意见认为一概认定意定监护人无权在成年人丧失或者部分丧失民事行为能力后解除意定监护协议，可能诱发意定监护人侵害成年人利益的道德风险，应对意定监护协议解除权问题再予考虑。还有意见认为意定监护协议是订立时生效，还是成年人丧失或者部分丧失民事行为能力时生效，未能明确。

根据有关意见和建议，我们对该条司法解释征求意见稿进行了修改，最终形成该条。

三、本条规定的主要精神

所谓意定监护，是指具有完全民事行为能力的成年人，根据自己的意愿选择监护人，并与其订立监护合同，将自己的监护事务部分或者全部委托受任人，当监护原因发生时，由受任人依据合同约定承担监护责任的一种监护设立方式。[①] 相较法定监护，意定监护秉持尊重自我决定权的理念，将对成年人的意思尊重及于其民事行为能力丧失前对将来自己能力丧失后所作的预先安排，使得成年人的自我决定权优于法定监护人范围、法定监护顺序等内容，具有更为天然的正当性。

（一）意定监护协议的解除

通常而言，意定监护中尊重自我决定权的理念，主要表现为对成年人自行选任自己将来丧失民事行为能力时的监护人的尊重。成年人选任监护人一般是基于其对受任人在品行、能力等各方面的信赖，这种信赖更多的是其在订立意定监护协议时对受任人各方面的考量，但是现实中也不乏成年人不再信赖受任人，或者受任人不愿意履行监护职责等情况，于此将涉及意定监护协议的解除问题。

关于意定监护协议，有观点认为，意定监护协议虽属无名合同，

① 李霞：《意定监护制度论纲》，载《法学》2011年第4期。

但鉴于其主要合同内容以及双方当事人之间的关系，与委托合同较为类似，因此，意定监护协议的成立、生效、解除或终止的基础规则，可参照适用委托合同的相关规定。① 也有观点认为，意定监护协议在原则上可以适用委托合同的原理和规则，但需考虑意定监护的特别之处，因为按照意定监护的委托合同构造，委托合同仅给予受任人处理他人事务的“事务管理权”，不一定包括代理权授予，而意定监护中的代理权主要源于意定授权。② 经研究认为，意定监护协议是有关监护关系的协议，根据《民法典》第464条第2款、第467条第1款的规定，③ 应当适用有关监护关系的法律规定，没有规定的，可以根据其性质参照适用《民法典》合同编或者其他法律最相类似合同的规定。鉴于法律并未明文规定监护协议的解除问题，我们充分考虑监护本身包含的职责或者负担的属性，以及双方当事人的信任关系是意定监护的基础等因素，参照《民法典》第933条关于委托合同中委托人和受托人任意解除权的规定，在本条第1款第一句就意定监护协议的任意解除问题作出规定。

在委托合同中，委托人或者受任人可以随时解除委托合同。虽然委托合同是意定监护协议最相类似的合同，但有关意定监护协议的任意解除问题仍应有所区别或限制。一方面，意定监护协议属于有关身份关系的协议，其核心价值在于保障成年人在民事行为能力不足时能够由自己选任的监护人进行保护，如不对意定监护协议的任意解除时间加以限制，任由监护人在成年人民事行为能力不足时解除监护协议，

---

① 陈甦主编：《民法总则评注》，法律出版社2017年版，第237~238页。

② 朱晓喆：《意定监护与信托协同应用的法理基础——以受任人的管理权限和义务为重点》，载《环球法律评论》2020年第5期。

③ 《民法典》第464条第2款：婚姻、收养、监护等有关身份关系的协议，适用有关该身份关系的法律规定；没有规定的，可以根据其性质参照适用本编规定。

第467条第1款：本法或者其他法律没有明文规定的合同，适用本编通则的规定，并可以参照适用本编或者其他法律最相类似合同的规定。

将极易导致被监护人处于危困境地；另一方面，意定监护协议的订立目的在于为成年人预设合其意愿的监护人，如监护人不再合乎成年人的意愿，或者监护人不愿对成年人履行监护职责，最终都无法实现保障被监护人合法权益的监护目的，故有必要对意定监护协议的解除时间留有一定余地。

1. 在成年人丧失或者部分丧失民事行为能力前，协议任何一方有权解除意定监护协议

本条第1款第一句明确，具有完全民事行为能力的成年人、监护人仅在成年人丧失或者部分丧失民事行为能力前有权任意解除意定监护协议。之所以将任意解除的时间限于成年人丧失或者部分丧失民事行为能力之前，原因在于，在意定监护协议订立之时，成年人尚具有完全民事行为能力，无须与受任人形成监护法律关系，只有当监护原因发生时，监护协议才宣告生效，受任人开始履行监护职责。① 而有关监护原因的发生则涉及意定监护协议生效时间的认定问题。有观点认为，意定监护协议应当在成年人因年老、精神障碍等丧失或者部分丧失民事行为能力时生效。另有意见建议在设立监护监督人后生效，此主要借鉴了日本有关“任意监护契约系当本人因精神上的障碍处于判断能力不足之状态时，家庭法院应本人、配偶、四亲等内的亲属、任意监护受任人的申请，选任出任意监护监督人时生效”的规定。经研究认为，《民法典》第33条有关意定监护的规定，已经对监护人履行监护职责的时间作出明确的规定，即成年人丧失或者部分丧失民事行为能力时，并且，有关监护监督人制度还有待实践探索，故将成年人丧失或者部分丧失民事行为能力时作为意定监护协议的生效时间，应自无争议。

① 杨立新：《我国老年监护制度的立法突破及相关问题》，载《法学研究》2013年第2期。

2. 在成年人丧失或者部分丧失民事行为能力后，监护人无正当理由不得解除意定监护协议

在成年人丧失或者部分民事行为能力后，意定监护协议正式生效，双方当事人之间的监护关系即宣告成立，受任人开始按照协议约定履行监护职责。在意定监护制度下，监护人所负监护职责与《民法典》规定的法定监护制度中的监护职责在本质上具有一致性，即具有法定性乃至强制性。此时，如任由监护人解除协议，将构成对被监护人完全民事行为能力时自我决定权的否定，与意定监护制度的设计初衷相违背，并且极易出现监护“真空”，有悖于最有利于被监护人的原则，使得意定监护制度功能价值大打折扣。但是，一概否定监护人在意定监护协议生效后的协议解除权，亦可能因监护人的监护能力或者监护意愿下降问题对被监护人造成不利影响。因此，本条第 1 款第二句对监护人在意定监护协议生效后的协议解除权留有一定空间，即监护人在成年人丧失或者部分丧失民事行为能力后有正当理由的方能解除意定监护协议。

本条规定监护人在成年人丧失或者部分丧失民事行为能力后有正当理由的可以解除意定监护协议，参考借鉴了域外相关立法中监护人辞任或者拒任权的做法，① 由此将协议约定的情形以及监护能力丧失等客观事由包含进来，在贯彻最有利于被监护人的原则的同时，充分考虑意定监护协议及履行的实际情况，兼顾监护协议的人身信任基础，避免诱发道德风险。

---

① 从比较法上看，《英国持续性代理权授予法》规定，“持续性代理权授予契约”在法院登记后，本人非经保护法院允许不得撤回代理权或变更代理权权限范围。代理人代理权的抛弃非经法院允许，不生效力。转引自李霞：《成年监护制度研究——以人权为视角》，中国政法大学出版社 2012 年版，第 255 页。日本任意监护制度明确，在选任任意监护监督人以后，本人或任意监护监督人，只要有正当事由，经家庭法院许可，可以解除任意监护合同。《韩国民法典》第 939 条规定，监护人有正当理由，经法院许可，可辞去其监护人责任。而瑞士规定受任人在存在正当理由的情况下可以不经过法院的批准而拒任。

（二）意定监护的监督

相较法定监护，意定监护更能反映成年被监护人的真实意愿，确定的监护人更符合其权益保护需求。但是，即使意定监护人系由被监护人尚具有完全民事行为能力时选任，也不能全然排除意定监护人侵害被监护人权益的可能。因此，对意定监护人进行监督仍有必要。

关于对意定监护人的监督，本条第2款明确适用《民法典》第36条有关撤销监护人资格的规定。根据该条规定，意定监护人实施严重损害被监护人身心健康的行为，或者怠于履行监护职责或无法履行监护职责且拒绝将监护职责部分或全部委托给他人，导致被监护人处于危困状态，或者实施严重侵害被监护人合法权益的其他行为的，人民法院应当根据该条第2款规定的有关个人或者组织的申请，撤销其监护人资格，安排必要的临时监护措施，并按照最有利于被监护人的原则依法指定监护人。此主要考虑是，意定监护协议虽属于有监护关系的身份协议，但是在总则编对监护关系有所规定时应当按照有关监护关系的规定，仅在没有具体规定时方可依据性质参照适用合同的相关规定。鉴于《民法典》总则编监护部分已经有撤销监护人资格的监督制度，本条第2款将意定监护人的监督指向《民法典》第36条第1款，不仅没有突破《民法典》第36条的立法本意，还满足了对意定监护人进行监督的实践需要。

当然，本条第2款主要是从撤销监护人资格制度的角度实现对意定监护人的监督，并未涉及协议双方约定监督人的问题。有观点认为，这一规定为当事人通过协议选择监护监督人预留了空间。如果成年人与《民法典》第36条第2款规定的其他依法具有监护资格的人，居民委员会、村民委员会、医疗机构、妇女联合会、残疾人联合会、依法设立的老年人组织、民政部门等民事主体签订意定监护监督协议，依据合同自愿原则，没有不认可其效力的理由。这既不违反法律的现行规定，又能认可意定监护监督协议的效力，对意定监护协议进行监督，更好地保护意定被监护人的合法权益。① 从尊重意思自治和保护被监护人利益的角度考虑，并结合现有司法实践，这一观点较有道理。但鉴于解释在起草过程中未能对此形成一致意见，实践中可继续探索积累经验。

【审判实践中应注意的问题】

一、关于成年人丧失或者部分丧失民事行为能力的认定

关于“成年人丧失或者部分丧失民事行为能力”的认定问题，其中争议在于是否须经人民法院生效判决宣告确定。在比较法上，美国《统一持续性代理权授予法》条款中通常指定二位医师出具诊断书证明本人已丧失行为能力作为停止条件。② 继续性代理权授予契约于授权时或本人发生无行为能力时即生效力。而英国《持续性代理权授予法》规定，任何年满 18 周岁的自然人在有意思能力时，依法定方式，选任一定资格的自然人或法人为代理人，他日一旦丧失意思能力，该代理人向保护法院申请登记，并通知利害关系人，经保护法院允许后发生效力。③ 从域外立法例来看，各国家和地区对于意定监护协议生效是否需要以有权机关对成年人丧失民事行为能力作出认定为前提的立法态度多有不同。而我国多数学者主张只有当人民法院通过特别程序宣告该成年人为无民事行为能力或者限制民事行为能力人时，意定

① 杨立新：《民法典总则编司法解释对成年意定监护制度的完善》，载《人民法院报》2022 年 2 月 28 日。转引自郭锋、陈龙业、蒋家棣、刘婷：《〈关于适用民法典总则编若干问题的解释〉的理解与适用》，载《人民司法》2022 年第 10 期。

② 李霞：《成年监护制度研究——以人权为视角》，中国政法大学出版社 2012 年版，第 251 页。

③ 李霞：《成年监护制度研究——以人权为视角》，中国政法大学出版社 2012 年版，第 255 页。

监护协议才可能产生法律效力。主要理由是，从受任人到监护人并不是一个必然发生的结果，而是需要以法院对监护人的指定为生效要件，完成受任人向监护人身份的过渡。考虑到当委托人民事行为能力衰退时受任人存在不符合监护人资格的可能，所以由人民法院根据申请再一次对受任人的资格审查，主要是为了确保其符合监护人的资格，保护被监护人的利益。① 我们赞同以上观点，并且认为：（1）成年人丧失或者部分丧失民事行为能力是确定监护人依法负有监护职责的重要节点，如不要求通过特别程序对成年人的民事行为能力进行认定，将存在监护人自行认定成年人已经丧失或者部分丧失民事行为能力而实施侵害成年人利益行为的可能。由人民法院经过特别程序审理宣告成年人为无民事行为能力人或者限制民事行为能力人，更能准确认定意定监护协议的生效时间，固定监护人责任。（2）如果对监护人的确定有争议的，根据《民法典》第 31 条的规定，在被监护人住所地的居民委员会、村民委员会、民政部门或者人民法院指定监护人前，被监护人的人身权利、财产权利以及其他合法权益处于无人保护状态的，由被监护人住所地的居民委员会、村民委员会、法律规定的有关组织或者民政部门担任临时监护人。因此，被监护人并不会因特别程序审理需要而处于无人照料的状态。

二、关于“正当理由”的认定

在探讨何谓“正当理由”之前，我们认为有必要先明确监护人解除意定监护协议的解除权类型。从合同原理的角度，合同解除权按照权利产生的条件可分为协商解除、约定解除和法定解除。由于意定监护协议生效系以成年人丧失或者部分丧失民事行为能力为要件，此时成年人因不具备完全民事行为能力无法与监护人协商解除，故在意定

① 梁慧星：《中国民法典草案建议稿附理由：亲属编》，法律出版社 2013 年版，第 250～251 页。

监护协议生效后，监护人解除意定监护协议应仅包含约定解除和法定解除。关于约定解除，即成年人与监护人在订立意定监护协议时约定了监护人一方解除协议的事由，当解除协议的事由发生时，监护人可以解除意定监护协议。此时，约定的监护人一方解除协议的事由发生，则构成监护人解除意定监护协议的“正当理由”。

但在实践中，更为困难的是如何认定法定解除情形下的“正当理由”。关于法定解除，《瑞士民法典》第383条（现已删除）曾规定，“有下列情况之一者，可拒绝接受监护职务：①已年满60岁；②因身体缺陷而难以行使亲权者；③已对4名以上的子女行使亲权者；④已接受一项特别耗费时间与精力的监护职务或两项监护职务者；⑤现任联邦委员会成员、联邦总理及联邦法院法官；⑥经各州免除该义务的州官厅的官员。”我国有学者据此认为关于拒认或辞职的具体情形，可以规定为以下七种：①年龄已满60周岁者；②已担任两个以上未成年子女或成年人的监护人；③身体有疾病或残疾而难以正常履行监护职责者；④因照顾老人、小孩或者患病配偶，家务特别繁重者；⑤担任政府要职，公务繁忙而不宜履行监护职责者；⑥其住所离被监护人太远而不能实际履行监护职责者；⑦担任除配偶、直系血亲之外成年人的监护人已满五年者；⑧因其他原因而不能实际履行监护职责者，如正在服兵役的现役军人、正在监狱服刑的人，等等。[①] 另有学者认为，所谓正当理由，如信赖关系之破灭，因最近移居致委任监护人不能执行职务或因委任监护人之心神状况致执行职务不能，或违背职务等事由，等等。[②] 我们认为，以上关于正当理由的规定或分析均是从成年人能否按照其自我决定预期获得权益保护的角度考虑，虽然对于

① 吴国平：《成年人之监护人的权利与责任解析》，载《重庆工商大学学报（社会科学版）》2010年第5期。

② 李霞：《成年监护制度研究——以人权为视角》，中国政法大学出版社2012年版，第315页。

辞任的具体事由有所不同，但大体可以归纳为因监护人的监护能力或者履职方便程度变化而引起的必须解除意定监护协议的情况。因此，人民法院在认定监护人是否具有正当理由解除意定监护协议时，应当根据案件的具体情况进行分析，尤其是反向从不解除意定监护协议对被监护人的权益影响、是否有更好的监护人人选以及监护意愿等角度进行考虑。

三、监护人是否享有报酬请求权

关于监护人是否享有报酬请求权，各国家和地区主要存在三种立法例。（1）无偿主义，监护人履行监护职责无权获得报酬，如苏联；（2）补偿主义，以无偿为原则，但是家庭法院等有权机关可以根据监护人履行监护职责的情况和被监护人的财产状况决定给予监护人一定金额的补偿，如德国、日本、法国；（3）有偿主义，认可监护人享有报酬请求权，如美国、瑞士。至于我国监护制度应当采取何种立法例，有观点认为，监护制度具有明显的社会公益属性，监护人履行监护职责也大多基于法律的直接规定，是其承担社会责任的一种体现，因此获得报酬并非监护人的必然权利；然而从客观方面来看，对监护职责的履行是一件十分辛苦的事情，权利义务存在明显的不对等，在此种情况下，允许监护人在特定情况下获得经济上的合理补偿，或根据约定从监护活动中取酬，将有助于使监护人的权利和义务得到平衡，从而促使其更好地履行监护职责，使被监护人的合法权益得到有效保护，这与监护制度的公益属性并不存在冲突。[①] 对此我们认为，如果监护人对被监护人负有法定的抚养、赡养或者扶养义务，或基于所承担的公共职能而履行监护职责，则其无权要求被监护人支付报酬，对此无须过多解释。[②] 但是上述主体以外的其他依法具有监护资格的人履行

---

① 陈甦主编：《民法总则评注》，法律出版社 2017 年版，第 241 页。

② 陈甦主编：《民法总则评注》，法律出版社 2017 年版，第 240 页。

监护义务，且双方对报酬问题有所约定的，从尊重当事人意思自治的角度出发，应当按照合同约定，监护人依约享有报酬请求权，对于未作约定的情况，监护人能否请求获得报酬还有探索的空间。另需注意的是，在当事人明确约定有偿监护的情况下，可能涉及违约责任问题。如当事人对于违约责任已经作出明确约定，在不违反法律、行政法规强制性规定的前提下，从尊重当事人意思自治的角度出发，肯定当事人依约追究违约方责任是较有道理的，但具体可否参照《民法典》第933条的规定确定赔偿数额，还有待实践中继续探索积累经验。

【相关规定】

一、《民法典》第33条：具有完全民事行为能力的成年人，可以与其近亲属、其他愿意担任监护人的个人或者组织事先协商，以书面形式确定自己的监护人，在自己丧失或者部分丧失民事行为能力时，由该监护人履行监护职责。

第36条：监护人有下列情形之一的，人民法院根据有关个人或者组织的申请，撤销其监护人资格，安排必要的临时监护措施，并按照最有利于被监护人的原则依法指定监护人：

（一）实施严重损害被监护人身心健康的行为；

（二）怠于履行监护职责，或者无法履行监护职责且拒绝将监护职责部分或者全部委托给他人，导致被监护人处于危困状态；

（三）实施严重侵害被监护人合法权益的其他行为。

本条规定的有关个人、组织包括：其他依法具有监护资格的人，居民委员会、村民委员会、学校、医疗机构、妇女联合会、残疾人联合会、未成年人保护组织、依法设立的老年人组织、民政部门等。

前款规定的个人和民政部门以外的组织未及时向人民法院申请撤销监护人资格的，民政部门应当向人民法院申请。

第 562 条：当事人协商一致，可以解除合同。

当事人可以约定一方解除合同的事由。解除合同的事由发生时，解除权人可以解除合同。

第 563 条：有下列情形之一的，当事人可以解除合同：

（一）因不可抗力致使不能实现合同目的；

（二）在履行期限届满前，当事人一方明确表示或者以自己的行为表明不履行主要债务；

（三）当事人一方迟延履行主要债务，经催告后在合理期限内仍未履行；

（四）当事人一方迟延履行债务或者有其他违约行为致使不能实现合同目的；

（五）法律规定的其他情形。

以持续履行的债务为内容的不定期合同，当事人可以随时解除合同，但是应当在合理期限之前通知对方。

第 933 条：委托人或者受托人可以随时解除委托合同。因解除合同造成对方损失的，除不可归责于该当事人的事由外，无偿委托合同的解除方应当赔偿因解除时间不当造成的直接损失，有偿委托合同的解除方应当赔偿对方的直接损失和合同履行后可以获得的利益。

二、《老年人权益保障法》第 26 条：具备完全民事行为能力的老年人，可以在近亲属或者其他与自己关系密切、愿意承担监护责任的个人、组织中协商确定自己的监护人。监护人在老年人丧失或者部分丧失民事行为能力时，依法承担监护责任。

老年人未事先确定监护人的，其丧失或者部分丧失民事行为能力时，依照有关法律的规定确定监护人。

【典型案例】

一、**张某福、林某玲申请宣告公民无民事行为能力案**［天津市河西区人民法院（2020）津0103民特270号民事判决］

裁判要旨：具有完全民事行为能力的成年人，有权与其近亲属事先协商，以书面形式确定自己的监护人，在自己丧失或者部分丧失民事行为能力时，由该监护人履行监护职责。

基本案情：林某玲育有长子张某京、次子张某福、长女张某珍、次女张某萍，其父母、配偶均已死亡。2019年7月，林某玲与张某福、张某萍、张某珍签订《意定监护人协议》，约定由张某福、张某萍、张某珍作为监护人。林某玲于2020年8月住院治疗，被诊患有脑梗死后遗症等疾病，经司法鉴定评定无民事行为能力。现张某萍被诊焦虑抑郁。张某福申请认定林某玲为无民事行为能力人，并指定其为监护人。

生效裁判认为：具有完全民事行为能力的成年人，可以与其近亲属事先协商，以书面形式确定自己的监护人。协商确定的监护人在该成年人丧失或者部分丧失民事行为能力时，履行监护职责。现被申请人已丧失民事行为能力，但张某萍患有精神类疾病，不宜担任监护人。张某福、张某珍作为协议一方且具备监护能力，应当共同作为监护人。

二、**孙某莉与孙某亚申请变更监护人案**［上海市静安区人民法院（2020）沪0106民特209号民事判决］

裁判要旨：具有完全民事行为能力的成年人，有权与其他愿意担任监护人的个人协商，以书面形式确定自己的监护人，在自己丧失或者部分丧失民事行为能力时，由该监护人履行监护职责。

基本案情：孙某成的父母、配偶均已死亡，孙某亚系孙某成弟弟过继给孙某成的女儿。2019 年 12 月，孙某成、孙某莉与陶某强办理《意定监护协议》公证，约定孙某成委任孙某莉为意定监护人，陶某强为监护监督人。后孙某成经鉴定患有器质性精神障碍。2020 年 4 月，法院宣告孙某成为限制民事行为能力人，同时指定孙某亚为监护人。现孙某莉向法院申请变更监护人。

生效裁判认为：根据户籍登记信息显示孙某亚为孙某成女儿、孙某莉为孙某成侄女，故孙某亚担任监护人的顺序理应先于孙某莉，但本案中孙某成自房屋拆迁后便搬离与陶某强一家同住至今，此后再未与孙某亚共同生活，且其钱款和证件等均处于孙某莉及其父亲的保存与管理中，此外，孙某成虽为限制民事行为能力人，但有一定的理解表达与认知能力，其两次庭审与一次居住地调查中均一致表示不愿意让孙某亚担任监护人、同意孙某莉担任监护人，且态度十分坚决。考虑被监护人孙某成目前的实际状况，孙某亚确实在客观上无法再继续履行监护职责，从有利于被监护人孙某成的角度出发，对孙某莉要求变更监护人的申请予以支持，判决孙某成的监护人变更为孙某莉。

第十二条　监护人、其他依法具有监护资格的人之间就监护人是否有民法典第三十九条第一款第二项、第四项规定的应当终止监护关系的情形发生争议，申请变更监护人的，人民法院应当依法受理。经审理认为理由成立的，人民法院依法予以支持。

被依法指定的监护人与其他具有监护资格的人之间协议变更监护人的，人民法院应当尊重被监护人的真实意愿，按照最有利于被监护人的原则作出裁判。

【条文主旨】

本条是关于申请变更监护人的规定。

【条文理解】

一、本条的沿革和意义

监护是指民法上规定的对于无行为能力人和限制行为能力人的人身、财产及其他合法权益进行监督、保护的一项制度。监护人的监护职责包括保护被监护人的身体健康、照顾被监护人的生活、管理和保护被监护人的财产、代理被监护人进行民事活动、对被监护人进行管理和教育、在被监护人合法权益受到侵害或者与人发生争议时代理其进行诉讼等。监护因一定的事实而发生，也因一定的法律事实而终止。①

《民法通则》和《民法通则意见》规定了法定监护、意定监护、指定监护、变更监护等制度内容，但未明确规定监护关系的终止。《民法典》第39条规定："有下列情形之一的，监护关系终止：（一）被监护人取得或者恢复完全民事行为能力；（二）监护人丧失监护能力；（三）被监护人或者监护人死亡；（四）人民法院认定监护关系终止的其他情形。监护关系终止后，被监护人仍然需要监护的，应当依法另行确定监护人。"该条属于新增规定，规定了监护关系终止的四种情形，特别是对于第1款第2项和第4项监护关系终止的情形，实践中可能会对是否存在上述终止的情形存在争议，但该条未明确争议的处理方案。对此，本条第1款明确了监护人、其他依法具有监护资格的人对于是否发生监护人丧失监护能力和监护关系终止的其他情形产生争议时，申请变更监护人的，人民法院应当依法受理；经审理认为理由成立的，人民法院依法予以支持。本条第2款规定了指定监护人与其他具有监护资格的人之间可以协议变更监护人。本条的规定有效保证了法定监护、监护关系终止、指定监护、监护关系变更等监护制度相关规定之间无缝衔接，使得监护制度体系更加完备。

本条在征求意见过程中，有意见认为协议变更监护人应当征得指定单位的同意。经研究，《民法典》第30条规定也无此要求。实践中，对此情形是否征求居民委员会、村民委员会或者民政部门意见，宜由人民法院根据案件实际情况确定，故未采纳该意见。

二、本条所涉监护关系终止的情形

根据《民法典》第39条的规定，监护关系终止的情形包括四种，分别为：被监护人取得或者恢复完全民事行为能力、监护人丧失监护

① 王利明：《民法总则》，中国人民大学出版社2017年版，第125页。

能力、被监护人或者监护人死亡以及人民法院认定监护关系终止的其他情形。本条涉及的是监护人丧失监护能力和人民法院认定监护关系终止的其他情形。

（一）关于监护人丧失监护能力

本解释第6条规定了认定监护能力的因素，即人民法院认定自然人的监护能力，应当根据其年龄、身心健康状况、经济条件等因素确定；认定有关组织的监护能力，应当根据其资质、信用、财产状况等因素确定。该条按照“动态系统论”对认定丧失监护能力需要综合考虑的多种因素作了规定，通过规定不同因素和各因素的强度差异，以及因素间的互动综合考量，突破了构成要件系统“全有全无”的不足，引导法官考虑该因素或因子的权重，在个案中通过判断不同变量的强弱效果，并结合因素之间的互补性，最终得出案件裁判的结论。相较于构成要件系统而言，动态系统论考虑的因素更为宽泛，更具有灵活性与开放性，从而可以适应复杂情况下的公正需要。① 认定丧失监护能力在实践中的表现形式比较复杂，较为常见的是监护人因某种原因而成为限制行为能力人或无行为能力人，无法继续履行监护职责，监护目的无法实现，监护关系也就因此终止。因考虑的因素比较多，对于这类情形，监护人、其他依法具有监护资格的人之间可能会存在争议。

（二）关于人民法院认定监护关系终止的其他情形

这属于兜底性的规定，包括有正当理由向人民法院申请变更监护人并得到法院许可等。② 因该情形属于抽象性规定，实践中也容易引发监护人、其他依法具有监护资格的人之间的争议。需要注意的是，

① 王利明：《民法典人格权编中动态系统论的采纳与运用》，载《法学家》2020年第4期。

② 黄薇主编：《中华人民共和国民法典总则编释义》，法律出版社2020年版，第106页。

监护人资格被人民法院撤销的，原监护关系当然终止。但是根据《民法典》第36条的规定，人民法院根据有关个人或者组织的申请，撤销其监护人资格的，同时依法指定监护人。也就是说，对于因监护资格被撤销导致的监护关系的终止，在司法实践中可直接按照申请撤销监护案件处理，不需要按照申请变更监护程序处理。

对于上述两种情形，监护人、其他依法具有监护资格的人之间就监护人是否存在应当终止监护关系的情形产生争议，申请变更监护人的，人民法院应当依法予以受理。

三、监护关系变更的具体情形

《民法典》较为详细地规定了法定监护、意定监护、遗嘱监护和指定监护四种监护关系以及监护人资格的撤销和恢复、监护关系的终止等制度内容，对于变更监护仅作了原则性规定。根据《民法典》第31条第4款的规定，监护人被指定后，不得擅自变更；擅自变更的，不免除被指定的监护人的责任。监护关系属于法律关系的一种，存在设立、变更、终止等情况。实践中，因为监护人、被监护人的各种原因，变更监护关系普遍存在。为满足实践需要，我们在严格遵循《民法典》规定精神的基础上，运用体系化思维，将监护终止后的重新指定监护人以及协议变更监护人作为变更监护关系的典型情形予以规定，这也符合实务中的惯常做法。

结合《民法典》以及本解释的规定，从规范层面看，变更监护关系主要存在如下三类情形：

（一）本解释第10条第2款规定的情形

即有关当事人不服居民委员会、村民委员会或者民政部门的指定，但在接到指定通知之日起三十日后提出申请的，人民法院应当按照变更监护关系处理。根据《民法典》第31条和本解释第10条第2款的规定，有关当事人对被监护人住所地的居民委员会、村民委员会或者民政部门指定监护人不服的，可以向人民法院申请指定监护人，但是应在接到指定通知之日起三十日内提出，超过该期限提出申请的，人民法院按照变更监护关系处理。

（二）本条第 1 款规定的情形

监护人、其他依法具有监护资格的人之间就监护人是否丧失监护能力以及是否属于人民法院认定监护关系终止的其他情形发生争议的，申请变更监护人的，经审理认为原监护关系终止理由成立的，人民法院依法予以支持，对监护人进行变更。

（三）本条第 2 款规定的情形

被依法指定的监护人与其他具有监护资格的人之间协议变更监护人的，人民法院应当尊重被监护人的真实意愿，按照最有利于被监护人的原则作出裁判。这一款实质上是允许在尊重被监护人的真实意愿、按照最有利于被监护人的原则下以协议的方式进行变更监护人。同时，通过协议变更监护，可以填补监护能力存在瑕疵但其瑕疵程度又不足以撤销或者终止监护人资格时的制度空白，从而实现被监护人利益的最大化。需要注意的是，如果被依法指定的监护人与其他具有监护资格的人未经人民法院裁判而自行变更监护人，属于《民法典》第 31 条第 4 款所规定的“擅自变更”的情形，不免除被指定的监护人的责任。此外，还需要注意，“以协议方式变更监护人”中的监护人仅限于被依法指定的监护人，不包括未成年人的父母。本解释第 8 条也规定，依法具有监护资格的人之间可以约定由《民法典》第 27 条第 2 款、第 28 条规定的不同顺序的人共同担任监护人，或者由顺序在后的人担任监护人的，但是未成年人的父母与其他依法具有监护资格的人订立协议，约定免除具有监护能力的父母的监护职责的，人民法院不予支持。

司法实践中还存在一类情形，即：监护人监护能力尚未达到完全丧失的程度，终止监护关系的理由还不充分；或者监护人从事了侵害被监护人权益的行为但尚未达到可以撤销监护资格的严重程度，且监护人不同意协议监护。秉持对被监护人利益最大化的原则理念，我们曾设想将此类情形也予以单独明确，但考虑到监护关系的稳定，防止其他近亲属以监护能力瑕疵为由通过申请变更监护来争夺未成年人的监护权，最终本解释未对此种情形进行规定，司法实践中可以不断探索。

值得一提的是，关于申请变更监护关系案件的审理程序和管辖问题，本解释起草过程中我们也进行了认真研究，曾专门作出规定，明确“申请变更监护关系的，按照特别程序审理”。这既与《民法通则意见》第20条的规定精神一脉相承，也与《民法典》中“申请”所专门指向的程序相一致，同时还符合司法实践长期以来的经验做法。征求意见过程中，有意见认为，《民事诉讼法》对此类案件的诉讼程序没有明确规定，建议删除。考虑到程序问题是基本民事诉讼制度问题，稳妥起见，删除了这一规定，待实践中继续积累经验，必要时可以考虑提请立法机关释法或者修改现有法律规定来解决这一问题。

四、本条的理解与适用

（一）关于本条第1款的理解与适用

根据《民法典》第39条的规定，监护关系终止后，被监护人仍然需要监护的，应当依法另行确定监护人。本条第1款规定，监护人、其他依法具有监护资格的人之间就监护人是否丧失监护能力以及是否属于人民法院认定监护关系终止的其他情形发生争议的，申请变更监护人的，经审理认为原监护关系终止理由成立的，人民法院依法予以支持。对于本条第1款规定，应作如下理解：

1. 本条的适用前提是监护人、其他依法具有监护资格的人之间就监护人是否丧失监护能力以及是否属于人民法院认定监护关系终止的其他情形发生争议。如果监护人、其他依法具有监护资格的人之间就这两类情形没有争议，即都认为原监护人丧失监护能力或者属于人民法院认定原监护关系终止的其他情形，或者都认为原监护人没有丧失监护能力或者不属于人民法院认定原监护关系终止的其他情形，对于第一种情况，应根据《民法典》第 27 条、第 28 条、第 30 条、第 31 条的规定确定监护人；对于第二种情形，应维持原监护关系不变，事实上也不存在纠纷。只有监护人、其他依法具有监护资格的人之间存在争议，才适用本款规定。

2. 本条第 1 款中“经审理认为监护关系终止理由成立的，人民法院依法予以支持”指的是“终止监护关系 + 指定监护”。首先，人民法院经审理认为申请人变更的理由成立的，确认原监护关系终止，此时被监护人仍需要监护的，依法支持变更监护人的申请，另行指定监护人。其次，人民法院另行指定的监护人并不一定是对监护关系终止存在争议申请变更监护的有关当事人，此时人民法院按照《民法典》第 31 条第 2 款规定的原则，尊重被监护人的真实意愿、按照最有利于被监护人的原则在依法具有监护资格的人中指定监护人，如果变更监护申请人不适宜担任新的监护人，可以视情况将最合适担任监护人的相关自然人或组织追加为当事人。最后，在监护关系终止后，人民法院可以直接指定监护人。关于指定监护，《民法典》第 31 条第 1 款规定，对监护人的确定有争议的，由被监护人住所地的居民委员会、村民委员会或者民政部门指定监护人，有关当事人对指定不服的，可以向人民法院申请指定监护人；有关当事人也可以直接向人民法院申请指定监护人。也就是说，人民法院指定监护包括两种情形：一种是有关当事人对被监护人住所地的居民委员会、村民委员会或者民政部门的指定监护人不服的申请人民法院指定监护人；另一种是有关当事人直接向人民法院申请指定监护人。因此，监护人住所地的居民委员会、村民委员会或者民政部门指定监护人不是申请人民法院指定监护的必经和前置程序。因监护人、其他依法具有监护资格的人之间就监护人是否有《民法典》第39条第1款第2项、第4项规定的应当终止监护关系的情形发生争议，已经向人民法院申请变更监护人，按照最有利于保护被监护人的原则，并基于实质性解决纠纷的需要，此时应由人民法院直接指定监护人，不应再要求有关当事人自行确定新的监护人或者由被监护人住所地的居民委员会、村民委员会或者民政部门指定新的监护人。这种制度设计也体现在撤销监护人资格的规定中，根据《民法典》第36条的规定，撤销监护人资格，监护关系终止后也应直接指定新的监护人，即采用了“撤销监护人资格+指定监护人”的制度设计。

（二）关于本条第2款的理解与适用

本条第2款遵循《民法典》第30条和第31条第4款规定的精神，按照意思自治原则要求，对实践中存在的被指定的监护人与其他依法具有监护资格的人协议重新确定监护人的情形予以明确，强调被指定的监护人与其他依法具有监护资格的人之间协议变更监护人的，人民法院应当尊重被监护人的真实意愿，按照最有利于被监护人的原则作出裁判。

《民法典》第30条规定，依法具有监护资格的人之间可以协议确定监护人。协议确定监护人应当尊重被监护人的真实意愿。该条充分体现了“最有利于被监护人原则”和“尊重被监护人真实意愿原则”，是关于依法具有监护资格的人在尊重被监护人真实意愿的前提下通过协商一致的方式确定监护人的规定。① 同样地，被依法指定的监护人与其他具有监护资格的人之间协议变更监护人的，人民法院也应按照“最有利于被监护人原则”和“尊重被监护人真实意愿原则”作出裁判。关于这两项原则的把握，本解释第9条规定，人民法院依据《民

① 最高人民法院民法典贯彻实施工作领导小组主编：《中华人民共和国民法典总则编理解与适用》，人民法院出版社2020年版，第182页。

法典》第31条第2款、第36条第1款的规定指定监护人时，应当尊重被监护人的真实意愿，按照最有利于被监护人的原则指定，具体参考以下因素：（1）与被监护人生活、情感联系的密切程度；（2）依法具有监护资格的人的监护顺序；（3）是否有不利于履行监护职责的违法犯罪等情形；（4）依法具有监护资格的人的监护能力、意愿、品行等。

【审判实践中应注意的问题】

一、申请变更监护人与其他监护制度的区别与衔接

根据《民事案件案由规定》，监护权特别程序案件包括申请确定监护人、申请指定监护人、申请变更监护人、申请撤销监护人资格、申请恢复监护人资格五个第三级案由。这五个案由基本涵盖了监护制度的主要内容，实践中要注意把握各制度之间的衔接和关系，避免出现制度之间的混乱。

申请确定监护人指的是当事人对监护人的确定有争议，且对被监护人住所地的居民委员会、村民委员会或者民政部门指定监护人不服，向人民法院申请确定监护人，该案由只适用于当事人对被监护人住所地的居民委员会、村民委员会或者民政部门指定监护人不服的情形。申请指定监护人指的是对监护人的确定有争议，不经被监护人住所地的居民委员会、村民委员会或者民政部门指定监护人直接向人民法院申请指定监护人。申请撤销监护人资格是监护人有侵害被监护人合法权益的严重情形，人民法院根据有关个人或者组织的申请，撤销其监护人资格。申请恢复监护人资格是指被监护人的父母或者子女被人民法院撤销监护人资格后，除对被监护人实施故意犯罪的外，确有悔改表现的，经其申请，人民法院可以在尊重被监护人真实意愿的前提下，

视情况恢复其监护人资格。①

从整个监护制度的设计和衔接的角度观察，全面理解和把握变更监护制度，特别需要理顺法定监护、协议监护、指定监护、变更监护、撤销监护人资格、监护关系终止等制度之间的关系。《民法典》规定了法定监护，父母是未成年子女的当然监护人，只有未成年人的父母已经死亡或者没有监护能力的，有其他具有监护资格和监护能力的人按顺序担任监护人；无民事行为能力或者限制民事行为能力的成年人，由具有监护资格和监护能力的人按顺序担任监护人。协议监护是指除父母对子女法定监护职责以外的情况，具有监护资格的人之间可以协议确定监护人，协议监护的效力优先于法定监护。如果有关当事人对法定监护确定的监护人等有争议，② 应当先按照《民法典》第30条的规定进行协商，协商不成的，通过指定监护解决，由被监护人住所地的居民委员会、村民委员会或者民政部门指定监护人，有关当事人对指定不服的，可以向人民法院申请指定监护人；有关当事人也可以直接向人民法院申请指定监护人。变更监护以存在既有监护人为前提，变更监护的三类情形如前所述。撤销监护人资格只针对《民法典》第36条规定的严重侵害被监护人合法权益的行为，撤销监护人资格后需同时指定新的监护人，对于撤销监护人资格的被监护人的父母或者子女，符合法律规定的条件，还可以恢复其监护资格。监护关系终止是根据《民法典》第39条的规定，监护关系向后消灭的情形，其中当事人对该条第1款第2项、第4项规定的应当终止监护关系的情形发生争议还涉及监护人的变更。监护关系终止后，被监护人仍然需要监护的，应当依法另行确定监护人。

---

① 杨万明主编：《最高人民法院新民事案件案由规定理解与适用》，人民法院出版社2021年版，第1119~1127页。

② 根据立法机关的解读，指定监护主要针对的是对依照法定监护确定的监护人有争议的情形。参见黄薇主编：《中华人民共和国民法典总则编释义》，法律出版社2020年版，第83~84页。

二、监护人变更的清算衔接

在变更监护人时，还应当对原监护关系进行清算，实践中要加以注意。对于本条涉及的监护人丧失监护能力和人民法院认定监护关系终止的其他情形，根据具体情况由新监护人、原监护人等进行清算，清算账目须交监护权力机关或监护监督机关审查认可，并经新监护人、被监护人同意后才发生效力。① 被监护人财产清算后，如有剩余财产，应将财产移交给新监护人；如有债权债务，也应将债权债务情况交接给新监护人。

【相关规定】

一、《民法典》第 31 条：对监护人的确定有争议的，由被监护人住所地的居民委员会、村民委员会或者民政部门指定监护人，有关当事人对指定不服的，可以向人民法院申请指定监护人；有关当事人也可以直接向人民法院申请指定监护人。

居民委员会、村民委员会、民政部门或者人民法院应当尊重被监护人的真实意愿，按照最有利于被监护人的原则在依法具有监护资格的人中指定监护人。

依据本条第一款规定指定监护人前，被监护人的人身权利、财产权利以及其他合法权益处于无人保护状态的，由被监护人住所地的居民委员会、村民委员会、法律规定的有关组织或者民政部门担任临时监护人。

监护人被指定后，不得擅自变更；擅自变更的，不免除被指定的监护人的责任。

---

① 最高人民法院民法典贯彻实施工作领导小组主编：《中华人民共和国民法典总则编理解与适用》，人民法院出版社 2020 年版，第 234 页。

第 39 条： 有下列情形之一的，监护关系终止：

（一）被监护人取得或者恢复完全民事行为能力；

（二）监护人丧失监护能力；

（三）被监护人或者监护人死亡；

（四）人民法院认定监护关系终止的其他情形。

监护关系终止后，被监护人仍然需要监护的，应当依法另行确定监护人。

二、《民事诉讼法解释》第 10 条： 不服指定监护或者变更监护关系的案件，可以由被监护人住所地人民法院管辖。

第 349 条： 被指定的监护人不服居民委员会、村民委员会或者民政部门指定，应当自接到通知之日起三十日内向人民法院提出异议。经审理，认为指定并无不当的，裁定驳回异议；指定不当的，判决撤销指定，同时另行指定监护人。判决书应当送达异议人、原指定单位及判决指定的监护人。

有关当事人依照民法典第三十一条第一款规定直接向人民法院申请指定监护人的，适用特别程序审理，判决指定监护人。判决书应当送达申请人、判决指定的监护人。

三、《民法通则意见》（已废止）第 17 条： 有关组织依照民法通则规定指定监护人，以书面或者口头通知了被指定人的，应当认定指定成立。被指定人不服的，应当在接到通知的次日起三十日内向人民法院起诉。逾期起诉的，按变更监护关系处理。

四、《最高人民法院关于适用〈中华人民共和国婚姻法〉若干问题的解释（三）》（已废止）第 8 条： 无民事行为能力人的配偶有虐待、遗弃等严重损害无民事行为能力一方的人身权利或者财产权益行为，其他有监护资格的人可以依照特别程序要求变更监护关系；变更后的监护人代理无民事行为能力一方提起离婚诉讼的，人民法院应予受理。

【典型案例】

一、申请人广州市黄埔区民政局与被申请人陈某金申请变更监护人案［广东省黄埔区人民法院（2021）粤0112民特221号民事判决］

裁判要旨：监护人年事已高并有疾病在身，经济状况较差，已无能力抚养被监护人，不适宜继续承担监护职责，其他有监护资格的人同样不具备监护能力，监护人可依法变更为民政部门。

基本案情：吴某，2010年10月28日出生，于2011年8月22日被收养。吴某为智力残疾三级，其养父母于2012年和2014年先后因病死亡，后由其养祖母陈某金作为监护人。除每月500余元农村养老保险及每年2000余元社区股份分红外，陈某金无其他经济收入来源，且陈某金年事已高并有疾病在身。吴某的外祖父母也年事已高亦无经济收入来源。2018年起，陈某金多次向街道和区民政局申请将吴某送往儿童福利机构养育、照料。为妥善做好吴某的后期监护，广州市黄埔区民政局依照《民法典》相关规定向人民法院申请变更吴某的监护人为民政部门，广州市黄埔区人民检察院出庭支持民政部门的变更申请。

生效裁判认为：被监护人吴某为未成年人，且智力残疾三级，养父母均已去世，陈某金作为吴某的养祖母，年事已高并有疾病在身，经济状况较差，已无能力抚养吴某。鉴于陈某金已不适宜继续承担吴某的监护职责，而吴某的外祖父母同样不具备监护能力，且陈某金同意将吴某的监护权变更给广州市黄埔区民政局，将吴某的监护人由陈某金变更为广州市黄埔区民政局不仅符合法律规定，还可以为吴某提供更好的生活、教育环境，更有利于吴某的健康成长。故判决自2021年7月23日起，吴某的监护人由陈某金变更为广州市黄埔区民政局。

二、申请人张某冰、张某祥与被申请人张某国、第三人李某国申请变更监护人案［江苏省扬州经济技术开发区人民法院（2021）苏1091民特24号民事判决］

裁判要旨：人民法院指定监护人后，具有监护资格的人之间一致同意变更监护，向人民法院申请变更监护人的，人民法院可以按照最有利于被监护人原则重新指定监护人。

基本案情：2020年11月18日，法院判决宣告张某冰为限制行为能力人，并指定张某国（系张某冰父亲）为张某冰的监护人。2021年2月20日，张某冰、张某祥申请终止张某国与张某冰的监护关系，由张某祥担任张某冰的监护人。

生效裁判认为：张某冰、张某祥（系张某冰表兄）、张某国、李某国（系张某冰配偶）一致意见，变更张某冰的监护人为张某祥，张某冰住所地居民委员会对此并无异议。故判决张某国与张某冰的监护关系终止，同时指定张某祥为张某冰的监护人。

第十三条　监护人因患病、外出务工等原因在一定期限内不能完全履行监护职责，将全部或者部分监护职责委托给他人，当事人主张受托人因此成为监护人的，人民法院不予支持。

【条文主旨】

本条是关于监护人将监护职责委托他人行使的规定。

【条文理解】

实践中，监护人因无法履行监护职责将监护职责全部或者部分委托他人行使的现象较为常见，比如，父母将未成年子女交给祖父母、外祖父母、邻居照料。但监护人在何种情形下可以将监护权委托他人行使的问题亟待解决。《民法典》总则编并未规定委托监护的具体情形，仅在总则编第36条规定怠于履行监护职责，或者无法履行监护职责且拒绝将监护职责部分或者全部委托给他人，导致被监护人处于危困状态时，可撤销监护人资格；另在侵权责任编中的第1189条规定了委托监护有关的侵权责任承担规则。由于《民法典》没有作出明确规定，本条根据调研意见，从委托监护情形下监护人资格是否变更的角度，对这一问题予以明确，以避免争议。鉴于《未成年人保护法》第22条第1款①从委托事由、期限等方面对委托监护作出了规定，实践

① 该条规定：未成年人的父母或者其他监护人因外出务工等原因在一定期限内不能完全履行监护职责的，应当委托具有照护能力的完全民事行为能力人代为照护；无正当理由的，不得委托他人代为照护。

效果良好。本条在遵循《民法典》规定的最有利于被监护人原则的基础上，将《未成年人保护法》规定的适用于未成年人委托监护的情形，扩大适用于无民事行为能力、限制民事行为能力的成年人。同时为防止监护人逃避监护职责，考虑有必要限制监护人对监护职责的任意委托，本条前段参考《未成年人保护法》的规定，列举了“外出务工”这一情形，并根据平谷法院调研时的意见补充了“患病”这一情形。特别是为厘清委托监护中监护人资格是否变更的问题，本条后段明确受托人不因监护人的监护职责委托行使而成为监护人。受托人仅负有在委托期限内照顾、保护被监护人等义务，此时监护人身份并未发生变化，监护人仍然是履行监护职责的主体，要依法承担相应责任。这不仅与《民法典》第1189条规定精神一致，在价值导向上，也可以避免因课以受托人过重义务而导致受托人难觅、进而不利于保护被监护人利益的情形出现。理解本条应注意以下几点：

一、监护人对监护职责的委托应持审慎态度

随着经济社会快速发展，我国大量剩余劳动力流入城市，留守儿童数量呈逐年递增趋势。这些留守儿童多由父母委托他人代为照顾。同时，由于工作繁忙或监护能力有限等因素，城市里也出现了大量的监护人将未成年人或者年老多病、丧失劳动能力、生活不能自理的老人交由他人代为照管的现象。这种将监护职责部分或全部委托他人履行的情况，即称为委托监护。原则上监护权应不容许委托，除非基于受监护人的教育或受照顾需要。我国司法实践中基于某种实用的考虑，肯定了委托监护。本条前段列举了“外出务工”“患病”情形，虽然有“等”这种兜底性表述，但列举出该类情形是为了树立一种价值导向，即在不得已情况下，才能将监护职责进行委托，也是为了减少监护人任意委托他人的行为。

二、委托监护的成立应以监护人与受托人之间达成明示或默示的代为履行监护职责的合意为基础

因监护职责的履行直接关系到被监护人人身、财产和其他合法权益，故法律对监护人资格作了明确规定。监护职责原则上应由监护人亲自履行，但监护障碍的出现，使委托监护成为帮助监护人履行监护职责的辅助手段，受托人也因此承担了代监护人履行部分或全部监护职责的义务。民法上，义务的产生或基于法律规定，或基于当事人约定。委托监护是指监护人委托他人代行监护的职责，是一种双方的民事法律行为，是被监护人的监护人与受托人之间关于受托人为委托人履行监护职责、处理监护事务的协议，须有监护人与受委托人接受委托的意思表示一致才能成立。① 相对于监护人承担监护职责的法定性，受托监护人的代为履行只能以监护人与受托人之间的约定为基础。委托监护其实质是一种以监护人和受托监护人为主体，以监护职责的代为行使为主要内容的委托合同。这种约定，可以采取书面或者口头合同的明示方式设立委托监护关系，如家长与婴幼儿托管机构签订托管合同，在工作日将未成年子女交付托管机构托管；也可以采用默示的方式设立，即由监护人的委托行为与受托人的照管行为推断监护合意的存在，如父母进城务工，将未成年子女交付农村的爷爷奶奶照看。无论何种方式，委托监护的成立均应以监护人与受托人达成代为履行监护职责的合意为前提。委托监护可为有偿，也可为无偿。因监护人和受托人间的信任关系，委托监护有偿与否，主要取决于当事人的约定。实践中，有偿与无偿的委托监护都大量存在。

---

① 黄薇主编：《中华人民共和国民法典侵权责任编释义》，法律出版社2020年版，第78页。

三、委托监护中受托人不会成为监护人

监护权作为一种身份权，以义务为中心，而不是以权利为中心。委托监护并非与《民法总则》规定的法定监护、指定监护并列的一项监护制度，因为监护权作为一种身份权，只有法律规定的特定主体才享有，基于身份权的专属性，监护权不得让渡，故受托人并不因委托监护而享有监护权。[①] 委托监护的成立并不成为新监护关系开始的原因。在监护人将监护职责委托给他人的情况下，如果被监护人造成了他人的损害，由于受托人只是协助监护人履行监护职责，并不改变原监护人的地位，受托人代监护人照管被监护人，但监护权并不因委托监护的发生而转移，只是监护人履行监护职责方式的变更，故仍应由监护人对被监护人造成的损害承担侵权责任。监护人承担的这种赔偿责任的范围、赔偿费用的支付仍适用《民法典》第 1188 条关于监护人责任的规定。受托人有过错的，根据《民法典》第 1189 条承担相应的责任。

【审判实践中应注意的问题】

一、受托人的责任承担问题

司法实践中，委托监护下未成年人致人损害的案件数量有逐渐攀升趋势，受托人是否需要对损害承担侵权责任，如何承担侵权责任等，都是亟待解决的问题。《民法通则意见》第 22 条规定：“监护人可以将监护职责部分或者全部委托给他人。因被监护人的侵权行为需要承担民事责任的，应当由监护人承担，但另有约定的除外；被委托人确

① 最高人民法院民法典贯彻实施工作小组主编：《中华人民共和国民法典侵权责任编理解与适用》，人民法院出版社 2020 年版，第 226 页。

有过错的，负连带责任。”《民法典》第1189条的规定有别于《民法通则意见》第22条的规定，受托人对被监护人造成的损害有过错的，不再承担连带责任，而是承担相应的责任。“相应的责任”应理解为与受托人的过错及原因力相适应的按份责任。受托监护人与监护人之间仅具有委托合同关系，并不具有法律上承担连带责任的特定法律关系，《民法通则意见》第22条规定受托人与监护人承担连带责任，加重了受托监护人的责任，不利于委托监护制度的功能发挥。该规定中“另有约定的除外”为监护人规避监护责任提供了借口，不利于监护人责任的承担，且“约定”具有对内性，不能对抗被侵权人的损害赔偿请求。另外，实践中，委托监护大量存在于亲朋好友之间，且基本是无偿的，要求他们确有过错时，负连带责任，加重了受托人的责任义务，过分强调对被侵权人的保护，没有平衡委托人和受托人的利益，使监护权利义务失衡。《民法典》明确了对委托监护情形下的责任承担，实行监护人责任首负原则，突出权利义务的一致性。受托监护人的过错，应以疏于履行监督义务为标准。对于疏于履行监督义务的判断，应坚持“个案判断”原则和“利益衡量”原则。史尚宽先生认为，监督义务的判断“不独已尽一般的所要求之监督义务，而且就该加害行为特别情事，亦应已为必要之监督，始可免除疏懈之责……又监督之疏懈与否，应以加害行为之时为准。即于此时法定代理人是否以善良管理人之注意，尽其监督之责任”。[①] 由于被监护人“加害行为之时”的具体情况千差万别，很难对受托人的监督义务作出一般性规定，而只能根据个案的情况，综合受害人的人身财产权益、被监护人的自身特点（年龄、性格、过往表现）、健康自由发展空间、教育义务的履行情况、受托监护人的履行成本等因素，予以综合判断。[②] 同

---

① 史尚宽：《债法总论》，中国政法大学出版社2000年版，第184～185页。

② 最高人民法院民法典贯彻实施工作小组主编：《中华人民共和国民法典侵权责任编理解与适用》，人民法院出版社2020年版，第229页。

时，在考虑受托人的责任时，还应依据委托合同的有偿和无偿等因素，由司法机关结合具体案件情况依法裁量受托人具体承担责任的范围。

在征求意见过程中，有专家指出，应对被监护人因意外事件或存在第三人侵权遭受损害，受托人是否承担民事赔偿责任问题予以明确。我们认为，如果因受托人的过错致使被监护人遭受人身损害的，受托人应当承担相应的赔偿责任，如果受托人已经尽到监护义务，没有疏忽大意或者过失，原则上不承担民事责任。另外，有法院将无偿帮助朋友接送孩子放学认定为无偿帮工行为，无偿帮工人致使孩子受伤，但尽到合理注意义务的，不承担责任。被监护人受到伤害存在第三人侵权的情况下，涉及责任承担问题比较复杂，要综合根据案件实际情况确定各方责任承担，所以最终在本条中对这个问题没有作出具体规定。

二、应注意区分委托监护和意定监护

两者主要有以下不同点：（1）委托监护是监护人与非监护人之间确定由非监护人代行监护职责的协议，而意定监护是具有完全民事行为能力的成年人，在其近亲属、其他愿意担任监护人的个人或者组织之间确定自己的监护人的协议。（2）委托监护中，尽管委托人可以将监护职责全部委托给受托人，但即使在此情况下，受托人也不是监护人。也就是说，监护人不能依照委托监护的协议将监护人的资格转让给他人，他人也不能通过委托监护的协议来取得监护资格。因此，在委托监护中即使监护职责全部由受托人行使，监护人的监护资格也不丧失。在意定监护中，依当事人之间的协议所确定的监护人对被监护人负监护人责任，其就是被监护人的监护人。[①]（3）委托监护适用于无民事行为能力人、限制民事行为能力人的未成年人或者成年人。意

---

① 黄薇主编：《中华人民共和国民法典侵权责任编释义》，法律出版社2020年版，第79页。

定监护只适用于具有完全民事行为能力的成年人。

三、监护人将未成年学生送至学校学习，是否构成委托监护

立法发展的趋势是以学校不是未成年人的委托监护人为原则。一般情况下监护人的监护职责并未转移到学校；学校也不因接受未成年学生到校学习，自然而然地承担起对该学生的监护职责。监护人如果想将监护职责部分或者全部委托给学校，必须与学校达成明确的委托约定。没有明确的委托约定，不能推定学校接受监护人的委托，对到校学习的未成年学生承担起部分或全部监护职责。学校如果是未成年人的委托监护人，其承担的是委托监护责任；如果学校不是未成人的委托监护人，其应按照法定义务（教育、管理和保护义务）承担相应的过错责任。《学生伤害事故处理办法》（已废止）第 7 条第 2 款规定："学校对未成年学生不承担监护职责，但法律有规定的或者学校依法接受委托承担相应监护职责的情形除外。"在学校接受委托，承担部分监护职责的情况下，被监护的未成年学生实施侵权行为需要承担民事责任的，也应当由监护人承担。如被监护学生把别人打伤或推倒，须支付医疗费，仍应当由其父母支付。除非事前约定，学校同意为被委托监护的学生承担民事责任，或者学校在履行被委托的监护职责时确有过错，否则，仍应当由法定监护人承担。根据《民法典》第 1199 条、第 1200 条、第 1201 条规定，对在校学习的未成年学生，学校虽然没有监护职责，但有教育、管理的职责。学校履行教育、管理职责不当，以致未成年学生在校园内加害其他未成年学生的，除加害人的监护人应当承担责任外，学校也应当承担与其过错相应的赔偿责任。学校承担责任的基础，是其对学生的教育、管理职责。承担责任的条件，就是学校未尽这种职责，具有不注意的过失，没有这种过失，学校就不承担民事责任。如果涉及受到学校以外的第三人人身损害的，由第三人承担侵权责任，学校未尽到管理职责的，承担的是相应的补

充责任。明确这一法律关系有利于学校和未成年学生法定监护人依法履行各自的职责，有利于共同做好未成年学生的安全保护工作，积极预防和妥善处理未成年学生伤害事故。

【相关规定】

一、《民法典》第36条第1款：监护人有下列情形之一的，人民法院根据有关个人或者组织的申请，撤销其监护人资格，安排必要的临时监护措施，并按照最有利于被监护人的原则依法指定监护人：

（一）实施严重损害被监护人身心健康的行为；

（二）怠于履行监护职责，或者无法履行监护职责且拒绝将监护职责部分或者全部委托给他人，导致被监护人处于危困状态；

（三）实施严重侵害被监护人合法权益的其他行为。

第1188条：无民事行为能力人、限制民事行为能力人造成他人损害的，由监护人承担侵权责任。监护人尽到监护职责的，可以减轻其侵权责任。

有财产的无民事行为能力人、限制民事行为能力人造成他人损害的，从本人财产中支付赔偿费用；不足部分，由监护人赔偿。

第1189条：无民事行为能力人、限制民事行为能力人造成他人损害，监护人将监护职责委托给他人的，监护人应当承担侵权责任；受托人有过错的，承担相应的责任。

二、《未成年人保护法》第22条第1款：未成年人的父母或者其他监护人因外出务工等原因在一定期限内不能完全履行监护职责的，应当委托具有照护能力的完全民事行为能力人代为照护；无正当理由的，不得委托他人代为照护。

三、《民法通则意见》（已废止）第22条：监护人可以将监护职责部分或者全部委托给他人。因被监护人的侵权行为需要承担民事责任的，应当由监护人承担，但另有约定的除外；被委托人确有过错的，负连带责任。

【典型案例】

一、王某1诉雷某1、雷某2、周某某、正阳县铜钟镇爱心双语幼儿园、正阳县铜钟镇南街快餐店生命权、身体权、健康权纠纷案［河南省驻马店市中级人民法院（2021）豫17民终2198号民事判决］

裁判要旨：监护人将监护职责部分委托给了他人，他人没有尽到受托事项职责，疏于对被监护人管理，造成伤害事件发生。受托人对事件发生造成的损失应当承担相应责任。

基本案情：2020年原告王某1在正阳县上学，其在平时上学期间被托教于被告周某某处，周某某早晨将其由家中接走送到学校，中午在周某某经营的正阳县铜钟镇南街快餐店吃饭、休息，下午放学由周某某用车将其送回家。王某1为托教事宜给周某某交纳了1000元车费和午餐费。2020年11月11日中午吃饭后，王某1在与雷某1（也在被告周某某处托教，托教情况与王某1相同）等被托教的小朋友在一起玩耍，在玩耍过程中，雷某1用弓箭将王某1的右眼扎伤（当时被告周某某去了卫生间）。周某某出来了解情况后，没有将情况通知王某1和雷某1的监护人，只是对王某1的眼睛清洗后让他自己去上学了。王某1受伤后的当天夜晚被送到驻马店救治未果，紧急转诊到郑州大学第一附属医院继续治疗。王某1治疗结束出院后，原、被告因赔偿问题未能达成一致意见，王某1于2021年2月1日诉至法院，请求被告赔偿原告的医疗费、护理费等各项损失。

生效裁判认为：无民事行为能力人、限制行为能力人造成他人损害的，由监护人承担侵权责任。监护人尽到监护职责的，可以减轻其侵权责任。无民事行为能力人、限制行为能力人造成他人损害的，监护人将监护职责委托给他人的，监护人应当承担侵权责任；受托人有过错的，承担相应的责任。本案中，王某 1 与雷某 1 在本案事发时分别为限制民事行为能力人和无民事行为能力人，且均托教于周某某处，即自周某某将二人早晨由该二人的监护人处接走至下午送回家这一时间段，是王某 2 和雷某 2 将其各自的监护职责委托给了被告周某某，并且王某 2 和雷某 2 为此监护委托给被告周某某交纳了费用，周某某对二人有监护职责。但在周某某对王某 1 和雷某 1 接受委托监护期间，其没有尽到受托事项职责，周某某疏于对两个被监护人的管理，导致雷某 1 将王某 1 的眼睛扎伤，周某某应当承担相应的赔偿责任。考虑周某某接受监护委托收取费用的因素及周某某在事发时不在现场的情况，酌定周某某承担本案赔偿责任的 60% 为宜。雷某 2 作为雷某 1 的监护人，其虽然将监护责任部分（特定时间段）委托给了他人，但其依法也应承担侵权责任，考虑其委托支付费用的特殊性及其在事发后积极救治受害人的良好态度，以其承担本案赔偿责任的 40% 为宜。王某 1 要求幼儿园承担赔偿责任，但王某 1 不是幼儿园的学生，王某 1 受伤与幼儿园不具有法律上的因果关系，对王某 1 的该项请求法院不予支持。

二、刘某 1 诉刘某 2、刘某 3、青岛市城阳区第二人民医院生命权、健康权、身体权纠纷案［山东省青岛市中级人民法院（2020）鲁 02 民终 7147 号民事判决］

裁判要旨：在考虑受托人的责任时，应根据委托合同的有偿和无偿等因素，综合认定受托人的责任范围。

基本案情：原告刘某 1 因患有未分化型精神分裂症在被告青岛市城阳区第二人民医院（以下简称城阳二医）住院治疗，被告刘某 2 患有偏执型分裂症也在被告城阳二医住院治疗。2018 年 2 月 17 日刘某 1 在室内排队过程中，刘某 2 从后侧向前跑与刘某 1 从队伍左侧出来相撞后，刘某1倒地，后由医院医务人员送医院检查身体，拍片显示刘某1左股骨干骨折，又转往青岛市第401医院骨科手术治疗，并于2018年2月22日住院治疗，于2018年2月27日出院，刘某1住院期间共花费医疗费38153.1元。在诉讼过程中，法院依刘某1申请委托青岛万方司法鉴定所对原告的伤情出具鉴定意见书，刘某1因本次外伤致左下肢损伤评定为十级伤残。误工期间150～180天，护理期限180天；护理人数住院期间评定为2人，其余时间为1人。后续治疗费评定为10000～12000元。

生效裁判认为：本案系生命权、健康权、身体权纠纷。《民法通则意见》第160条规定：在幼儿园、学校生活、学习的无民事行为能力人或者在精神病院治疗的精神病人，受到伤害或者给他人造成损害，单位有过错的，可以责令这些单位给予赔偿。法院认为，在被监护人处于他人照管场合，如果被监护人造成他人的损害，由于受托人只是协助监护人履行监护职责，并不改变原监护人的地位，故仍然应由监护人承担侵权责任，受托人确有过错的，应当依照过错程度，承担相应的民事责任。在考虑受托人的责任时，应根据委托合同的有偿和无偿等因素，决定受托人的责任范围。本案中，刘某3作为刘某2的监护人虽然将监护职责委托给城阳二医，但监护责任并未因监护职责委托转移而转移，刘某3依然应当承担监护责任。刘某1和刘某2在青岛市城阳区第二人民医院治疗期间发生碰撞，医院存在不可推卸的责任，考虑到医院的收费数额，法院认为城阳二医对损害应承担主要责任，考虑到刘某1并未上诉，刘某1的责任比例法院不予调整。刘某2的责任比例过高，城阳二医过低，法院予以调整。法院二审改判刘某2承担20%的次要责任，城阳二医承担40%的主要责任。

四、宣告失踪和宣告死亡

第十四条　人民法院审理宣告失踪案件时，下列人员应当认定为民法典第四十条规定的利害关系人：

（一）被申请人的近亲属；

（二）依据民法典第一千一百二十八条、第一千一百二十九条规定对被申请人有继承权的亲属；

（三）债权人、债务人、合伙人等与被申请人有民事权利义务关系的民事主体，但是不申请宣告失踪不影响其权利行使、义务履行的除外。

【条文主旨】

本条是关于申请宣告失踪的利害关系人范围的规定。

【条文理解】

一、起草背景

宣告失踪，是指自然人离开自己的住所下落不明达到法定期限，经该自然人的利害关系人申请，人民法院依照法定程序宣告其为失踪人的民事制度。在社会生活中，因战争、地震、泥石流、海啸、洪水等不可抗力的天灾人祸以及从事具有一定危险性的航海、航空、登山、科学探险等活动，时常会出现人们因遭遇各种危险而失踪；亦有本人因某种原因而故意隐匿行踪或因疾病失去记忆等而失踪。当今社会，大批农村劳动力跨地区进入各大城市务工，使得地区之间人口常常发生大规模的流动，环球旅游、赴海外学习或者工作在现代社会也属经常之事，这种巨大的社会流动性也容易造成人员的失踪事件。由于难以确定失踪人的状态及其意思，其法律关系尤其是财产关系势必处于不确定状态。这种不确定状态的长期持续将不利于失踪人财产的管理和利用，也必然会损害与失踪人有利害关系的第三人利益，最终会损及社会经济的发展和社会秩序的稳定。① 宣告失踪制度是从社会利益考虑，将与失踪人有关的财产关系和身份关系尽快确定的法律制度，其主要目的在于通过司法判决确认自然人失踪的事实，结束该失踪人的某些身份关系不稳定状态，尤其是其财产无人管理及其权利不能正常行使、义务不能及时履行的非正常状态，使得有关失踪人的权利义务得到正常行使，以保护失踪人和利害关系人的利益，维护社会经济秩序的稳定。②

关于申请宣告失踪的权利主体，《民法典》第 40 条仅规定为利害关系人，并未对利害关系人范围作出明确规定。最高人民法院早在 1986 年作出的《最高人民法院关于失踪人的工作单位能否向人民法院申请宣告失踪人死亡的批复》（1986 年 2 月 18 日）即规定，申请宣告失踪的利害关系人“必须是与被申请宣告死亡的人存在一定的人身关系或者民事权利义务关系的人”。司法实践中，主要依据《民法通则意见》第 24 条的规定确定利害关系人范围，该条规定为：“申请宣告失踪的利害关系人，包括被申请宣告失踪人的配偶、父母、子女、兄弟姐妹、祖父母、外祖父母、孙子女、外孙子女以及其他与被申请人

① 参见陈甦主编：《民法总则评注》，法律出版社 2017 年版，第 295 页。

② 参见最高人民法院民法典贯彻实施工作领导小组主编：《中华人民共和国民法典总则编理解与适用》，人民法院出版社 2020 年版，第 235～236 页。

有民事权利义务关系的人。”在《民法典》立法过程中，各方面对最高人民法院这一司法解释基本没有争议，但普遍认为，为了保持灵活性，这一规定还是继续作为司法解释的内容较好。司法解释这一规定中的“包括”一词，使用得也很妥当，民事生活纷繁复杂，这样表述既明确了利害关系人的一般范围，也为特殊情况留有余地。[①]由于《民法通则意见》现已失效，考虑到司法实践的现实需求，本条对《民法典》第40条规定的申请宣告失踪的利害关系人范围作出解释。

二、本条的理解与适用

宣告失踪为对自然人失踪事实之司法确定，具有双重目的：（1）维护失踪人自身的合法利益，使其不因财产无人管理而遭受不测之损害；（2）维护与失踪人有利害关系的当事人的合法权益，使其不因失踪人失踪之事实而导致财产损害。因此，在确定申请宣告失踪的利害关系人范围时，应注重平衡被申请宣告失踪人与利害关系人的利益。需要注意的是，失踪宣告为对下落不明的自然人失踪客观事实的司法确认，对于失踪人所涉及的人身关系和财产关系均不发生实质性的影响，故利害关系人向人民法院提出失踪宣告的申请，并无先后顺序的限制。利害关系人在符合条件的情况下均可提出宣告失踪的申请，也可以由其中一人或数人同时申请。根据《民事诉讼法解释》第344条的规定，符合法律规定的多个利害关系人提出宣告失踪申请的，列为共同申请人。

① 黄薇：《中华人民共和国民法典释义及适用指南》，中国民主法制出版社2020年版，第60页。

（一）被申请人的近亲属

《全国法院贯彻实施民法典工作会议纪要》第 1 条[①]基本保留《民法通则意见》第 24 条的规定，根据《民法典》有关表述，将“有民事权利义务关系的人”修改为“有民事权利义务关系的民事主体”。在本解释起草过程中，有学者提出《民法通则意见》第 24 条规定的“被申请宣告失踪人的配偶、父母、子女、兄弟姐妹、祖父母、外祖父母、孙子女、外孙子女”即为民法意义上的近亲属，建议直接表述为“近亲属”，经研究采纳该意见，将被申请宣告失踪人的配偶、父母、子女、兄弟姐妹、祖父母、外祖父母、孙子女、外孙子女列入利害关系人范围，同时根据《民法典》第 1045 条第 2 款的规定，概括表述为“近亲属”。

（二）依据《民法典》第 1128 条、第 1129 条规定对被申请人有继承权的亲属

本条第 2 项明确了依据《民法典》第 1128 条、第 1129 条规定对被申请人有继承权的亲属也有权申请宣告失踪。主要考虑是《民法典》第 1128 条规定的代位继承人、第 1129 条规定的丧偶儿媳或者丧偶女婿作为典型的继承人，与被申请人存在财产上的利害关系，有为失踪人确定财产代管人的需要，且在符合《民法典》继承编有关规定的情况下，他们实际上与被继承人的近亲属处于同一法律地位，但难以为近亲属的概念所涵盖，有必要作出明确规定。

---

① 该条规定：申请宣告失踪或宣告死亡的利害关系人，包括被申请宣告失踪或宣告死亡人的配偶、父母、子女、兄弟姐妹、祖父母、外祖父母、孙子女、外孙子女以及其他与被申请人有民事权利义务关系的民事主体。宣告失踪不是宣告死亡的必经程序，利害关系人可以不经申请宣告失踪而直接申请宣告死亡。但是，为了确保各方当事人权益的平衡保护，对于配偶、父母、子女以外的其他利害关系人申请宣告死亡，人民法院审查后认为申请人通过申请宣告失踪足以保护其权利，其申请宣告死亡违背民法典第一百三十二条关于不得滥用民事权利的规定的，不予支持。

（三）债权人、债务人、合伙人等与被申请人有民事权利义务关系的民事主体，但是不申请宣告失踪不影响其权利行使、义务履行的除外

第3项主要是在《民法通则意见》有关“与被申请人有民事权利义务关系的人”的规定基础上，将债权人、债务人、合伙人作为典型的与被申请人有民事权利义务关系的民事主体予以列明，同时为防止申请宣告失踪制度的滥用，至于其他具有利害关系的人，考虑到社会生活的复杂性，难以列举穷尽，故用“等”字概括。例如，在司法实践中，利害关系人的范围还扩及在事实上具有共同生活关系的人。比如，在“陈某1要求宣告陈某2失踪案”中，申请人陈某1与被申请人陈某2系婆媳关系，因陈某1儿子娄某与陈某2相识结为夫妇，婚后生育女儿娄某某；2015年6月娄某因意外死亡，儿媳陈某2在2010年1月离家出走失去联系，下落不明满二年。法院基于陈某1的申请宣告陈某2为失踪人。尽管该案中有被申请人的女儿娄某某，但是她属于无民事行为能力人。娄某某的祖母以自己的名义申请陈某2失踪。陈某1之所以可以作为申请人，法院认定的理由在于她与被申请人是在一起共同生活的婆媳，在财产等方面具有较为紧密的利害关系。①

此外，有利害关系也并不等同于有申请宣告失踪的必要。例如，实践中，失踪人的债权人利益保护问题在大多数情况下可以通过缺席判决、公告送达等制度实现，通过宣告失踪制度解决一般债权纠纷不具有明显的必要性和紧迫性。故有必要对此类利害关系人申请宣告失踪予以必要限制，以防止权利滥用。因此，本项将“不申请宣告失踪不影响其权利行使、义务履行”作为限定条件。

① 参见贵州省桐梓县人民法院（2015）桐法民特字第13号民事判决书。

【审判实践中应注意的问题】

一、人民法院不能依职权主动宣告自然人为失踪人

根据《民法典》第42条的规定，失踪宣告由利害关系人提起，有学者认为，我国失踪宣告程序只能由失踪人的亲属或其他利害关系人提起，且任何人皆无提起之义务。这意味着，若当事人不向法院提出申请，失踪宣告制度的目的根本无法达成。法、德、瑞等国相应程序则均可由公权力者（如检察官）提起。如此，可在一定程度上避免利害关系人怠于提出申请之弊。① 也有观点认为，如果机关法人举证证明与失踪人之间存在民事权利义务关系或者公法上的权利义务关系，则当然可以作为利害关系人申请人民法院宣告该下落不明的自然人为失踪人。《民法总则》第40条没有规定“利害关系人”的范围或者顺序，反倒赋予其解释发展的空间。② 根据本解释规定，虽然人民法院不能依职权主动宣告某下落不明的自然人为失踪人，但如根据具体案情，相关机构符合本条第三项规定的条件的，不妨碍其作为利害关系人申请宣告失踪。

二、无民事行为能力人或者限制行为能力人失踪的情形

宣告失踪制度的目的和效果是为失踪人设置财产管理人、保护失踪人的财产，根据《民法典》第34条1款规定：“监护人的职责是代理被监护人实施民事法律行为，保护被监护人的人身权利、财产权利以及其他合法权益等”。如果下落不明的自然人系无民事行为能力人

① 朱庆育：《民法总论》，北京大学出版社2016年版，第416页。

② 参见王利明：《中华人民共和国民法总则详解》，中国法制出版社2017年版，第185页。

或者限制民事行为能力人，本来就有法定代理人（监护人）为其管理财产，或者完全民事行为能力的下落不明的自然人已经自己设定了财产管理人，对于此类情形，符合本条第 3 项“不申请宣告失踪不影响其权利行使、义务履行”的除外情形，一般不具备宣告失踪的必要性。

三、申请宣告失踪人为无民事行为能力人或限制民事行为能力人

司法实践中也发生申请宣告失踪人为无民事行为能力人或限制民事行为能力人的情形。例如，如父母失踪后，子女尚未成年，不具备完全民事行为能力，如何申请宣告父母失踪？鉴于申请宣告自然人失踪系诉讼行为，申请人须具备完全民事行为能力，因此，如果失踪人的近亲属属于无民事行为能力人或者限制民事行为能力人，也不具有独立宣告失踪申请人的资格，而应由其法定代理人提出申请。

【相关规定】

一、《民法典》第 40 条：自然人下落不明满二年的，利害关系人可以向人民法院申请宣告该自然人为失踪人。

第 46 条：自然人有下列情形之一的，利害关系人可以向人民法院申请宣告该自然人死亡：

（一）下落不明满四年；

（二）因意外事件，下落不明满二年。

因意外事件下落不明，经有关机关证明该自然人不可能生存的，申请宣告死亡不受二年时间的限制。

第 1128 条：被继承人的子女先于被继承人死亡的，由被继承人的子女的直系晚辈血亲代位继承。

被继承人的兄弟姐妹先于被继承人死亡的，由被继承人的兄弟姐妹的子女代位继承。

代位继承人一般只能继承被代位继承人有权继承的遗产份额。

第1129条：丧偶儿媳对公婆，丧偶女婿对岳父母，尽了主要赡养义务的，作为第一顺序继承人。

二、《民事诉讼法》第184条：人民法院审理选民资格案件、宣告失踪或者宣告死亡案件、认定公民无民事行为能力或者限制民事行为能力案件、认定财产无主案件、确认调解协议案件和实现担保物权案件，适用本章规定。本章没有规定的，适用本法和其他法律的有关规定。

第190条：公民下落不明满二年，利害关系人申请宣告其失踪的，向下落不明人住所地基层人民法院提出。

申请书应当写明失踪的事实、时间和请求，并附有公安机关或者其他有关机关关于该公民下落不明的书面证明。

三、《全国法院贯彻实施民法典工作会议纪要》第1条：申请宣告失踪或宣告死亡的利害关系人，包括被申请宣告失踪或宣告死亡人的配偶、父母、子女、兄弟姐妹、祖父母、外祖父母、孙子女、外孙子女以及其他与被申请人有民事权利义务关系的民事主体。宣告失踪不是宣告死亡的必经程序，利害关系人可以不经申请宣告失踪而直接申请宣告死亡。但是，为了确保各方当事人权益的平衡保护，对于配偶、父母、子女以外的其他利害关系人申请宣告死亡，人民法院审查后认为申请人通过申请宣告失踪足以保护其权利，其申请宣告死亡违背《民法典》第一百三十二条关于不得滥用民事权利的规定的，不予支持。

四、《民法通则意见》（已废止）第24条：申请宣告失踪的利害关系人，包括被申请宣告失踪人的配偶、父母、子女、兄弟姐妹、祖父母、外祖父母、孙子女、外孙子女以及其他与被申请人有民事权利义务关系的人。

【典型案例】

一、胡某2等与何某英等申请宣告失踪案［贵州省遵义市中级人民法院（2014）遵市法民一终字第991号民事裁定］

裁判要旨：申请人与被申请人无利害关系的，人民法院对其宣告失踪申请不予支持。

基本案情：1998年，胡某1外出务工回来时带着妻子何某英及女儿胡小某；1999年，何某英带走胡小某至今下落不明。2000年开始，胡某1与胡某2共同生活。2013年9月，胡某1因交通事故死亡，胡某2、胡某3、胡某4、胡某5（系胡某1弟弟、妹妹）办理丧葬事宜；事故赔偿款现由政府暂时保管。为使胡某1的死亡赔偿款有人代管，胡某2、胡某3、胡某4、胡某5申请法院宣告何某英、胡小某失踪。

生效裁判认为：申请宣告失踪的利害关系人，包括被申请宣告失踪人的配偶、父母、兄弟姐妹、祖父母、外祖父母、孙子女、外孙子女以及其他与被申请人有民事权利义务关系的人。胡某2、胡某3、胡某4、胡某5在法律上属于胡某1的利害关系人，而与何某英、胡小某没有利害关系，其申请宣告何某英、胡小某失踪主体不适格，据此裁定驳回。

二、刘甲、刘乙申请宣告尹某某失踪案［湖南省耒阳市人民法院（2015）耒巡民一特字第23号民事判决］

裁判要旨：申请人无民事行为能力或限制行为能力的，可由其法定代理人提出宣告失踪申请。

基本案情：申请人的父亲刘某某于2007年7月19日遇害死亡，母亲尹某某于2010年8月离家出走至今下落不明，申请人的祖父、祖母均已死亡，申请人随堂伯父生活。为此，申请人以堂伯父为法定代理人，请求人民法院宣告被申请人尹某某为失踪人。

生效裁判认为：被申请人尹某某下落不明已满 2 年，符合宣告失踪的条件，申请人刘甲、刘乙申请尹某某失踪，符合法律规定，判决宣告尹某某失踪。

第十五条　失踪人的财产代管人向失踪人的债务人请求偿还债务的，人民法院应当将财产代管人列为原告。

债权人提起诉讼，请求失踪人的财产代管人支付失踪人所欠的债务和其他费用的，人民法院应当将财产代管人列为被告。经审理认为债权人的诉讼请求成立的，人民法院应当判决财产代管人从失踪人的财产中支付失踪人所欠的债务和其他费用。

【条文主旨】

本条是关于失踪人的财产代管人诉讼地位的规定。

【条文理解】

一、起草背景

宣告失踪制度的立法目的，在于为失踪人设置财产代管人，以维护失踪人的财产利益及利害关系人的财产利益。根据《民法典》第43条规定："财产代管人应当妥善管理失踪人的财产，维护其财产权益。失踪人所欠税款、债务和应付的其他费用，由财产代管人从失踪人的财产中支付。财产代管人因故意或者重大过失造成失踪人财产损失的，应当承担赔偿责任。"因此，财产代管人负有两方面的职责：一方面，维护失踪人的合法利益，使其不因财产无人管理而遭受他人损害；另一方面，维护与失踪人有利害关系的当事人的合法利益，使其不因失踪人失踪这一事实而利益受损。不论是失踪人享有债权或承担债务，都将涉及失踪人的财产代管人以何种身份参与诉讼的问题。对此，《民法通则意见》第32条规定："失踪人的财产代管人拒绝支付失踪人所欠的税款、债务和其他费用，债权人提起诉讼的，人民法院应当将代管人列为被告。失踪人的财产代管人向失踪人的债务人要求偿还债务的，可以作为原告提起诉讼。"现《民法通则意见》已被废止，有必要明确财产代管人的诉讼地位，以指导审判实践。

二、主要争议

关于财产代管人的诉讼地位问题，实践中存在较大争议。第一种观点与《民法通则意见》第32条的规定一致，认为财产代管人具有当事人资格，可以直接作为诉讼的"原告"或者"被告"，将财产代管人列为被告有利于解决责任承担、判项表述问题，有利于通过执行制度保护失踪人的债权人利益，维护交易秩序和安全。第二种观点认为，代管人既可以作为财产代管人，也可以作为指定代理人。首先，代管人是财产保管人，其应当负有像对待自己事务一样的注意义务，来保管失踪人的财产，因其故意或重大过失造成失踪人财产损害的，应当负损害赔偿责任。其次，财产代管人不仅仅是保管人，其在法律以及法院授权的范围内有权代理失踪人从事一定的民事法律行为，即以失踪人的财产代其清偿债务，也有权代理其接受债权。由于此种代理是因法院的指定而确定，故其在性质上是一种指定代理。① 第三种观点认为，依大陆法系传统立法例，为失踪人等设立保佐制度，大致相当于我国的财产代管人制度，保佐人代为管理失踪人等被保佐人的财产，其法律地位为被保佐人的法定代理人。例如，《德国民法典》第1793条规定监护人为法定代理人，第1915条第1款规定："关于监

① 参见最高人民法院民法典贯彻实施工作领导小组主编：《中华人民共和国民法典总则编理解与适用》，人民法院出版社2020年版，第251～252页。

护的规定，准用于保佐。”因此，财产代管人的性质为法定代理人。[①]失踪人是“下落不明”，不是“死亡”。失踪人仍然具有民事权利能力，财产代管人从失踪人的财产中支付失踪人所欠税款、债务及其他费用时，是以失踪人的法定代理人身份为之。在债权人向人民法院起诉失踪人偿还欠债的诉讼中，代管人为被告（失踪人）的法定代理人，并可以失踪人法定代理人身份为失踪人聘请诉讼代理人。如失踪人对他人享有债权，代管人应以失踪人的法定代理人身份，依法（必要时向人民法院起诉）向债务人追偿。[②]财产代管人的职责主要是对失踪人的财产进行管理，当然，其在履行管理职责时，也需代理失踪人实施一定的民事法律行为。由于此种代理是基于法律规定而产生的，因而其在性质上是一种法定代理，而且是法院所指定的代理。[③]财产代管人和一般代理人也存在差异。财产代管人不能全权代理失踪人从事民事活动，只能在法律和法院授权的范围内代理失踪人从事必要的民事活动。财产代管人通常不能从事与失踪人的债务清偿和债权追索无关的活动。[④]

经研究，本解释采纳了第一种意见，即失踪人的财产代管人可以作为原告或者被告参加诉讼。主要有以下理由：

（一）《民法典》直接规定财产代管人为权利义务主体

《民法典》第43条第1款规定，财产代管人要尽到善良代管人的义务，妥善管理失踪人的财产，维护其财产权益；第2款规定，财产代管人应当履行失踪人应当履行的义务，包括从失踪人的财产中支付失踪人所欠税款、债务和应付的其他费用的义务。就我国失踪人之财

① 参见史尚宽：《民法总论》，中国政法大学出版社2000年版，第520页。

② 参见梁慧星：《民法总则讲义（修订版）》，法律出版社2021年版，第95～96页。

③ 王利明：《民法总则研究（第三版）》，中国人民大学出版社2018年版，第239页。

④ 参见杨立新：《中华人民共和国民法总则要义与案例解读》，中国法制出版社2017年版，第175页。

产代管人的管理权限而言，可以包含保存行为、改良行为和必要的经营行为、处分行为。除了清偿失踪人的债务，代管人还应代理失踪人追索其债权或者接受债权。① 因此，财产代管人所享有的权利和应承担的义务均有法律的明确规定为依据，财产代管人就是权利义务的主体。根据《民事诉讼法》第122条规定："起诉必须符合下列条件：（一）原告是与本案有直接利害关系的公民、法人和其他组织；（二）有明确的被告；（三）有具体的诉讼请求和事实、理由；（四）属于人民法院受理民事诉讼的范围和受诉人民法院管辖。"财产代管人具备参加诉讼的民事主体资格。

（二）以财产代管人为法定代理人法律依据不明确

本条起草过程中也曾制定将财产代管人作为法定代理人的方案。具体方案为："失踪人的财产代管人请求失踪人的债务人偿还债务，或者失踪人的财产代管人拒绝支付失踪人所欠的税款、债务和其他费用，债权人提起诉讼的，人民法院应当将失踪人列为当事人。财产代管人可以参照有关法定代理人的规定参加诉讼，但是不得超越其职责范围。"但最终未采用这一方案，其主要障碍在于虽然将财产代管人作为法定代理人或者指定代理人的观点在学理上具备合理性，但目前我国立法中尚无将财产代管人作为法定代理人的明确法律依据。

（三）以财产代管人为原告或者被告，属于长期司法实践形成的成熟做法

失踪人的财产代管人作为原告或者被告参加诉讼的规则是《民法通则意见》的规定。《民法通则意见》施行三十余年来，已经成为我国民事法律制度和司法实践中的一部分，在未发现明显问题的情况下，改变目前的成熟做法，可能造成理论的争议和实践的脱节。且现代社

① 参见最高人民法院民法典贯彻实施工作领导小组主编：《中华人民共和国民法典总则编理解与适用》，人民法院出版社2020年版，第253页。

会通讯发达、交通便利，对于因意外事件导致失踪的情形，多数失踪人可能已经死亡，并不具备诉讼主体资格，此时仍然将失踪人列为诉讼主体也不符合常情常理。

（四）将财产代管人作为原告或者被告也有利于解决送达、执行等问题

按照《民法典》第43条的规定，失踪人所欠债务等由财产代管人从失踪人的财产中支付。失踪人的财产代管人作为被告，可被列为被执行人，如拒不履行判决义务的，可以通过失信被执行人等制度予以制裁，以保障债权人的合法权益实现。

征求意见过程中，也有建议提出将失踪人与财产代管人作为共同被告，考虑到将失踪人作为被告将导致送达、执行中的送达问题，对审判效率造成不利影响，故未采纳该建议。

三、条文理解

相较于《民法通则意见》第32条的规定："失踪人的财产代管人拒绝支付失踪人所欠的税款、债务和其他费用，债权人提起诉讼的，人民法院应当将代管人列为被告。失踪人的财产代管人向失踪人的债务人要求偿还债务的，可以作为原告提起诉讼。"本条主要作了以下调整：

1. 调整《民法通则意见》第32条第1款、第2款的顺序，将失踪人的财产代管人作为原告提起诉讼的条款置于被诉条款之前，这一调整的主要目的是强调财产代管人作为善良管理人，其主要职责是保护失踪人的财产权益。

2. 将《民法通则意见》第32条第1款规定的"失踪人的财产代管人拒绝支付失踪人所欠的税款、债务和其他费用，债权人提起诉讼的，人民法院应当将代管人列为被告"调整为"债权人提起诉讼，请求失踪人的财产代管人支付失踪人所欠的债务和其他费用的，人民法

院应当将财产代管人列为被告"。该条文表述调整的主要目的是聚焦于诉讼主体资格的问题，且与《民法典》第 43 条规定一致，防止产生失踪人的债权人需向财产代管人请求偿还债务被拒绝方可提起诉讼的误解。

3. 在《民法通则意见》第 1 款基础上增加第二句"经审理认为债权人的诉讼请求成立的，人民法院应当判决财产代管人从失踪人的财产中支付失踪人所欠的债务和其他费用"。该规定与《民法典》第 43 条第 2 款规定的精神一致，明确财产代管人所负义务。同时与执行制度衔接，对于财产代管人拒不履行判决的，依法应当承担相应责任。有意见提出将本条规定的"支付"修改为"履行"，考虑到《民法典》第 43 条第 2 款亦采用了"支付"的表述，故未采纳该意见。

4. 将《民法通则意见》第 32 条第 1 款"税款、债务和其他费用"中的"税款"删除。虽然《民法典》第 43 条第 2 款规定："失踪人所欠税款、债务和应付的其他费用，由财产代管人从失踪人的财产中支付。"但失踪人以及财产代管人未缴纳税款的，税务机关可以按照《税收征收管理法》第 40 条等相关法律规定处理，税款相关纠纷并非一般民事纠纷的处理范围，采用"所欠的债务和其他费用"的表述足以列明民事纠纷的典型情形。

【审判实践中应注意的问题】

一、人民法院指定财产代管人的原则

关于指定财产代管人的原则，《民法典》第 42 条未作明确规定，《民法通则意见》第 30 条第 1 款规定："人民法院指定失踪人的财产代管人，应当根据有利于保护失踪人财产的原则指定。没有民法通则第二十一条规定的代管人，或者他们无能力作代管人，或者不宜作代

管人的，人民法院可以指定公民或者有关组织为失踪人的财产代管人。”第2款规定：“无民事行为能力人、限制民事行为能力人失踪的，其监护人即为财产代管人。”该条第2款监护人作为财产代管人的规定在《民法典》施行后，可以根据《民法典》第34条1款规定的精神得出，即“监护人的职责是代理被监护人实施民事法律行为，保护被监护人的人身权利、财产权利以及其他合法权益等”。该条第1款规定指定财产代管人依据的“有利于保护失踪人财产的原则”，主要有两种标准：一种是根据与失踪人关系的密切程度；另一种是根据代管人的管理能力。前一种标准的优点在于更符合失踪人的心理预期，符合日常生活经验判断；缺点在于与失踪人关系最密切的人，未必是最有能力帮助失踪人管理财产实现保值增值的人。后一种标准的优点在于，由管理能力最强的人担任财产代管人，客观上更有利于帮助失踪人财产的保值增值；缺点在于财产代管人管理能力强，但与失踪人身份关系密切程度较低，有违公众普遍认知。①

在本解释起草过程中，曾拟对该原则进行解释，条文稿为：“人民法院指定失踪人的财产代管人，应当按照有利于保护失踪人财产的原则，根据与失踪人身份关系密切的程度、对失踪人财产的控制情况等因素从有代管能力的人中指定。”但是，考虑到实践中失踪人的财产大多是与配偶的夫妻共同财产，一般而言按照与失踪人身份关系密切的程度，由配偶以及其他近亲属等担任财产代管人，这也符合社会公众的普遍认知，但司法解释仅作此规定无明显的指导意义。如果将非身份关系的其他因素例如“对失踪人财产的控制情况”“管理能力”等作为考量因素，又可能导致争夺财产控制权以及管理能力如何评价、是否可以通过聘请专业人士弥补管理能力不足等诸多问题，故最终采纳相关意见未作规定。具体实践中，在有近亲属的情形下，一般可以

① 参见最高人民法院民法典贯彻实施工作领导小组主编：《中华人民共和国民法典总则编理解与适用》，人民法院出版社2020年版，第247页。

按照身份关系的密切程度确定财产代管人，在无近亲属或者近亲属不具备完全民事行为能力的情形下，可以根据有利于保护失踪人财产的原则，综合考虑与失踪人关系的密切程度、相关人员的管理能力、失踪人先前意愿等因素确定财产代管人。

二、重大灾难导致失踪的情形

对于涉及重大灾难导致宣告失踪的情形，《最高人民法院印发〈关于处理涉及汶川地震相关案件适用法律问题的意见（一）〉的通知》（法发〔2008〕21号）第5条规定："人民法院正在审理的刑事案件、民事案件、行政案件以及执行案件中，当事人死亡或失踪的，要依法分别处理。刑事案件被告人死亡的，终止审理。民事案件、行政案件和执行案件当事人死亡或者失踪的，裁定中止审理、执行，待灾区安置及恢复重建工作进行到一定阶段，经法定程序对涉案人身、财产关系明确后，人民法院依法决定是否恢复审理、执行，或者按撤诉处理、终结诉讼、终结执行，或者变更主体等。"第8条第2款规定："利害关系人申请宣告下落不明人失踪的，人民法院作出宣告失踪判决后，应当变更财产代管人为当事人，相关法律文书向财产代管人送达。"该规定对于其他类似案件具有参照意义。

【相关规定】

一、《民法典》第43条：财产代管人应当妥善管理失踪人的财产，维护其财产权益。

失踪人所欠税款、债务和应付的其他费用，由财产代管人从失踪人的财产中支付。

财产代管人因故意或者重大过失造成失踪人财产损失的，应当承担赔偿责任。

二、《民事诉讼法》第122条：起诉必须符合下列条件：

（一）原告是与本案有直接利害关系的公民、法人和其他组织；

（二）有明确的被告；

（三）有具体的诉讼请求和事实、理由；

（四）属于人民法院受理民事诉讼的范围和受诉人民法院管辖。

三、《税收征收管理法》第40条：从事生产、经营的纳税人、扣缴义务人未按照规定的期限缴纳或者解缴税款，纳税担保人未按照规定的期限缴纳所担保的税款，由税务机关责令限期缴纳，逾期仍未缴纳的，经县以上税务局（分局）局长批准，税务机关可以采取下列强制执行措施：

（一）书面通知其开户银行或者其他金融机构从其存款中扣缴税款；

（二）扣押、查封、依法拍卖或者变卖其价值相当于应纳税款的商品、货物或者其他财产，以拍卖或者变卖所得抵缴税款。

税务机关采取强制执行措施时，对前款所列纳税人、扣缴义务人、纳税担保人未缴纳的滞纳金同时强制执行。

个人及其所扶养家属维持生活必需的住房和用品，不在强制执行措施的范围之内。

四、《民法通则意见》（已废止）第32条：失踪人的财产代管人拒绝支付失踪人所欠的税款、债务和其他费用，债权人提起诉讼的，人民法院应当将代管人列为被告。

失踪人的财产代管人向失踪人的债务人要求偿还债务的，可以作为原告提起诉讼。

【典型案例】

一、申某甲与申某明失踪人债务支付纠纷案［北京市东城区人民法院（2017）京0101民初4970号民事判决］

裁判要旨：债权人提起诉讼，请求失踪人的财产代管人支付失踪人所欠的债务和其他费用的，人民法院应当将财产代管人列为被告。

基本案情：申某乙于1983年离家出走后下落不明。2010年11月，法院根据其子申某明申请，宣告申某乙失踪，同时指定申某明为财产代管人。2010年10月，为保证案件顺利执行，申某甲代申某乙向法院缴纳执行案款。现申某甲诉至法院请求被告申某明以其代管的申某乙的财产清偿所欠债务。

生效裁判认为：对失踪人所欠债务和应当支付的其他费用，由代管人从失踪人的财产中支付。本案中，为使执行案件顺利解决，申某甲代失踪人申某乙缴纳了执行案款，申某乙向申某甲负有债务。现申某甲起诉要求申某明作为失踪人的财产代管人偿还债务，于法有据。遂判决申某明于判决生效后七日内从失踪人申某乙的财产中向申某甲支付欠款。

二、王某荣与中国银行石狮支行储蓄存款合同纠纷纠纷案［福建省石狮市人民法院（2015）狮民初字第683号民事判决］

裁判要旨：失踪人的财产代管人具有原告主体资格，有权作为原告提起诉讼。

基本案情：王某荣与林某平系夫妻关系。林某平于2011年10月失踪，下落不明已满两年。失踪前，林某平在中行石狮支行某分理处开立账户，截至2015年2月25日，该账户状态正常，存款余额为162416.42元。王某荣向福建省福安市人民法院申请宣告林某平失踪，

2014 年 6 月该院作出判决：一、宣告林某平失踪；二、指定申请人王某荣为财产代管人。王某荣于 2014 年 7 月至 8 月到中行石狮支行某分理处办理存款支取业务，中行石狮支行未予办理。2015 年 1 月 16 日，原告诉至法院，请求判令被告办理林某平账户内存款的支取业务。

生效裁判认为：林某平与中国银行石狮支行之间的储蓄存款合同关系有效。因林某平被依法宣告失踪，王某荣作为失踪人的财产代管人，具有原告主体资格，依法有权要求被告履行储蓄存款合同，同时原告具有代为管理失踪人林某平存款的义务和责任，《民法通则》及其司法解释关于对财产代管人的权利限制仅针对使用权和处分权权能，并未约束转移占有实现收益等权能，代管人为履行代管职责可以行使占有权和收益权；王某荣主张办理讼争存款的支取业务的行为，并非针对失踪人财产的使用和处分行为，其作为财产代管人可凭人民法院判决书和财产代管证明及代管人有效身份证件要求办理存款支取业务，被告应予办理；至于失踪人财产代管职责是否履行得当，应当由利害关系人向人民法院主张，被告基于与失踪人林某平的储蓄存款合同关系，并不承担监督管理财产代管人代管职责的义务。遂判决被告中国银行石狮支行应于判决生效后十日内为原告王某荣办理林某平账户内存款的支取业务。

第十六条　人民法院审理宣告死亡案件时，被申请人的配偶、父母、子女，以及依据民法典第一千一百二十九条规定对被申请人有继承权的亲属应当认定为民法典第四十六条规定的利害关系人。

符合下列情形之一的，被申请人的其他近亲属，以及依据民法典第一千一百二十八条规定对被申请人有继承权的亲属应当认定为民法典第四十六条规定的利害关系人：

（一）被申请人的配偶、父母、子女均已死亡或者下落不明的；

（二）不申请宣告死亡不能保护其相应合法权益的。

被申请人的债权人、债务人、合伙人等民事主体不能认定为民法典第四十六条规定的利害关系人，但是不申请宣告死亡不能保护其相应合法权益的除外。

【条文主旨】

本条是关于申请宣告死亡的利害关系人范围的规定。

【条文理解】

一、起草背景

相较于宣告失踪制度，宣告死亡制度的主要目的在于及时清结下落不明之人与他人之间的人身关系和财产关系，以结束长期悬而未决的不稳定状态，维护包括其配偶在内的生者的利益。[①] 在这些利益中，配偶的利益是最为特殊的。因为下落不明之人一经宣告死亡，配偶不仅同其他生者一样享有财产方面的继承利益，其婚姻利益也会受到影响。正如《民法典》第51条规定："被宣告死亡的人的婚姻关系，自死亡宣告之日起消除。死亡宣告被撤销的，婚姻关系自撤销死亡宣告之日起自行恢复。但是，其配偶再婚或者向婚姻登记机关书面声明不愿意恢复的除外。"由此可见，对于下落不明之人的配偶而言，宣告死亡制度在法效果上赋予了其缔结新的婚姻的权利。职是之故，《民法通则意见》第25条第1款规定："申请宣告死亡的利害关系人的顺序是：（一）配偶；（二）父母、子女；（三）兄弟姐妹、祖父母、外祖父母、孙子女、外孙子女；（四）其他有民事权利义务关系的人。"该司法解释之所以明确将配偶列为宣告死亡的第一顺序申请人，目的就是优先保护配偶的身份利益、伦理利益和情感利益。[②]

长期以来，司法实践中照此执行似并无异议，但是在司法解释清理过程中，我们发现各方对于宣告死亡的利害关系人顺序问题争议较大。第一种意见认为，宣告死亡对于当事人利益，尤其是配偶的身份利益影响巨大，因而有必要作出顺序限制。《民法通则意见》第25条体现了配偶以及其他民事主体的先后顺序问题，可以防止债权人任意宣告债务人死亡。而且，债权人通常可以通过宣告失踪程序救济其权利。该条规定在《民法通则意见》实施多年以来效果良好，故有必要保留。第二种意见认为，《民法典》编纂过程中曾就是否规定宣告死亡的利害关系人的顺序作了专门研究，但最终对此未作规定。规定申请宣告死亡的顺序与《民法典》立法精神并不一致，建议慎重。例如，如果规定了宣告死亡的顺序，在配偶、父母、子女等在先顺位人

① 参见李永军：《民法总则》，中国法制出版社2018年版，第199~200页。

② 参见姚新华：《民法总论》，中国政法大学出版社2018年版，第63页。

不宣告死亡的情况下，失踪人所在单位因无权宣告死亡，不得不继续支付失踪人的基本工资，损害用人单位的利益。退休人员长期失踪而其配偶、子女不申请宣告死亡，社保机构照常定期向该长期失踪的退休人员账户汇付养老金、社保金的情形多有发生。① 第三种意见认为，宣告死亡主要涉及继承人利益问题，配偶、父母、子女为第一顺序继承人，没有必要再区分先后顺序。综合考虑各方意见，特别是征询立法机关意见后，我们遵循《民法典》的规定，对《民法通则意见》第25条的内容作了实质性修改，不再规定申请宣告死亡的利害关系人顺序。但是为了平衡各方当事人的利益，防止取消申请宣告死亡的利害关系人顺序后又走向另一个极端，我们对利害关系人申请宣告死亡也作了必要限制，在《全国法院贯彻实施民法典工作会议纪要》第1条中，引入《民法典》第132条关于民事权利不得滥用的规定，同时吸纳上述第三种意见的精神，明确配偶、父母、子女以外的其他利害关系人通过申请宣告失踪足以保护其权利，却申请宣告死亡的，人民法院不予支持。这是因为宣告死亡对于当事人利益，尤其是对配偶身份利益影响较大，在其他利害关系人可以通过另外的方式救济其权利的情况下，允许他们因自身财产权益保护的问题启动对失踪人的死亡宣告程序，会牺牲配偶的身份利益，有失公平；而且宣告死亡适用特别程序审理，实行一审终审，受影响的当事人无上诉的救济机会。因此，为避免利益失衡，《全国法院贯彻实施民法典工作会议纪要》根据《民法典》第132条关于禁止权利滥用的精神，作出了相应规定。②

二、起草过程中相关意见和建议

在司法解释的起草过程中，考虑到《全国法院贯彻实施民法典工

① 参见梁慧星：《民法总论》，法律出版社2017年版，第117页。

② 参见最高人民法院研究室编著：《〈全国法院贯彻实施民法典工作会议纪要〉条文及适用说明》，人民法院出版社2021年版，第20～21页。

作会议纪要》第 1 条虽不再规定申请宣告死亡的利害关系人的先后顺序，但是禁止权利滥用原则本身具有抽象性，如何准确指引法官、有效平衡下落不明之人与其利害关系人之间的利益，对申请宣告死亡的利害关系人范围及申请条件予以明确限定仍有必要。下面结合该条文在起草过程中的变化情况，对相关意见和建议予以介绍。

在司法解释初稿和征求意见稿中，曾规定“人民法院审理申请宣告死亡案件时，被申请人的配偶、父母、子女应当认定为民法典第四十六条规定的利害关系人。被申请人的其他近亲属符合下列情形之一的，应当认定为民法典第四十六条规定的利害关系人：（一）被申请人的配偶、父母、子女均已死亡或者下落不明的；（二）被申请人的其他近亲属不申请宣告死亡不能保护其相应合法权益的。被申请人的债权人、债务人、合伙人、所在单位等民事主体原则上不能认定为民法典第四十六条规定的利害关系人，但是不申请宣告死亡不能保护其相应合法权益的除外。”目的是通过对申请宣告死亡的利害关系人的申请条件作不同程度的限定，实现被申请人与利害关系人之间的利益平衡。但在其后对司法解释的讨论和征求意见过程中，法官代表和专家学者提出不同意见。主要包括：第一，有意见认为未能考虑《民法典》第 1128 条有关被继承人的子女的直系晚辈血亲或者被继承人的兄弟姐妹的子女代位继承，以及《民法典》第 1129 条有关丧偶儿媳对公婆，丧偶女婿对岳父母，尽了主要赡养义务的，作为第一顺序继承人的情况。鉴于现有条文第 1 款和第 2 款均将申请宣告死亡的利害关系人限定为被申请人的近亲属，第 3 款规定的民事主体亦无法将《民法典》第 1128 条、第 1129 条规定的继承权利人涵盖在内，故有必要将上述继承权利主体予以明确。第二，有意见认为将申请宣告死亡的利害关系人限定于近亲属，范围较窄，但是如果将其他亲属都列进来又过于宽泛。第三，有意见认为司法解释中少有“原则上”“但是……的除外”的表述，建议再酌。

根据有关意见和建议，我们对该条司法解释征求意见稿进行了修改，修改后表述为："人民法院审理宣告死亡案件时，被申请人的配偶、父母、子女，以及依据民法典第一千一百二十九条规定对被申请人有继承权的亲属应当认定为民法典第四十六条规定的利害关系人。符合下列情形之一的，被申请人的其他近亲属，以及依据民法典第一千一百二十八条规定对被申请人有继承权的亲属应当认定为民法典第四十六条规定的利害关系人：（一）被申请人的配偶、父母、子女均已死亡或者下落不明的；（二）不申请宣告死亡不能保护其相应合法权益的。被申请人的债权人、债务人、合伙人等民事主体不能认定为民法典第四十六条规定的利害关系人，但是不申请宣告死亡不能保护其相应合法权益的除外。"

三、本条规定的主要精神

关于宣告死亡的条件，《民法典》第46条从实质要件和形式要件两个维度作出规定：（1）从实质要件上讲，即自然人下落不明达到法定期间；（2）从形式要件上讲，则包括利害关系人申请和人民法院判决宣告。其中，有关利害关系人的范围和申请顺序问题主要规定于《民法通则意见》第25条，后为统一正确实施《民法典》，《全国法院贯彻实施民法典工作会议纪要》在综合各方意见的基础上，根据《民法典》规定精神，对该条规定予以实质性修改，取消了利害关系人申请宣告死亡的顺序规定。本条在此基础上，通过对不同利害关系人申请宣告死亡的条件作出严格限定，实现对被申请人与利害关系人的利益平衡，最大程度上防止宣告死亡制度的滥用。

（一）被申请人的第一顺序的法定继承人

依我国现今通说，宣告死亡产生的是推定被宣告死亡的人死亡的效力,[①] 但对于宣告死亡的效力及于何种程度，学界存在不同观点。有学者认为仅限于财产关系;[②] 也有学者认为，宣告死亡为法律对失踪人已经死亡的“暂且拟制”，其目的仅在于确定以自然人失踪前之住所为中心的法律关系,[③] 因此，宣告死亡与自然死亡产生相同的法律效果，即遗产继承开始，婚姻关系当然消灭；还有学者认为，宣告死亡应对于一切法律关系产生效力，但对于婚姻关系应特设例外。[④] 究其共性，宣告死亡通常会引起自然人在法律上的继承效果。因此，《民法通则意见》第 25 条将“配偶、父母、子女、兄弟姐妹、祖父母、外祖父母”等民事主体予以明确列举，也是充分考虑宣告死亡制度对被申请人的继承人的利益影响重大，申请宣告死亡的利害关系人多以被申请人的继承人为主的情况。

本条第 1 款规定被申请人的配偶、父母、子女，以及依据《民法典》第 1129 条规定对被申请人有继承权的亲属应当认定为《民法典》第 46 条规定的利害关系人，即对被申请人的第一顺序的法定继承人属于申请宣告死亡的利害关系人作出明确规定。主要考虑是，根据《民法典》第 1127 条、第 1129 条规定，配偶、父母、子女以及对公婆尽了主要赡养义务的丧偶儿媳、对岳父母尽了主要赡养义务的丧偶女婿，属于第一顺序的法定继承人。鉴于被申请人下落不明通常具有突发性，存有遗嘱、遗赠或者遗赠扶养协议的可能性较小，在无遗嘱继承、遗赠以及遗赠扶养协议的情况下，第一顺序法定继承人与被申请人具有当然的继承利益关系。且即使按照遗嘱继承或者遗赠、遗赠扶养协议

---

① 参见江平、张佩霖：《民法教程》，中国政法大学出版社 1988 年版，第 25 页；王利明：《民法总则》，中国人民大学出版社 2017 年版，第 137 页；朱庆育：《民法总论（第 2 版）》，北京大学出版社 2016 年版，第 393 页。转引自翟远见：《论宣告死亡及其撤销在婚姻上的效力》，载《中国法学》2021 年第 2 期。

② 参见史尚宽：《民法总论》，中国政法大学出版社 2000 年版，第 97 页。

③ ［日］四宫和夫：《日本民法总则》，我国台湾地区五南图书出版公司 1995 年版，第 75 页。

④ 尹田：《论宣告失踪与宣告死亡》，载《法学研究》2001 年第 6 期。

办理，第一顺序的法定继承人也通常为遗嘱、遗赠或者遗赠扶养协议指定的继承人。考虑到继承开始后，由第一顺序继承人继承，第二顺序继承人不继承，因此将被申请人的第一顺序的法定继承人认定为申请宣告死亡的利害关系人，能够有效保护被申请人的继承人利益。

（二）被申请人的其他近亲属以及依据《民法典》第1128条规定对被申请人有继承权的亲属

相较本条第1款规定，本条第2款对被申请人的其他近亲属、依据《民法典》第1128条规定对被申请人有继承权的亲属申请宣告死亡时作出了条件上的严格限制。

1. 被申请人的其他近亲属

根据《民法典》第1045条规定，配偶、父母、子女、兄弟姐妹、祖父母、外祖父母、孙子女、外孙子女为近亲属。结合本条第1款规定，本条第2款中的“其他近亲属”主要是指被申请人的兄弟姐妹、祖父母、外祖父母、孙子女、外孙子女。

被申请人的兄弟姐妹、祖父母、外祖父母属于第二顺序的法定继承人，在第一顺序的法定继承人均已死亡或者下落不明时才享有继承权利，此时可认定与被申请人有利害关系；被申请人的兄弟姐妹、祖父母、外祖父母符合“不申请宣告死亡不能保护其相应合法权益”的条件的，也可以认定为利害关系人。

被申请人的孙子女、外孙子女，从继承利益角度，主要系依据《民法典》第1128条第1款规定享有代位继承的权利，即因被申请人的子女先于被申请人死亡，由被申请人的子女的直系晚辈血亲代位继承，此时其代位第一顺序的被申请人的子女进行继承。被申请人的孙子女、外孙子女代位继承，并不要求第一顺序的法定继承人均已死亡或者下落不明，但如符合“被申请人的配偶、父母、子女均已死亡或者下落不明”的条件，其自与被申请人产生利害关系，有权申请宣告死亡，但在实践中通常只要符合“不申请宣告死亡不能保护其相应合法权益”的条件即可。之所以未在本条第1款对被申请人的孙子女、外孙子女代位继承一并规定，主要是考虑到被申请人的孙子女、外孙子女代位继承须以被代位继承人先于被继承人死亡为前提，并且代位继承的份额一般为被代位继承人有权继承的遗产份额。如继承人丧失继承权或者放弃继承的，其直系晚辈血亲不得代位继承，否则将违背丧失继承权制度的目的以及继承人的意愿。[①] 因此，被申请人的“孙子女、外孙子女”代位继承时，虽系以第一顺序继承人的身份参与继承，但终究是法律上的一种拟制，其权利受限于被代位继承人在世时可获得的继承权利，与本条第1款规定的第一顺序的法定继承人有着本质区别。

2. 依据《民法典》第1128条规定对被申请人有继承权的亲属

《民法典》第1128条规定的代位继承主要分为两种：（1）被继承人的子女先于被继承人死亡的，由被继承人的子女的直系晚辈血亲代位继承。即被申请人因宣告死亡制度被推定死亡，且其子女先于自己死亡的，由其孙子女、外孙子女代位继承。鉴于这一情形已在上文予以阐述，在此不再赘述。（2）被继承人的兄弟姐妹先于被继承人死亡的，由被继承人的兄弟姐妹的子女代位继承。即被申请人因宣告死亡制度被推定死亡，且其兄弟姐妹先于自己死亡的，由其侄甥代位继承。在此需要说明的是，被申请人的侄甥代位继承，须以被申请人的兄弟姐妹有继承权利为前提，而被申请人的兄弟姐妹属于第二顺序的法定继承人，因此，本条第2款中“有继承权”的表述实则已经囊括了没有第一顺序的法定继承人以及被申请人的孙子女、外孙子女代位继承的前提。被申请人的侄甥申请宣告死亡的，应当符合“不申请宣告死亡不能保护其相应合法权益”的条件。

---

① 黄薇主编：《中华人民共和国民法典释义及适用指南》，中国民主法制出版社2020年版，第1709页。

（三）被申请人的债权人、债务人、合伙人等民事主体

宣告死亡的申请必须由下落不明之人的利害关系人向人民法院提出，利害关系人以外的人不得提出。由此，利害关系人必须与被申请人存在民事权利义务关系。这种民事权利义务关系既可以是亲属关系，比如父母子女、兄弟姐妹等，也可以是财产共有关系、债权债务关系。① 例如，债权人基于债权需要被申请人履行还款义务；债务人需要及时向被申请人偿还钱款避免增加其他费用；合伙人因合伙事务决定、执行等需要被申请人退伙等。因此，债权人、债务人、合伙人都是典型的与被申请人有民事权利义务关系的民事主体，但是考虑到多数情况下，债权人、债务人、合伙人等的利益保护问题可以通过财产权益保护制度解决，不宜在申请宣告死亡方面过分开口子，故本条第3款明确了债权人、债务人、合伙人等民事主体无权申请宣告死亡的一般原则，同时结合现实需要，设有“但是不申请宣告死亡不能保护其相应合法权益的除外”的但书规定，给特殊情形下上述主体申请宣告死亡留有空间。如有学者即指出：“自改革开放以来，已经发生利害关系人出于侵占下落不明的自然人的财产、损害其他利害关系人合法权益，以及冒领其退休金、养老金、补助金等违法目的，故意不提出死亡宣告申请的社会问题。”② 此外，在一些人身性较强的合同中，也可能会存在不申请宣告死亡无法保护当事人合法权益的情形。例如，《民法典》第977条中规定，合伙人死亡的，合伙合同终止。如果一方合伙人长期下落不明，就会产生其他合伙人通过宣告死亡制度终止合伙合同的需要。

---

① 陈甦主编：《民法总则评注》，法律出版社2017年版，第333页。

② 梁慧星：《民法总则讲义（修订版）》，法律出版社2021年版，第103页。

【审判实践中应注意的问题】

人民法院在依法审查申请宣告死亡的民事主体是否符合“不申请宣告死亡不能保护其相应合法权益”的条件时，应当注意把握以下几点：第一，民事主体申请宣告下落不明之人死亡的，应当以其合法权益必须通过宣告死亡制度救济为限。如该民事主体的权利主张完全能够通过宣告失踪制度获得救济，则其宣告死亡极易损害他人的身份利益，人民法院不宜支持宣告死亡申请。第二，本条第2款、第3款虽都设有“不申请宣告死亡不能保护其相应合法权益”的条件，但应当有所区别。对于第2款规定的“被申请人的其他近亲属，以及依据民法典第一千一百二十八条规定对被申请人有继承权的亲属”，该条件为积极性条件，一旦符合则有权申请宣告死亡；对于第3款规定的“被申请人的债权人、债务人、合伙人等民事主体”，该条件为例外情形，上述民事主体仅在该例外情形下有权申请宣告死亡。第三，该条件仅为判断申请宣告死亡的民事主体是否符合“利害关系人”的实质性要件，人民法院是否判决宣告被申请人死亡，还要根据具体案情，结合被申请人下落不明是否达到法定期间等进行判断。

【相关规定】

一、《民法典》第46条：自然人有下列情形之一的，利害关系人可以向人民法院申请宣告该自然人死亡：

（一）下落不明满四年；

（二）因意外事件，下落不明满二年。

因意外事件下落不明，经有关机关证明该自然人不可能生存的，申请宣告死亡不受二年时间的限制。

第 1128 条：被继承人的子女先于被继承人死亡的，由被继承人的子女的直系晚辈血亲代位继承。

被继承人的兄弟姐妹先于被继承人死亡的，由被继承人的兄弟姐妹的子女代位继承。

代位继承人一般只能继承被代位继承人有权继承的遗产份额。

第 1129 条：丧偶儿媳对公婆，丧偶女婿对岳父母，尽了主要赡养义务的，作为第一顺序继承人。

二、《民法通则意见》（已废止）第 25 条：申请宣告死亡的利害关系人的顺序是：

（一）配偶；

（二）父母、子女；

（三）兄弟姐妹、祖父母、外祖父母、孙子女、外孙子女；

（四）其他有民事权利义务关系的人。

申请撤销死亡宣告不受上列顺序限制。

三、《全国法院贯彻实施民法典工作会议纪要》第 1 条：申请宣告失踪或宣告死亡的利害关系人，包括被申请宣告失踪或宣告死亡人的配偶、父母、子女、兄弟姐妹、祖父母、外祖父母、孙子女、外孙子女以及其他与被申请人有民事权利义务关系的民事主体。宣告失踪不是宣告死亡的必经程序，利害关系人可以不经申请宣告失踪而直接申请宣告死亡。但是，为了确保各方当事人权益的平衡保护，对于配偶、父母、子女以外的其他利害关系人申请宣告死亡，人民法院审查后认为申请人通过申请宣告失踪足以保护其权利，其申请宣告死亡违背民法典第一百三十二条关于不得滥用民事权利的规定的，不予支持。

【典型案例】

一、郑某珍申请宣告杨某春死亡案［《人民司法·案例》2019年第5期：陕西省西安市新城区人民法院（2018）陕0102民特监1号民事裁定］

裁判要旨：申请人作为涉嫌诈骗失踪人财产的嫌疑人，虽然具有法律规定的申请宣告死亡的利害关系人主体资格，但在刑事案件尚无结论时，对其提出宣告死亡的申请人资格应加以限制。

基本案情：2014年3月28日至2014年4月1日，郑某珍（系杨某春配偶）称杨某春偷渡越南后失联。杨某春失联后，杨某虹（系杨某春女儿）报案，公安立案侦查。2016年7月27日，杨某虹以郑某珍涉嫌诈骗为由向公安报案，公安立案侦查。2016年11月22日，杨某虹申请宣告杨某春失踪。2016年12月7日，公安初查认为郑某珍具有重大作案嫌疑，立案"郑某珍涉嫌诈骗案"，此案仍在侦查中。2017年3月20日，法院判决宣告杨某春失踪，并指定杨某虹为杨某春的财产代管人。2018年4月4日，郑某珍申请宣告杨某春死亡。经查，杨某春名下的招商银行卡曾于2017年4月在银行办理过业务，不排除杨某春本人操作。2018年5月14日，法院判决驳回郑某珍的申请。2018年6月21日，郑某珍向法院提出异议，请求依法宣告杨某春死亡。

生效裁判认为：2014年4月1日杨某春失联，2018年4月4日其妻郑某珍向法院提出宣告杨某春死亡，杨某春失联期限满4年，符合宣告死亡的法定期限条件，但杨某春在失踪期间不排除办理过银行业务，并非绝对没有音讯；郑某珍作为杨某春的配偶、涉嫌诈骗案的嫌疑人，因其是否诈骗尚无定论，故对其申请宣告杨某春死亡的申请人资格也应加以限制。依照《民事诉讼法解释》第372条之规定，裁定驳回郑某珍请求宣告杨某春死亡的异议申请。

二、王某英诉胡某宣告死亡案［河南省新乡市牧野区人民法院（2013）牧民申字第10号民事判决］

裁判要旨：利害关系人申请宣告死亡，符合宣告死亡条件的，人民法院应当作出宣告死亡判决。

基本案情：胡某患有脑炎神志不清，于1989年1月9日下午离家外出，下落不明，至今未归。多方查找，杳无音信。胡某母亲王某英特向法院申请宣告胡某死亡。

生效裁判认为：公民下落不明满四年，利害关系人申请宣告其死亡，并附有公安机关关于该公民下落不明的书面证明，经人民法院发出的寻找公告期满，仍下落不明的，人民法院应依法作出宣告死亡判决。本案中，经公安机关书面证明胡某于1989年走失，离家未归。法院依法发出查找公告期满，被申请人胡某仍然下落不明。故依法宣告胡某死亡。

第十七条 自然人在战争期间下落不明的，利害关系人申请宣告死亡的期间适用民法典第四十六条第一款第一项的规定，自战争结束之日或者有关机关确定的下落不明之日起计算。

【条文主旨】

本条是关于战争期间下落不明申请宣告死亡期间及其起算的规定。

【条文理解】

宣告死亡是自然人下落不明达到法定期限，经利害关系人申请，人民法院经过法定程序在法律上推定失踪人死亡的一项民事制度。自然人长期下落不明会使得与其相关的财产关系和人身关系处于不稳定状态，通过宣告死亡制度，可以及时了结下落不明人与他人的财产关系和人身关系，从而维护正常的经济秩序和社会秩序。① 法律设置宣告死亡制度，主要并非基于对失踪人利益的保护，而系基于对生存者利益和社会利益的保护。所以，宣告死亡实质上应当是法律对失踪人已经死亡之推定事实的终结性确认，其目的就是要消灭失踪人的人格，使其退出所涉之全部法律关系。② 由于宣告死亡是对自然人死亡的法律推定，且产生与自然死亡基本一样的法律效果，因此，必须有严格的条件限制。从《民法典》的规定看，宣告死亡必须符合三个条件：

① 黄薇主编：《中华人民共和国民法典总则编释义》，法律出版社2020年版，第118页。

② 尹田：《论宣告失踪与宣告死亡》，载《法学研究》2001年第6期。

一是必须由利害关系人提出申请；二是自然人下落不明必须达到法定期间；三是必须由人民法院经过法定程序作出死亡宣告。其中，法定期间要件是宣告死亡的实质要件。由于《民法典》只规定了战争期间下落不明的起算点，并未明确此种情形下宣告死亡的法定期间，故本解释在《民法通则意见》的基础上对该问题予以明确，对于细化宣告死亡制度具有重要意义。

一、宣告死亡的法定期间

从比较法角度看，各国对宣告死亡的法定期间规定有所不同。比如，德国法律规定了五种不同的情况，普通期间为十年。《俄罗斯民法典》规定了五年的普通期间以及二年、六个月的特殊期间。《瑞士民法典》则规定普通期间为五年，特殊期间为一年。[①]《西班牙民法典》规定了十年的普通期间以及不同长短的特殊期间。

我国宣告死亡制度亦将法定期间分为普通期间和特殊期间。我国《民法典》第46条规定："自然人有下列情形之一的，利害关系人可以向人民法院申请宣告该自然人死亡：（一）下落不明满四年；（二）因意外事件，下落不明满二年。因意外事件下落不明，经有关机关证明该自然人不可能生存的，申请宣告死亡不受二年时间的限制。"从该条规定看，对于非因意外事件而下落不明的，适用普通期间，即下落不明满四年。下落不明的时间自其失去音讯之日起计算。对于因意外事件下落不明的，适用特殊期间：一般是二年，但经有关机关证明该自然人不可能生存的，不受二年时间的限制。

二、战争期间下落不明的自然人宣告死亡的期间

关于战争期间下落不明的自然人宣告死亡的期间问题，各国法律

① 参见梁慧星：《中国民法典草案建议稿附理由·总则编》，法律出版社2004年版，第65页。

规定也有所不同。比如，《德国失踪法》规定：“战争中失踪者，自和约缔结3年后，如未缔结和约时，3年期间自战争停止的年终起算。”《意大利民法典》第60条规定：“除本法第58条规定的情况以外，还可以在下列情况下宣告死亡：（1）作为军人或者辅助人员参加战争，或者在部队中服役而在战争期间失踪的人员，自和平条约生效之日起经过两年，或者，在未缔结和平条约的情况下，自停止敌对状态之日起经过3年仍然没有消息的。（2）被敌方俘虏、被关进集中营，或者，被带往国外的上述人员，自和平条约生效之日起经过两年，或者，在未缔结和平条约的情况下，自停止敌对状态之日起经过3年仍然没有消息的。（3）因意外事故失踪的人，自意外事故发生之日起经过两年；如事故发生日不详，则自意外事故发生的当月的最后一天起经过两年；如事故发生的月份也不详，则自意外事故发生的当年的最后一天起经过两年仍然没有消息的。”《西班牙民法典》第194条中规定：“以下情形也构成宣告死亡：（1）失踪者参加武装部队，或者以志愿辅助官员身份参与该部队，或以信息员身份参与了武装行动，并在行动中失踪，从恢复和平的日期算起的两年后仍未有其消息，没有恢复和平的则从官方宣布结束战争的日期开始计算。（2）失踪者遇到海难或者因沉入大海而消失，从确认海难或失踪起的三个月未得到其消息。如果从得到最后消息或从离开始发港口的六个月内，船没有到达目的地或者没有固定的停靠点，也没有返回的，则推定为发生海难。（3）失踪者搭乘后来遇到空难的飞机，从确认空难起的三个月没有失踪者消息，或者在遇难者尸体中未找到失踪者尸体。”

我国《民法典》明确规定了战争期间下落不明的起算点，但对于战争期间下落不明的自然人宣告死亡适用何种期间，未作明确规定。关于战争期间下落不明情形的法定期间适用问题，《民法通则意见》第27条第1款规定：“战争期间下落不明的，申请宣告死亡的期间适用民法通则第二十三条第一款第一项的规定。”即适用法律规定的普通期间——下落不明满四年。当时的主要考量为：战争属于非人力所能抗拒的事件，在战争中死亡的可能性也较一般情况下要大得多，但是战争持续时间又与一般的意外事件有所不同，其失踪有的持续时间很长，因此，规定下落不明的时间从战争结束之日起计算，其失踪期间同时适用 4 年的期间，包含了对军人利益的特殊保护。从比较法层面看，尽管不少国家将战争期间下落不明的情形规定为特殊期间，但并未将战争纳入意外事件的范畴，而是对两者分别设置了不同的特殊期间。一般而言，战争期间下落不明的法定期间要长于因意外事件下落不明的法定期间。本解释起草过程中，我们认为，《民法通则意见》第 27 条所确定的适用规则和所蕴含的精神理念对于当前的宣告死亡制度依旧具有重大价值，因此，将该规定精神在本解释中予以延续，并严格遵循《民法典》第 41 条的规定，明确了战争期间下落不明的起算时间。

三、关于战争期间下落不明期间的起算

通常情况下，自然人下落不明的时间应当自其失去音讯之日起计算，但在战争期间下落不明的，由于战争持续时间可能很长，其间通信困难甚至无法通信，不能判断其是否下落不明。关于战争期间下落不明期间的起算时间问题，《民法通则》第 23 条第 2 款规定："战争期间下落不明的，下落不明的时间从战争结束之日起计算。"战争结束之日的确定可以根据战争各方的停战声明或者根据国家机关颁布的公告，也可以根据标志性战争事件的发生或者结束予以确定。① 但这一规则也并不完美，尤其是能够明确知道自然人在某一次具体战役或者事件中下落不明的，这时再从整个战争结束之日起计算，对于有关利害关系人不尽公平。因此，《民法总则》第 41 条在综合各方意见的

---

① 陈甦主编：《民法总则评注》，法律出版社 2017 年版，第 301 ~ 302 页。

基础上，明确增加了可以选择相对灵活的宣告失踪的时间起算点，即除了从战争结束之日起计算外，还可以选择从“有关机关确定的下落不明之日起计算”。这里的有关机关，应当是有权机关，比如，军队中是有权对因战争下落不明的军人予以认定的机关，地方上则是民政或者公安等具备此项权力或者职责的机关。而对于其他机关或者一般的证人证言等都不能作为确定战争期间自然人失去音讯的有效证据。

《民法典》延续了《民法总则》的规定，第41条规定：“自然人下落不明的时间自其失去音讯之日起计算。战争期间下落不明的，下落不明的时间自战争结束之日或者有关机关确定的下落不明之日起计算。”尽管该条置于宣告失踪制度中，但根据立法原义和体系化解释，该条不仅适用于宣告失踪制度，也同样适用于宣告死亡制度。为了尽可能使得裁判规则更加清晰、明确，本解释严格遵循了《民法典》第41条的规定，明确了宣告死亡案件中战争期间下落不明的时间起算点。

四、战争期间下落不明的被宣告死亡人的死亡时间

关于如何确定被宣告死亡人的死亡日期，各国立法不尽相同，大概包括下列数种体例：(1) 宣告之日或宣告确定之日；(2) 裁判上认定为死亡之日；(3) 最后音信或危难发生之日；(4) 失踪期间届满之日。针对比较法上对宣告死亡人的死亡日期的不同立法例，还可以具体区分为一般情形失踪的死亡日期和特殊事由失踪的死亡日期。对于一般情形下失踪的人的死亡时间，德国法、日本法规定为法定宣告死亡所需失踪期间届满之时，瑞士法规定为得知失踪人最后一次音讯之时。对于因战争或意外事故等特殊事由失踪的人的死亡时间，日本法规定为战争停止、船舶沉没或危难消失之时。瑞士、意大利规定为失踪人于战争或意外事故中失踪之时，德国法则规定为具有最大可能性死亡的一日为死亡日期。从前述域外立法例中可以看出，特殊事由导

致失踪的人死亡时间的确定，则往往以该特定事由发生之日为死亡之日。这种模式的主要理由在于，在战争或意外事故中失踪的人，致其可能死亡的原因当然是战争及意外事故，亦即失踪人死亡的事实根据为对生命有极大危险的战争及意外事故本身。故对于战争或意外事故中失踪之人的“已经死亡”的认识，主要应当产生于战争或意外事故发生之时。而对申请宣告失踪人死亡的利害关系人来说，其对失踪人生还的可能性往往持有更大的怀疑态度。

我国则采取了与前述国家不同的模式。《民法通则意见》第36条中规定：“被宣告死亡的人，判决宣告之日为其死亡的日期。”在《民法总则》立法过程中，有的意见提出，最高人民法院司法解释施行多年，如无重大理由，立法应当保持实务操作的延续性。而且，人民法院宣告死亡的判决具有很强的宣示性，易被接受。另外，很多情况是利害关系人多年之后才申请宣告死亡，这时如将被宣告人的死亡时间推定为多年以前，物是人非，可能给相关法律关系带来不必要的扰动。因此，《民法总则》规定，被宣告死亡的人，人民法院宣告死亡的判决作出之日视为其死亡的日期。对在因意外事件下落不明宣告死亡的情形下，该自然人死亡日期究竟是规定意外事件发生之日，还是规定意外事件结束之日也曾有过讨论。有意见提出，一些意外事件的过程并不止一日，应当规定意外事件结束之日。有意见提出，意外事件发生之日与意外事件结束之日，被申请宣告死亡的人死亡概率差别并非悬殊，如规定意外事件结束之日，对于类似“马航事件”这种难下结论的意外事件来说，会生出何时作为意外事件结束之日的争论。因此，最终规定意外事件发生之日视为死亡的日期。《民法典》维持《民法总则》的这一规定不变。①

根据《民法典》第48条的规定，被宣告死亡的人，人民法院宣

① 黄薇主编：《中华人民共和国民法典总则编释义》，法律出版社2020年版，第123页。

告死亡的判决作出之日视为其死亡的日期；因意外事件下落不明宣告死亡的，意外事件发生之日视为其死亡的日期。结合本解释的规定可知，战争期间下落不明达到法定期间被宣告死亡的，其死亡时间应当是人民法院宣告死亡的判决作出之日。

【审判实践中应注意的问题】

关于战争期间下落不明的宣告死亡案件所涉相关程序

（一）关于宣告死亡案件的管辖

战争期间下落不明的，既可能是军人，也可能是非军人。对于下落不明人为非军人的，根据《民事诉讼法》第 191 条的规定，利害关系人申请宣告死亡的，向下落不明人住所地基层人民法院提出。对于下落不明人为军人的，根据《最高人民法院关于军事法院管辖民事案件若干问题的规定》第 2 条的规定，申请宣告军人失踪或者死亡的案件，地方当事人向军事法院提起诉讼或者提出申请的，军事法院应当受理。

（二）关于发布寻人公告

人民法院受理宣告死亡案件后，应当发出寻找下落不明人的公告。寻找下落不明人的公告应当记载下列内容：（1）被申请人应当在规定期间内向受理法院申报其具体地址及其联系方式。否则，被申请人将被宣告失踪、宣告死亡；（2）凡知悉被申请人生存现状的人，应当在公告期间内将其所知道情况向受理法院报告。宣告死亡的公告期间为一年。因意外事件下落不明，经有关机关证明该公民不可能生存的，宣告死亡的公告期间为三个月。公告期间届满，人民法院应当根据被宣告死亡的事实是否得到确认，作出宣告死亡的判决或者驳回申请的判决。需要注意的是：（1）由于军人的特殊身份，在发布寻人公告时，应当按照相关要求隐去相关涉密信息。（2）宣告失踪并非宣告死亡的必经程序，如果之前已经宣告失踪，利害关系人向人民法院申请宣告死亡时，宣告失踪的判决即是该公民失踪的证明；虽然在宣告失踪程序中已经进行了公告，但为慎重起见，在宣告死亡程序中仍应依法公告。

（三）关于宣告死亡判决

根据《民法典》第48条的规定，被宣告死亡的人，人民法院宣告死亡的判决作出之日视为其死亡的日期；因意外事件下落不明宣告死亡的，意外事件发生之日视为其死亡的日期。因此，对于战争期间下落不明的宣告死亡案件，判决主文可以不明确具体死亡时间，判决作出之日即视为下落不明人死亡的日期。但是，对于因意外事件下落不明的宣告死亡案件，需要在判决主文部分明确死亡时间，即意外事件发生之日。

【相关规定】

《民法典》第41条：自然人下落不明的时间自其失去音讯之日起计算。战争期间下落不明的，下落不明的时间自战争结束之日或者有关机关确定的下落不明之日起计算。

第46条：自然人有下列情形之一的，利害关系人可以向人民法院申请宣告该自然人死亡：

（一）下落不明满四年；

（二）因意外事件，下落不明满二年。

因意外事件下落不明，经有关机关证明该自然人不可能生存的，申请宣告死亡不受二年时间的限制。

五、民事法律行为

第十八条　当事人未采用书面形式或者口头形式，但是实施的行为本身表明已经作出相应意思表示，并符合民事法律行为成立条件的，人民法院可以认定为民法典第一百三十五条规定的采用其他形式实施的民事法律行为。

【条文主旨】

本条是关于如何认定民事法律行为的其他形式的规定。

【条文理解】

一、条文沿革及条文意义

《民法通则》第56条规定："民事法律行为可以采用书面形式、口头形式或者其他形式。法律规定用特定形式的，应当依照法律规定。"《合同法》第10条第1款规定："当事人订立合同，有书面形式、口头形式和其他形式。"《合同法解释（二）》第2条规定："当事人未以书面形式或者口头形式订立合同，但从双方从事的民事行为能够推定双方有订立合同意愿的，人民法院可以认定是以合同法第十条第一款中的'其他形式'订立的合同。但法律另有规定的除外。"《民法总则》第135条规定："民事法律行为可以采用书面形式、口头形式或者其他形式；法律、行政法规规定或者当事人约定采用特定形式的，应当采用特定形式。"该条以《民法通则》的规定为基础，涵盖了《合同法》第10条规定的精神，《民法典》保留了《民法总则》的规定，《民法典》第140条规定："行为人可以明示或者默示作出意思表示。沉默只有在有法律规定、当事人约定或者符合当事人之间的交易习惯时，才可以视为意思表示。"本条中，"实施的行为本身表明已经作出相应意思表示"属于《民法典》第140条中的默示作出意思表示的典型样态，当然，特殊情况下也可以认定为属于以沉默的方式作出意思表示的范畴。本条对标《民法典》的规定，在《合同法解释（二）》第2条的基础上，对以"其他形式"实施的民事法律行为的规定作了更加严谨的文字修改和要件完善，对法律行为的认定具有重要的意义。

事实上，有关"其他形式"问题，虽以合同领域为典型，但并不限于合同，而且《民法典》明确在总则编法律行为制度中对此予以规定，故有必要在遵循《民法典》规定精神的基础上，总结《合同法解释（二）》的经验做法，将此上升为总则编的细化规则，以发挥其更大范围的指导作用。实践中，以其他方式实施的民事法律行为普遍存在，主要表现为当事人以自己的行为默示作出意思表示并使民事法律行为成立。例如，行为人开车进入收费停车场停车，表明其以自己的行为作出意思表示，虽未采取书面或者口头形式，但停车合同已经成立，此属于以其他形式订立的合同。本条为司法实践中以"其他形式"实施民事法律行为的认定问题作出了指引。

二、意思表示的形式

意思表示是指企图发生一定私法上效果的意思，表示于外部。①

---

① 王泽鉴：《民法总则》，北京大学出版社2019年版，第317页。

传统民法理论认为，意思表示的构成要素包括行为意思、表示意思、目的意思、效果意思和表示行为。①其中，行为意思指的是行为人自觉从事某项行为的意思；表示意思指的是行为人认识到其行为具有某种法律上的意义；目的意思指的是行为人表明民事法律行为具体内容的意思要素；效果意思指的是行为人欲使其表示内容引起法律上效力的内在意思要素；表示行为指的是行为人将效果意思表现于外部的行为。简而言之，意思表示由“意思”和“表示”两方面构成，其中，“意思”是设立、变更、终止民事法律关系的内心意图，“表示”是将内心意思以适当的方式表示出来的行为。根据《民法典》的规定，从意思表示是否向相对人作出的角度，可以将意思表示区分为有相对人的意思表示和无相对人的意思表示，有相对人的意思表示是指意思表示是向特定的对象作出，例如，合同协商过程中发出的要约；无相对人的意思表示是指意思表示是向不特定的对象作出，例如，向不特定人发布的悬赏广告。关于意思表示的生效，根据有无相对人以及是否以对话方式作出等情况而存在差异。根据《民法典》第137条至第139条的规定，以对话方式作出的意思表示，相对人知道其内容时生效；以非对话方式作出的意思表示，到达相对人时生效；无相对人的意思表示，原则上表示完成时生效；以公告方式作出的意思表示，公告发布时生效。

本条涉及的是意思表示的作出形式。《民法典》对意思表示的作出方式作了明确规定，即《民法典》第140条规定：“行为人可以明示或者默示作出意思表示。沉默只有在有法律规定、当事人约定或者符合当事人之间的交易习惯时，才可以视为意思表示。”据此，意思表示以三种方式作出：明示、默示和沉默。

明示是以作为的方式使相对人了解意思表示的内容，明示作出的

① 王利明：《民法总则》，中国人民大学出版社2017年版，第296～298页。

意思表示一般清晰、准确、具体，可以通过书面形式、口头形式及其他形式实现。默示指的是行为人没有作出明确的表示，但是可以根据法律规定进行推知，如点头、举手，可以依据交易习惯视为默示的意思表示。[①] 关于默示，《民法通则意见》第66条中规定，一方当事人向对方当事人提出民事权利的要求，对方未用语言或者文字明确表示意见，但其行为表明已接受的，可以认定为默示。沉默指的是未作出任何意思表示或不作为，沉默本身不构成意思表示，只有在有法律规定、当事人约定或者符合当事人之间的交易习惯时，才可以视为意思表示。

本条规定中"实施的行为本身表明已经作出相应意思表示"，未用语言或者文字明确表示意见，主要是指以默示的方式作出意思表示，即当事人以自己的行为默示作出意思表示并使相对人了解意思表示的内容，其最重要之处在于界定通过可推断行为作出的意思表示，可推断行为属于当事人将效果意思表示于外部的默示方式。[②] 例如，当事人未采用书面、口头等明示形式订立合同，但一方已经履行主要义务，对方接受的，该合同成立。此时一方履行主要义务、对方接受，可以认定为双方以行为本身表明已经作出相应意思表示。沉默原则上不得作为意思表示的方式，但是，在法律的特别规定、当事人特别约定或者当事人之间存在既定交易习惯的情况下，沉默这一行为本身也可以表明作出了相应意思表示。例如，当事人之间存在长期的合作关系和系列交易，一方发出要约后，对方一定期限内保持沉默、不作表示即为承诺，该承诺即以沉默方式作出，也是以沉默行为本人表明已经作出相应意思表示。

---

① 王利明：《民法总则》，中国人民大学出版社2017年版，第302页。

② 申卫星：《民法典总则编司法解释对法律行为制度的发展》，载《人民法院报》2022年2月27日。

三、采用其他形式的民事法律行为的成立和生效

一般认为，民事法律行为的成立包括三个要件：当事人、当事人作出意思表示、当事人就意思表示达成合致。① 本条规定的是采用其他形式的民事法律行为成立的认定，具体包括两个要件：一是实施的行为本身表明已经作出相应意思表示；二是符合民事法律行为成立条件。因此，除了当事人以明示、默示或者沉默的方式作出意思表示外，还需要满足当事人、当事人就意思表示达成一致两个要件。

关于当事人这个要件，对无相对人的意思表示，只要有一方当事人即可；对于合同等双方或多方法律行为的成立，需要有确定的双方或者多方当事人存在。

关于意思表示一致的要件，在以默示方式作出意思表示的情况下，即使一方当事人实施的行为本身表明已经作出相应意思表示，相对人也准确知道了行为人的意思表示内容，但是如果相对人不同意一方当事人以行为表明的意思表示，则双方并未就意思表示达成一致，民事法律行为并不成立。例如，行为人直接拿出10元钱交给摊主要将标价15元的西瓜抱走，摊主摆手拒收，则不能认为双方就价款达成了一致。

需要注意的是，应当正确理解本条中的“并符合民事法律行为成立条件的”。也就是说，实施的行为本身表明已经作出相应意思表示只是民事法律行为成立的要件之一，民事法律行为是否成立还需要满足其他成立要件。学理认为，民事法律行为成立可能还需要特别的成立要件，例如，有学者认为，要式行为以一定方式之履行为特别成立要件，要物行为以物之交付为特别成立要件。②

本条只规定了民事法律行为的成立，除法律另有规定和当事人另

---

① 王利明：《民法总则》，中国人民大学出版社2017年版，第310页。

② 梁慧星：《民法总论》，法律出版社2017年版，第173页。

有约定的之外，民事法律行为自成立时生效。《民法典》第143条规定："具备下列条件的民事法律行为有效：（一）行为人具有相应的民事行为能力；（二）意思表示真实；（三）不违反法律、行政法规的强制性规定，不违背公序良俗。"民事法律行为成立后，还需要对当事人的行为能力，意思表示是否真实，以及是否违反法律、行政法规的强制性规定，是否违背公序良俗作进一步判断，以确定民事法律行为是否生效。当然，本条解决的是民事法律行为成立的形式问题，民事法律行为效力的问题应当根据《民法典》的规定进行判断。

学理认为，民事法律行为的成立和生效属于不同的范畴，两者在性质上、所处阶段、构成要件、体现国家干预程度、法律后果等方面存在诸多不同。具体而言，民事法律行为的成立只是当事人之间的意思表示一致，民事法律行为的生效则是法律对当事人意思表示进行评价和干预，国家对民事法律行为生效的干预程度强于民事法律行为的成立；一般而言，民事法律行为成立和生效同时发生，有的时候民事法律行为成立在前，民事法律行为成立在后，民事法律行为的生效是在成立的基础上作出的价值判断；从法律后果看，民事法律行为不成立和民事法律行为不生效、无效也存在较大差别。

四、民事法律行为的其他形式

《民法典》第135条规定："民事法律行为可以采用书面形式、口头形式或者其他形式；法律、行政法规规定或者当事人约定采用特定形式的，应当采用特定形式。"在该条规定中，"其他形式"是一个兜底性规定，主要是考虑到现实生活很复杂，民事法律行为的形式也多种多样，在有的情况下，当事人还可能采取书面形式和口头形式之外的方式形成民事法律行为。据此，民事法律行为分为书面形式、口头形式和其他形式。本条系对民事法律行为"其他形式"的进一步细化和解释。

根据《民法典》第469条第2款的规定，书面形式是指合同书、信件、电报、电传、传真等可以有形地表现所载内容的形式。实践中，正式的、重要的、非即时清结的民事法律行为，多采用书面形式。口头形式是指当事人以面对面的谈话、电话交流等方式形成民事法律行为的形式。对于即时清结合同、标的额较小的合同多采用口头形式。其他形式是指以书面、口头形式以外的方式成立民事法律行为，主要包括两种：一种形式是当事人的积极行为。通过当事人的积极行为能够推定民事法律行为成立。例如，乘客上公共汽车投币的行为，虽然乘客和公共汽车公司之间没有书面或者口头合同，但乘客的投币行为表明双方建立了汽车运输合同关系。另一种形式是当事人消极行为。例如，根据《民法典》第685条第2款的规定，第三人单方以书面形式向债权人作出保证，债权人接收且未提出异议的，保证合同成立。“未提出异议”即为消极行为。①

这里需要注意意思表示的作出方式和民事法律行为的形式的区别和联系。首先，意思表示是民事法律行为的核心内容，但是一般而言，各方意思表示一致方能成立民事法律行为，仅有一方的意思表示尚不能形成民事法律行为，当然，单方意思表示就可以使法律行为生效的除外。其次，意思表示的作出方式与民事法律行为的形式并不存在完全的对应关系，例如，当事人之间可以通过口头的方式反复进行多轮的要约、反要约等意思表示，最后订立书面合同，以书面的形式成立民事法律行为。最后，意思表示可以明示、默示和沉默三种方式作出，而法律行为可以采用书面形式、口头形式或者其他形式，两者的作出方式和表现形式针对的是不同事务的不同范畴。当然，实践中，以明示方式作出的意思表示最终可能以书面的民事法律行为形式固定和呈现，以默示和沉默的方式作出的意思表示成立的民事法律行为一般以

① 最高人民法院民法典贯彻实施工作领导小组主编：《中华人民共和国民法典总则编理解与适用》，人民法院出版社2020年版，第693页。

其他形式呈现。

【审判实践中应注意的问题】

一、实施的行为本身表明已经作出相应意思表示只是民事法律行为成立要件之一

实践中，需要注意本条包含了两个要件：一是实施的行为本身表明已经作出相应意思表示；二是符合民事法律行为成立条件。对于第一个要件，可以理解为当事人通过默示的方式作出意思表示，且该意思表示的内容需要能够为相对人知悉和理解。具体是否构成以默示、沉默方式作出了意思表示需要结合交易习惯、当事人的约定等综合判断。对于第二个要件，仅有一方当事人以默示、沉默方式作出意思表示还不够，还需要当事人之间就意思表示达成一致。例如，订立合同过程中，相对人准确知悉并理解行为人以默示方式作出的要约，但是相对人未作出承诺，不能认为双方以“其他形式”成立了民事法律行为。

二、当事人没有按照规定或者约定采用特定形式，但通过行为能够认定民事法律行为成立的，民事法律行为成立

《民法典》第135条规定：“民事法律行为可以采用书面形式、口头形式或者其他形式；法律、行政法规规定或者当事人约定采用特定形式的，应当采用特定形式。”如果当事人未采用法律、行政法规规定或者当事人约定采用的特定形式，民事法律行为是否成立存在较大争议。有观点认为该条中未明确未采用特定形式的民事法律行为的不成立，应认定为不影响民事法律行为的成立；有观点认为，未采用特定形式表明当事人意思表示没有达成一致，民事法律行为不成立。[①]根据立法机关的解读，未采用特殊形式的民事法律行为的后果应当区分为两种情况：一是如果法律、行政法规明确规定或者当事人明确约定不采用特殊形式的后果的，则民事法律行为的后果应遵从法律、行政法规的规定或者当事人的约定，比如，当事人明确约定民事法律行为不采用公证形式就不成立的，若该民事法律行为没有采有公证形式就不成立。二是如果法律、行政法规只要求或者当事人约定采用特殊形式，但没有对不采用该形式的民事法律行为的后果作出明确规定的，原则上不能仅以未采用该形式由否定民事法律行为的成立和效力。[②]

需要注意的是，民法典虽然在总则编未对未采用特定形式的民事法律行为是否成立作出明确规定，但在合同编就合同领域对未采用书面形式订立合同的成立作出了明确的规定。《民法典》第490条规定："当事人采用合同书形式订立合同的，自当事人均签名、盖章或者按指印时合同成立。在签名、盖章或者按指印之前，当事人一方已经履行主要义务，对方接受时，该合同成立。法律、行政法规规定或者当事人约定合同应当采用书面形式订立，当事人未采用书面形式但是一方已经履行主要义务，对方接受时，该合同成立。"法律、行政法规规定或者当事人约定合同应当采用书面形式订立，当事人未采用书面形式的情形，《民法典》有具体明确的规定，在一方已经履行主要义务，对方接受时，该合同成立。

【相关规定】

一、《民法典》第135条：民事法律行为可以采用书面形式、口

---

① 最高人民法院民法典贯彻实施工作领导小组主编：《中华人民共和国民法典总则编理解与适用》，人民法院出版社2020年版，第694～695页。

② 黄薇主编：《中华人民共和国民法典总则编释义》，法律出版社2020年版，第359页。

头形式或者其他形式；法律、行政法规规定或者当事人约定采用特定形式的，应当采用特定形式。

第140条：行为人可以明示或者默示作出意思表示。

沉默只有在有法律规定、当事人约定或者符合当事人之间的交易习惯时，才可以视为意思表示。

第469条：当事人订立合同，可以采用书面形式、口头形式或者其他形式。

书面形式是合同书、信件、电报、电传、传真等可以有形地表现所载内容的形式。

以电子数据交换、电子邮件等方式能够有形地表现所载内容，并可以随时调取查用的数据电文，视为书面形式。

二、《合同法》（已废止）第10条：当事人订立合同，有书面形式、口头形式和其他形式。

法律、行政法规规定采用书面形式的，应当采用书面形式。当事人约定采用书面形式的，应当采用书面形式。

第22条：承诺应当以通知的方式作出，但根据交易习惯或者要约表明可以通过行为作出承诺的除外。

第37条：采用合同书形式订立合同，在签字或者盖章之前，当事人一方已经履行主要义务，对方接受的，该合同成立。

三、《合同法解释（二）》（已废止）第2条：当事人未以书面形式或者口头形式订立合同，但从双方从事的民事行为能够推定双方有订立合同意愿的，人民法院可以认定是以合同法第十条第一款中的“其他形式”订立的合同。但法律另有规定的除外。

四、《民法通则意见》（已废止）第66条：一方当事人向对方当事人提出民事权利的要求，对方未用语言或者文字明确表示意见，但其行为表明已接受的，可以认定为默示。不作为的默示只有在法律有规定或者当事人双方有约定的情况下，才可以视为意思表示。

【典型案例】

一、台山市航信船务有限公司，广东立伟达矿业有限公司海上、通海水域货物运输合同纠纷案［最高人民法院（2017）最高法民申570号民事裁定］

裁判要旨：当事人订立合同，采取要约、承诺方式。合同是当事人意思表示一致的法律行为，若事实行为不能体现为一种意思表示，或不能通过事实行为使双方意思表示一致，则不能成立合同。

生效裁判认为：案涉货物运输系长鸿公司接受立伟达矿业公司托运后，转委托航信公司的"航信868"船实际承运。虽然"航信868"船承运了案涉碎石等，但不能借此推定航信公司与立伟达矿业公司有订立运输合同的意愿，或双方已通过事实行为使意思表示一致且内容具体确定。在合同纠纷案件中，主张合同关系成立并生效的一方当事人对合同订立和生效的事实承担举证责任，当事人未能提供证据或者证据不足以证明其事实主张的，由负有举证证明责任的当事人承担不利的后果。航信公司虽申请再审主张其与立伟达矿业公司、立伟达石料公司之间存在事实上的运输合同关系，但未能提供充分证据予以证明，不能认定合同成立。

二、武汉吉彩印刷包装有限公司、湖北银河彩印包装有限公司买卖合同纠纷案［湖北省汉江中级人民法院（2021）鄂96民辖终4号民事裁定］

裁判要旨：虽无证据证明当事人订立书面合同，但从相关证据可以证明双方有订立合同的意思表示的，可以认定双方以其他形式订立了合同。

生效裁判认为：湖北银河公司与武汉吉彩公司虽未签订书面合同，

但依据湖北银河公司起诉时，向法院提交的武汉吉彩公司加盖印章及其法定代表人肖某春签字确认的对账单明细，依据《合同法解释(二)》第2条中规定："当事人未以书面形式或者口头形式订立合同，但从双方从事的民事行为能够推定双方有订立合同意愿的，人民法院可以认定是以合同法第十条第一款中的'其他形式'订立的合同。"在无相反证据证明的情况下，可以认定湖北银河公司与武汉吉彩公司已签订合同且该合同已履行。

第十九条　行为人对行为的性质、对方当事人或者标的物的品种、质量、规格、价格、数量等产生错误认识，按照通常理解如果不发生该错误认识行为人就不会作出相应意思表示的，人民法院可以认定为民法典第一百四十七条规定的重大误解。

行为人能够证明自己实施民事法律行为时存在重大误解，并请求撤销该民事法律行为的，人民法院依法予以支持；但是，根据交易习惯等认定行为人无权请求撤销的除外。

【条文主旨】

本条是关于如何认定重大误解的规定。

【条文理解】

一、制定本条的主要考虑

《民法典》第147条规定，基于重大误解实施的民事法律行为，行为人有权请求人民法院或者仲裁机构予以撤销。这一规定沿用了《民法通则》第59条的立场，明确重大误解为可撤销事由。但上述条文中的“重大误解”是一个不确定概念，其内涵和外延需要裁判者在司法实务中作价值补充。[1] 基于统一裁判尺度的考虑，本解释就“重

① 参见梁慧星：《民法解释学》，中国政法大学出版社1995年版，第292页。

大误解”的认定问题作出专门规定。

本条是对《民法通则意见》第71条作出重大修改而来。《民法通则意见》第71条规定：“行为人因对行为的性质、对方当事人、标的物的品种、质量、规格和数量等的错误认识，使行为的后果与自己的意思相悖，并造成较大损失的，可以认定为重大误解。”《民法通则意见》第71条施行三十余年来，对指导司法审判，统一重大误解的认定标准发挥了积极作用。由于《民法典》沿用了《民法通则意见》的重大误解概念，故《民法通则意见》关于重大误解认定标准的规定的基本精神，仍然有必要延续，以保持法律适用的连续性和稳定性。但在调研中，有意见提出，随着理论研究的深入和审判实践的发展，《民法通则意见》第71条的规定也逐渐显露出过于简单以及对相对方有失公平的问题，故有必要在继受该规定基本精神的基础上作出修改。

二、本条起草时的主要争议

在具体修改思路上，曾存在不同认识。一种观点认为，不宜对行为人的撤销权作过多限制，不论相对人是否善意均得主张撤销，故在《民法通则意见》第71条规定基础上作适当修改即可。另一种观点主张参考比较法上的做法，强化对善意相对人的保护，严格限制行为人的撤销权。我们曾按照上述意见起草了两个方案，方案一即是在《民法通则意见》基础上作了适当修改。方案二则是按照上述第二种观点，对行为人主张基于重大误解行使撤销权作出合理限制。最后在充分调研、征求意见后，我们以第一种意见提交审委会审议。为帮助读者直观了解当时的研究过程，现将最终条文和调研稿中的方案二条文列表如下，供读者参考：

最终条文稿	2021 年 10 月上海会议稿
第十九条 行为人对行为的性质、对方当事人或者标的物的品种、质量、规格、价格、数量等产生错误认识，按照通常理解如果不发生该错误认识行为人就不会作出相应意思表示的，人民法院可以认定为民法典第一百四十七条规定的重大误解。 行为人能够证明自己实施民事法律行为时存在重大误解，并请求撤销该民事法律行为的，人民法院依法予以支持；但是，根据交易习惯等认定行为人无权请求撤销的除外。	第二十三条 （方案二） 行为人对行为的性质、对方当事人、标的物的品种、质量、规格和数量等的错误认识，可以认定为误解。 行为人的误解符合下列情形之一，且按照常人的理解如果不发生该误解就不会作出相应意思表示的，人民法院可以认定为民法典第一百四十七条规定的重大误解： （一）相对人的行为导致该误解发生的； （二）相对人知道或者应当知道行为人存在误解，仍然违反诚信原则使法律行为成立的； （三）行为人和相对人就法律行为的基础条件产生相同误解的。 相对人举证证明双方另有约定或者行为人的意思表示符合相应交易习惯的，不适用前款规定。

对比可知，两者均强调了需产生错误认识，且错误认识应当“重大”。主要区别在于，方案二进一步强调了相对人对于错误认识的参与性。这主要是参考了《国际商事合同通则》（PICC）第3.2.2条、《欧洲合同法原则》（PECL）第4:103条、《欧洲示范民法典草案》（DC-FR）第2-7:201条以及《荷兰民法典》第6:228条等域外的规定。①

① 一、《国际商事合同通则》（PICC）第3.42.1条：错误是指在合同订立时对已存在的事实或法律所做的不正确的假设。

第3.2.2条：（1）一方当事人仅可在下列情况下以错误为由宣告合同无效，该错误在订立合同时如此之重大，以至于一个通情达理的人处在与发生错误之当事人相同情况下，如果知道事实真相，就会按实质不同的条款订立合同，或根本不会订立合同，并且 （转下页）

上述规则的共同特点是，只有符合以下三种情形之一的，行为人才可以基于错误（重大误解）主张撤销：（1）相对人导致该错误认识发生。（2）相对人知道或者应当知道行为人存在错误认识，仍然促使该

（接上页）①另一方当事人发生了相同的错误；或造成该错误；或者另一方当事人知道或理应知道该错误并且有悖于公平交易的合理商业标准，使发生错误方一直处于错误状态之中；或者②在宣告合同无效时，另一方当事人尚未依其对合同的信赖而合理行事。③但在如下情况下，一方当事人不能宣告合同无效：④该当事人由于重大疏忽而发生此错误；或者

二、《欧洲合同法原则》（PECL）第4：103条　关于事实或法律的错误

（1）如有下列情形，一方当事人可基于合同成立时存在的关于事实或法律的错误而宣布合同无效：①（a）错误是由于对方当事人给出的信息造成的；或（b）对方当事人已知道或本应知道该错误，而且让错误方陷于错误状态有悖于诚实信用和公平交易；或（c）对方当事人也犯有相同的错误，以及②对方当事人已知道或本应知道，如果错误方知道了真实情况，错误方就不会缔结该合同或只会以完全不同的条款缔结合同。

（2）然如有下列情况，当事人不得宣布合同无效：①在该具体事情中，它的错误是不可原谅的；或②此种错误的风险已被它承担，或在该具体事情中应当由它来承担。

三、《欧洲示范民法典草案》（DCFR）第2－7：201条：错误

（1）在以下情况下，当事人可以以合同订立时对事实或者法律的错误为由而撤销合同：①如果不是因为错误，该当事人不会订立合同或只会以完全不同的条款订立合同，且对方当事人知道或者应当知道的；且②对方当事人：（a）引起了该错误；（b）知道或者能够合理地被期待已经知道该错误，仍违背诚实信用与公平交易原则，使当事人在错误的情形下错误地订立了合同；（c）因未能遵守先合同告知义务或为提供纠正错误输入的方式的义务，从而导致合同被错误地订立；或（d）产生相同的错误。

（2）但是，在以下情况下，当事人不得以错误为由而撤销合同：①在当时的情况下错误不可原谅；②该错误的风险由该当事人承担或在当时的情况下应该由该当事人承担。

四、《荷兰民法典》第6：228条：

（1）错误的影响下订立的合同，如果知道正确事实将不会订立该合同，并且有下列情形之一，可以撤销：①错误可归责于相对人告知的信息，但可以认为即使没有该信息也会订立合同的除外；②相对人订立合同时知道或应当知道该错误，并且应当告知错误一方；③相对人订立合同时与错误一方有相同的不正确认识，但他即使正确认识也不会知道错误一方本来不会订立合同。

（2）不得以对完全属于将来情况的错误为由撤销合同，也不得以根据合同性质、社会观念或者有关情况可归责于错误一方的错误为由撤销合同。

民事法律行为成立。[①]（3）行为人和相对人存在相同错误认识。[②] 以上三种情形的实质在于相对人参与了行为人的错误认识，此时应当保护行为人的真意。反之，则相对人属于善意，行为人不得主张撤销。

最终定稿未采纳上述方案，主要是基于以下考虑：

第一，多数意见倾向于在《民法通则意见》基础上作适当修改。调研中，大多数意见认为方案二所采取的严格限制思路虽有道理，也有助于理论的进步，但是过于抽象，易与欺诈等情形混淆，实践中不易操作。如不少省高院提出，如采取方案二，对于基层法院的法官而言，适用难度较大。一些学者也主张沿用《民法通则意见》的思路更为稳妥。有学者即指出，误解是由误解方自己的过错造成的，而不是因为受他人的欺骗或者不正当影响造成的。[③]

第二，与《民法典》第157条规定衔接。有意见提出，方案二的规定实质上是对《民法典》第147条的限缩解释，是否符合司法解释的权限，易引发争议。且《民法典》第147条与第157条已经形成了完整的体系。依照《民法典》第157条规定，民事法律行为被撤销后，有过错的一方可以要求赔偿损失。因此，《民法典》已经对基于重大误解撤销中善意相对人的保护作出妥善安排，即可以通过主张损害赔偿获得救济。因此，没有必要对重大误解的认定再按照域外法的

---

① 以“薅羊毛”问题为例，淘宝商家因价格标错被下单1000件，如果按照订单履行可能损失上千万元。按照传统思维，消费者可能看不出将7000元错误标示为6800元，只是觉得有点优惠就去买。此时如果允许商家可以撤销，会导致很多情形下大家都请求撤销，将重大误解制度沦为当事人逃脱合同义务的借口。其实，具体是否可以撤销应当引入理性人判断标准，即以常人标准能否看出存在错误。如果大家都可以看出来价格标错，就应当允许撤销，否则风险应该自担。

② 以学区房购买为例，买卖双方都以为是学区房，于是以2000万的价格买卖，事后发现不是学区房。从合同订立的角度而言，双方都是基于错误的认识缔约，都认为是学区房所以按2000万交易，此时应当允许撤销，因为双方都是错误预期，都不应有期待。

③ 参见王利明：《民法总则研究（第三版）》，中国人民大学出版社2018年版，第570页。

规则设计作出严格限制。①

第三，更有利于贯彻公平原则。在深入研究对比两种不同思路的过程中，我们进一步发现，方案二过于严格的限制可能难以适应我国互联网经济的实际情况。因为在电子商务中，如果一概不允许撤销因“薅羊毛”缔结的买卖合同，经营者可能面临灭顶之灾；而如果允许撤销，善意相对人的信赖利益损失依然可以依照《民法典》第157条规定获得救济。例如，价值10000元的商品被错误标价为1000元，在网络交易中容易引发蜂拥下单，此时如果因为行为人不能证明相对人利用了该错误而不支持其撤销主张，行为人很可能瞬间破产。但如果允许行为人撤销，则行为人免于破产境地，同时相对人因民事法律行为被撤销所遭受的信赖利益损失，仍可依照《民法典》第157条获得赔偿。因此，沿用《民法通则意见》的思路，更有利于贯彻公平原则，维护双方利益平衡，契合了当前保护市场主体、优化营商环境的政策导向。有学者即指出，我国《民法总则》之立法思想，在保护双方当事人利益上务求公平。②

虽然经过综合考虑，我们在最终条文稿中采取了相对保守的立场，未采纳方案二的思路，但不代表方案二没有价值。实际上最终稿与方案二是包含关系，换言之，最终稿关于重大误解的认定标准要宽于方案二的标准。因此，方案二的思路对于法官认定重大误解仍然有参考价值。即如果案件事实表明相对人导致该错误认识发生，或者相对人知道或者应当知道行为人存在错误认识，仍然促使该民事法律行为成立，或者行为人和相对人存在相同错误认识的，当然符合本条规定的重大误解情形，应当支持行为人撤销民事法律行为的主张。而如果错

① 对此，也有学者提出反对意见，认为如果走第157条设定的路径，无疑增加了善意相对人的讼累。因为如果按照方案二的思路，直接排除了行为人的撤销权，对善意相对人的保护更加充分；而按照第157条，善意相对人在面临撤销权诉讼时还要另行主张损害赔偿，不利于问题的一次性解决。

② 参见梁慧星：《民法总论》，法律出版社2017年版，第184~185页。

误是由行为人自己的过错引起的，则法官在审查时要更为审慎，特别要防止行为人故意标错价格刷流量、吸引眼球，达到宣传效果后又以重大误解为由主张撤销。此外，对于由行为人自己的过错引起的重大误解，必要时法官可向善意相对人释明，告知其按照《民法典》第157条规定主张权利。

三、重大误解的认定标准

本条第1款规定了重大误解的认定标准。依照文意，构成重大误解应当具备以下条件：

（一）行为人产生了错误认识

即行为人对行为的性质，对方当事人或者标的物的品种、质量、规格、价格、数量等产生错误认识。本款在列举范围方面与《民法通则意见》基本一致，只是相应增加了价格。一些域外立法例，如《意大利民法典》也认可将行为性质、当事人资格、标的物质量等作为认定构成错误的重要标准。① （1）关于行为性质的错误认识。如误买卖为租赁，误借用为赠与等。（2）关于对方当事人的错误认识。包括误甲为乙，也包括对当事人的资格，如性别、职业、健康状况、刑罚前科、信誉等的错误认识。需要注意的是，关于当事人的资格（以及下文中标的物的性质），有立法例主张只有在交易上认为重要时，方视为内容错误，可主张撤销。本款未参照此种立法例，主要是因为在本款后段关于重大性的判断上强调了按照通常理解不发生该错误认识就

---

① 《意大利民法典》第1428条：当错误是本质性的（参阅第1429条）并为缔约另一方可以识别（参阅第1431条）时，错误是契约得被撤销的原因。

第1429条：下列错误是本质性的：（1）涉及契约的本质（参阅第1322条）或者标的物（参阅第1346条）时；（2）涉及交付标的物的同一性（参阅第1346条）或者根据一般标准或有关情况应当由合意确认的同一标的物的质量时；（3）涉及由缔约方确认他方缔约人的身份或基本情况时；（4）涉及构成唯一或主要原因的法律错误时（参阅第624条、第787条、第1969条、第2732条）。

不会作出意思表示，即采用客观标准来判断重大性，涵盖了有关立法例的合理因素。(3) 与标的物相关的错误认识。如误英汉辞典为汉英辞典（品种），误赝品为真迹（质量），误裤长为腰围（规格），误一百为一千（数量）等。[①] 本款中的"价格"系调研中根据有关意见新增的认定因素，主要考虑是回应当前网络交易中受到普遍关注的标错价格引发的"薅羊毛"现象。调研中，有意见提出标错价格属于表示错误，无法为本款中的"错误认识"所涵盖。从《民法通则》施行以来，一般认为我国立法中的"重大误解"既包括内容错误，也包括表示错误。[②] 对此一般不致产生理解偏差。需要注意的是，本款的列举是不完全列举，其他未尽事宜用"等"字概括。

（二）错误认识具有重大性

在错误认识的重大性判断标准上，本款对《民法通则意见》第71条作了实质性更改。《民法通则意见》第71条表述为"使行为的后果与自己的意思相悖，并造成较大损失的"。本款则将"重大"解释为"按照通常理解如果不发生该错误认识行为人就不会作出相应意思表示"。调研中，关于重大误解中对"重大"的认定是否需以造成较大损失为标准，存在不同意见。有意见认为，"造成较大损失"是《民法通则意见》施行以来形成的共识，相较现有解释更容易被法官掌握；也有意见认为，较大损失本身很难界定，可操作性不强。我们经研究认为，重大误解的认定不应以造成或者可能造成较大损失为构成要件。例如，实践中卖家混淆买家想购买的纪念品颜色，弄错节日带有特定意义的花束品种，虽未造成重大损失，但合同目的已无法实现，同样可能构成重大误解。有学者也指出，《民法通则意见》第71条规定只有造成表意人重大损失才能成立重大误解，但《民法典》总则编

① 参见陈甦主编：《民法总则评注》，法律出版社2017年版，第1058页。

② 参见马骏驹、余延满：《民法原论（第四版）》，法律出版社2010年版，第195页。

第147条并没有作此要求，故可以认为《民法典》总则编修改了《民法通则意见》第71条的规定，即构成重大误解并不以表意人遭受重大损失为成立条件。① 采用“不发生该错误认识行为人就不会作出相应意思表示”的认定标准，也与《国际商事合同通则》《德国民法典》及我国台湾地区“民法”等的做法一致。如《德国民法典》第119条中规定：“表意人若知悉情事并合理地考虑其情况后即不会作出此项意思表示时，表意人可以撤销该意思表示。”同时，这一标准本身涉及行为人与相对人利益保护的平衡问题，对于解决实践中的问题，比如“薅羊毛”的问题，具有重要指导意义。因为当表意人发现其对行为的性质等产生了重大误解时，允许其撤销基于重大误解实施的民事法律行为，而不必等到造成较大损失才享有这样的权利，就可以将该事件的影响消灭在萌芽状态。像“薅羊毛”等情形，如果必须等到已经造成了较大损失，才能主张撤销，那很可能合同已经履行完毕，撤销该合同已没有必要。在已经造成较大损失的情况下，因重大误解是自己原因造成的，所以损失都应由自己承担，这时再来请求撤销，为时已晚，除非该合同还没有履行完毕。与其这样，还不如赋予表意人知道重大误解时就享有撤销合同的权利。需要注意的是，本款明确了在判断重大性时，应当以“通常理解”为标准，即应当按照社会一般人的认识水平来认定，而不是按照行为人的认识水平来认定。这也是参考吸收了《国际商事合同通则》第3.2.2条中“一个通情达理的人”的标准。

四、重大误解的证明责任及不得主张撤销的情形

本条第2款规定了主张重大误解的举证责任和不得基于重大误解主张撤销的情形。调研中，一些学者在建议沿用《民法通则意见》第

① 参见王利明：《民法总则研究（第三版）》，中国人民大学出版社2018年版，第570页。

71条并适当改造的同时，也建议通过明确举证责任来强化对基于重大误解主张撤销的限制。经研究，我们采纳了该建议，就重大误解的举证责任问题作出明确规定，即行为人主张基于重大误解请求撤销民事法律行为，应当举证证明其在实施民事法律行为时存在重大误解。考虑到古董买卖等交易习惯的特殊性，故作但书规定“根据交易习惯等认定行为人无权请求撤销的除外”。同时根据有关方面意见，增加“等”字兜底，以保持开放性，避免过于绝对。起草过程中，本款曾规定当事人约定不得基于重大误解主张撤销的情形，有专家认为这会引发当事人能否通过约定排除法定撤销权的问题，如商家利用格式合同排除买方基于重大误解行使撤销权的权利，会产生很大争议，甚至对交易相对方造成极不公平的局面。我们采纳了这一建议，删除了相关表述。

此外，调研中也有意见指出增加动机错误的相关规定，如“当事人以动机错误为由主张构成重大误解的，人民法院不予支持。但是当事人的动机已作为意思表示内容为相对人所知道的除外。”经研究认为，动机通常属于当事人的内心意思，动机本身的认定以及动机作为意思表示内容已为相对人知道的认定均存在难度，暂不予规定。而且，增加动机错误，势必要同时引入内容错误、表示错误等概念，这些内容都比较抽象，可能会使问题进一步复杂化，故未采纳这一建议，留待实践中进一步探索积累经验。

【审判实践中应注意的问题】

需要注意的是行为人、相对人的过错与重大误解的认定。如前所述，由于本款最终并未采纳方案二，因而相对人是否无过错（即是否为善意）不影响行为人主张撤销权。当然，在相对人故意造成行为人错误认识的情形下，构成了欺诈。此时宜认为重大误解与欺诈存在法条竞合。如果行为人能够直接证明相对人故意，自可按欺诈主张撤销，如果证明有难度，也可以直接主张重大误解。需要重点考虑的是行为人的过错问题。从“误解”的语意可知，显然不包括行为人故意的情形。行为人故意造成意思与表示不一致的，属于大陆法系中的“真意保留”（单独虚伪表示）。本解释起草过程中，曾就真意保留问题作出规定，主要目的是构建完整的民事法律行为规则体系，同时解决实践中的问题，后因各方认识不一致而删除。行为人有一般过失的，仍然可以主张构成重大误解。有学者即指出，通常情况下误解是由表意人的过错造成的。① 不过，因为行为人有过错，相对人可以依照《民法典》第 157 条的规定主张信赖利益损失的赔偿。唯需研究的问题是行为人有重大过失时能否主张重大误解。从有关立法例看，《德国民法典》第 119 条并未涉及表意人的过错，故即使最重大的过失，也无妨撤销；②《日本民法典》第 95 条则规定错误因表意人的重大过失而产生时，一般不得撤销；《韩国民法典》第 109 条也规定，错误是因表意人的重大过失而引起时，不得撤销。有学者认为，如果错误是由表意人的重大过失所致，再允许表意人撤销，对于相对人便不公平。③ 这一问题可以由司法实践进一步探索。笔者倾向于认为，民法原理上，行为人重大过失造成的重大误解等同于故意，应以不允许撤销为宜。但目前未见有典型案例，故本解释未就此问题予以明确。

【相关规定】

一、《民法典》第 147 条：基于重大误解实施的民事法律行为，行为人有权请求人民法院或者仲裁机构予以撤销。

---

① 参见王利明：《民法总则研究（第三版）》，中国人民大学出版社 2018 年版，第 570 页。

②③ 参见陈甦主编：《民法总则评注》，法律出版社 2017 年版，第 1065 页。

第152条：有下列情形之一的，撤销权消灭：

（一）当事人自知道或者应当知道撤销事由之日起一年内、重大误解的当事人自知道或者应当知道撤销事由之日起九十日内没有行使撤销权；

（二）当事人受胁迫，自胁迫行为终止之日起一年内没有行使撤销权；

（三）当事人知道撤销事由后明确表示或者以自己的行为表明放弃撤销权。

当事人自民事法律行为发生之日起五年内没有行使撤销权的，撤销权消灭。

二、《民法通则意见》（已废止）第71条：行为人因对行为的性质、对方当事人、标的物的品种、质量、规格和数量等的错误认识，使行为的后果与自己的意思相悖，并造成较大损失的，可以认定为重大误解。

三、《全国法院贯彻实施民法典工作会议纪要》第2条：行为人因对行为的性质、对方当事人、标的物的品种、质量、规格和数量等的错误认识，使行为的后果与自己的意思相悖，并造成较大损失的，人民法院可以认定为民法典第一百四十七条、第一百五十二条规定的重大误解。

【典型案例】

一、周某等与某房地产公司商品房预售合同纠纷案［江苏省南京市中级人民法院（2016）苏01民终829号民事判决］

裁判要旨：开发商在商品房预售合同中无明确文字条款载明夹层建筑面积，也未载明夹层建筑面积应计入合同价款，购房者基于其经验、知识缺乏，对涉案房屋的建筑面积及计价方式这一重要合同内容产生错误认识，并在该错误认识基础上签订了案涉商品房预售合同，符合重大误解的构成要件，其要求以重大误解为由变更合同价款的，具备事实与法律依据，人民法院应予支持。

基本案情：2012年5月，金友都公司开发的金东城世家五期综合楼开盘销售，宣传彩页上载明“三室两厅两卫，楼下不贵，楼上免费”“约75m^2，装修后约130m^2”“4.8米挑高，买一层送一层，买平方得立方”。2012年9月，周某、张某与金友都公司签订商品房预售合同，约定周某、张某购买的商品房层高4.8米，建筑面积75.31平方米，单价6363.1元/平方米，总价479205元。2014年12月，金友都公司通知交付房屋，周某、张某认为案涉房屋一层的实际面积仅63平方米，其产权面积75.31平方米中包含了14.68平方米的夹层，与金友都公司在销售楼盘时宣传严重不符，导致其产生重大误解，造成了重大损失。周某、张某诉至法院，请求依法变更合同总价款，金友都公司退付部分购房款。

生效裁判认为：金友都公司宣传称“买一层送一层”“楼下不贵楼上免费”，却将夹层部分面积计算入房屋总价款之中，且合同中无明确文字条款载明夹层建筑面积，也未载明夹层建筑面积应计入合同价款。合同附件2虽以套型图形式对夹层面积有所体现，但该套型图并非文字条款，普通购房人不易通过分户图得知夹层面积计入建筑面积及房屋价款。因此，周某、张某基于其经验、知识缺乏，对涉案房屋的建筑面积及计价方式这一重要合同内容产生错误认识，并在该错误认识基础上签订了案涉商品房预售合同，符合重大误解的构成要件，故其要求以重大误解为由变更合同价款，具备事实与法律依据。

二、路某芳诉胡某敏特定物古董买卖合同纠纷案［江苏省南京市白下区人民法院（2011）白民初字第2694号民事判决］

裁判要旨：交易习惯是合同纠纷中判断误解是否重大的重要参考。

古董、工艺品等古玩类商品及宝石、原石等属于特殊商品，历史形成并传袭至今的民间交易规则为：物品的年代、材质、工艺等并非合同可以穷尽明确的内容，主要由买卖双方通过实物查看进行判断，无法达至绝对保真，双方自愿买卖，当场验货，货款两清，不得反悔。因此，买卖双方对该类特定物品的年代、材质等产生误判，不属于重大误解，但出卖方对上述内容存在误导性说明，并对买受人订立合同产生实质性影响的除外。

基本案情：胡某敏看过路某芳发送的西方三圣铜佛像图片后，至路某芳家中验看实物。其间，胡某敏另看上碧玉千手观音佛像。双方达成碧玉千手观音佛像和西方三圣铜佛像两项交易。胡某敏支付部分款项后将四尊佛像运回，但未按约给付余款。路某芳诉至法院请求胡某敏给付剩余货款。胡某敏反诉称四件佛像为现代仿品（非路某芳所称明代），且碧玉千手观音佛像的材质是大理石，并非碧玉，构成重大误解，请求撤销合同，相互返还佛像和货款。

生效裁判认为：对古董、工艺品等古玩类商品及宝石、原石等特殊商品的交易，民间确实存在该领域的交易习惯，即买卖双方对商品的材质、年代等与质量相关的要素不作明确约定，由买方通过实物查看自行判断商品价值，并与卖方达成交易合意。对此，即便买受人对商品质量存在误判，也不构成法律上的重大误解。关于碧玉千手观音佛像，双方交易时的称呼以及欠条均明确表述为碧玉千手观音，路某芳庭审中也明确表示佛像是碧玉的。现经鉴定，主要成分是大理石。胡某敏虽验看了实物，但路某芳的明确说明足以影响其选择。不论路某芳是否故意欺诈，客观上大理石与碧玉在品质、价格上均有巨大差异，直接关系当事人订约目的及重大利益，应当认定胡某敏在订立合同时对碧玉千手观音佛像的材质的误解属于重大误解。

三、刘某与上海启铂电子商务有限公司信息网络买卖合同纠纷案

[北京互联网法院（2019）京0491民初11410号民事判决]

裁判要旨：消费者恶意缔约现象（俗称“薅羊毛”）违背商业道德，应当依法适用重大误解规则。经营者基于重大误解行使撤销权超过法定期限的，人民法院不予支持。撤销权消灭后消费者主张履行合同，违背诚信原则的，人民法院不予支持。

基本案情：启铂公司系天猫商城“Gap礼品卡专卖店”的经营者。2018年12月10日，该店开展“Gap电子卡98折优惠”活动。当日10点46分，刘某下单选购“Gap电子礼品卡购物卡1000元”1张，实际支付490元；后于10点50分再次下单购买礼品卡2张，实际支付980元。该店未按照订单向刘某发货，并在首页公告称面额为1000元的电子卡的折后售价应为980元，将为所有购买的客户办理退款。刘某因不满补偿方案诉至法院，请求启铂公司按订单发货，并按天猫平台规则赔偿其超时发货违约金。

生效裁判认为：启铂公司因设置失误将价格标示错误，若基于重大误解要求撤销，应在发现后90日内以诉讼或仲裁方式提请撤销，现超出行使期限，不予支持。刘某依据合同确实享有要求交付的权利，但该权利行使应当受限制。首先，由于消费者并未支付合理或相当的对价，如果履行合同，消费者实际获得不当利益，而经营者却面临与所得利益明显不相当的巨大损失，消费者与经营者之间利益出现严重失衡，合同的履行会因此陷入“主观不能”。其次，虽然出于保护电子商务核心竞争力和相对方信赖利益的考虑，可将启铂公司要约价格认定为标示的“500元”，但价格标示错误并非不易被识别，消费者以如此低廉价格对经营者“趁火打劫”，恶意缔约的可能性极高，刘某重复下单也能说明这点。再次，传统的意思表示错误解决机制，难以解决网络购物时代价格标示错误引发的法律难题。以往对于意思表示错误，通常以重大误解的撤销权消解经营者所负合同履行义务，解决

利益失衡问题，然而在本案中，要经营者在发现标价错误后3个月内对数量庞大的网络消费者向法院或仲裁机构提出撤销合同，成本巨大，技术上不具可行性，难以纠正消费者与经营者之间的失衡状态。最后，消费者恶意缔约现象违背商业道德，近年来愈演愈烈，并呈产业化发展趋势，此类场合下消费者与经营者的地位已经逆转，原有对消费者的倾斜保护会让经营者遭受不合理损失，正常商业环境也被破坏，如果不予纠正必然妨碍电子商务产业的健康发展。综上，刘某要求启铂公司履行合同义务有悖于诚信原则，导致消费者与经营者关系严重失衡，应对其权利予以限制，不予支持其诉讼请求。

第二十条　行为人以其意思表示存在第三人转达错误为由请求撤销民事法律行为的，适用本解释第十九条的规定。

【条文主旨】

本条是关于意思表示的误传的规定。

【条文理解】

意思表示的误传也叫意思表示的转达错误，指因传达人或者转达机构的原因而造成的意思与表示不符。① 关于意思表示的转达错误，《民法典》并没有明确规定，《民法通则意见》第77条规定："意思表示由第三人义务转达，而第三人由于过失转达错误或者没有转达，使他人造成损失的，一般可由意思表示人负赔偿责任。但法律另有规定或者双方另有约定的除外。"这一规定在实践中存有一定争议，且只就由谁承担赔偿责任作出规定，没有直接明确表意人能否撤销民事法律行为。故在本解释起草过程中，根据有关各方的意见，对《民法通则意见》第77条规定作出根本性修改。

关于意思表示的误传如何适用法律的问题，调研中有两种不同意见：

一种意见主张参照表见代理的规则，强调对善意相对人的保护。为此，我们在起草过程中，根据有关专家意见，拟定了如下条文作为

① 参见陈甦主编：《民法总则评注》，法律出版社2017年版，第1055页。

方案一："意思表示人委托第三人转达意思表示，第三人转达错误，善意相对人主张其因此实施的民事法律行为对意思表示人发生效力的，人民法院依法予以支持。"这一方案的基本思路是，传达错误的风险应由表意人承担，而不能由相对人承担，因为表意人与转达人之间存在委托关系，更能控制传达错误的风险。① 故为了保护善意相对人的利益，应当借鉴表见代理的规则，规定善意相对人可以主张民事法律行为对表意人发生效力。

另一种意见认为应当参照域外立法的通行做法，按照意思表示错误（重大误解）的思路解决。如《德国民法典》第 120 条规定："为传达而使用的人或机构所不实地传达的意思表示，可以按照与依第 119 条撤销被错误地作出意思表示相同的要件，予以撤销。"《葡萄牙民法典》第 250 条第 1 款规定："对负责传达之人所传达之不实法律事务之意思表示，得按 247 条之规定，予以撤销。"《国际商事合同通则》（PICC）第 3.4 条规定："在表述或转达声明时发生的错误视为发出声明人的错误。"我们根据这一意见起草了条文作为方案二，并成为最终稿的条文。

为帮助读者进行直观对比，现将两种方案列表如下：

最终稿条文（由 2021 年 11 月征求民法学研究会意见稿方案二形成）	**2021 年 11 月征求民法学研究会意见稿方案一**
第二十条【意思表示的误传】意思表示人以意思表示存在转达错误为由请求撤销民事法律行为的，适用本解释第十九条的规定。	第二十四条【意思表示的误传】意思表示人委托第三人转达意思表示，第三人转达错误，善意相对人主张其因此实施的民事法律行为对意思表示人发生效力的，人民法院依法予以支持。

对比可知，方案一强调保护善意相对人利益，在《民法通则意

① 参见王泽鉴：《民法总则》，中国政法大学出版社 2003 年版，第 388 页注 2。

见》第77条的基础上，明确了意思表示人与转达人之间是委托关系，此时可以借鉴表见代理的规定，认定善意相对人基于意思表示人错误的意思表示实施的民事法律行为对意思表示人发生效力。换言之，此时民事法律行为确定有效，表意人不得主张撤销。方案二则参考大陆法系国家或者地区民法上的通行做法，将意思表示的误传纳入到意思表示错误的认定范畴。此时表意人可以基于重大误解主张撤销。

以上两种意见都有一定道理，调研中也是各有支持，故我们将两种方案送全国人大常委会法工委和中国法学会民法学研究会征求意见。最终，我们根据有关方面意见，决定采纳方案二作为最终稿的条文。主要理由有四：第一，传达人与传达机构在法律上相当于表意人的喉舌，因此传达错误的效力理应与表示错误相同。① 如果采取方案一的思路，实践中可能会出现相互矛盾的结果。例如，在网络交易中，如果因为自营平台出现系统故障导致显示错误，此时构成表示错误，可以基于重大误解主张撤销；而如果使用第三方平台时出现系统故障导致显示错误，却不构成表示错误，不能基于重大误解主张撤销。如果按方案一，上述两种情形并无本质差别，但在法律适用结果上却明显不同。第二，与国际通行规则保持一致。如前所述，传统的大陆法系民法一般都将传达错误作为意思表示错误（重大误解）处理。而近年来以《欧洲合同法原则》《欧洲示范民法典草案》等示范法所代表的新的立法趋势，也仍然坚持了这一立场。如《欧洲合同法原则》第4∶104条规定：“表达或传送陈述中的不准确应作为制作或发送该陈述

---

① 参见陈甦主编：《民法总则评注》，法律出版社2017年版，第1056页。

之人的错误，适用第4∶103条。”① 《欧洲示范民法典草案》第Ⅱ-7∶202条规定：“作出或发出的某一陈述时，该陈述在表达或传达上的不准确，视为陈述人的错误。”第三，传达错误适用重大误解规则后，有关善意相对人的保护问题，可以依照《民法典》第157条的规定解决。第四，意思表示的传达与代理毕竟不能完全等同。在多数情况下，转达意思表示的第三人属于使者，而非代理人。两者的根本区别在于代理人是自为意思表示，而使者是传达表意人的意思表示。此外，代理人必须有相应民事行为能力，而使者无此要求。在此情形下，对转达错误参照表见代理的规则，缺乏明确法律依据，容易被认为司法解释是在创设规则，进而引发不必要的争议。

根据本条规定，误传适用重大误解的规则。因此，表意人基于误传主张撤销民事法律行为也应当符合两个条件：一是发生了意思表示转达错误。包括对行为的性质、对方当事人或者标的物的品种、质量、规格、价格、数量等方面的转达错误。如将买卖转达为租赁，应向甲转达却误向乙转达，将1000元转达为10000元等。二是该错误具有重大性。即按照通常人的理解，如果不发生该错误，表意人就不会实施民事法律行为。

---

① 《欧洲合同法原则》第4∶103条　关于事实或法律的错误（一）如有下列情形，一方当事人可基于合同成立时存在的关于事实或法律的错误而宣布合同无效：1.（1）错误是由于对方当事人给出的信息造成的；或（2）对方当事人已知道或本应知道该错误，而且让错误方陷于错误状态有悖于诚实信用和公平交易；或（3）对方当事人也犯有相同的错误，以及2. 对方当事人已知道或本应知道，如果错误方知道了真实情况，错误方就不会缔结该合同或只会以完全不同的条款缔结合同（二）然如有下列情况，当事人不得宣布合同无效：1. 在该具体事情中，它的错误是不可原谅的；或2. 此种错误的风险已被它承担，或在该具体事情中应当由它来承担。

【审判实践中应注意的问题】

一、意思表示转达错误的举证责任

本条规定意思表示转达错误适用本解释第 19 条的重大误解规则，当然也应当适用第 19 条第 2 款规定的举证责任规则。因此，表意人主张构成误传的，应当承担举证责任。表意人主张传达错误的情形常见于房屋买卖或者租赁合同纠纷中。例如，双方当事人经由中介方式订立合同时，发生纠纷后，一方当事人往往会主张中介（居间）方传达错误，此时应当承担举证责任。当然，此类案件的处理往往还有必要通知中介（居间）方作为无独立请求权的第三人参加诉讼。这是因为，意思表示人完成举证后，还需要使者到庭参加诉讼，进一步查明事实，且如认定使者传达错误，则属于案件的处理结果同他有法律上的利害关系。

二、使者与委托、代理的关系

前已述及，使者与代理不同，代理人是自为意思表示，而使者是传达表意人的意思表示，代理人必须有相应民事行为能力，而使者无此限制。此外，身份行为不能代理，但往往可通过使者传达意思表示。委托合同是委托人和受托人约定，由受托人处理委托人事务的合同。一般认为，我国《民法典》规定的委托合同中委托事务的范围不限于民事法律行为，只要不违反法律规定，不违背公序良俗，事实行为也可以作为委托事务。[①] 因此，委托人可以在委托合同中授予他人以代理权，由其代理从事民事法律行为，此时构成委托代理；委托人也可以仅委任他人充任使者，仅负责传达意思表示。在使者传达错误的场

① 参见黄薇主编：《中华人民共和国民法典释义》，法律出版社 2020 年版，第 1634 页。

合，意思表示人受到的损失（即使其主张重大误解，仍然需要依照《民法典》第157条赔偿相对人的损失）根据双方当事人之间的委托合同关系处理。

三、传达人故意传达错误

在意思表示由第三人转达的情形中，还存在第三人故意转达错误的可能。有学者认为应将传达错误与故意误传相区别，并认为，故意误传不能归由表意人负责，而对其发生效力无须撤销，唯传达人故意误传表意人的意思，其情形与无权代理的利益状态相类似，应类推适用无权代理的规定，对于善意相对人负损害赔偿责任。① 笔者倾向于认为，在误传的情形中，传达人本质上只是表意人的喉舌。换言之，表意人使用了一个传达人或者传达机构作为表示工具，该工具的错误运行须归责于表意人。② 因此，传达人的故意误传，也应当认为是表意人故意作出错误意思表示。但此种情形似可认为构成表意人的真意保留，而不适用重大误解规则。因为在表意人向相对人作出意思表示时，如果故意作出不真实意思表示，属于真意保留，也不适用重大误解规则。故似应认为，此时意思表示对表意人有约束力，只有相对人知道或者应当知道该意思表示故意转达错误时，表意人才得对抗相对人。对这一问题，可以在理论和实践中进一步探索。

【相关规定】

一、《民法典》第147条：基于重大误解实施的民事法律行为，

① 陈甦主编：《民法总则评注》，法律出版社2017年版，第1056页。梁慧星：《民法总论》，法律出版社2017年版，第184页。

② 参见王利明主编：《中国民法典释评·总则编》，中国人民大学出版社2020年版，第354页。

行为人有权请求人民法院或者仲裁机构予以撤销。

第929条： 有偿的委托合同，因受托人的过错造成委托人损失的，委托人可以请求赔偿损失。无偿的委托合同，因受托人的故意或者重大过失造成委托人损失的，委托人可以请求赔偿损失。

受托人超越权限造成委托人损失的，应当赔偿损失。

二、《民法通则意见》（已废止）第77条： 意思表示由第三人义务转达，而第三人由于过失转达错误或者没有转达，使他人造成损失的，一般可由意思表示人负赔偿责任。但法律另有规定或者双方另有约定的除外。

【典型案例】

一、董某玲、辉县市恒阔车行买卖合同纠纷案［河南省新乡市中级人民法院（2020）豫07民终6568号民事判决］

生效裁判认为： 董某玲在上诉状中提到其“同意马某以上诉人（董某玲）名义在恒阔车行买一辆车，并于2019年12月8日完成了付款”，从该自认事实可知：马某与董某玲构成直接代理关系，即代理人马某以被代理人董某玲的名义购买车辆；马某的代理权由被代理人董某玲的授权行为产生，属于委托代理。董某玲在上诉状中也称“本案中，在上诉人（董某玲）与恒阔车行的车辆买卖合同中，证人马某与上诉人之间，系代理人与被代理人之间的关系；买方是上诉人（董某玲），不是马某。”但接下来董某玲在上诉状中又称“恒阔车行由马某义务转达的事项，未到达买方，由该车行负责。而不能认定为告知代理人马某，就是一定告知了上诉人（董某玲）。”该论述与之前的论述存在矛盾，董某玲混淆了“代理”与“传达使者”两个不同的概念，“使者”不能独立为意思表示，而“代理”人可以在代理权限内独立决定意思表示的内容，代理人马某在代理权限（买车）内独立实施的购买车辆的法律行为的效果直接由被代理人董某玲承担，该法律行为直接约束被代理人董某玲与第三人恒阔车行，代理人马某在一审已以证人身份出庭，对案件事实作出了详细说明，董某玲二审申请追加马某为本案买卖合同纠纷的第三人，本院不予准许。

二、罗某芳、韩某卫与汤某州房屋买卖合同纠纷案［江苏省常州市中级人民法院（2017）苏04民终1590号民事裁定书］

生效裁判认为：本案所涉房屋买卖双方系通过居间方撮合，在交易初期，如上诉人与被上诉人之间并不知晓对方的联系方式，只能通过居间方居中进行联系、传达。上诉人陈述，在2015年9月18日之前被上诉人就向居间方陈述不要房屋，为此，其提供了2016年3月25日常州市金坛区公安局东城派出所出警视听资料一份。在该视听资料中，居间方的相关人员有相应陈述，能印证上诉人的前述陈述。但居间方相关人员陈述的依据何在，应提供证据证明。如有证据，该证据也是由居间方掌握，应由居间方举证。如若居间方不能提供证据证明，则应视为居间方传达错误，居间方需承担相应责任。……据上，本案的处理结果与居间人有法律上的利害关系，应通知其参加诉讼。

三、深圳市伟华物业管理有限公司与杨某娟房屋租赁合同案［广东省深圳市龙岗区人民法院（2019）粤0307民初19942号民事判决］

生效裁判认为：原告确认以发出《房租水电收据》的方式向被告收取房租及水电费，而2019年7月《杨某娟房租水电收据》中的租金显示为零。原告主张系其工作人员传达错误，在传达给龙岗区供销合作联社龙岗社的租客免交2019年7月份之后租金的同时也传达给了深圳市龙岗区福利物业管理有限公司的租客，其工作人员后期也给被告等租户予以解释并要求支付租金，但原告未提交相应的证据证明其工作人员已向被告解释并要求支付2019年7月份之后的租金，理应承担举证不能的不利后果。

第二十一条　故意告知虚假情况，或者负有告知义务的人故意隐瞒真实情况，致使当事人基于错误认识作出意思表示的，人民法院可以认定为民法典第一百四十八条、第一百四十九条规定的欺诈。

【条文主旨】

本条是关于欺诈认定的规定。

【条文理解】

一、本条的沿革

《民法通则意见》第68条规定："一方当事人故意告知对方虚假情况，或者故意隐瞒真实情况，诱使对方当事人作出错误意思表示的，可以认定为欺诈行为。"该条对如何认定欺诈作了规定，经过多年的实践检验，该规定施行以来效果较好，考虑到《民法典》未明确欺诈的具体认定标准，本条沿袭《民法通则意见》的规定精神，并根据理论和实践的发展作了相应调整。

相较《民法通则意见》第68条的规定，本条主要作了如下修改：一是考虑到现实生活中，一方可能出于盈利目的不愿将过多"真实情况"告知对方，且"真实情况"外延本身难以确定，因此，本条强调行为人故意隐瞒真实情况构成欺诈的，应当以其负有告知义务为前提。二是有学者指出《民法通则意见》规定为"当事人作出错误意思表示"不当，从欺诈的构成要件看，实为当事人基于错误的认识作出意思表示。经研究，起草小组采纳了这一意见，对有关标准作了调整。三是将"诱使"调整为"致使"，明确有关因果关系构成要件。

二、欺诈的内涵和构成要件

民法中的欺诈，一般是指行为人故意欺骗他人，使对方陷入错误判断，并基于此错误判断作出意思表示的行为。[①] 欺诈是民法的一个重要概念，《德国民法典》规定，因被欺诈或者被不法胁迫而作出意思表示的，表意人可以撤销该意思表示。欺诈系由第三人所为的，对于另一方所作的意思表示，只有当另一方明知或者可知欺诈事实时，始得撤销。《美国合同法》中关于欺诈的构成要件主要有：(1) 陈述与事实不符，说明方的陈述与事实情况不相符合；(2) 陈述是欺诈性的或者是重大的，通常包含有两层意思，一是故意作了虚假陈述，二是具有使被说明方发生误解的意图；(3) 被说明人对陈述产生了依赖；(4) 被说明方的依赖是有正当理由的。[②] 依照《民法典》第148条、第149条的规定，结合学理和实务中的通常做法，典型的一方欺诈应当满足以下要件：(1) 须有欺诈之故意，即有使被欺诈人陷于错误判断并基于该错误判断作出意思表示的目的；(2) 须有欺诈行为，即有实施欺诈之故意的行为，包括虚构事实和隐瞒真相两种情形；(3) 须被欺诈人因受欺诈陷于错误判断，即强调欺诈行为与错误判断具有因果关系；(4) 须被欺诈人基于错误判断作出意思表示，即强调错误判断与意思表示亦有因果关系。

(一) 欺诈的故意

所谓欺诈的故意，是指实施欺诈行为的一方明知自己告知对方虚假情况或负有告知义务的人故意隐瞒真实情况的行为，会使对方陷入

① 黄薇主编：《中华人民共和国民法典总则编释义》，法律出版社2020年版，第391页。

② 王军：《美国合同法》，对外经济贸易大学出版社2004年版，第168～181页。

错误认识，主观上存在希望或放纵这种结果发生的恶意。也就是说，欺诈的主观状态一定是故意，而不是过失。故意的目的是使对方受欺诈，使自己因此获得不正当的利益。但是，欺诈方告知虚假情况或隐瞒真实情况，不论是否使自己或第三人牟利，均不妨碍恶意的构成。如果欺诈方意识到自己的欺诈行为会使自己或第三人牟利、使对方当事人遭受损害而恶意为之，则可认为欺诈者具有较大的恶意。

（二）欺诈行为

欺诈行为是欺诈方将其欺诈故意表示于外部的行为。欺诈行为可分为积极欺诈行为与消极欺诈行为两类，明知真实情况但却不告诉受欺诈方，反而将虚假情况告诉受欺诈方即属于前者，而行为人有义务告知某种真实情况却故意隐瞒真实情况，不将真实情况告诉受欺诈方则属于后者，又称沉默欺诈。

（三）因果关系

因果关系包含两个层次：一是欺诈行为与错误判断具有因果关系；二是错误判断与意思表示亦有因果关系。一方面，受欺诈方之所以陷入内心错误，是因为欺诈一方欺诈的结果。如果欺诈一方不作出欺诈的行为，那么受欺诈方就不会陷入内心错误。欺诈人告知虚假情况或隐瞒的真实情况与民事法律行为的内容有密切关系，如果与该内容并无联系，不能认为欺诈行为与错误认识之间有因果联系；如果受欺诈人未陷入错误或者发生的错误认识并不是欺诈造成的，也不构成欺诈。另一方面，受欺诈方基于错误认识作出了意思表示并实施了民事法律行为，受欺诈方之所以作出意思表示，是因为受欺诈而出现错误认识，基于错误认识作出的意思表示。受欺诈方作出的意思表示，是因为欺诈一方的欺诈行为造成的。如果被欺诈人虽陷入错误认识，但并未作出意思表示，则不能认为构成欺诈。

三、相对人欺诈和第三人欺诈的区别

根据《民法典》第148条和第149条的规定，从欺诈人的角度可以将欺诈分为相对人实施欺诈和第三人实施欺诈两类。这两类欺诈的主要区别在于：

第一，实施欺诈的“第三人”应当是当事人以外的第三人，如果是当事人之间实施欺诈行为，则不构成第三人欺诈。当然，如果当事人的代理人、代表人或者当事人选任的人实施了欺诈行为，应当构成当事人一方实施欺诈行为，而不成立第三人欺诈。

第二，第三人实施欺诈的情况下，需要受欺诈人的相对方知道或应当知道该欺诈行为。第三人实施欺诈行为，只有在受欺诈人的相对方非属于善意时，受欺诈人才能行使撤销权。相对方的这种非善意表现为，对于第三人的欺诈行为，其知道或者应当知道。对于第三人实施的欺诈行为，受欺诈人的相对方既可能知情，也可能不知情。如果对方当事人不知道第三人实施了欺诈行为，允许受欺诈方撤销合同，就会损害善意相对人的利益，只有在相对方知情时受欺诈人才享有撤销民事法律行为的权利，体现了对善意相对人的保护。

四、本条理解与适用中的疑难问题

（一）故意隐瞒真实情况的情形限定

本条在《民法通则意见》第68条的规定基础上，将“故意隐瞒真实情况”限定于行为人负有告知义务的情形。一般认为，单纯的缄默不构成欺诈，一方不当询问的不实告知也不构成欺诈。[①] 欺诈行为包括故意告知虚假情况和故意隐瞒真实情况两种情形，对于第一种情形，行为人积极地通过编造虚假事实、提供误导信息等方式使对方陷

① 王泽鉴：《民法总则》，北京大学出版社2019年版，第368页。

入错误认识，违反了其所负义务，必然对相对人的意思决定自由造成严重侵害；对于第二种情形，相对人只是因行为人消极地不提供重要交易信息而陷入错误认识，但由于当事人之间存在利益冲突，原则上应由相对人亲自搜寻对己方有利之交易信息，除非行为人依法律规定、诚信原则等负有主动告知的义务。有学者认为，本条明确将隐瞒真实情况的不作为式欺诈限于行为人负有告知义务的情形，有利于促进当事人之间的利益平衡。[①] 我们赞同这一观点，将“故意隐瞒真实情况”限定于负有告知义务的情形既是权衡当事人之间的利益的结果，也符合当前民商事实践的需要。

实践中，告知义务主要来源于三种情形：第一是基于法律的规定负有告知义务。法律规定当事人负有告知义务的情况下，当事人不得隐瞒真实情况，否则可能构成欺诈。例如，《消费者权益保护法》第20条规定：“经营者向消费者提供有关商品或者服务的质量、性能、用途、有效期限等信息，应当真实、全面，不得作虚假或者引人误解的宣传。经营者对消费者就其提供的商品或者服务的质量和使用方法等问题提出的询问，应当作出真实、明确的答复。经营者提供商品或者服务应当明码标价。”如果经营者故意隐瞒产品已经过期的情况仍向消费者销售，且符合欺诈其他构成要件的，应认定为欺诈。第二是基于诚信原则负有告知义务。诚信原则是民法的“帝王条款”，贯穿合同交易的各个环节，当事人在订立合同过程中进行协商、谈判时也要遵守诚信原则，负有相互协助、照顾、保护以及重要情况的告知等义务。[②] 当事人基于诚信原则负有的告知义务在不同案件中并不一致，应结合合同的性质、合同的目的、当事人的情况等因素进行综合判断。

---

① 申卫星：《民法典总则编司法解释对法律行为制度的发展》，载《人民法院报》2022年2月27日。

② 黄薇主编：《中华人民共和国民法典合同编释义》，法律出版社2020年版，第90～91页。

例如，在买方告知卖方购买房屋的目的是为了观看到远处的海景，那么卖方基于诚信原则不应隐瞒房屋不远处将建设一栋遮挡房屋观看海景的高层建筑的情况；而如果买方没有观海的合同目的，新建房屋对交易房屋通风采光没有影响，那么卖方无义务告知此情况。第三是基于交易习惯负有告知义务。根据本解释第 2 条规定，在一定地域、行业范围内长期为一般人从事民事活动时普遍遵守的民间习俗、惯常做法等，可以认定为《民法典》第 10 条规定的习惯。当事人基于交易习惯，也会负有相应的告知义务。例如，在某地区的茶叶经销商和区域内的茶农之间长期存在收购包销合同交易，并形成了茶叶价格上涨时按照市场价收购，茶业价格下跌时按照合同价收购的交易惯例，那么，如果经销商单方掌握了市场价格上涨的信息，基于双方的交易习惯，负有告知义务。

（二）欺诈所处民事法律行为阶段范畴的界定

传统民法理论认为，欺诈属于影响当事人意思表示自由度的范畴，故欺诈一般存在于合同订立阶段，可以导致合同被撤销而不生效，这也体现在欺诈构成要件和法律后果上。欺诈的构成要件全部围绕意思表示展开，欺诈的法律后果也是只在于保护当事人的意思自由，撤销欺诈形成的民事法律行为。《合同法》第 54 条针对欺诈的撤销事由更是作如下规定，“使对方在违背真实意思的情况下订立的合同”，意即欺诈发生在合同订立阶段，在意思交流时才有欺诈与被欺诈。而对于履行中的“欺诈”，例如合同约定交付 A 货，以 B 货冒充 A 货物交付，通常认为属于履行瑕疵或者履行不能等范畴的问题，一般通过违约责任加以解决。

但也应该看到，在一些领域，例如消费者权益保护领域，欺诈的成立并不与意思表示存在必然的关系，比如在订立的合同时，经营者并未欺诈消费者，双方的意思表示是自由且真实的，但是在合同签订后，经营者故意交付与合同不符的瑕疵商品或服务，例如以次充好、张冠李戴等，此时仍可以认定此行为成立欺诈，① 这既是保护弱势群体合法权益的需要，也符合社会公众对于欺诈的一般认知。《民法典》第148条和第149条与《合同法》的规定存在差异，即欺诈手段或欺诈行为“使一方在违背真实意思的情况下实施的民事法律行为”可撤销。本条虽然仍着眼于欺诈对意思表示自由的影响，但是已经不再与民事法律行为的成立特别是合同的订立直接关联。消费者权益保护领域欺诈认定的这种动向值得关注，但是在现有违约责任体系能够救济的情况下，发生在合同履行阶段的欺诈是否有必要通过撤销合同、给予惩罚性赔偿来救济，还有待在实践中进一步的探索和检验。

【审判实践中应注意的问题】

一、负有告知义务的情形范围

实践中，需正确把握负有告知义务的情形范围。首先，对于受欺诈方的相对方，在合同订立过程中负有告知、说明等主要义务或者附随义务，一般属于负有告知义务的人，对于影响相对人订立合同的重大事项不应隐瞒，如果违反相应告知义务，且符合其他构成要件，应认定构成欺诈。其次，对于第三人实施的欺诈行为，由于第三人并非受欺诈方的相对方，只有基于法律的规定、诚信原则和交易习惯，第三人与被欺诈方已经形成一定的信赖关系，此时第三人负有告知义务，但是第三人故意隐瞒真实情况才符合本条规定的条件，不宜过分扩大负有告知义务第三人的范围。

① 从既有裁判文书的检索情况看，是否认定为欺诈裁判尺度并不统一，也有判决坚持合同履行阶段不存在欺诈的观点。

二、欺诈的法律后果

实践中，还需要正确把握欺诈的法律后果。《民法通则》曾规定欺诈、胁迫的法律效果为无效，《合同法》对此有所修正，其中第52条规定，一方以欺诈、胁迫的手段订立合同，损害国家利益的，该合同无效；第54条规定，一方以欺诈、胁迫的手段，使对方在违背真实意思的情况下订立的合同，受损害方有权请求人民法院或者仲裁机构变更或者撤销。可见，《合同法》考虑到欺诈、胁迫是否损害国家利益，对损害国家利益的情形规定为无效；其他的情形规定为可变更可撤销。《民法总则》第148条和第149条不再区分欺诈损害的权益类型，也取消了“可变更”的选择，将法律效果统一规定为可撤销。《民法典》沿袭了《民法总则》的规定。

【相关规定】

一、《民法典》第148条：一方以欺诈手段，使对方在违背真实意思的情况下实施的民事法律行为，受欺诈方有权请求人民法院或者仲裁机构予以撤销。

第149条：第三人实施欺诈行为，使一方在违背真实意思的情况下实施的民事法律行为，对方知道或者应当知道该欺诈行为的，受欺诈方有权请求人民法院或者仲裁机构予以撤销。

二、《民法通则》（已废止）第58条：下列民事行为无效：

（一）无民事行为能力人实施的；

（二）限制民事行为能力人依法不能独立实施的；

（三）一方以欺诈、胁迫的手段或者乘人之危，使对方在违背真实意思的情况下所为的；

（四）恶意串通，损害国家、集体或者第三人利益的；

（五）违反法律或者社会公共利益的；

（六）经济合同违反国家指令性计划的；（2009年8月27日删除）

（七）以合法形式掩盖非法目的的。

无效的民事行为，从行为开始起就没有法律约束力。

三、《民法通则意见》（已废止）第68条： 一方当事人故意告知对方虚假情况，或者故意隐瞒真实情况，诱使对方当事人作出错误意思表示的，可以认定为欺诈行为。

四、《全国法院贯彻实施民法典工作会议纪要》第3条： 故意告知虚假情况，或者故意隐瞒真实情况，诱使当事人作出错误意思表示的，人民法院可以认定为《民法典》第一百四十八条、第一百四十九条规定的欺诈。

【典型案例】

一、安徽省外经建设（集团）有限公司诉东方置业房地产有限公司保函欺诈纠纷案 ［最高人民法院指导案例109号：最高人民法院（2017）最高法民再134号民事判决］

裁判要旨： 认定构成独立保函欺诈需对基础交易进行审查时，应坚持有限及必要原则，审查范围应限于受益人是否明知基础合同的相对人并不存在基础合同项下的违约事实，以及是否存在受益人明知自己没有付款请求权的事实。

基本案情： 2010年1月，发包方东方置业公司与承包方外经集团公司、施工方外经中美洲公司签订《施工合同》。外经集团公司于2010年5月26日向建行安徽省分行提出申请，并以哥斯达黎加银行作为转开行，向作为受益人的东方置业公司开立履约保函，保证事项为哥斯达黎加湖畔华府项目。同月28日，哥斯达黎加银行开立履约保函。建行安徽省分行同时向哥斯达黎加银行开具反担保函，承诺自收到哥斯达黎加银行通知后二十日内支付保函项下款项。后因保函兑付问题，双方发生争议。

生效裁判认为：欺诈主要表现为虚构事实与隐瞒真相。本案中，保函担保的是施工质量和其他违约行为，受益人只需提交能够证明存在施工质量问题的初步证据，即可满足保函实现所要求的“说明执行保函理由的证明文件”。合同履行过程中，《项目工程检验报告》认定了施工项目存在“施工不良”“品质低劣”且需要修改或修理的情形，构成证明存在施工质量问题的初步证据。本案当事方并未明确约定实现保函时应向哥斯达黎加银行提交《项目工程检验报告》，因此，东方置业公司有权自主选择向哥斯达黎加银行提交“证明执行保函理由”之证明文件的类型，其司是否提交该报告不影响保函项下权利的实现。因外经集团公司未能提供其他证据证明东方置业公司实现案涉保函完全没有事实基础或者提交虚假或伪造的文件，东方置业公司据此向哥斯达黎加银行申请实现保函权利具有事实依据。东方置业公司基于外经集团公司基础合同项下的违约行为，依据合同的规定，提出实现独立保函项下的权利，不构成保函欺诈。

二、桃源县林海木业经营部与湖南茂源林业有限责任公司买卖合同纠纷案［最高人民法院（2015）民提字第155号民事判决］

裁判要旨：在买卖合同中，瑕疵担保责任是卖方应当承担的基本责任，也是诚信交易的基础。因此，在订立合同时卖方应当告知或者在合同文本中写明交易标的物存在瑕疵。当发生争议时，卖方不能充分证明曾在合同签订前明确告知买方买卖标的物存在瑕疵的，属于故意隐瞒买卖合同标的物的重大瑕疵，构成欺诈，买方有权请求撤销合同。

基本案情：2012年6月，林海木业与茂源公司签订《活立木采伐整体销售合同》，约定林海木业向茂源公司收购3345.7亩桉树活立木的采伐权。后林海木业主张茂源公司出售的林木为“火烧林”，而非合同约定的“活立木”，价格、重量相差悬殊，且林木实际面积远低于合同约定面积，存在较多权属纠纷，构成欺诈，诉至法院请求撤销合同并赔偿损失。

生效裁判认为：本案双方签订的合同未写明交易标的物系过火林，茂源公司也不能证明其在合同签订前告知林海木业所交易林木曾经过火。过火系林木价值贬损的主要原因之一，是本案交易标的物的重大瑕疵。与林海木业相比，茂源公司作为出卖方应当更加清楚买卖合同标的物的真实情况，其不能提供充分证据证明曾告知林海木业所交易林木系过火林，属于故意隐瞒买卖合同标的物重大瑕疵，应当认定构成欺诈。

第二十二条　以给自然人及其近亲属等的人身权利、财产权利以及其他合法权益造成损害或者以给法人、非法人组织的名誉、荣誉、财产权益等造成损害为要挟，迫使其基于恐惧心理作出意思表示的，人民法院可以认定为民法典第一百五十条规定的胁迫。

【条文主旨】

本条是关于胁迫认定的规定。

【条文理解】

一、起草背景

所谓胁迫，是指行为人向被胁迫人预先告知某种不利情况，在后者看来，如果其不发出前者所希望发出的表示，行为人一定会使这种不利情况发生。① 为此，被胁迫人违背意志自由，发出行为人所希望发出的表示，构成了可撤销民事法律行为的基础。关于胁迫的认定，《民法通则意见》第69条曾从行为人主观上的胁迫故意、被胁迫人作出违背真实的意思表示等角度作出指引。为适应理论与实践发展的需

① ［德］卡尔·拉伦茨：《德国民法通论》，王晓晔等译，法律出版社2003年版，第546页。

要，《全国法院贯彻实施民法典工作会议纪要》第4条①在此基础上，对标《民法典》，将“公民”修改为“自然人”，“生命健康”修改为“生命、身体、健康”，“法人”修改为“法人、非法人组织”。为加强条文的针对性，将“可以认定为胁迫行为”修改为“人民法院可以认定为民法典第一百五十条规定的胁迫”。将“迫使对方作出违背真实的意思表示的”修改为“迫使其作出不真实的意思表示的”。为与《民法典》第150条第三人胁迫的情形相适应，删除原文中的“对方”。②

二、起草过程中相关意见和建议

在司法解释的起草过程中，关于明确胁迫的构成要件，有一定争议。

初稿和征求意见稿中，曾规定“以给自然人及其亲友等的人身、财产权益造成损害或者以给法人、非法人组织的名誉、荣誉、财产等造成损害为要挟，迫使其作出不真实的意思表示的，人民法院可以认定为民法典第一百五十条规定的胁迫。”主要是对标《民法典》，将“生命、身体、健康、名誉、荣誉、隐私、财产等”提炼修改为“人身、财产权益”。但在其后对司法解释的讨论和征求意见过程中，法官代表和专家学者提出不同意见。主要包括：第一，有意见认为“亲友”这一概念表述不准确，结合“等”字难以解释。第二，有意见认为被胁迫人作出的意思表示并非不真实，而系不自由，应当明确被胁迫人因胁迫产生恐惧心理，进而基于恐惧心理作出意思表示这一因果关系。

① 该条规定：“以给自然人及其亲友的生命、身体、健康、名誉、荣誉、隐私、财产等造成损害或者以给法人、非法人组织的名誉、荣誉、财产等造成损害为要挟，迫使其作出不真实的意思表示的，人民法院可以认定为民法典第一百五十条规定的胁迫。”

② 参见最高人民法院研究室编著：《〈全国法院贯彻实施民法典工作会议纪要〉条文及适用说明》，人民法院出版社2021年版，第24页。

根据有关意见和建议，我们对该条司法解释征求意见稿进行了修改，修改后表述为："以给自然人及其近亲属等的人身权利、财产权利以及其他合法权益造成损害或者以给法人、非法人组织的名誉、荣誉、财产权益等造成损害为要挟，迫使其基于恐惧心理作出意思表示的，人民法院可以认定为民法典第一百五十条规定的胁迫。"

三、理解本条司法解释的规范含义

在《民法总则》施行之前，我国相关法律规定仅规定了当事人一方胁迫问题，而未规定第三人胁迫问题。为进一步细化胁迫的认定标准，本条仅从胁迫的构成要件角度对《全国法院贯彻实施民法典工作会议纪要》第 4 条作出完善，而不涉胁迫的主体问题。按照学界通说和实务中的普遍做法，胁迫的构成要件包括：（1）须有胁迫行为，通常表现为以给民事主体造成某种损害为要挟，迫使其作出意思表示；（2）须有胁迫的故意，即有使被胁迫人产生恐惧心理并基于恐惧心理作出意思表示的目的；（3）胁迫具有非法性，没有法律依据；（4）具备两层因果关系，须被胁迫人因受胁迫产生恐惧心理，并基于恐惧心理作出意思表示。

（一）胁迫行为

胁迫行为包括两种情况：一是以将要发生的损害相要挟。所谓将要发生的损害，是指涉及生命、身体、财产、名誉、自由、健康、信用等方面的损害。二是以直接面临的损害相要挟。也就是说，行为人通过实施某种不法行为，形成对当事人及其近亲属人身的损害和财产的损害，而迫使其作出民事法律行为。如对当事人及其近亲属施行暴力（殴打、肉体折磨、拘禁等），或散布谣言、毁人名誉、毁损房屋等。[①] 胁迫行为要求使得被胁迫人达到恐惧的程度，否则如果被胁迫人并未对行为人的要挟产生恐惧，或者并不相信行为人所称将要发生的损害，则不构成胁迫。此外，学说通常认为，不问损害是否属于重大，只要被胁迫人达到恐惧的程度就够了。[②] 本条在《全国法院贯彻实施民法典工作会议纪要》第 4 条的基础上，一方面将"自然人及其亲友"修改为"自然人及其近亲属等"，用语更为严谨，并按照"等外"解释可以有效周延胁迫对象是自然人近亲属以外的人的情况；另一方面将"生命、身体、健康、名誉、荣誉、隐私、财产等"修改为"人身权利、财产权利以及其他合法权益"，将"名誉、荣誉、财产等"修改为"名誉、荣誉、财产权益等"，使得行为人要挟被胁迫人的损害内容规定得更为全面。

（二）胁迫的故意

胁迫的故意，即胁迫意思。胁迫意思由两个意思构成：使被胁迫人产生恐惧心理的意思，及使被胁迫人基于该恐惧心理而为意思表示的意思。[③] 换言之，首先，行为人希望被胁迫人因其行为产生恐惧心理；其次，行为人希望被胁迫人基于恐惧心理作出意思表示，而这种意思表示正是行为人实施胁迫行为所希望被胁迫人作出的意思表示。有学者认为，我国法应当借鉴德国法，将胁迫理解为一种侵害意思形成自由的行为，不把故意作为胁迫的构成要素。也有学者认为，正是因为胁迫人都是基于故意实施的胁迫行为，而且对表意人的意思自由影响较大，所以，不论是对方当事人实施胁迫行为，还是第三人实施

---

① 参见王利明：《民法总则研究（第三版）》，中国人民大学出版社 2018 年版，第 574 页。

② 参见王家福主编：《中国民法学·民法债权》，法律出版社 1991 年版，第 347 页；王利明：《合同法研究（第一卷）》，中国人民大学出版社 2002 年版，第 645 页。转引自陈甦主编：《民法总则评注》，法律出版社 2017 年版，第 1078 页。

③ 陈甦主编：《民法总则评注》，法律出版社 2017 年版，第 1080 页。

胁迫行为，受胁迫方都有权撤销民事法律行为。① 对此我们认为，胁迫作为严重侵害他人意思形成自由的行为，胁迫人希望通过胁迫行为使得被胁迫人作出符合其意愿的意思表示，应以胁迫人故意为要件。胁迫行为必须是故意所为，过失不构成胁迫。

（三）胁迫具有非法性

区别于一方根据合法依据给另一方施加压力的情况，胁迫必须是非法的、没有法律依据的。虽然我国立法未予直接明确，但在比较法上，《德国民法典》第 123 条则直接使用了"不法胁迫"的概念。通常而言，胁迫是否非法可以从以下几个角度判断：第一，胁迫的目的是非法的。例如，行为人以告发他人犯罪为要挟，要求被胁迫人负责毒品运输。第二，胁迫的手段是非法的。例如，行为人为让被胁迫人偿还欠款而扬言要将其杀害。此外，学界也有观点认为，即使胁迫的目的和手段皆为合法，只要该手段与该目的的联系是非法的，使用该手段达到该目的也是非法的。② 例如，行为人以告发他人犯罪为目的，要求被胁迫人按约支付货款。对此观点，我们认为实践中可继续探索。

（四）因果关系

在胁迫的构成要件中，实则具备两层因果关系：（1）被胁迫人因被胁迫产生恐惧心理，即被胁迫人的恐惧心理与行为人的胁迫行为有因果关系；（2）被胁迫人基于被胁迫产生的恐惧心理作出意思表示，即被胁迫人的意思表示与其恐惧心理有因果关系。本条在《全国法院贯彻实施民法典工作会议纪要》第 4 条的基础上，将"迫使其作出不真实的意思表示"修改为"迫使其基于恐惧心理作出意思表示"，完善了胁迫在构成上的因果关系链条，体现了胁迫的本质特征，即意思

---

① 王利明：《民法总则研究（第三版）》，中国人民大学出版社 2018 年版，第 575 页。

② 参见［德］汉斯·布洛克斯、沃尔夫·迪特里希·瓦尔克：《德国民法总论》，张艳译，中国人民大学出版社 2012 年版，第 284 页。

表示不自由。同时也表明，如行为人的胁迫行为未能使得被胁迫人产生恐惧心理，或者被胁迫人虽因胁迫行为产生恐惧心理但未因此作出相应的意思表示，被胁迫人亦不得因此撤销民事法律行为。

【审判实践中应注意的问题】

一、因果关系判断

关于判断被胁迫人是否因被胁迫产生恐惧心理作出不自由的意思表示，素有争议。主观说认为，因果关系之判断，非以理智的旁观者为标准，而取决于被胁迫人的实际心理状态。① 纵系并非正经表示的胁迫，如表意人可以将之视为不是闹着玩的，仍可以撤销其意思表示。② 客观说认为，应当按照理性人的标准判断胁迫行为是否对被胁迫人的意思表示自由构成了妨碍。另有观点认为应当以客观标准结合主观标准来判断，如果胁迫行为依一般社会观念足以使被胁迫人产生恐惧并作出意思表示，则采取客观标准即理性人的标准，相对人只需证明威胁或者强迫行为的存在即可表明因果关系的存在；如果胁迫行为依客观标准不足以使理性的第三人产生恐惧并作出意思表示，但被胁迫人主张有因果关系，则可采主观标准，即依据相对人之身体上、精神上的状况等予以判断，但相对人应当承担举证责任。③ 对此，我们倾向于认为采主观标准为宜。原因在于，胁迫制度的规范依据在于保护被胁迫人作为表意人的意思表示自由，因果关系的判断在某种程度上也是对胁迫行为是否妨碍了被胁迫人的决定自由的判断。由于行

---

① Brox/Walker, Allgemeiner Teil des BGB, 34. Aufl., 2010, Rn. 466.

② 黄立：《民法总则》，中国政法大学出版社2002年版，第318页。

③ 王利明主编：《中国民法典释评·总则编》，中国人民大学出版社2020年版，第364页。

为人的胁迫行为是向特定的被胁迫人作出，只要被胁迫人确因胁迫行为产生恐惧心理并因此作出相应的意思表示，即使该胁迫行为不会导致其他任何人产生恐惧，也不影响胁迫人在此情形下基于胁迫主张撤销民事法律行为。

二、第三人胁迫与第三人欺诈

第三人胁迫，主要是指被胁迫人因第三人的胁迫行为作出不自由的意思表示。例如，出租人利用第三人以暴力相要挟，要求承租人退租。《民法典》第149条规定："第三人实施欺诈行为，使一方在违背真实意思的情况下实施的民事法律行为，对方知道或者应当知道该欺诈行为的，受欺诈方有权请求人民法院或者仲裁机构予以撤销。"由此可见，第三人欺诈在构成上要求当事人一方（非被欺诈一方）知道或者应当知道第三人实施欺诈行为，而《民法典》第150条并未将当事人一方胁迫与第三人胁迫予以严格区分，故从相关立法来看，在我国，第三人胁迫在构成上并不要求当事人一方（非被胁迫人）知道或者应当知道第三人实施胁迫行为。对于第三人胁迫，我国立法更注重保护被胁迫人作为表意人的合法权益。

【相关规定】

一、《民法典》第3条：民事主体的人身权利、财产权利以及其他合法权益受法律保护，任何组织或者个人不得侵犯。

第150条：一方或者第三人以胁迫手段，使对方在违背真实意思的情况下实施的民事法律行为，受胁迫方有权请求人民法院或者仲裁机构予以撤销。

二、《民法通则》（已废止）第58条：下列民事行为无效：

（一）无民事行为能力人实施的；

（二）限制民事行为能力人依法不能独立实施的；

（三）一方以欺诈、胁迫的手段或者乘人之危，使对方在违背真实意思的情况下所为的；

（四）恶意串通，损害国家、集体或者第三人利益的；

（五）违反法律或者社会公共利益的；

（六）经济合同违反国家指令性计划的；（2009 年 8 月 27 日删除）

（七）以合法形式掩盖非法目的的。

无效的民事行为，从行为开始起就没有法律约束力。

三、《民法通则意见》（已废止）第 69 条：以给公民及其亲友的生命健康、荣誉、名誉、财产等造成损失或者以给法人的荣誉、名誉、财产等造成损害为要挟，迫使对方作出违背真实的意思表示的，可以认定为胁迫行为。

四、《全国法院贯彻实施民法典工作会议纪要》第 4 条：以给自然人及其亲友的生命、身体、健康、名誉、荣誉、隐私、财产等造成损害或者以给法人、非法人组织的名誉、荣誉、财产等造成损害为要挟，迫使其作出不真实的意思表示的，人民法院可以认定为民法典第一百五十条规定的胁迫。

【典型案例】

一、许某华与陈某荣、范某铭股权转让纠纷案［最高人民法院（2021）最高法民申 6226 号民事裁定］

裁判要旨：一方以胁迫手段，使对方在违背真实意思的情况下实施的民事法律行为，受胁迫方有权请求人民法院或者仲裁机构予以撤销。

基本案情：许某华于 2008 年 9 月因牧羊集团举报其涉嫌假冒注册商标罪而被公安机关刑事拘留。在看守所羁押期间，许某华于 10 月

16日与牧羊集团时任工会主席陈某荣签订股权转让协议，将其在牧羊集团的15.51%股权及收益转让给陈某荣。公安机关后以发现不应当追究刑事责任撤销了许某华涉嫌假冒注册商标罪案。许某华恢复人身自由后，于2009年9月向当地仲裁委员会提出申请，以该股权转让协议系受胁迫签订为由请求撤销；与此同时，许某华的妻子李某兰也向法院起诉，要求认定该股权转让协议无效。在仲裁委仲裁期间，陈某荣于2016年6月将案涉股权转让给牧羊集团的股东范某铭。2016年7月，当地仲裁委作出裁决，驳回许某华的仲裁请求。许某华不服，向法院起诉要求撤销仲裁委的仲裁裁决并得到支持，仲裁裁决于2016年12月被撤销。许某华遂再次向南京市中级人民法院起诉，要求撤销其签订的股权转让协议、陈某荣与范某铭返还股权。

生效裁判认为：许某华主张2008年10月16日签订于看守所的协议，是在受到来自范某铭等不当利用公权力所实施的胁迫情形下签订，有充分的证据证明。协议非许某华的真实意思表示，符合《合同法》规定的法定撤销情形。许某华行使撤销权并未超过法律规定的除斥期间，撤销许某华与陈某荣签订的案涉协议于法有据。

二、胡某强、钢材有限公司、胡某、金某与单某裕民间借贷纠纷案［青海省西宁市中级人民法院（2021）青01民终540号民事判决］

裁判要旨：当事人因被胁迫作出了违背内心真实意思的意思表示的，可主张撤销相关民事法律行为。

基本案情：2016年5月，胡某强因公司资金周转需要向单某裕借款，借款人处由胡某强签名捺印，盖有公司印章。后单某裕为催讨债务，带数人在胡某强及其亲属门外停留多日，甚至在其子女学校门外张贴讨债标语并注明子女姓名，使得金某（系胡某强配偶）于2017年1月在有关字据担保人处签字捺印、于2017年3月承诺以个人房产以及车辆对借款进行担保，胡某（系胡某强兄弟）以个人房产作为还款担保。

生效裁判认为：单某裕讨债行为虽经法院向城北区扫黑除恶专项斗争行动组办公室提供线索，未被认定为有犯罪嫌疑，但足以使胡某强亲属产生心理恐慌，因胁迫作出不自由的意思表示，故金某、胡某作出担保的意思表示不能产生相应的法律效果，不应当承担担保责任。

第二十三条　民事法律行为不成立，当事人请求返还财产、折价补偿或者赔偿损失的，参照适用民法典第一百五十七条的规定。

【条文主旨】

本条是关于民事法律行为不成立的法律后果的规定。

【条文理解】

《民法通则》第61条第1款规定："民事行为被确认为无效或者被撤销后，当事人因该行为取得的财产，应当返还给受损失的一方。有过错的一方应当赔偿对方因此所受的损失，双方都有过错的，应当各自承担相应的责任。"《合同法》第58条规定："合同无效或者被撤销后，因该合同取得的财产，应当予以返还；不能返还或者没有必要返还的，应当折价补偿。有过错的一方应当赔偿对方因此所受到的损失，双方都有过错的，应当各自承担相应的责任。"《合同法》在《民法通则》的基础上，增加规定了"不能返还或者没有必要返还的，应当折价补偿"的规定。《民法总则》第157条在上述规定基础上，所作主要变化是，在民事法律行为被确认为无效、被撤销这两种情形下，增加了一种需要调整的情形，即确定不发生效力，其他规定与《合同法》的精神一致。文字的变化是将"合同"行为，概括为"民事法律行为"。《民法典》第157条沿用了这一规定。

《民法典》第157条规定了民事法律行为无效、被撤销或者确定不发生效力的法律后果，但未对民事法律行为不成立的法律后果作出规定。考虑到民事法律行为不成立同样存在“行为人因该行为取得财产”问题，故有必要予以明确。对此，《全国法院民商事审判工作会议纪要》第32条规定，民事法律行为不成立同样涉及财产返还和损害赔偿责任问题，应当参照适用《合同法》第58条有关民事法律行为无效、被撤销或者确定不发生效力的法律后果的规定。经研究，本条吸收《全国法院民商事审判工作会议纪要》第32条的规定精神，明确民事法律行为不成立，当事人请求返还财产、折价补偿或者赔偿损失的，参照适用《民法典》第157条的规定。

一、民事法律行为成立的要件

法律行为的成立是法律行为生效的基础，也是意思表示的最初效果。根据王泽鉴先生的论述，法律行为的成立要件可以分为一般成立要件和特别成立要件。前者是一切法律行为所共通的要件，即当事人、标的、意思表示；后者是个别法律行为特有的要件，如要式、要物等。《民法典》第133条明确规定，民事法律行为是民事主体通过意思表示设立、变更、终止民事法律关系的行为。

（一）一般成立要件

民事法律行为的一般成立要件为一切法律行为共同的要件，具体包含以下含义：

1. 民事法律行为的实施主体是民事主体，非民事主体实施的行为，如行政裁决、法院判决、仲裁裁决等，就不是民事法律行为。《民法典》第133条对此有相应规定。

2. 行为人的意思表示中必须包含明确的权利义务内容，即民事法律行为是设立、变更、终止民事法律关系的行为。意思表示是法律行为的核心要素，法律行为本质上是意思表示。法律行为可能是一个意思表示，也可能是两个或者多个意思表示相一致，但绝不可没有意思表示，《民法典》第134条对此有相应规定。按照传统民法理论，意思表示的构成要素可以概括为如下五种，即行为意思、表示意思、目的意思、效果意思、表示行为。第一，行为意思。所谓行为意思，是指行为人自觉地从事某项行为的意思。如自然人签订合同的签名行为，表明其同意签订该合同，同意受该合同约束。但如果违背自然人真实的意思表示，就不具有行为意思。第二，表示意思。所谓表示意思，是指为意思表示之人认识到其行为具有某种法律上的意义。如提出要约，要约人对要约的法律意义具有认知，应认为具有表示意思。如果语焉不详，不能视为成立法律行为。第三，目的意思。所谓目的意思，是指明法律行为具体内容的意思要素，它是意思表示据以成立的基础。第四，效果意思。所谓效果意思，是指意思表示人欲使其表示内容引起法律上效力的内在意思要素，是当事人所追求的使其发生法律拘束力的意图。但需要注意的是，身份法上的许多权利不具有支配性和可转让性。第五，表示行为。所谓表示行为，是指表意人将效果意思表现于外部之行为，或者说，表示行为是指行为人将其内在意思以一定方式表现于外部，并足以为外界所客观理解识别的行为要素。①

3. 民事法律行为是会产生一定法律效果的行为。民事法律行为如果是合法的，则能够产生当事人预期的法律效果，其不仅可以导致民事法律关系的产生，而且也可以导致民事法律关系的变更或者终止。民事法律行为如果违反法律、行政法规的效力性强制性规定，或者违反公序良俗，则不能产生当事人预期的私法上的效果，但会产生法律规定的效果，如合同无效产生无效合同的后果，符合法定撤销事由的可产生撤销的后果，欠缺民事法律行为生效要件的产生未生效的后果，欠缺成立要件的产生不成立的后果，等等。

（二）特别成立要件

民事法律行为的特别成立要件主要包括要式和要物。除同时具备

① 参见王利明：《民法总则研究》，中国人民大学出版社2018版，第510～512页。

一般法律行为应当具备的当事人、标的、意思表示要件之外，还应当具备法律规定或者当事人约定的特定形式。对于民事法律行为欠缺法定的或当事人约定的特定形式，是属于未成立还是未生效，应当区分情况：一是如果法律、行政法规明确规定或者当事人明确约定不采用特定形式就不成立的，当欠缺特定形式时则不成立，如约定必须公证才成立的，那么进行公证就是当事人成立民事法律行为必须采取的形式；二是如果法律、行政法规只明确要求或者当事人约定采用特定形式，但没有对不采用特殊形式的民事法律行为的后果作出明确规定的，原则上不宜轻易否定民事法律行为的效力。① 因绝大多数法律行为的成立与生效之间并无真正的时间上的间隔，自成立即生效，故区分成立与生效的实益，更多在于法律、行政法规或者当事人对民事法律行为作出特别规定和约定的场合。也就是说，有特别规定或约定的情况下，才涉及民事法律行为成立与否问题，否则视为法律行为的生效要件已成就。同时，还要注意《民法典》第490条对于“接受履行”的除外规定。

1. 要式法律行为，是指法律规定或者当事人约定必须采用特定形式才成立的法律行为，即“意思表示＋特定形式”。如书面形式、登记形式、公证形式等。对于某些要式合同来说，不具备法定形式则合同不成立，往往需要经过法定部门批准等，而对于另一些要式合同来说，不具备法定形式仅是合同不生效或者不能向法院诉请强制执行。对于需要经批准才能成立的合同来说，其成立不仅需要承诺生效，还需要审批通过。

2. 要物法律行为，也称实践性法律行为，是指交付标的物或完成其他给付为成立标准的法律行为，不交付则不成立，即“意思表示＋标的物交付”。而诺成性法律行为则一经合意即告成立，如买卖合同，

① 黄薇主编：《中华人民共和国民法典总则编释义》，法律出版社2020年版，第359页。

与实践性法律行为的成立要件不同、成立时间不同。《民法典》第571条规定的提存行为、第586条规定的定金行为、第679条规定的自然人借款行为、第890条规定的保管行为等，均属于以交付标的物为成立要件的要物法律行为。

二、民事法律行为不成立的情形及法律效力

前文分析了民事法律行为成立的基本要件和法定形式。质言之，当欠缺前述基本要件，或者不符合前述法定形式时，民事法律行为不能成立。为便于在审判实践中准确把握民事法律行为不成立的法律效力及相关法律适用问题，还可以从成立与生效之间的差异角度进行分析。

（一）法律性质

根据民事法律行为的成立要素，民事主体所为的意思表示行为只要具备明确、具体、符合法定形式的基本要件，其民事法律行为即为成立，这是一种事实判断；而民事法律行为生效的依据，源自法律、行政法规的明确规定，是对已经成立的民事法律行为的法律评价，作出合法的、肯定性的评价即为生效，反之，为未生效或者无效，这是一种法律判断。显然，民事法律行为成立与生效适用的法律规则不同，成立要件要比生效要件简单，且不以强制性效力性法律规定、公序良俗等合法性条件为尺度。例如，在单方法律行为场合，当不涉及他人利益的单方法律行为，如所有物抛弃，一般是成立即生效。而涉及他人利益的单方法律行为，如立遗嘱的行为，行使解除权的行为等，虽然其意思表示成立，但其是否生效，还要依法审查其是否损害了利害关系人的权利。损害了利害关系人权利的，该部分意思表示不发生法律上的效力。

（二）未生效与无效

区分未生效与无效，有利于进一步区分法律行为的不成立、未生

效、可撤销及无效。典型的未生效情形包括两种：第一，法律、行政法规规定须经批准的民事法律行为，因未经批准而无法生效；第二，附条件生效的民事法律行为，生效条件确定无法具备。这两种情况下，民事法律行为因双方合意一致已经成立，但却不能生效，属于确定不生效。而典型的无效情形包括三种：《民法典》第143条规定了有效的民事法律行为应当具备的条件，反之，当行为人不具有相应的民事行为能力，或者意思表示不真实，或者违反法律、行政法规的强制性规定、违背公序良俗的，民事法律行为应认定为无效。视具体情况，也会发生效力待定或者可撤销情形。

（三）法律效力

一般来说，法律行为自成立之日起即对行为人具有诚信约束力，待法律行为经法律评价后生效，生效之效力自成立时计算。但这并非指民事法律行为成立就发生行为人预想的结果，只有在“有效”的前提之下，符合法律规定或者当事人约定的生效条件之后，权利人才可以根据民事法律行为约定的权利义务行使履行请求权。附生效条件的与须经批准生效的民事法律行为，其成立与生效的阶段存在差别。在条件成就之前，当事人不享有履行请求权。民事法律行为成立的效力还在于，若仅是成立而不生效，将不产生行为人预想的法律后果，而可能会产生法律规定的后果，即《民法典》第500条规定的缔约过失责任。

三、民事法律行为不成立、无效或者被撤销的法律后果的总体处理原则

《民法典》第157条规定了民事法律行为无效、被撤销或者确定不发生效力的法律后果，但未对民事法律行为不成立的法律后果作出规定。考虑到民事法律行为不成立同样存在“行为人因该行为取得财产”问题，也涉及财产返还和损害赔偿责任等情况，基于法益考量，

有必要予以明确规定。本条与《全国法院民商事审判工作会议纪要》第 32 条规定一脉相承，规定了民事法律行为不成立，当事人请求返还财产、折价补偿或者赔偿损失的，参照适用《民法典》第 157 条的规定。《民法典》第 157 条规定："民事法律行为无效、被撤销或者确定不发生效力后，行为人因该行为取得的财产，应当予以返还；不能返还或者没有必要返还的，应当折价补偿。有过错的一方应当赔偿对方由此所受到的损失；各方都有过错的，应当各自承担相应的责任。法律另有规定的，依照其规定。"依据上述规定，民事法律行为不成立、无效或者被撤销的法律后果的总体处理原则基本一致。

（一）财产返还请求权的性质

关于财产返还的性质，因我国立法并未采取物权行为理论，不认可物权行为的独立性和无因性，所以在合同无效或者被撤销后，基于合同发生的物权变动也丧失了基础，自然产生物权回转的效果，转让人享有的是物权请求权性质的返还原物请求权。只有在原物不能返还或者没有必要返还的情况下，返还原物请求权才转变为不当得利请求权。

区分财产返还性质存在现实意义。在返还义务人破产的情况下，如果是物权请求权，权利人享有取回权，优先于一般债权人受偿。反之，如果认为是不当得利请求权，则只能与其他债权人一起平等受偿。另一方面，在待返还的财产被执行时，权利人可以基于物权请求权对抗一般债权人的执行，而不当得利请求权则不能对抗一般债权人。当然，即便原物存在，转让人认为没有必要返还原物的，也可以请求折价补偿，不必一定请求返还原物。毕竟权利人选择行使何种权利，是其自由而不是义务。就此而言，不存在权利人必须先行使返还原物请求权，只有在不能行使情况下才能请求折价补偿的问题。①

① 最高人民法院民事审判第二庭编著：《〈全国法院民商事审判工作会议纪要〉理解与适用》，人民法院出版社 2019 年版，第 263 页。

（二）折价补偿

所谓折价补偿，是指民事法律行为不成立、无效、被撤销或者确定不发生效力后，行为人因该行为取得的财产，应当予以返还。但是，对于不能返还，或者没有必要返还的，只能采取折价补偿的方式代替原物返还。所谓“不能返还”，包括法律上的不能返还和事实上的不能返还。法律上的不能返还，主要是指一方当事人受领的财产已经转让给善意第三人，第三人取得该财产符合善意取得的条件。事实上的不能返还，主要是指因标的物已经灭失，造成客观上无法返还，且原物又是不可替代物。所谓“没有必要返还”，主要包括以下两种情况：(1) 如果当事人接受的财产是劳务等，在性质上不能恢复原状。(2) 如果一方当事人是通过使用对方的知识产权获得的利益，因知识产权属于无形财产，此时应折价补偿对方当事人。

折价时，应当以当事人交易时约定的价款为基础，同时考虑当事人在标的物灭失或者转售时的获益情况综合确定补偿标准。标的物灭失时当事人获得的保险金或者其他赔偿金，转售时取得的对价，均属于当事人因标的物而获得的利益。对获益高于或者低于价款的部分，也应当在当事人之间合理分配或者分担。

（三）赔偿损失

所谓赔偿损失，是指民事法律行为因不成立、无效、被撤销以及确定不发生效力后，在实行原物返还，或者折价补偿后，按照过错责任原则，有过错的一方应当赔偿对方由此所受到的损失；各方都有过错的，应当各自承担相应的责任。理论上认为缔约过失责任的赔偿范围属于信赖利益损失，而违约责任的赔偿范围为履行利益或者可得利益损失，侵权责任的赔偿范围为固有利益损失。《全国法院民商事审判工作会议纪要》第 32 条第 2 款中规定：“合同不成立、无效或者被撤销情况下，当事人所承担的缔约过失责任不应超过合同履行利益。比如，依据《最高人民法院关于审理建设工程施工合同纠纷案件适用法律问题的解释》第2条规定，建设工程施工合同无效，在建设工程经竣工验收合格情况下，可以参照合同约定支付工程款，但除非增加了合同约定之外新的工程项目，一般不应超出合同约定支付工程款。”① 准确理解本条规定的赔偿损失，要注意两点：一是信赖利益的赔偿范围为当事人缔约前的利益状态，而履行利益或可得利益的赔偿范围为合同履行时或履行后的利益状态。二者的区别在于，如果民事法律行为成立与生效的时间节点不同，由此导致的赔偿损失范围也是不同的。二是原物返还或者折价补偿后，如果当事人还有损失的，对方当事人应当根据过错责任承担。有过错的承担赔偿责任，没有过错的，就不承担责任。

【审判实践中应注意的问题】

一、返还财产的范围

（一）在财产增值或者贬值的情况下的返还

在财产增值或者贬值的情况下，如何返还才能体现公平原则，《全国法院民商事审判工作会议纪要》第33条中对此有相应规定：“合同不成立、无效或者被撤销后，在确定财产返还时，要充分考虑财产增值或者贬值的因素。双务合同不成立、无效或者被撤销后，双方因该合同取得财产的，应当相互返还。应予返还的股权、房屋等财产相对于合同约定价款出现增值或者贬值的，人民法院要综合考虑市场因素、受让人的经营或者添附等行为与财产增值或者贬值之间的关联性，在当事人之间合理分配或者分担，避免一方因合同不成立、无效或者被撤销而获益。”该条规定体现了民事法律行为不成立情形下

① 参见刘贵祥：《关于合同成立的几个问题》，载《法律适用》2022年第4期。

的返还财产，与无效、可撤销的民事法律行为适用同种尺度。

（二）返还范围是否包括孳息

不论是善意占有还是恶意占有，民事法律行为不成立情形下的占有行为均不受法律保护，占有人均无权获得孳息。换言之，返还原物的范围都包括原物和孳息。所不同的是，善意占有毕竟不同于恶意占有，为与恶意占有相区别，其可以向相对方请求支付因维护该不动产或动产所支出的必要费用。① 《民法典》物权编中的第460条规定："不动产或者动产被占有人占有的，权利人可以请求返还原物及其孳息；但是，应当支付善意占有人因维护该不动产或者动产支出的必要费用。"该条也体现公平原则。

二、折价补偿的适用

根据《全国法院民商事审判工作会议纪要》第33条的规定，在标的物已经灭失、转售他人或者其他无法返还的情况下，当事人主张返还原物的，人民法院不予支持，但其主张折价补偿的，人民法院依法予以支持。折价时，应当以当事人交易时约定的价款为基础，同时考虑当事人在标的物灭失或者转售时的获益情况综合确定补偿标准。标的物灭失时当事人获得的保险金或者其他赔偿金，转售时取得的对价，均属于当事人因标的物而获得的利益。对获益高于或者低于价款的部分，也应当在当事人之间合理分配或者分担。

三、相互返还的适用

双务合同中，双方各自的给付构成对待给付。即便在合同不成立的情况下，双方负有的返还义务仍然构成对待给付。在当事人未就返

① 最高人民法院民事审判第二庭编著：《〈全国法院民商事审判工作会议纪要〉理解与适用》，人民法院出版社2019年版，第263～264页。

还事宜作出特别约定的情况下，在合同不成立场合，也可以参照合同无效情形下的同时履行抗辩权，在一方未提出给付前，另一方可以拒绝对方要求返还的请求。

四、应否返还利息

对于此问题，应当根据不同的合同类型来具体确定。除借款合同之外的买卖、租赁等双务合同，金钱往往是以对价的形式出现的。此类合同不成立的情况下，买受人、承租人从合同订立时起至将标的物返还转让人、出租人期间的占有就构成无权占有，理论上应当向转让人、出租人支付使用费。反之，转让人、出租人也应当向买受人、承租人支付资金占用费。使用费与资金占用费之间完全符合法定抵销的条件，一经抵销，各自的债务均归于消灭。因此，在一方返还原物之前，另一方仅须支付本金，无须支付利息。但专以金钱为标的的合同如借贷合同不成立时，资金占用方原则上应当支付利息。至于是按贷款利率还是存款利率支付，存在不同观点。一般来说，贷款利率比存款利率高，所以参照贷款利率显然较参照存款利率对权利人更为有利。参照贷款利率的法理依据为：一方需要向银行贷款以获得同等资金，故应参照贷款利率。而参照存款利率的法理依据是：资金方并不需要向银行借钱，因此，其损失的不过是同期存款利息。我们认为，在民商事审判中，原则上应当参照贷款利率支付。①

五、损害赔偿与返还财产的关系

合同不成立、合同无效或者被撤销场合涉及的返还财产，包括不能返还或者没必要返还时的折价补偿。不论是返还财产还是折价补偿，《全国法院民商事审判工作会议纪要》第 33 条已经较为充分地考虑了

① 最高人民法院民事审判第二庭编著：《〈全国法院民商事审判工作会议纪要〉理解与适用》，人民法院出版社 2019 年版，第 267 页。

财产贬值与增值的因素。在财产增值的情况下，一般不存在损害赔偿问题。而在财产贬值的情况下，当事人本可以通过损害赔偿制度弥补其损失。但根据《全国法院民商事审判工作会议纪要》第35条的规定，此时要根据诚信原则在当事人之间分摊因财产贬值而导致的损失，在此情况下，损害赔偿的空间在很大程度上已经被公平财产返还制度所代替。换言之，在确保公平返还的情况下，很难再有请求损害赔偿的空间与必要。有鉴于此，该纪要第35条一方面规定，仅返还财产不足以弥补损失的，一方还可以请求有过错的另一方承担损害赔偿责任。另一方面，又规定在确定损害赔偿范围时，既要根据当事人的过错程度合理确定责任，又要考虑在确定财产返还范围时已经考虑过的财产增值或者贬值因素，避免出现双重获利或者双重受损的现象发生。

六、人民法院应当如何综合适用返还财产、折价补偿以及损害赔偿这三种制度

合同不成立、无效或者被撤销的后果包括返还财产、折价补偿以及损害赔偿。其中返还财产性质上属于物权请求权，在财产不能返还或者当事人认为没必要返还时，则转化为不当得利请求权性质的折价补偿。可见，折价补偿是返还财产的代替，二者只能择一行使，不能同时行使。在确定返还财产或者折价补偿的范围时，根据《全国法院民商事审判工作会议纪要》第35条的规定，应固定地以当事人之间的合同约定的转让款为折价补偿的基础，然后与标的物灭失时所得的价值补偿或者转售时可得的价款进行比较，对高于或者低于转让款的部分，根据一定的规则在当事人之间进行分配或者分担，以实现当事人间的利益平衡，此点使其有别于传统民法上的不当得利制度。当返还财产或者折价补偿不足以弥补损失时，理论上当事人仍然可以请求损害赔偿，但只要返还财产或者折价补偿已经充分顾及当事人间的利益平衡的话，

实践中就不会有太多的损害赔偿的空间。

从实务操作的情况看，要根据当事人的诉辩情况具体确定如何适用返还财产、折价补偿或者损害赔偿制度。一方请求确认合同不成立并返还财产，另一方请求继续履行合同，并未提出损害赔偿请求的，一旦认定合同不成立，则应根据前述的返还财产或者折价补偿确定返还的范围。如另一方提起反诉请求损害赔偿的，考虑到此时的损害赔偿责任是缔约过失责任而非违约责任，在财产增值的情况下，因不存在损失，人民法院应当根据返还财产或者折价补偿的规定在当事人间合理分配收益，同时驳回当事人有关损害赔偿的诉讼请求；如果财产贬值的，既可以根据返还财产或者折价补偿规则在当事人间分摊损失，也可以根据损害情况支持当事人的损害赔偿请求。为避免给当事人以判非所请的错觉，以支持其损害赔偿请求为佳。①

【相关规定】

一、《民法典》第 157 条：民事法律行为无效、被撤销或者确定不发生效力后，行为人因该行为取得的财产，应当予以返还；不能返还或者没有必要返还的，应当折价补偿。有过错的一方应当赔偿对方由此所受到的损失；各方都有过错的，应当各自承担相应的责任。法律另有规定的，依照其规定。

二、《合同法》（已废止）第 58 条：合同无效或者被撤销后，因该合同取得的财产，应当予以返还；不能返还或者没有必要返还的，应当折价补偿。有过错的一方应当赔偿对方因此所受到的损失，双方都有过错的，应当各自承担相应的责任。

三、《全国法院民商事审判工作会议纪要》第 32 条：【合同不成

① 最高人民法院民事审判第二庭编著：《〈全国法院民商事审判工作会议纪要〉理解与适用》，人民法院出版社 2019 年版，第 269 页。

立、无效或者被撤销的法律后果】《合同法》第58条就合同无效或者被撤销时的财产返还责任和损害赔偿责任作了规定，但未规定合同不成立的法律后果。考虑到合同不成立时也可能发生财产返还和损害赔偿责任问题，故应当参照适用该条的规定。

在确定合同不成立、无效或者被撤销后财产返还或者折价补偿范围时，要根据诚实信用原则的要求，在当事人之间合理分配，不能使不诚信的当事人因合同不成立、无效或者被撤销而获益。合同不成立、无效或者被撤销情况下，当事人所承担的缔约过失责任不应超过合同履行利益。比如，依据《最高人民法院关于审理建设工程施工合同纠纷案件适用法律问题的解释》第2条规定，建设工程施工合同无效，在建设工程经竣工验收合格情况下，可以参照合同约定支付工程款，但除非增加了合同约定之外新的工程项目，一般不应超出合同约定支付工程款。

第33条：【财产返还与折价补偿】合同不成立、无效或者被撤销后，在确定财产返还时，要充分考虑财产增值或者贬值的因素。双务合同不成立、无效或者被撤销后，双方因该合同取得财产的，应当相互返还。应予返还的股权、房屋等财产相对于合同约定价款出现增值或者贬值的，人民法院要综合考虑市场因素、受让人的经营或者添附等行为与财产增值或者贬值之间的关联性，在当事人之间合理分配或者分担，避免一方因合同不成立、无效或者被撤销而获益。在标的物已经灭失、转售他人或者其他无法返还的情况下，当事人主张返还原物的，人民法院不予支持，但其主张折价补偿的，人民法院依法予以支持。折价时，应当以当事人交易时约定的价款为基础，同时考虑当事人在标的物灭失或者转售时的获益情况综合确定补偿标准。标的物灭失时当事人获得的保险金或者其他赔偿金，转售时取得的对价，均属于当事人因标的物而获得的利益。对获益高于或者低于价款的部分，也应当在当事人之间合理分配或者分担。

第34条：【价款返还】双务合同不成立、无效或者被撤销时，标的物返还与价款返还互为对待给付，双方应当同时返还。关于应否支付利息问题，只要一方对标的物有使用情形的，一般应当支付使用费，该费用可与占有价款一方应当支付的资金占用费相互抵销，故在一方返还原物前，另一方仅须支付本金，而无须支付利息。

第35条：【损害赔偿】合同不成立、无效或者被撤销时，仅返还财产或者折价补偿不足以弥补损失，一方还可以向有过错的另一方请求损害赔偿。在确定损害赔偿范围时，既要根据当事人的过错程度合理确定责任，又要考虑在确定财产返还范围时已经考虑过的财产增值或者贬值因素，避免双重获利或者双重受损的现象发生。

【典型案例】

山东招标股份有限公司诉山东华牧药业有限责任公司等民间借贷纠纷案［山东省济南市中级人民法院（2017）鲁01民终8878号民事判决］

裁判要旨：双方当事人对涉案保证合同关系未依法成立均存在过错，应以过错程度承担相应的缔约过失责任。

基本案情：山东华牧公司并未委托田某会在涉案借款协议书及承诺书上加盖公章承担保证责任，故田某会在涉案借款协议书及承诺书上加盖山东华牧公司公章的行为属于无权代理。由于田某会擅自加盖山东华牧公司公章的行为未经山东华牧公司追认，因此，涉案借款协议书和承诺书中的保证条款对山东华牧公司不发生法律效力。因山东招标公司未尽审慎义务，对涉案保证合同关系未依法成立存在过错；而山东华牧公司对其公章的保管、使用未尽责任，致使田某会擅自加盖其公章，客观上损害了山东招标公司的合法权益，故山东招标公司与山东华牧公司对涉案保证合同关系未依法成立均存在过错，双方应以过错程度承担相应的缔约过失责任，法院酌定由山东华牧公司对山东广安公司不能偿还借款本息及违约金的部分，向山东招标公司承担30%的赔偿责任。

第二十四条　民事法律行为所附条件不可能发生，当事人约定为生效条件的，人民法院应当认定民事法律行为不发生效力；当事人约定为解除条件的，应当认定未附条件，民事法律行为是否失效，依照民法典和相关法律、行政法规的规定认定。

【条文主旨】

本条是关于民事法律行为附不能条件时的效力规定。

【条文理解】

一、起草背景

当事人实施民事法律行为时，多是基于对现状的认识以及对其将来发展的预期，但是事物的发展往往不能准确预见，通过对民事法律行为附条件，可以使民事法律行为的后果与实际因素相适应，从而实现条件的风险管控功能。① 传统民法法律行为理论中对条件的定义是，通过当事人的意思附加于法律行为内容中的约定，通过该约定，法律行为的效力取决于将来的未知事件。② 由此可见，民事法律行为的条件应当具有不确定性，也就是说作为条件内容的相关事件是否发生应当是未知的，相反，如果该事件是确定不可能发生的，则系学理所称

① 参见王泽鉴：《民法总论》，北京大学出版社2009年版，第395页。

② 陈甦主编：《民法总则评注》，法律出版社2017年版，第1110页。

“不能条件”。关于民事法律行为附不能条件时的效力问题，《民法通则意见》第75条直接规定为无效，而未区分生效条件、解除条件对民事法律行为效力的不同影响。有学者认为《民法通则意见》第75条中的“条件”应作限缩解释，仅指生效条件，而不包括解除条件。[①]

二、起草过程中相关意见和建议

在司法解释的起草过程中，考虑到学界对《民法通则意见》第75条有关民事法律行为附不能条件时的效力规定存有较大争议，且该条还涉民事法律行为附不法条件时的效力认定问题，故有必要对标《民法典》第158条中有关“生效条件”“解除条件”的规定，对民事法律行为附条件的效力认定问题作出规定。下面结合该条文在起草过程中的变化情况，对相关意见和建议予以介绍。

在司法解释初稿和征求意见稿中，曾规定：“民事法律行为所附条件违反法律、行政法规的强制性规定，违背公序良俗，或者不可能发生，当事人约定为生效条件的，人民法院应当认定民事法律行为不生效；当事人约定为解除条件的，应当认定未附条件，民事法律行为是否失效，依照民法典和相关法律、行政法规的规定认定。”相较《民法通则意见》第75条的规定，该解释稿主要作了以下两方面的调整：第一，将民事法律行为所附条件“违背法律规定”修改为“违反法律、行政法规的强制性规定，违背公序良俗”，补充完善了不法条件的内容；第二，区分当事人约定民事法律行为所附条件是生效条件和解除条件的不同情形，对民事法律行为附不法条件、附不能条件的效力作出规定。但在其后对司法解释的讨论和征求意见过程中，法官代表和专家学者提出不同意见，认为学界对民事法律行为附不法条件

① 参见朱庆育主编：《中国民法典评注·条文选注》，中国民主法制出版社2021年版，第99页；参见王利明主编：《中国民法典释评·总则编》，中国人民大学出版社2020年版，第386页。

时的效力存在争议：有学者认为该民事法律行为应当然无效；也有学者认为该条件无效，但民事法律行为仍然有效。建议对民事法律行为附不法条件时的效力慎重规定。

根据有关意见和建议，我们对该条司法解释征求意见稿进行了修改，修改后表述为："民事法律行为所附条件不可能发生，当事人约定为生效条件的，人民法院应当认定民事法律行为不发生效力；当事人约定为解除条件的，应当认定未附条件，民事法律行为是否失效，依照民法典和相关法律、行政法规的规定认定。"

三、民事法律行为附条件制度概述

为应对未来市场不确定性所带来的风险，当事人通常依据意思自治原则，通过附款的方式限制民事法律行为的效力发生或者消灭。其中所谓"附款"，主要是指当事人通过约定附条件或者附期限的方式控制民事法律行为的生效或解除时间。但需注意的是，根据《民法典》第158条规定，某些民事法律行为不得附条件。原因在于，附条件往往会导致民事法律行为的生效或失效产生不确定性，而对于这些民事法律行为而言，其性质决定了其必须排除这种不确定性，否则将不利于维护公序良俗、交易安全和秩序稳定。

（一）不得附条件的民事法律行为类型

1. 为维护公序良俗而不得附条件

民事法律行为的性质决定了其附条件将会违背公序良俗，这样的民事法律行为通常表现为涉及身份关系的行为。以婚姻为例，如果允许对婚姻附生效条件，则当事人的身份将处于与婚姻本质不相符的不确定状态中；如果允许对婚姻附解除条件，则会排除有关离婚的强制性规定。[①] 例如，《意大利民法典》第 108 条规定：“新婚夫妇愿意互为夫妇的声明不得附加期限和条件。”“如果新婚夫妇在声明中附加了期限或条件，则户籍官不得为他们举行婚礼。即使已经完成婚礼，期限或条件视为不曾附加。”第 257 条亦明确任何限制认领效力的条款无效。因此，结婚、离婚、收养、解除收养关系等与身份关系相关的民事法律行为不得附条件。

2. 为维护交易安全和秩序稳定而不得附条件

民事法律行为的性质决定了其附条件将会导致交易和秩序的不确定性，而这种不确定性具体表现为意思表示相对人或者其他多数人的法律状态不稳定。

一是票据行为。《票据法》第 33 条第 1 款规定：“背书不得附有条件。背书时附有条件的，所附条件不具有汇票上的效力。”第 43 条规定：“付款人承兑汇票，不得附有条件；承兑附有条件的，视为拒绝承兑。”第 48 条规定：“保证不得附有条件；附有条件的，不影响对汇票的保证责任。”因此，由于票据是一种有价证券，其流通效率的需要决定了其在背书、承兑、保证时均不得附条件。

二是抵销行为。《民法典》第 568 条第 2 款规定：“当事人主张抵销的，应当通知对方。通知自到达对方时生效。抵销不得附条件或者附期限。”抵销作为一种典型的形成权，仅凭单方意思表示便可将法律关系明确，如附之条件，将导致相对方的法律地位再次处于不明确的状态。因此，法律明文规定抵销不得附条件。同理，撤销、追认、解除等形成权的行使，亦不得附条件。在此需要说明的是，有学者认为形成权的行使原则上不得附条件，但也存在例外。（1）附加条件经相对人同意的，此时单方法律行为变成双方法律行为；（2）条件的成

① 参见［德］迪特尔·梅迪库斯：《德国民法总论》，邵建东译，法律出版社 2001 年版，第 639 页。转引自朱庆育主编：《中国民法典评注·条文选注》，中国民主法制出版社 2021 年版，第 108 页。

就与否纯由相对人决定，如在对方迟延履行的情况下，告知曰“若一月之内不履行债务，则解除契约”。[①] 对此，我们认为以上属于相对人通过意思自治对自身权利的处分，或者可自行决定并确定自己的法律状态的情形，对于相对人法律地位的不确定状态影响较小，允许在此情形下附条件行使形成权较有一定道理，实践中可以继续探索。

三是接受或者放弃遗产、遗赠等行为。以接受遗产附条件为例，如行为人接受遗产附条件，则将导致其是否接受被继承人的遗产的法律效果处于不确定状态，与之相关的，被继承人的债权人能否向其主张债权，其他继承人的权利如何确定，甚至可否据此将无人继承的遗产归属国家所有，众多民事主体的权利都因该法律行为附条件而受到影响。从安定其他民事主体的地位的角度，接受或者放弃遗产、遗赠等行为不得附条件。但值得注意的是，遗嘱能否附条件在学界仍存有争议。有观点认为，遗嘱不得附条件。[②] 也有观点认为，此种限制，或不必要。若遗嘱附生效条件，其条件于遗嘱人死亡前成就时，遗嘱自死亡时生效；于死亡前确定不成就时，遗嘱不生效；遗嘱人死亡后，条件成就与否未定之间，条件受益人享有期待权。若遗嘱附解除条件，其条件于遗嘱人死亡前成就时，遗嘱不生效；于死亡后成就时，遗嘱自死亡时发生效力，条件成就时失其效力；于死亡前条件确定不成就时，遗嘱为无条件。[③] 对此，我们认为遗嘱作为单方终意处分行为具有一定的特殊性，可否附条件，以及附生效或解除条件对遗嘱的效力影响，还有待审判实践进一步总结经验。

---

① 参见王利明主编：《中国民法典释评·总则编》，中国人民大学出版社2020年版，第387页；参见朱庆育主编：《中国民法典评注·条文选注》，中国民主法制出版社2021年版，第109页。

② 参见李宇：《民法总则要义：规范释论与判解集注》，法律出版社2017年版，第754页。

③ 参见朱庆育主编：《中国民法典评注·条文选注》，中国民主法制出版社2021年版，第108页；参见江平主编：《民法学（第3版）》，中国政法大学出版社2001年版，第769～770页。

（二）民事法律行为所附条件的特点

所谓条件，是指当事人用以限制民事法律行为生效或者解除的事实。这些事实，通常要求具有当事人的意思、将来性、不确定性以及合法性的特点。

1. 当事人的意思

条件是当事人通过意思自治抵充风险的具体体现。如果条件非因当事人意思一致决定成为民事法律行为的内容，而系法律规定民事法律行为必须具备的条件，则非本条所指民事法律行为附条件。因为如果当事人约定将法定条件作为民事法律行为所附条件，并不能体现当事人的意志自由，相反仅是对法定条件的重申，并不直接影响民事法律行为的效力。因此，从另一个角度讲，当事人约定的民事法律行为所附条件应当能够对该法律行为的效力产生影响，如仅为一般性的“付款条件”“交货条件”，则并不构成对民事法律行为的附条件。

2. 将来性

作为民事法律行为内容的条件，必须是当事人实施民事法律行为时尚未发生的事实。如果该事实已经成就，则为“既成条件”或“已定条件”，为不真正条件。判断事实是否具有将来性，出发点是客观视角，如果客观已经成就或确定不能成就，只是当事人主观对此不知情，此时的条件被称为“表见条件”，亦属于不真正条件。①

3. 不确定性

条件与期限的关键区别就在于条件是否成就是不确定的，而期限终将届至。判断条件成就的确定性与否，同样应当按照客观视角，在当事人实施民事法律行为时作出判断。如作为条件内容的事实是客观确定会成就的，则该条件为“必成条件”；如作为条件内容的事实是客观确定不会成就的，则该条件为“不能条件”。此也属于不真正

① 参见陈甦主编：《民法总则评注》，法律出版社2017年版，第1110页。

条件。

4. 合法性

当事人约定作为条件的事实应当是合法的。以违法或者违背公序良俗的事实作为条件的，为“不法条件”。例如，约定买卖毒品或者维持婚外情为赠与条件。

（三）民事法律行为附生效条件与附解除条件

以民事法律行为所附条件决定其生效或者失效为标准，可以将条件分为生效条件和解除条件。所谓“生效条件”，又称“停止条件”“延缓条件”，是指使民事法律行为发生效力的条件。在生效条件成就以前，民事法律行为虽已符合成立要件，但其效力仍处于停止状态，有关当事人的权利、义务亦处于待定状态。只有当生效条件成就时，该民事法律行为始生效力。比如，父亲对儿子许诺，如果儿子考上某某大学，就送给他一台笔记本电脑。此处，儿子考上大学便是父亲赠与其笔记本电脑的生效条件。所谓“解除条件”，又称“消灭条件”，是指使民事法律行为失效的条件。在解除条件成就以前，民事法律行为已经具备法律效力，但其是否失效取决于该解除条件是否成就。如果解除条件成就，民事法律行为失效，当事人之间的法律关系回至实施民事法律行为前的状态。比如，房东和租客约定如果租客调至外地工作，其就可以解除房屋租赁合同。此处，租客调至外地工作便是房屋租赁合同的解除条件。

四、民事法律行为附不真正条件时的法律效力

鉴于《民法通则意见》第75条曾就民事法律行为所附条件违背法律规定或者不可能发生的法律效力问题作出规定，本条亦对民事法律行为附不能条件的效力规定予以重新调整，考虑到司法实践的现实需要，在此仅对民事法律行为附不能条件和附不法条件时的效力问题作一阐释。

（一）民事法律行为附不能条件时的效力

当事人约定不能条件为所谓条件时，应当探究当事人是否具有让民事法律行为生效或者解除的意思，具体通过意思表示的解释判断民事法律行为的效力如何。当事人约定不能条件为生效条件时，如“太阳从西边升起，我就将房屋卖给你”，说明当事人根本不想出卖房屋，不希望房屋买卖这一民事法律行为发生效力，因此，应当解释为“民事法律行为不发生效力”。当事人约定不能条件为解除条件时，如“太阳从西边升起，我将房屋卖给你的合同失效”，说明当事人希望将房屋卖给对方，不希望房屋买卖这一民事法律行为失效，因此，应当解释为“未附条件，民事法律行为是否失效，依照《民法典》和相关法律、行政法规的规定认定”。

也有观点提出，如果不能实现之事件为生效要件，则法律行为无效；如果不能实现之事件为解除要件，则法律行为视为不附条件，最终有效。① 该观点扬弃了《民法通则意见》第75条的做法，认为应当区别对待民事法律行为附不能条件时的效力，与本解释观点相符，但在具体操作上存在差异。（1）根据《民法典》第157条规定，民事法律行为无效、被撤销以及确定不发生效力后，从法律效果上均将导致民事法律行为的目的不能实现，应当恢复至行为成立或实施前的状态，但是存在事由上的区别。具体而言，“无效”是指民事法律行为因具备无效条件而被确定为自始无效、当然无效、绝对无效；“被撤销”是指民事法律行为因具备撤销事由，经撤销权人行使撤销权而无效；“确定不发生效力”是指民事法律行为因欠缺生效要件而从未生效。本解释规定民事法律行为所附不能条件为生效条件时，民事法律行为因欠缺生效要件而“不发生效力”，更符合《民法典》第157条的立

① 参见王泽鉴：《民法总论》，北京大学出版社2009年版，第401页；朱庆育：《民法总论》，北京大学出版社2013年版，第129页。

法本意。(2) 民事法律行为所附不能条件为解除条件时，发生未附加条件之效力。民事法律行为虽不因该不能条件而失效，但最终是否失效应结合法律、行政法规的规定作具体判断。

（二）民事法律行为附不法条件时的效力

关于民事法律行为附不法条件时的效力问题，学界存有较大争议。有观点认为，应导致整个民事法律行为无效；也有观点认为，即使该不法条件不存在，当事人依然希望民事法律行为发生效力，民事法律行为应视为未附条件；另有观点认为，民事法律行为与所附条件是不可分割的整体，条件因法律、行政法规的强制性规定而无效的，除非法律为保护相对人的利益辟出例外，法律行为原则上整体无效，并无《民法典》第156条适用之余地，但是倘若不法条件只是附加在法律行为部分内容之上，且通过意思表示的解释可知，该部分内容无效，不影响其他部分的效力的，则应适用《民法典》第156条的规定，即该部分的无效，而合同的其他部分仍然发生相应的效力。① 我们在调研过程中，发现其中主要争议集中于民事法律行为附违法解除条件时的效力问题，且多数意见认为附违法解除条件的行为应当无效。我们经反复研究后认为，这一问题存有较大争议，绝对无效可能会有失公平。例如，劳动者与用人单位在劳动合同中约定将劳动者实施违背公序良俗的行为作为劳动合同的解除条件，并不必然导致劳动合同本身无效。又如劳动合同约定以劳动者怀孕作为解除条件，虽然作为条件的事实本身不违法，但将该事实作为解除条件侵犯劳动者合法权益，关于该条件的约定应当认定无效，劳动合同本身仍然有效。鉴于这一问题的争议性，还有待审判实践中继续积累经验，在此对附不法条件的情形未作规定，必要时将通过指导性案例予以规范。

---

① 参见朱庆育主编：《中国民法典评注·条文选注》，中国民主法制出版社2021年版，第101～102页。

【审判实践中应注意的问题】

一、条件与负担的区分

从广义上讲，民事法律行为“附款”除了条件、期限，还包括负担。附负担民事法律行为中的“负担”或者“负担条款”，作为一个典型的附属条款，通常出现在遗嘱和赠与合同这类慷慨行为中，由处分人对受益人施加一项负担，即受益人负有履行某种有利于处分人、第三人或受益人本人的举动的义务。① 典型规则如，《民法典》第661条第1款规定：“赠与可以附义务。”例如，我送你一辆汽车，但是你必须每周五送我上班。条件与负担主要存在以下区别：第一，附条件的民事法律行为类型往往多于附负担的民事法律行为，因为负担多出现在慷慨行为中。第二，民事法律行为所附条件通常表现为任一事件或者行为的发生，而民事法律行为所附负担通常表现为一方履行某种义务。第三，民事法律行为附条件会对行为的效力产生影响，在生效条件成就前，民事法律行为不发生效力，在解除条件成就之后，民事法律行为失效；民事法律行为附负担并不会影响法律行为的效力，仅在约定的负担未得到履行时，对方可以此解除民事法律行为。

二、民事法律行为附条件与部分条款附条件

根据《民法典》第158条规定，附条件的是民事法律行为。但有学者提出，整个民事法律行为附条件的情况固然存在，但在实践中大量情形却是整个民事法律行为已经生效，所附条件仅仅限制着法律行为项下的某项义务或者某几项义务的履行效力。换言之，某项义务或

① 参见戴孟勇：《法律行为与公序良俗》，载《法学家》2020年第1期。

者某几项义务的履行效力附加了条件，也可以说是法律行为的某个或者某些条款也可以附条件。① 对此，我们认为对于民事法律行为部分条款附条件的情形，不仅要考虑所附条件系生效条件还是解除条件对民事法律行为效力的不同影响，还要考虑其他条款的效力是否会因该部分条款的效力而受影响，从而具体判断该部分条款和其他条款的法律效力问题，进而对当事人的权利主张和义务履行予以分析。

【相关规定】

一、《民法典》第 158 条：民事法律行为可以附条件，但是根据其性质不得附条件的除外。附生效条件的民事法律行为，自条件成就时生效。附解除条件的民事法律行为，自条件成就时失效。

第 159 条：附条件的民事法律行为，当事人为自己的利益不正当地阻止条件成就的，视为条件已经成就；不正当地促成条件成就的，视为条件不成就。

二、《民法通则意见》（已废止）第 75 条：附条件的民事行为，如果所附的条件是违背法律规定或者不可能发生的，应当认定该民事行为无效。

【典型案例】

一、王某群、天九公司与农产品公司、白沙洲公司股权转让合同纠纷案［最高人民法院（2020）最高法民终 677 号民事判决］

裁判要旨：民事法律行为所附解除条件不可能发生的，民事法律行为视为未附条件，民事法律行为不因此失效。

① 参见崔建远：《论法律行为或其条款附条件》，载《法商研究》2015 年第 4 期。

基本案情：2007 年 5 月 2 日，农产品公司与白沙洲公司的两名股东王某群、天九公司分别签订《70% 股权买卖协议》《30% 股权买卖协议》。2007 年 5 月 2 日，农产品公司与王某群、天九公司签订了一份《0.89 亿股权转让协议》，用以向商务部报批。2007 年 5 月 10 日，农产品公司对《11.56 亿股权买卖协议》所涉股权转让交易通过香港联交所信息披露网站进行了详细披露。2007 年 12 月 3 日，农产品公司披露“收购已获中国商务部批准”，未提及商务部批准涉案股权交易依据的是《11.56 亿股权买卖协议》还是《0.89 亿股权转让协议》。后，王某群和天九公司起诉称《0.89 亿股权转让协议》及《11.56 亿股权买卖协议》已经“失效”，基于法定的“双方返还”原则，农产品公司应当返还所取得的王某群、天九公司 90% 股权及相对应的经营管理权等。

生效裁判认为：在客观上，《11.56 亿股权买卖协议》不可能于 2007 年 12 月 5 日之前取得商务部的审批，在主观上，当事人明知客观上不可能发生之事，却仍然以此作为解除条件进行约定。该约定不符合《合同法》第 45 条第 1 款规定的合同所附条件须为将来可能发生的事实之含义，不属于该条规定的合同所附条件。因此，王某群、天九公司无权依据该约定主张《11.56 亿股权买卖协议》已于 2007 年 12 月 5 日失效，其基于《11.56 亿股权买卖协议》失效主张农产品公司返还白沙洲公司 90% 股权亦缺乏依据，不能得到支持。

二、赵某昌诉柳某宏、东台市某某镇某某村村民委员会农村建房施工合同纠纷案［江苏省参阅案例：盐城市中级人民法院二审民事判决］

裁判要旨：附条件的民事行为，如果所附的条件是不可能发生的，应当认定该民事行为不发生效力。

基本案情：赵某昌承建柳某宏住宅楼一幢，约定工程款 13320 元。楼房建成后，柳某宏以四邻屋顶高于其屋顶为由不同意付款，由此引发矛盾。双方经所在村村民委员会主任刘某华调解，签订协议：一、工程款由13320元降为11000元，2002年2月10日归还5500元，另5500元待屋顶增高后柳某宏交村委主任刘某华转付给赵某昌。二、柳某宏屋顶增高时间由村确定，增高标准与四周同高，师傅由村确定，与柳某宏、赵某昌无关，增高费用由镇建设管理部门、城市建设管理部门会同村委会从超高罚款中支出。协议签订后，柳某宏给付赵某昌工程款5500元。余款因某某村届期未能为柳某宏履行屋顶增高“义务”，柳某宏拒不履行给付工程款义务。赵某昌遂向法院起诉，要求某某村履行房屋增高义务，柳某宏履行付款义务。

生效裁判认为：虽刘某华是村委会主任，但某某村委会对该承诺不认可且该调解协议并未盖有村委会的章印，其中所附条件，要求某某村、镇建管、城管部门履行义务的条款，因只有乡级人民政府对违章建筑具有处罚权，建管、城管、村民委员会无此项权力，屋顶增高费用的支出途径根本不可能发生，故该部分内容不发生效力，协议中有关屋顶增高义务的条款，对某某村、镇建管、城管部门不具有法律约束力。

六、代　理

第二十五条　数个委托代理人共同行使代理权，其中一人或者数人未与其他委托代理人协商，擅自行使代理权的，依据民法典第一百七十一条、第一百七十二条等规定处理。

【条文主旨】

本条是关于共同代理中部分代理人擅自行使代理权的法律后果的规定。

【条文理解】

《民法通则》并未规定共同代理问题。基于实践需求，《民法通则意见》第79条规定了共同代理中部分代理人擅自行使代理权的责任承担问题，该条规定："数个委托代理人共同行使代理权的，如果其中一人或者数人未与其他委托代理人协商，所实施的行为侵害被代理人权益的，由实施行为的委托代理人承担民事责任。被代理人为数人时，其中一人或者数人未经其他被代理人同意而提出解除代理关系，因此，造成损害的，由提出解除代理关系的被代理人承担。"该规定较好地解决了实践需求，在总结司法审判经验和学理共识的基础上，本解释对这一问题进行了更为明确的规定，相对于《民法通则意见》，本条将部分共同代理人擅自行使代理权与无权代理、表见代理规则打通，以增强体系性和科学性。

一、共同代理概述

（一）共同代理的概念及与相近概念的区分

依代理权的行使是一人还是数人为标准，可以将代理分为单独代理和共同代理。共同代理是指两个以上的代理人就同一委托事项共同实施代理行为的代理。共同代理的构成必须是数个代理人就同一委托事项所进行的代理。准确理解共同代理需要注意与集合代理相区分。集合代理是指代理人虽有数人，但被代理人分别授予各代理人独立的代理权，代理人可各自从事单独代理行为的代理。也有观点认为，数个代理人同时为同一被代理人利益而分别行使同一代理权的代理，各代理人均可单独实施代理行为。但从性质上讲，集合代理是数个独立的代理权的集合，而共同代理则是数人行使同一个代理权。①

在实务上对共同代理与集合代理进行区分，可以从委托授权的内容（书面形式的，可以主要从委托授权书的内容）予以判断。如果被代理人授权数个代理人时，委托授权书明确了各个代理人权限的，原则上应认定为数个单独代理的集合，如果委托授权书未明确各代理人的代理权限而是将代理权“一揽子”授予数个代理人的情形，则应认定为共同代理。这也符合在立法者对于本人虽指定了数代理人，但未明确约定是共同代理还是各单独代理权的集合时，应作何种推定问题上的态度和选择。这一问题存在不同的立法例，一是推定为共同代理，例如，《奥地利民法典》第1011条规定：“数个受任人如同时，受任处理事务时，除委任状明白授予其中一个或者数人以全权者外，对有

① 黄薇主编：《中华人民共和国民法典总则编释义》，法律出版社2020年版，第437页。

效处理该项事务，与对委任人成立一项义务，需要全体受任人之共同行为。”《瑞士债务法》第 403 条第 2 款规定：“数人接受一个委任的，数人受任人应当承担连带责任，只有他们的共同行为对委任人有约束力，但他们授权派代表对第三人行为的除外。”二是推定为单独代理。例如，《意大利民法典》第 1716 条规定：“如果在委托人没有表示应当由数个受托人共同为其行为的情况下，受托人得各自完成该事项。在这种情况下，被告知结果的受托人应当立即通知其他受托人。在没有立即通知的情况下，委托人要承担因疏忽或者迟延而导致的损害赔偿。”《荷兰民法典》第 2 编第 6 : 110 条规定：“数个代理人有代理权限为本人为法律行为的，得单独为代理行为。”《欧洲示范民法典草案》第Ⅱ－6 : 110 条也采此立法例。三是没有作出明确规定，如德国、日本等。① 此前我国《民法通则》和《合同法》对此都没有作出明确规定。以上不同的立法例体现了不同的价值衡量结果。显而易见，第一种立法例对被代理人而言更容易控制代理人的行为，第二种立法例因为对代理人的限制较少，对被代理人来说风险更大，且数个代理人之间的行为存在矛盾的可能性。《民法总则》制定中，立法者出于更好保护本人的合法权益、减少实践纠纷的考虑，于第 166 条明定推定除另有约定外，为共同代理。②《民法典》予以沿用。

（二）共同代理权的行使方式

1. 共同代理权的行使规则

《民法典》第 166 条规定：“数人为同一代理事项的代理人的，应当共同行使代理权，但是当事人另有约定的除外。”该条明确代理权

---

① 据日本著名学者我妻荣介绍，当时日本通说认为，代理人有数人的，应当依法律规定或者授权契约的解释来确定究竟是共同代理或是单独代理，一般应当视为单独代理。参见［日］我妻荣：《新订民法总则》，于敏译，中国法制出版社 2008 年版，第 318～319 页。

② 参见黄薇主编：《中华人民共和国民法典总则编释义》，法律出版社 2020 年版，第 438 页。

应共同行使，但对如何共同行使则并没有规定，例如共同代理人之一人行为存在瑕疵时，是否影响整个代理行为的效力。传统观点认为："在共同代理，其数人之代理人，唯共同得为代理。代理人之一人未参加代理行为，或一人之行为有意思之欠缺或其他瑕疵时，则代理行为亦有瑕疵。其性质上，各代理人就其代理权，受有限制。从而一人为代理行为时，为权限之逾越。"① 这一观点于现今都具有积极的指导和参照意义。② 还有观点认为，共同代理原则上应由代理人共同行使，若仅由其中一人或数人为代理行为，只有经过被代理人或者其他代理人的追认后才能发生效力。③ 数个共同代理人并未共同行使代理权，而是单独行使代理权的，可能构成无权代理或者表见代理。正是基于此种主流认识，本条规定数个委托代理人共同行使代理权，其中一人或者数人未与其他委托代理人协商，擅自行使代理权的，原则上按照无权代理或者表见代理处理。

2. 共同行使代理权的具体方式

《民法典》第166条并未规定共同行使代理权的具体方式。就该问题，共同代理人原则上应当在行使代理权前与其他代理人协商，但代理人与被代理人之间有约定的，应按照约定进行。在没有约定的情况下，则应当允许数个代理人之间通过约定进行分工，在出现争议时可以通过协商多数决的做法进行，经全体代理人的协商或者按照多数人意思形成代理意见，但这时应当将数个代理人的分工情况及协商情况及时向被代理人报告。④ 而按照权威学者意见："如果关于同一事项，被代理人分别实施了不同的代理授权行为，则每一个代理人都享

① 参见史尚宽：《民法总论》，中国政法大学出版社2000年版，第468页。

② 参见最高人民法院民法典贯彻实施工作领导小组主编：《中华人民共和国民法典总则编理解与适用》，人民法院出版社2020年版，第830页。

③ 参见孙宪忠：《民法总论》，社会科学文献出版社2010年版，第278页。

④ 参见最高人民法院民法典贯彻实施工作领导小组主编：《中华人民共和国民法典总则编理解与适用》，人民法院出版社2020年版，第831～832页。

有单独代理权，除非被代理人另有意思表示。”① 此时并非《民法典》第 166 条规定的共同代理。

在此应当注意的是，在共同代理中，数个代理人之间的内部约定原则上并不能对被代理人产生效力。在法律没有禁止性规定或者代理人与被代理人之间没有特别约定排除的情况下，这种协商分工不宜认定为无效，② 而只是不在代理人与被代理人间发生效力。就其理由，委托共同代理的目的通常是发挥数个代理人的能力、特长，如果代理人之间通过协商变更为其中一人代理时，实际上构成了变相的转委托，有违被代理人最大利益的要求，违反了代理人忠实义务的要求。在这种情况下，代理人更应及时将有关情况向被代理人履行报告义务，以征得被代理人同意为原则，在行业惯例有不同做法或者紧急情形下除外。③

3. 共同行使代理权规则的例外——消极代理行为

根据前述规则，数位共同代理人应当共同行使代理权。但代理行为有积极代理和消极代理之分，凡代理人以被代理人名义向相对人为积极行为（即作出意思表示）的，为积极代理，凡代理人以被代理人的名义接受相对人的意思表示的，为消极代理。④《民法典》第 166 条虽然没有对积极代理行为和消极代理行为规定不同的法律后果，但根据学理观点，在消极代理行为即意思表示受领的场合，部分代理人应当有受领的权限。例如，日本著名民法学者我妻荣认为，在依当事人意思规定场合，其宗旨都是以积极的意思表示而共同进行为必要，连

---

① 王利明主编：《中国民法典释评·总则编》，中国人民大学出版社 2020 年版，第 408 页。

②③ 参见最高人民法院民法典贯彻实施工作领导小组主编：《中华人民共和国民法典总则编理解与适用》，人民法院出版社 2020 年版，第 832 页。

④ 参见佟柔主编：《中国民法学·民法总则》，中国人民公安大学出版社 1990 年版，第 276 页。

意思表示的受领都要求共同进行，是无法考虑的。① 我国台湾地区民法学者史尚宽认为："在受动代理，虽在共同代理，解为其中一人亦有受领之权限，盖否则甚为不便。虽在共同代理，亦不可要求意思表示受领之共同也。"② 同为我国台湾地区的民法学者郑玉波也认为："于此应注意者，即共同代理人之一人如竟单独代理时，即属越权，而成为无权代理问题，但在消极代理之情形，则应解为纵代理人之一人亦有单独受领之权限，否则必感不便。"③ 共同代理的宗旨是要求数个代理人积极地为意思表示，以防止专擅，所以共同代理应当止于积极代理，消极地受领意思表示不应要求共同受领。这种区分具有合理性，如在共同代理人和相对人的法律行为中，如果是共同代理人向相对人发出要约，必须共同行使代理权；如果是接受相对人的承诺，则该承诺到达任一代理人处即产生法律效力。如果是共同代理人向相对人发出要约邀请，随后相对人向共同代理人发出要约的，数个代理人必须共同作出是否承诺的决定。④

二、部分共同代理人擅自行使代理权的法律后果

《民法典》第166条并未规定共同代理人未经协商实施代理行为给被代理人造成损失时，应当如何承担责任。《民法通则意见》第79条第1款曾规定："数个委托代理人共同行使代理权的，如果其中一人或者数人未与其他委托代理人协商，所实施的行为侵害被代理人权益的，由实施行为的委托代理人承担民事责任。"《民法典》实施后，有观点认为这一规定与《民法典》第166条规定并不冲突，应当继续适用。但对于该代理人的责任承担问题，则必须以损害被代理人合法权

① 参见［日］我妻荣：《新订民法总则》，于敏译，中国法制出版社2008年版，第318～319页。

② 史尚宽：《民法总论》，中国政法大学出版社2000年版，第520页。

③ 郑玉波：《民法总则》，中国政法大学出版社2003年版，第417页。

④ 参见陈甦主编：《民法总则评注》，法律出版社2017年版，第1177～1178页。

益为前提。[1] 调研中，不少意见指出，《民法典》第166条仅对共同代理作了概括性规定，至于擅自行使代理权的法律责任有必要根据实践情况予以细化。而《民法通则意见》第79条的规定不够全面，代理人与被代理人之间的责任承担问题较为复杂，会涉及合同违约或者侵权问题，不可简单化处理。而且，对于代理人与被代理人之间的内部关系可以通过违约责任或者侵权责任的有关规则处理。就代理关系的特质而言，这种情形下与相对人的外部关系问题，则有必要予以明确。我们根据这一意见，在遵循《民法典》第166条规定精神的基础上，对《民法通则意见》第79条第1款规定作了实质性修改。

按照反对解释的思路，明确部分共同代理人擅自代理属无权代理，应当依照《民法典》第171条、第172条的规定处理。同时，有观点指出此时不仅可能侵害被代理人利益，也可能侵害其他代理人利益或第三人利益，因此，在《民法总则》立法时就删去了具体的“损害被代理人合法权益”这一条件。[2] 另外，在起草过程中，我们曾采纳我院有关部门和有关地方高院意见，明确了“但是当事人另有约定的除外”这一例外情形，但经过慎重考虑最后删除。因为本条规定主旨在于解决共同代理中部分代理人擅自行使代理权的外部关系问题，即主要解决相对人与被代理人、代理人之间的关系问题，而在体系解释上，《民法典》第171条、第172条所针对的就是此外部关系问题，并无“当事人另有约定”这一例外情形的限定。如果在司法解释中增加这一限定，会出现代理人与被代理人之间的内部约定可以对抗他们与相对人之间的外部关系的问题，故我们最终删除了这一内容。至于“当事人另有约定”的问题，可以通过对条文中“擅自”的解释予以体

---

① 参见最高人民法院民法典贯彻实施工作领导小组主编：《中华人民共和国民法典总则编理解与适用》，人民法院出版社2020年版，第832页。

② 参见龙卫球、刘保玉主编：《中华人民共和国民法总则释义与适用指导》，中国法制出版社2017年版，第583页。

现，即此“另有约定”就是《民法典》第166条规定的数个代理人与被代理人之间的约定，而其中部分代理人擅自行使代理权就属于违反此约定的情形，不必再专门列明，也可以避免引起对“另有约定”主体的误读。

三、无权代理和表见代理规则的具体适用

如上所述，本条规定旨在解决共同代理中部分代理人擅自代理的外部关系问题，遵循的基本思路是适用《民法典》第171条、第172条的规定，即如果属于无权代理，则发生第171条规定的相应法律后果；如果属于表见代理，则发生第172条规定的法律后果。

（一）关于无权代理规则的适用

在共同代理中，部分代理人擅自行使代理权的，构成无权代理，应当适用《民法典》第171条规定的相应法律后果。

1. 被代理人可行使追认的权利

无权代理实施的民事行为，如果经过被代理人追认，使无权代理性质发生改变，其所欠缺的代理权得到补足，转化为有权代理，发生与有权代理同样的法律效果，且效力溯及既往，无权代理行为自始有效，被代理人应当承受无权代理行为所发生的一切后果。而且，“未经被代理人追认的，对被代理人不发生效力”也并不是指在这一情形下代理行为无效，仅是在被代理人追认前，对于被代理人而言处于效力待定状态，但即使未被追认，该行为也不是归于无效，而仅是对被代理人不发生效力，该行为同样可以在代理人与被代理人之间发生相应的法律效力。

2. 相对人可行使催告权和撤销权

相对人可以催告被代理人在三十日内予以追认。相对人催告的，被代理人享有拒绝追认权或者追认权，在其追认之前，善意的相对人享有撤销权。被代理人如果明确表示拒绝追认，或者在交易相对人确

定的催告期间内不作出任何表示的（即使是不作为，也不能认定为默许从而推定为“同意”），无权代理行为对被代理人不发生法律效力，即有关法律后果不能由被代理人承担。同时，基于平衡相对人与被代理人之间的利益关系，与被代理人享有的追认权相对应，相对人与无权代理人进行民事法律行为时，如果其不知也不应知代理行为是无权代理的，则享有对无权代理行为的撤销权。相对人行使这一撤销权，就会直接地确定该无权代理行为不发生有权代理的法律效力。

3. 无权代理的行为未被追认的责任承担

关于无权代理人对相对人承担责任的规则，大陆法上有两种立法例，一种是选择责任，即允许相对人进行选择，或者请求无权代理人履行债务，或者选择无权代理人赔偿损失，《德国民法典》即采此说；另一种是赔偿责任，即无权代理人只承担赔偿责任，《法国民法典》即采此说。[①] 我国《民法典》采取了第一种立法例，即选择责任。《民法典》第171条第3款规定：“行为人实施的行为未被追认的，善意相对人有权请求行为人履行债务或者就其受到的损害请求行为人赔偿，但是赔偿的范围不得超过被代理人追认时相对人所能获得的利益”。根据该规定，无权代理中，相对人可以主张无权代理人（即行为人）履行债务。无权代理行为虽然对被代理人不生效力，但是相对人可以主张该代理行为是代理人的意思表示，从而在相对人和代理人之间形成相应的法律关系。但事实上，无权代理人与相对人之间并无成立民事法律行为的合意，法律规定善意相对人可以请求无权代理人履行是一种法律拟制，即在无权代理人和相对人之间拟制出一个民事法律行为。《民法典》该款还赋予了相对人另一项请求权，即损害赔偿请求权。关于损害赔偿责任是否要求无权代理人有过错。《民法典》第171条并未将无权代理人存在过错作为承担责任的前提。在学理上，通说

① 佟柔主编：《中国民法学·民法总则》，中国人民公安大学出版社1990年版，第295页。

认为，无权代理人对相对人的责任，不以故意或者过失为必要。[①] 因此，无权代理人不能主张自身对无权代理行为没有过错而免除相应责任。另一方面，如果相对人非善意，即相对人知道或者应当知道部分代理人擅自行使代理权的，《民法典》第171条第4款明确规定相对人和行为人按照各自的过错承担责任。这一规定在适用范围上既包括了给包括被代理人在内的他人损害的赔偿，也包括代理人与相对人之间责任的确定的情形。

关于无权代理人对被代理人的责任。根据《民法典》第171条第1款与第2款，被代理人不予以追认的，代理行为固然不能对被代理人发生效力，但被代理人仍可能因无权代理行为遭受其他损失，此时被代理人仍有权依据其与代理人之间的基础关系或侵权关系向代理人请求赔偿。[②] 通常而言，此履行债务与赔偿损害的责任承担方式属于选择行使而不可并用的情形，但仍要结合所实施的具体法律行为类型判断，如果代理行为是订立合同，则应当适用有关合同的规则，如果法律或者司法解释明确规定可以并用或者没有禁止并用的情形，则可以同时主张赔偿损害和履行债务，但不能违背损害赔偿的填平原则。

关于共同代理人内部关系的问题。有学者认为，在共同代理中，如果因实施该代理行为而给被代理人或第三人造成了损失，应由全体代理人负连带责任；如其中一个或数个代理人未与其他代理人协商同意而行使代理权，该代理行为无效，给被代理人造成损失的，由实施该行为的代理人承担责任。[③] 我们认为，该问题较为复杂，有必要区分不同情形予以探讨。一方面，擅自代理行为损害被代理人利益的问

---

① 参见史尚宽：《民法总论》，中国政法大学出版社2000年版，第558页；梅仲协：《民法要义》，中国政法大学出版社1998年版，第143页；梁慧星：《民法总论》，法律出版社2011年第4版，第238页。

② 王利明主编：《中国民法典释评·总则编》，中国人民大学出版社2020年版，第409~410页。

③ 参见马骏驹、余延满：《民法原论》，法律出版社2010年版，第225页。

题与该代理行为本身是否有效的问题应当区别对待，擅自代理并不必然导致该代理行为对于相对人不发生效力，对此应当依据《民法典》第171条、第172条的规定判断。另一方面，依据《民法典》第178条的规定，连带责任必须基于法律规定或者当事人的约定而产生，在法律对此没有规定且当事人之间有没有特别约定的情况下，其他依法履职的代理人对于擅自代理的情形承担连带责任不仅于法无据，也有违公平原则。但是，在其他共同代理人有重大过失时，有观点指出，某一代理人知道代理事项违法，其他人知道或应当知道这一情形时，应当停止代理行为，如果其继续实施代理行为，则应当对由此造成的损害后果承担连带责任。① 此观点从体系解释的角度具有合理性，可以将此纳入《民法典》第167条的规定情形，在实践中进行有益探索，但须以符合《民法典》第178条或者第167条规定为前提条件。当然，对于连带责任还有其他情形，如《民法典》第164条、第1168条关于共同侵权的规定等。在符合《民法典》第164条第2款规定的恶意串通要件的情况下，损害被代理人合法权益的，该擅自行使代理权的共同代理人和相对人应当承担连带责任。②

（二）关于表见代理规则的适用

《民法典》第172条规定："行为人没有代理权、超越代理权或者代理权终止后，仍然实施代理行为，相对人有理由相信行为人有代理权的，代理行为有效。"在《民法典》该条基础上，本解释第28条进一步规定："同时符合下列条件的，人民法院可以认定为民法典第一百七十二条规定的相对人有理由相信行为人有代理权：（一）存在代理权的外观；（二）相对人不知道行为人行为时没有代理权，且无过失。因是否构成表见代理发生争议的，相对人应当就无权代理符合前

① 王利明：《民法总则研究》，中国人民大学出版社2018年版，第619~620页。
② 参见陈甦主编：《民法总则评注》，法律出版社2017年版，第1180页。

款第一项规定的条件承担举证责任；被代理人应当就相对人不符合前款第二项规定的条件承担举证责任。”对于共同代理中部分代理人擅自代理能否适用表见代理的问题，应当适用上述规定。有关表见代理的具体法律适用规则，我们将在第28条中详细阐明，在此不做赘述。

【审判实践中应注意的问题】

一、共同代理的法定例外情形

《民法典》第166条及本条均未在但书中设置法定例外的情形，但第166条在从“民法总则民法室室内稿”起到“《民法总则（草案）》（三审稿）”的立法过程中曾一度保留“法律另有规定除外”的但书，而最终通过的《民法总则》予以删除，《民法典》继承了该条文。① 按照学界权威观点意见，“尽管本条最终删除了‘法律另有规定’的表述，但是其他法律明确规定共同代理权行使方式的，当事人当然应该予以遵守。”② 法律另有规定的情形，具体包括《民法典》第22条和第26条规定的父母对未成年人的法定代理、《企业破产法》第24条规定的破产管理人、《公司法》第50条和第114条规定的经理可能的共同代理以及合伙中的若干共同代理规定。其中，共同代理适用于法定代理的观点得到其他学者的认可，③ 法定代理中父母的代理权原则上应由父母共同行使。严格地说，共同代理和单独代理一样，既可以适用于委托代理，也可以适用于法定代理。④ 在审判实务中，涉及以上问题时，应注意上述特别法的规定，按照《民法典》第11条

① 参见陈甦主编：《民法总则评注》，法律出版社2017年版，第1175页。

② 参见陈甦主编：《民法总则评注》，法律出版社2017年版，第1178～1179页。

③ 参见龙卫球、刘保玉主编：《中华人民共和国民法总则释义与适用指导》，中国法制出版社2017年版，第583页。

④ 王利明：《民法总则研究》，中国人民大学出版社2018年版，第619～620页。

有关特别法优先的规则处理。

二、举证责任的分配问题

因按照无权代理及表见代理的相关举证责任分配，被代理人应举证证明代理人属无代理权、超越代理权及代理权已丧失的无权代理。具体到共同代理中，若被代理人不愿承担代理人单独行使代理权的法律后果，被代理人应当证明其授予的代理权是共同代理权，代理人单独行使代理权属于无权代理，但其无义务证明相对人知道或应当知道代理人无权单独代理。

需要注意的是，基础关系中的共同代理权约定不能对抗相对人，本人不能以此主张代理人的单独代理行为属无权代理。相对人可提出以下反证予以抗辩：根据法律规定或被代理人和代理人之间的约定，与其进行法律行为的代理人可以单独行使代理权。即就本条的但书情形，因其属隐但书,① 证明责任应由相对人或代理人承担。

相对人可证明自己有合理的理由相信代理人有单独的代理权，此时，被代理人可通过证明相对人知道或应当知道代理人无单独的代理权，从而不构成善意相对人。

如果被代理人主张代理人应当承担损害赔偿责任，其应证明授予的是共同代理权，代理人没有单独行使代理权的资格。代理人可以通过证明根据法律规定或其与代理人间的约定，其有单独行使代理权的资格进行反证。

如果被代理人主张相对人和代理人应当承担连带赔偿责任，其必须证明相对人和代理人之间存在恶意串通。如果被代理人单独主张相对人承担损害赔偿责任（缔约过失责任），其应当证明相对人存在过失。相对人应当证明自己没有过失而免责，或证明本人、代理人与有

① 参见罗传贤：《立法程序与技术》，我国台湾地区五南图书出版公司2003年版，第217页。

过失而减轻自己的赔偿责任。①

【相关规定】

一、《民法典》第166条：数人为同一代理事项的代理人的，应当共同行使代理权，但是当事人另有约定的除外。

第164条：代理人不履行或者不完全履行职责，造成被代理人损害的，应当承担民事责任。

代理人和相对人恶意串通，损害被代理人合法权益的，代理人和相对人应当承担连带责任。

第171条：行为人没有代理权、超越代理权或者代理权终止后，仍然实施代理行为，未经被代理人追认的，对被代理人不发生效力。

相对人可以催告被代理人自收到通知之日起三十日内予以追认。被代理人未作表示的，视为拒绝追认。行为人实施的行为被追认前，善意相对人有撤销的权利。撤销应当以通知的方式作出。

行为人实施的行为未被追认的，善意相对人有权请求行为人履行债务或者就其受到的损害请求行为人赔偿。但是，赔偿的范围不得超过被代理人追认时相对人所能获得的利益。

相对人知道或者应当知道行为人无权代理的，相对人和行为人按照各自的过错承担责任。

第172条：行为人没有代理权、超越代理权或者代理权终止后，仍然实施代理行为，相对人有理由相信行为人有代理权的，代理行为有效。

第929条：有偿的委托合同，因受托人的过错造成委托人损失的，委托人可以请求赔偿损失。无偿的委托合同，因受托人的故意或者重

① 参见陈甦主编：《民法总则评注》，法律出版社2017年版，第1181页。

大过失造成委托人损失的，委托人可以请求赔偿损失。

受托人超越权限造成委托人损失的，应当赔偿损失。

第932条：两个以上的受托人共同处理委托事务的，对委托人承担连带责任。

二、《民法通则意见》（已废止）第79条：数个委托代理人共同行使代理权的，如果其中一人或者数人未与其他委托代理人协商，所实施的行为侵害被代理人权益的，由实施行为的委托代理人承担民事责任。

被代理人为数人时，其中一人或者数人未经其他被代理人同意而提出解除代理关系，因此，造成损害的，由提出解除代理关系的被代理人承担。

【典型案例】

一、榆林市恒德劳务有限公司与清水河县鸿华矿业有限责任公司、赵某峰承揽合同纠纷案［内蒙古自治区清水河县人民法院（2018）内0124民初518号民事判决］

裁判要旨：共同代理人中的一人超越代理权实施的民事法律行为，不构成表见代理的，对被代理人不发生效力。

生效裁判认为：关于恒德劳务公司的委托代理人郭某兵做出的"承诺书"应否由恒德劳务公司承担法律责任的问题。《民法总则》第166条规定，数人为同一事项的代理人的，应当共同行使代理权，但当事人另有约定的除外。本案中，双方对两名共同代理人行使代理权没有特别的约定，故代理人郭某兵、吴某龙应当共同行使代理权。代理人郭某兵以个人名义作出的"承诺书"没有共同代理人吴某龙的签名，也没有委托人恒德劳务公司的盖章确认。恒德劳务公司给郭某兵的授权限于"白云岩矿工程"，又明确了在该工程中的代理权范围。

而鸿华矿业公司提交的“承诺书”中承诺出借1000万元给鸿华矿业公司的代理人赵某峰不属于白云岩矿工程的内容，该承诺超出了代理权限。且恒德劳务公司并未追认郭某兵的行为。据此，承诺书系郭某兵的个人行为，恒德劳务公司对该承诺书所负的义务不承担法律责任。

二、四川省恒基汇通融资理财信息咨询有限公司、周某建确认合同有效纠纷案［四川省德阳市中级人民法院（2018）川06民终403号民事判决书］

裁判要旨：在没有约定的情况下，被代理人就同一事项确定了数个代理人时，法律推定为共同代理，共同代理中各代理人应当共同实施代理行为，任何一个代理人都不得擅自单独实施代理行为。部分代理人擅自代理的，属于无权代理。如果被代理人不予追认，则代理行为对被代理人不具有法律效力。

生效裁判认为：《民法总则》第165条规定：“委托代理授权采用书面形式的，授权委托书应当载明代理人的姓名或者名称、代理事项、权限和期间，并由被代理人签名或者盖章。”第166条的规定：“数人为同一代理事项的代理人的，应当共同行使代理权，但是当事人另有约定的除外”。共同代理具有的特征是数个代理人共同行使一个代理权。即在没有另外约定情况下，共同代理中各代理人应当共同实施代理行为，享有共同的权利和义务，任何一个代理人都不得擅自单独实施代理行为。本案中，从上诉人提交的本案被上诉人等人向周某建等债权人代表出具的授权委托来看，其中明确载明了受托人为多人，根据上述法律规定，在没有约定的情况下，被代理人就同一事项确定了数个代理人时，法律推定为共同代理。因此，本案周某建等全部代理人应共同行使代理权。但根据查明的事实，至少有两名授权委托书上的受托人，即王某兰、唐某杰未在还款协议上签字，由于本案《还款协议》并非周某建等全部代理人应共同行使代理权的结果，与恒基公司签订还款协议的行为属于无权代理行为，因未获得相关被代理人的追认，对相关被代理人不具有法律效力。

第二十六条　由于急病、通讯联络中断、疫情防控等特殊原因，委托代理人自己不能办理代理事项，又不能与被代理人及时取得联系，如不及时转委托第三人代理，会给被代理人的利益造成损失或者扩大损失的，人民法院应当认定为民法典第一百六十九条规定的紧急情况。

【条文主旨】

本条是关于紧急情况下的复代理的规定。

【条文理解】

复代理，又称为再代理，本条中称之为转委托代理，是指代理人为实施代理权限内的全部或者部分行为，以自己的名义选定他人担任自己的被代理人的代理人，并由该他人代理被代理人实施法律行为的情形。被选定的他人为复代理人，其代理的法律效果直接归属于被代理人。① 复代理制度有助于在代理人无法或很难办理代理事务情形下最大限度保护被代理人利益，加速商事交易流转，不应否定。② 因此，《民法典》第169条规定了复代理制度，本解释第26条即是对《民法典》第169条第3款规定的“紧急情况”的明确和细化。

---

① 参见杨立新：《民法总则》，人民法院出版社2009年版，第425页。

② 参见梁慧星：《民法典草案建议稿附理由》，法律出版社2013年版，第333页。

一、关于复代理的一般规定

（一）条文演变

《民法典》第169条的规定源自《民法通则》第68条。该第68条规定："委托代理人为被代理人的利益需要转托他人代理的，应当事先取得被代理人的同意。事先没有取得被代理人同意的，应当在事后及时告诉被代理人，如果被代理人不同意，由代理人对自己所转托的人的行为负民事责任，但在紧急情况下，为了保护被代理人的利益而转托他人代理的除外。"《合同法》也规定了委托代理中的复代理，该法第400条规定："受托人应当亲自处理委托事务。经委托人同意，受托人可以转委托。转委托经同意的，委托人可以就委托事务直接指示转委托的第三人，受托人仅就第三人的选任及其对第三人的指示承担责任。转委托未经同意的，受托人应当对转委托的第三人的行为承担责任，但在紧急情况下受托人为维护委托人的利益需要转委托的除外。"

《民法总则》第169条在上述条文规定基础上对复代理制度作了更加系统完善的规定，该条内容为："代理人需要转委托第三人代理的，应当取得被代理人的同意或者追认。转委托代理经被代理人同意或者追认的，被代理人可以就代理事务直接指示转委托的第三人，代理人仅就第三人的选任以及对第三人的指示承担责任。转委托代理未经被代理人同意或者追认的，代理人应当对转委托的第三人的行为承担责任；但是，在紧急情况下代理人为了维护被代理人的利益需要转委托第三人代理的除外。"可以看出，相对于《民法通则》第68条，其主要修改为：（1）较原有未分款规定的做法，分三款分别对复代理的构成要件、复代理的性质及代理人的责任、紧急情况的例外作了规定；（2）明确增加了被代理人追认可以使复代理合法有效的内容；（3）增加规定了复代理人是被代理人的代理人以及代理人仅对第三人的选任及指示承担责任的规定。《民法典》总则编对这一规定继续沿用。

（二）《民法典》关于复代理规则的主要内容

在委托代理中，代理关系一般都是建立在被代理人对代理人一定的人身信任基础上，代理人是否合适，被代理人在委托授权时都会充分考虑。如果代理人自己擅自另行选任复代理人，其选任的复代理人不一定能够得到被代理人的信任，因此，不能强加于被代理人。同时，如果代理人觉得自己不合适继续担任代理人，随时可以辞任，由被代理人另行选任其他代理人，而不必由代理人擅自选任复代理人，故法律原则上不允许代理人选任复代理人。

然而，在特殊情况下，允许代理人选任复代理人，有利于更好地保护被代理人的合法权益，故不应一概否定复代理的存在。第一种情形是被代理人允许。被代理人的允许，包括事先同意和事后追认。《民法典》第169条第1款规定："代理人需要转委托第三人代理的，应当取得被代理人的同意或者追认。"有的情况下，被代理人考虑到代理人独任代理存在一些困难，准许代理人便宜行事，选任复代理人协助其实施民事法律行为；有的情况下，代理人选任复代理人的行为事先没有征得被代理人同意，但被代理人经考虑事后追认了复代理的行为。在这两种情况下，被代理人基于自己利益等考虑同意复代理，法律自无再加禁止的理由。第二种情形是出现紧急情况。根据《民法典》第169条第3款的规定，在紧急情况下代理人为了维护被代理人利益的需要，可以转委托第三人代理。①

二、紧急情况下未经被代理人同意复代理的效力

《民法通则》第68条也规定了紧急情况下，未经被代理人同意复

① 参见黄薇主编：《中华人民共和国民法典释义及适用指南》，法律出版社2020年版，第442~446页。

代理的效力。为了明确"紧急情况"的含义，便于司法实践中适用，《民法通则意见》第80条对如何认定"紧急情况"作出了细化规定，具有较高的参考价值。该条规定："由于急病、通讯联络中断等特殊原因，委托代理人自己不能办理代理事项，又不能与被代理人及时取得联系，如不及时转托他人代理，会给被代理人的利益造成损失或者扩大损失的，属于民法通则第六十八条中的'紧急情况'。"该条施行以来没有明显问题，考虑到长期立法背景并未发生改变，出于尊重前人司法智慧和经验、保持法律秩序稳定性和连续性的考虑，本解释予以保留，并根据时代发展作相应修改。根据本条规定，紧急情况下复代理对被代理人发生效力的条件包括：

一是原因条件，即发生"急病、通讯联络中断、疫情防控等特殊原因"，委托代理人自己不能办理代理事项，又不能与被代理人及时取得联系。"急病"原因可能导致代理人不能正常行使代理权，自不必言。关于"通讯联络中断"原因，有观点认为，《民法通则意见》是将近30年前作出，当时通讯手段落后，随着科技的迅猛发展，单纯因为通信联络中断导致的复代理的产生已不多见。① 我们认为，该观点有一定道理，但是，考虑到实践的复杂性，将通讯中断作为特殊原因之一仍有必要。例如，2021年，我国多地发生洪涝灾害，曾导致通讯联系中断。再如，代理人系在国外代理本人进行商业交易，这些情形均可能导致通讯联络中断。因此，本条保留了"通讯联络中断"的原因。结合当前疫情防控大背景下，代理人可能因疫情原因无法及时行使代理权的实际情况，参考《民法典》编纂的经验做法，增加"疫

① 参见陈甦主编：《民法总则评注》，法律出版社2017年版，第1201~1202页。

情防控”特殊原因。[①] 应当注意，并非发生了任何急病、通讯联络中断、疫情防控等特殊原因，就必然满足这一条件。这些特殊原因的出现必须导致代理人自己不能办理代理事项，同时又不能与被代理人及时取得联系，两者缺一不可。虽然发生紧急情况，但是紧急情况并不导致代理人自己不能办理代理事项，或者可以和被代理人取得联系，则不符合紧急情况下复代理有效的条件。

二是结果条件，即如不及时转委托第三人代理，会给被代理人的利益造成损失或者扩大损失。如果发生紧急情况，不及时转委托第三人代理，也不会给被代理人的利益造成损失或者扩大被代理人的损失的，也不适用于紧急情况下的复代理规则。通常情况下，是否会损害被代理人的利益或者扩大其损失，是一个主观判断的问题，在面对紧急情况时，代理人必须综合代理事项性质、代理目的、善良管理人的注意义务等因素判断，即如果不及时转委托第三人代理，将会给被代理人的利益带来损失。

【审判实践中应注意的问题】

对于本条的适用，需要注意以下几个问题：

一、关于构成合法有效的复代理须满足的要件

1. 须有本代理存在，即本代理合法有效存在，这是复代理存在的前提条件。

---

① 《民法典》第245条：“因抢险救灾、疫情防控等紧急需要，依照法律规定的权限和程序可以征用组织、个人的不动产或者动产。被征用的不动产或者动产使用后，应当返还被征用人。组织、个人的不动产或者动产被征用或者征用后毁损、灭失的，应当给予补偿。”《民法典》第494条第1款：“国家根据抢险救灾、疫情防控或者其他需要下达国家订货任务、指令性任务的，有关民事主体之间应当依照有关法律、行政法规规定的权利和义务订立合同。”

2. 须事先征得被代理人同意或者事后经过被代理人追认。擅自转委托的，转委托行为不成立，再代理人实施的代理行为构成未被本人追认的无权代理。从这个角度讲，在未经过被代理人同意或者事后追认前，该代理行为实际上处于效力待定状态。如果转委托代理没有经过被代理人追认，则该复代理无效，但这也有例外情形，即构成表见代理的除外。

3. 须代理人以自己独立意思为被代理人选任复代理人，虽为代理人选任复代理人，但也是以代理人自己名义进行的选任。

4. 复代理权应在原代理权范围之内。通说认为构成复代理后，原代理权并未消灭，而是仍然存续。在发生复代理后，复代理人并不取代代理人，代理人的地位不变，只是由复代理人分担了其部分职责。代理人的代理权并未让给复代理人，而只是在代理权之下，派生出另一个代理权。选任复代理人后，代理人仍然可以继续行使代理权。① 复代理人行使代理权须在原代理权范围之内，同时要受到代理人指示范围的约束，超出这两个范围权限的复代理行为构成无权代理，应当适用无权代理的规则，符合表见代理情形的，则发生表见代理的法律后果。

二、关于复代理人及代理人的法律地位问题

《民法通则》并没有明确规定，无论域外民法典还是我国理论与实务中均认为复代理人是本人的代理人而非代理人的代理人，在《民法总则》起草过程中，有关方面包括最高人民法院也建议明确复代理人的法律地位。“代理人选任复代理人，而为自己与复代理人间之法律行为，非自己代理或双方代理，原则上应为有效。盖复代理虽由代理人所选任，然非代理人之代理人，而直接为本人之代理人，为本人

① 参见杨立新：《民法总则》，人民法院出版社2009年版，第425页。

为意思表示或受领意思表示，故不得以复代理人为本人之代理担当代理事务，指为代理人之自己代理或双方代理。”① 最终《民法典》采纳各方意见，对这一问题作了明确，并在此基础上进一步规定了代理人的责任范围，即仅就其选任和对复代理人的指示范围内承担民事责任。通常而言，这一责任应当属于过错责任的范畴，代理人按照本人指定选任的不担责，但代理人明知复代理人不能胜任代理事务而怠于通知被代理人的仍应承担相应的责任。关于复代理人的义务，由于其本质上就是本人的代理人，因此复代理人对本人及第三人，有与代理人同一的权利义务，即同样负有勤勉、忠实地在其代理权限范围内实施民事法律行为，对被代理人按照诚信原则的要求履行报告义务和保密义务。除此之外，复代理人还负有接受代理人的指示而进行代理行为的义务。

三、关于法定代理能否适用复代理的问题

依照学界观点，复代理人主要适用于委托代理，但也可适用于法定代理，即法定代理人可以为被代理人选择复代理人。意定代理原则上没有复任权，因为意定代理发生的基础是特定当事人之间的信任关系。但法定代理发生的基础不是特定当事人之间的信任关系，而是法律的直接规定。② 另一方面，法定代理人的代理权广泛，无法事必躬亲；一旦法定代理人不能亲自实施代理行为又不能转委托，将不利于实现被代理人利益。③ 这一观点较有道理，对于被代理人利益保护是有利的，因此，原则上应当允许法定代理人选任复代理人。④ 对于紧

① 参见史尚宽：《民法总论》，中国政法大学出版社 2000 年版，第 482 页。

② 参见马俊驹、余延满：《民法原论》，法律出版社 2010 年版，第 225～226 页。

③ 参见梁慧星：《民法典草案建议稿附理由》，法律出版社 2013 年版，第 335～337 页。

④ 参见陈甦主编：《民法总则评注》，法律出版社 2017 年版，第 1193～1194 页；马俊驹、余延满：《民法原论》，法律出版社 2010 年版，第 225～226 页。

急情况下的转委托，于法定代理也有适用的必要。当然，对此要注意与《民法典》第 1189 条和本解释第 13 条的衔接适用。据此，无民事行为能力人、限制民事行为能力人造成他人损害，监护人将监护职责委托给他人的，监护人应当承担侵权责任；受托人有过错的，承担相应的责任。监护人因患病、外出务工等原因在一定期限内不能完全履行监护职责，将全部或者部分监护职责委托给他人，当事人主张受托人因此成为监护人的，人民法院不予支持。简言之，法定代理人可以依法委托他人履行相应的代理事项，但不宜认定该受托人具有监护人身份。至于受托人的责任承担问题，则应根据其过错大小予以认定。

【相关规定】

一、《民法典》第 169 条：代理人需要转委托第三人代理的，应当取得被代理人的同意或者追认。

转委托代理经被代理人同意或者追认的，被代理人可以就代理事务直接指示转委托的第三人，代理人仅就第三人的选任以及对第三人的指示承担责任。

转委托代理未经被代理人同意或者追认的，代理人应当对转委托的第三人的行为承担责任；但是，在紧急情况下代理人为了维护被代理人的利益需要转委托第三人代理的除外。

二、《民法通则意见》（已废止）第 80 条：由于急病、通讯联络中断等特殊原因，委托代理人自己不能办理代理事项，又不能与被代理人及时取得联系，如不及时转托他人代理，会给被代理人的利益造成损失或者扩大损失的，属于民法通则第六十八条中的“紧急情况”。

【典型案例】

北京市景运律师事务所与张某霞合同纠纷案［北京市第二中级人民法院（2020）京02民终5209号民事判决］

裁判要旨：《民法总则》第169条中的“紧急情况”指由于急病、通讯联络中断等特殊原因，委托代理人自己不能办理代理事项，又不能与被代理人及时取得联系，如不及时转托他人代理，会给被代理人的利益造成损失或者扩大损失的情况。受托人以其在国外为由，不能自己办理委托事项，不属于紧急情况的情形，其主张转委托不需要经过委托人同意的，人民法院不应支持。

基本案情：2018年3月5日，张某霞（甲方）与景运律所（乙方）签订《委托代理合同》，约定乙方接受甲方的委托，指派李某雁律师在某案中担任甲方委托代理人，乙方更换代理律师应征得甲方同意。甲方无法定原因终止本合同的，乙方已收取的律师代理费不予退还。该案定于2019年4月2日开庭。2019年4月1日，李某雁微信告知张某霞其在美国，无法参加庭审，并提出委派其他律师，张某霞不同意。当天，张某霞与景运律所签订《退费申请》，记载双方协商一致解除协议，但申请退费金额部分空白。2019年4月9日，张某霞到景运律所协商退费事宜，未能达成一致意见。景运律所遂诉至法院要求：（1）确认双方的委托代理合同于2019年4月1日解除；（2）判令张某霞向景运律所赔偿损失1万元；（3）诉讼费由张某霞承担。张某霞提出反诉请求：（1）判令景运律所退还代理费3万元；（2）判令景运律所向张某霞赔偿交通费500元。诉讼中，景运律所主张，按照《民法总则》第169条、《合同法》第400条的规定，在紧急情况下李某雁为了委托人的利益可以不经过委托人的同意进行转委托。

生效裁判认为：“紧急情况”指由于急病、通讯联络中断等特殊原因，委托代理人自己不能办理代理事项，又不能与被代理人及时取得联系，如不及时转托他人代理，会给被代理人的利益造成损失或者扩大损失的情况。本案中，张某霞与景运律所签订《委托代理合同》，明确约定李某雁律师作为张某霞的委托代理人，在委托代理合同履行过程中，李某雁律师以其在国外为由，向张某霞表示不能履行委托代理事项，李某雁律师的理由不符合“紧急情况”的相关情形，故景运律所的该项上诉主张没有法律依据，本院不予支持。

第二十七条　无权代理行为未被追认，相对人请求行为人履行债务或者赔偿损失的，由行为人就相对人知道或者应当知道行为人无权代理承担举证责任。行为人不能证明的，人民法院依法支持相对人的相应诉讼请求；行为人能够证明的，人民法院应当按照各自的过错认定行为人与相对人的责任。

【条文主旨】

本条是关于无权代理中相对人善意推定的规定。

【条文理解】

一、制定本条规则的主要考虑

本条旨在解决《民法典》第171条第3款、第4款的法律适用问题。《民法典》第171条规定了狭义无权代理规则，其中第3款、第4款是关于无权代理行为未被追认时的责任承担的规则。根据调研过程中各方面反馈的情况，第171条第3款、第4款的适用重点需要解决两个问题。一是第3款、第4款的衔接适用关系问题，本质是善意的认定问题。有学者也强调要特别注意3款、第4款的适用问题。① 二是是否应当根据无权代理人的过错区分其赔偿责任的问题。在后续调研过程中，我们最终决定只就第一个问题作出规定，也即本解释中的

① 参见梁慧星：《民法总则讲义（修订版）》，法律出版社2021年版，第314页。

本条规定。

贯彻诚信原则，强化善意保护，是本次司法解释起草过程中遵循的一个重要价值准则。民法中的善意保护包括对善意相对人的保护和善意第三人的保护，而具体到代理制度中，侧重点则在于强化善意相对人的保护。本条及第28条的规定都体现了保护善意相对人的价值导向。具体到本条中，我们明确了狭义无权代理中的善意推定规则，即推定相对人为善意，由无权代理人提出反证来推翻该推定，以此来强化善意相对人的保护。

二、狭义无权代理中相对人善意的认定

善意是民法中有关交易安全保护的一个核心概念，对于交易安全的保护具有基础性和决定性的作用。① 有观点认为，与善意相对应的概念是恶意，善意是指“不知有某事实”，而恶意则是指“知有某事实”。② 而在我国《民法典》中，恶意有时作为善意的对称，如第459条、第460条使用了恶意占有人、善意占有人的表述；但有时候则用于指代主观恶性较严重的故意，如第154条的“行为人与相对人恶意串通”，第500条的“假借订立合同，恶意进行磋商”。同时，我国《民法典》中除了使用“善意”的表述外，还使用“不知道且不应当知道”（第174条、第986条），“知道或者应当知道”（如第149条、第152条等）等相关或者相反的表述。其中，以第171条尤为典型。其第3款使用了“善意相对人”的表述，第4款使用了“知道或者应当知道”的表述。这两款都是有关无权代理人责任的规定，立法释义在解释这两款时指出，行为人承担的责任基于相对人是否善意而有所

① 参见吴国喆：《善意认定的属性及反推技术》，载《法学研究》2007年第6期。

② 参见杨与龄：《民法概要》，中国政法大学出版社2002年版，第16页。

区别。[①] 换言之，第3款解决的是相对人为善意时行为人的责任承担问题，第4款解决的是相对人非善意（恶意）时的责任承担问题。从本条的用语可知，我国《民法典》中，与善意相反的含义是“知道或者应当知道”，亦即善意是指“不知道且不应当知道”。因此，本条将对相对人善意的举证责任表述为“由行为人就相对人知道或者应当知道行为人无权代理承担举证责任”。

一般认为，善意的认定应当采取推定的方法。有学者在论述罗马法中的取得时效制度时指出，善意、恶意应当由对方证明，因为法律推定一切占有人都是善意的。[②] 还有学者指出，从私法各具体制度中的一般规则来看，无论我国法还是外国比较法，均采取推定的方式。这一方面是因为从正面证明自己善意是个“魔鬼证明”；另一方面，实体法中的善意一般是通过其反面来加以规定，这其实已为程序法上善意的证明方式指明了方向，即需要主张非善意者从反面来证明第三人非善意。[③] 一些大陆法系的立法例，在规定占有制度时均直接明确占有的善意推定，如《日本民法典》第186条第1款规定：“推定占有人以所有之意思、平稳且公然占有”。

善意推定落实到诉讼活动中，主要体现在举证责任分配上。本条第一句规定“无权代理行为未被追认，相对人请求行为人履行债务或者赔偿损失的，由行为人就相对人知道或者应当知道行为人无权代理承担举证责任”，是针对《民法典》第171条第3款规定的举证责任安排，即由行为人就相对人非善意或者恶意承担举证责任。第171条第3款第一句规定：“行为人实施的行为未被追认的，善意相对人有权请求行为人履行债务或者就其受到的损害请求行为人赔偿。”该规定

① 参见黄薇主编：《中华人民共和国民法典释义》，法律出版社2020年版，第339页。

② 参见周枏：《罗马法原论》，商务印书馆1994年版，第327页。

③ 参见石一峰：《私法中善意认定的规则体系》，载《法学研究》2020年第4期。

是独立的请求权基础规范，[①] 赋予善意相对人在无权代理行为未被追认时，相对人请求行为人履行债务或者赔偿损失的选择权。相对人行使该请求权的前提是其为善意，按照“谁主张，谁举证”的基本原理，似乎应当由相对人证明自己为善意。但是按照证明规律，不知道某项事实是难以证明的，而知道某项事实是容易证明的。显然，适用第171条第3款时，要求相对人就自己不知道且不应当知道（善意）承担举证责任，等于交给相对人一个无法完成的任务，将使《民法典》赋予善意相对人的请求权沦为摆设，很难成功行使。而且，按照社会生活经验，相对人不会自己承认属于恶意相对人，在行为人实施的行为没有被追认时，相对人当然会依据《民法典》第171条第3款规定向法院起诉要求行为人履行债务或者就其损害请求行为人赔偿，并且在起诉状中声称自己属于善意相对人。[②] 综上，为贯彻善意保护理念，《民法典总则编解释》在本条中采取善意推定规则，明确由行为人就相对人非善意承担举证责任。本条第二句规定：“行为人不能证明的，人民法院依法支持相对人的相应诉讼请求；行为人能够证明的，人民法院应当按照各自的过错认定行为人与相对人的责任。”这是对举证责任后果的规定，同时也解决了《民法典》第171条第3款、第4款规定在诉讼中的衔接适用问题。无权代理人不能证明相对人知道或者应当知道无权代理人实施民事法律行为时为无权代理的，推定相对人为善意，相应的诉讼请求依法获得人民法院支持。无权代理人能够证明相对人知道或者应当知道无权代理人实施民事法律行为时为无权代理的，相对人即为非善意，此时就落入了《民法典》第171条第4款的调整范围。即相对人主张无权代理人履行债务或者承担损害赔偿责任的请求不能获得支持，但双方之间仍然存在责任分担的问题，故应由人民法院依职权适用《民法典》第171条第4款的规定，判决

① 陈甦主编：《民法总则评注》，法律出版社2017年版，第1218页。

② 梁慧星：《民法总则讲义（修订版）》，法律出版社2021年版，第314页。

行为人与恶意相对人按照各自的过错承担责任（分担损失）。[①]

本条规定无权代理中的善意的举证责任，还有一个深层目的——进一步贯彻善意推定规则，确保民商事审判中善意认定的一致性。此前，《民法典物权编解释（一）》第14条已经就善意取得中的善意认定采取了善意推定规则。该条第2款规定："真实权利人主张受让人不构成善意的，应当承担举证证明责任。"《最高人民法院关于适用〈中华人民共和国民法典〉有关担保制度的解释》第7条也体现了善意推定的基本精神。本条在代理制度中规定善意推定，有利于确保司法实践中规则适用上的一致性。对此，有学者即指出，本规定以"善意推定"为基础，将相对人是否善意的举证责任分配给了无权代理人既实现了与《民法典》第171条第4款规定的贯通与呼应，又与《民法典物权编解释（一）》第14、15条及《最高人民法院关于适用〈中华人民共和国民法典〉有关担保制度的解释》第7条在善意相对人保护人上所采取的善意推定原则在规范体系上保持了一致。[②]

三、无权代理人的赔偿范围问题

前已述及，关于狭义无权代理的适用，还有一个具有重大理论争议的问题，即《民法典》第171条第3款所规定无权代理人的赔偿范围是否应当根据该无权代理人本身有无过错而有所区分。调研中，绝大多数学者持肯定态度。如王利明教授指出，在认定无权代理的效力时，既要区分相对人的善意与恶意，也应当区分无权代理人的善意与恶意，以妥当认定其责任。[③] 还有学者指出，《民法典》第171条第3款应解释为，行为人知道无权代理事实的，善意相对人有权请求无权

---

① 参见梁慧星：《民法总则讲义（修订版）》，法律出版社2021年版，第314页。

② 参见朱广新：《经验、法理与体系：民法典总则编司法解释的三重思维》，载《人民法院报》2022年2月28日，第2版。

③ 王利明：《民法总则研究（第三版）》，中国人民大学出版社2018年版，第698页。

代理人履行债务或者就其受到的损害请求无权代理人赔偿；如果行为人不知道无权代理事实的，其赔偿的范围不得超过被代理人追认时相对人所能获得的利益。① 就调研中所见，学术界就这一问题基本达成一致，即应当借鉴《德国民法典》第 179 条的思路。该条第 1 款规定："被代理人拒绝追认合同的，只要已作为代理人订立合同的人不证明其代理权，就有义务依另一方当事人的选择，或者向另一方当事人履行，或者向另一方当事人赔偿损害"；第 2 款规定："代理人未曾知道代理权的欠缺的，仅有义务赔偿另一方当事人因信赖该项代理权而遭受的损害，但不超过另一方当事人就合同之有效性所拥有的利益的数额。"本条在起草过程中，曾吸收上述意见对无权代理人承担责任的范围问题作了规定，作为本条第 2 款。在后续调研中，这 1 款最终被删除。主要考虑是这一问题目前主要限于学术讨论，司法实践中未见有解决这一问题的迫切需求；司法解释应当坚持问题导向，不宜在缺乏实践基础，有关法律适用问题未充分暴露的情况下，单纯为实现解释论上的圆满而作出规定。将来此类问题出现，且迫切需要解决时，也可通过指导性案例等方式解决。

【审判实践中应注意的问题】

关于善意的认定，除了经由需要文义、体系解释的方法确定我国《民法典》中善意的真实含义外，还需进一步明确善意与过失之间的关系。这一问题的本质是，过失是认定是否为善意的一个要素，还是与善意相互独立的一个要素。对此，比较法及理论界的认识都不尽一致。从比较法上看，《日本民法典》第 192 条规定"因交易行为，平稳且公然开始动产之占有者，善意且无过失时，就该动产取得即时行

① 陈甦主编：《民法总则评注》，法律出版社 2017 年版，第 1221 页。另见朱庆育：《民法总论》，北京大学出版社 2016 年版，第 361 页。

使之权利”，此处明显将善意与过失相互区分。而《德国民法典》第932条2第款则规定“取得人知道或因重大过失而不知道该物不属于让与人的，非为善意”，换言之善意取得中的善意即取得人不知道且无重大过失，明显将过失作为善意的认定要素。从学术观点上看，有的认为善意本身不包含无过失因素，如林诚二教授在论述表见代理制度时认为“表见代理即系在使本人负授权人责任，则第三人须善意并无过失”。①有的则认为善意的认定应当包含无过失因素，如王泽鉴教授在论述善意取得制度时主张“受让人对于让与人是否有受让权利，自应负一定程度的注意义务”，故依客观情势，在交易经验上，一般人皆可以认定让与人无让与之权利者，应认定为恶意。②还有学者指出，过失之所以可以作为善意认定过程中进行利益衡量的衡平因素，除了善意的历史发展揭示善意作为主观诚信时已包含对过失的考量外，更重要的是过失要件可以更合理地分配当事人之间的信息成本与风险，从而实现对交易安全和效率的利益衡量。③从实践上看，2009年《最高人民法院关于当前形势下审理民商事合同纠纷案件若干问题的指导意见》第13、14条均采用了“善意且无过失”的表述。本解释在调研过程中，有学者建议应当明确有无过失是认定善意的一个重要因素，而非与善意相互独立的因素。经研究，我们认为，从《民法典》第171条的语意及上下文可知善意就是“不知道且不应当知道”。所谓“不应当知道”即表明没有相应的注意义务；反之，有相应的注意义务即为“应当知道”。违背该义务导致应当知道而不知的后果，就是有过失。故可以认为，我国《民法典》中关于善意的认定，包含了对有无过失的评价。这一立场也体现在本解释有关表见代理的规定上。

① 林诚二：《民法债编总论——体系化解说》，中国人民大学出版社2003年版，第107页。

② 参见王泽鉴：《王泽鉴法学全集（第十六卷）·民法物权②》，中国政法大学出版社2003年版，第296～297页。

③ 参见石一峰：《私法中善意认定的规则体系》，载《法学研究》2020年第4期。

本解释第28条第1款第2项继承了《最高人民法院关于当前形势下审理民商事合同纠纷案件若干问题的指导意见》第13、14条的本意，但修正了表述，将“善意且无过失”修改为“不知道行为人行为时没有代理权，且无过失”。

【相关规定】

一、《民法典》第171条：行为人没有代理权、超越代理权或者代理权终止后，仍然实施代理行为，未经被代理人追认的，对被代理人不发生效力。

相对人可以催告被代理人自收到通知之日起三十日内予以追认。被代理人未作表示的，视为拒绝追认。行为人实施的行为被追认前，善意相对人有撤销的权利。撤销应当以通知的方式作出。

行为人实施的行为未被追认的，善意相对人有权请求行为人履行债务或者就其受到的损害请求行为人赔偿。但是，赔偿的范围不得超过被代理人追认时相对人所能获得的利益。

相对人知道或者应当知道行为人无权代理的，相对人和行为人按照各自的过错承担责任。

二、《民法通则》（已废止）第66条第1款：没有代理权、超越代理权或者代理权终止后的行为，只有经过被代理人的追认，被代理人才承担民事责任。未经追认的行为，由行为人承担民事责任。本人知道他人以本人名义实施民事行为而不作否认表示的，视为同意。

三、《合同法》（已废止）第48条：行为人没有代理权、超越代理权或者代理权终止后以被代理人名义订立的合同，未经被代理人追认，对被代理人不发生效力，由行为人承担责任。

相对人可以催告被代理人在一个月内予以追认。被代理人未作表示的，视为拒绝追认。合同被追认之前，善意相对人有撤销的权利。

撤销应当以通知的方式作出。

四、《民事诉讼法》第67条：当事人对自己提出的主张，有责任提供证据。

当事人及其诉讼代理人因客观原因不能自行收集的证据，或者人民法院认为审理案件需要的证据，人民法院应当调查收集。

人民法院应当按照法定程序，全面地、客观地审查核实证据。

【典型案例】

戴某波与北京凯利门房地产经纪有限公司等房屋买卖合同纠纷案

[北京市房山区人民法院民事判决]

涉案房屋登记在孙某男名下，戴某波代孙某男与刘某奎签订《房屋定购协议》的行为系无权代理。孙某男与刘某奎之间并没有形成房屋买卖合同关系，《房屋定购协议》对孙某男不发生法律效力。行为人实施的行为未被追认的，善意相对人有权请求行为人履行债务或者就其受到的损害请求行为人赔偿，但是赔偿的范围不得超过被代理人追认时相对人所能获得的利益。相对人知道或者应当知道行为人无权代理的，相对人和行为人按照各自的过错承担责任。关于损失责任承担及数额确定问题，刘某奎虽在订约时未认真履行注意义务，存在过失，但其仍为善意相对人，有权要求戴某波赔偿损失。戴某波应当双倍退还刘某奎定金数额，并参考涉案房屋作出的评估数额和双方责任确定损失数额。

第二十八条 同时符合下列条件的，人民法院可以认定为民法典第一百七十二条规定的相对人有理由相信行为人有代理权：

（一）存在代理权的外观；

（二）相对人不知道行为人行为时没有代理权，且无过失。

因是否构成表见代理发生争议的，相对人应当就无权代理符合前款第一项规定的条件承担举证责任；被代理人应当就相对人不符合前款第二项规定的条件承担举证责任。

【条文主旨】

本条是关于表见代理中认定相对人有理由相信行为人有代理权的规定。

【条文理解】

一、表见代理概述

所谓表见代理，是指行为人没有代理权、超越代理权或代理权终止后，以被代理人名义实施民事法律行为，相对人有理由相信行为人有代理权的，该代理行为有效的无权代理行为。① 表见代理本属于无权代理，但因本人与无权代理人之间的关系，具有授予代理权的外观致相对人相信无权代理人有权而与其为法律行为，法律使其具有与有权代理同样的法律效果。② 究其背后的价值考量，我国《民法典》采纳表见代理制度的根本原因在于维护交易安全，而且具体而言是动的安全。因为要求第三人在任何情况下都必须详加考察被代理人的意思，不仅要花费很大的成本，且很难做到。故而在交易安全和交易秩序较之于个别被代理人利益而言更为重要的价值选择下，法律为了强化交易安全的保护，从而确立了表见代理制度。从一方面看，表见代理制度也具有如下重要的法律意义：③

一是对外表授权的承认与保护。依照大陆法系民法的意思自治原则，代理制度是私法自治的扩张和补充，应当尊重被代理人的意思，考虑被代理人的利益，认定代理行为的效力，必然依据实际授权。既然被代理人未作实际授权，自应不发生有权代理的效力。因此，表见代理就是无权代理。在英美法系，依据禁反言原则，在代理关系上确认外表授权规则。所谓外表授权，就是指具有授权行为的外表或者假象，而事实上并没有实际授权。外表授权规则的适用，就使表见代理的性质发生了变化，因为外表授权是产生代理权的原因之一，因此，表见代理就是有权代理。禁止翻供原则规定，法律不允许当事人否认别的有理智的人从他的言行中得出的合理推论。一个人的言行向相对人表示已授权给某人，而实际上他并没有授权，这就构成了外表授权。因此，外表授权是一种法律事实，它的效力就是使表见代理人获得代理权。④

---

① 参见王利明：《民法总则研究》，中国人民大学出版社2018年版，第669页。

② 参见梁慧星：《民法总论》，法律出版社2011年版，第237页。

③ 参见最高人民法院民法典贯彻实施工作领导小组主编：《中华人民共和国民法典总则编理解与适用》，人民法院出版社2020年版，第862~863页。

④ 参见梁慧星：《民法总论》，法律出版社1996年版，第230~231页。

二是对于善意相对人利益的保护。在无权代理的情况下，相对人是善意，即不知道且不应当知道其为无权代理，而且有理由相信该无权代理行为为有权代理，并与代理人进行交易，这时一概认定该行为对被代理人不发生效力，则破坏了其对基本交易规则的正常预期。善意保护也是近现代民法的一项基本规则。因此，在无权代理中，为保护善意相对人的合法利益，确认表见代理为有权代理，就使其合法权益受到了保护。确认表见代理的意义，也在于保护善意相对人的合法权益，是民法善意保护原则的重要体现。

三是保护财产交易的动态安全。善意保护与维护交易安全密切相关，同时维护动态交易安全本身就能够促进交易的便捷。确认构成表见代理的行为发生有权代理的法律后果，涉及被代理人利益维护与对相对人利益维护的平衡问题。如同善意取得制度一样，表见代理制度的设立也是出于对各方利益关系的平衡，使个人权利的静态安全与社会交易的动态安全得到合理的协调，使得有限社会资源得到更加合理的配置，在交易上有必要通过牺牲个人权利的静态安全，来保护财产交易的动态安全，从而在政策导向上促进市场经济的发展，维护安全的市场交易秩序。

同时，表见代理应当与其他相近制度区分，如默示授权。两者的共同点是代理人都没有获得明确授权，但是，两者也存在如下的区别：第一，本人是否具有授予代理权的意愿不同。默示授权中，本人有授予代理权的意愿，只是通过具体情况推定而来。而表见代理中，被代理人不仅没有授予代理人以代理权，而且没有可推知的授予代理权的意愿。第二，本人是否知道代理人以自己名义从事交易。默示授权中，被代理人知道代理人以自己名义从事交易。而表见代理中，本人不知道他人以自己的名义从事交易，但是他如果尽到相应的注意义务，本来是可以知道并阻止代理人的行为的。第三，被代理人对代理行为负责的法理基础不同。在默示授权的情形下，被代理人负责的原因是存在代理权；而表见代理中，被代理人负责是基于信赖保护的原理。①

二、表见代理的构成要件

按照《民法典》第172条及学界观点，某一行为构成表见代理应符合以下要件：

1. 代理人没有实施该行为的相应代理权，属于无权代理。至于代理人是否曾拥有代理权及当时是否有实施其他行为的代理权在所不问。

2. 代理行为外观上存在使相对人相信代理人具有代理权的理由，即代理权外观。原因在于“表见代理是权利外观责任理论在代理法中的运用，其目的在于保护善意的相对人”。② 这包括以下两个方面的内容：（1）存在外表授权，即存在有代理权授予的外观，代理行为外在表现上有相对人相信行为人有代理权的事实，例如行为人曾经被授予过代理权、拥有实施其他法律行为的代理权以及根据交易习惯有代理权。（2）相对人对行为人有代理权形成了合理信赖，而非其他交易当事人。一般认为是否形成此种合理信赖，应当综合分析判断。③ 与上述观点一致，本条第1款规定表见代理中相对人有理由相信行为人有代理权的认定，系以《最高人民法院关于当前形势下审理民商事合同纠纷案件若干问题的指导意见》第13条规定为基础，结合学术成果和实务经验修订形成。如何认定“相对人有理由相信行为人有代理权”，是表见代理认定的核心问题。对此，《最高人民法院关于当前形势下审理民商事合同纠纷案件若干问题的指导意见》第13条要求无权代理在客观上存在有权代理的外观，以及相对人善意且无过失。考虑到表见代理的普遍存在，该规定适用效果又较好，在各级人民法院裁判中

---

① 参见王利明：《民法总则研究》，中国人民大学出版社2018年版，第671页。

② 王利明：《民法总则研究》，中国人民大学出版社2018年版，第672页。

③ 《最高人民法院关于当前形势下审理民商事合同纠纷案件若干问题的指导意见》（法发〔2009〕40号）第14条。

得到普遍遵循，我们根据调研意见，将该规定上升为司法解释规则。

3. 须相对人与无权代理人实施了民事法律行为。此处的民事法律行为包括但不限于订立合同的行为，其他可以使用代理的行为同样包括在内。存在法律行为是约束本人的前提和基础，有观点指出，“还要求无权代理人与相对人从事的法律行为本身并不具有无效和应被撤销的内容。如果具有上述因素，显然应按无效和可撤销的规定处理。在法律行为具有无效因素的情况下，相对人不能主张该法律行为有效。如果具有可撤销的因素，则应当由撤销权人行使撤销权”。① 这一意见也得到审判实务上的认可，在审理买卖合同纠纷案中当事人行为是否构成表见代理认定问题时，行为人与相对人签订的合同应具备合同有效的一般条件，即不具有无效和可撤销的内容。②

4. 相对人须善意。《民法典》第172条虽未规定，但学界通说与司法实践均要求该要件。原因在于“如果相对人明知行为人为无权代理，却与其成立法律行为，那就是明知故犯，对行为后果自负其责，与所谓的被代理人无关”。③ 需要明晰的是相对人过失的判断标准、过失程度等具体要件。首先，关于过失判断标准，相对人是否有过失与其是否有理由相信代理人有代理权是互为表里的，有学者指出对“有理由”进行必要的限定，即应以通常判断能力或手段为标准，而不能根据第三人本人的判断力为标准。④ 我们认为这符合表见代理的立法精神，即对被代理人利益的牺牲并不是没有限定的，只有确实存在一般人都会信赖的交易秩序，方有此种取舍必要。其次是就过失程度，此前我国学界存在单纯善意说、无重大过失说、无过失说等三种不同

① 王利明：《民法总则研究》，中国人民大学出版社2018年版，第671～672页。

② 参见江苏省高级人民法院审判委员会：《关于买卖合同纠纷案中当事人行为是否构成表见代理认定问题的纪要》（审判委员会会议纪要〔2013〕3号）。

③ 参见杨立新：《民法总则》，人民法院出版社2009年版，第430、431页。

④ 参见尹田：《〈民法典〉总则之理论与立法研究》，法律出版社2010年版，第753页。

的观点，其中我国学者通常采纳无过失说。王利明教授认为，“相对人无过失是指无重大或一般的过失，也就是说，是指相对人的不知情不是因为其疏忽大意所造成的”。[①]

实务中，对于本条第1款第2项应当采纳“无过失”标准还是“无重大过失”标准存在不同认识。一种意见认为，可以参考《民法典物权编解释（一）》第14条有关善意取得的认定，规定无重大过失，以体现规则一致性。另一种意见认为，“无过失”标准更有利于平衡被代理人与相对人的利益。此主要理由是：一是要求相对人无重大过失与商事交易习惯不符，因为相对人在与代理人交易时通常负有审查对方有无代理权的义务，此时相对人不仅在主观上不能有重大过失，而且还应无一般过失，以防止表见代理的滥用损害被代理人的利益。二是由于《民法典》第172条规定的善意相对人是“有理由相信行为人有代理权”，要求的善意程度要比第171条规定的“善意相对人”要高。前者规定的“善意”应当以没有抽象轻过失（即尽到善良管理人的注意义务）为标准；而后者规定的“善意”是指不知道且未因重大过失而不知道行为人无代理权。三是此与《最高人民法院关于当前形势下审理民商事合同纠纷案件若干问题的指导意见》规定的“无过失”表述一致。我们经研究后认为，第二种意见较有道理。较之善意取得中善意相对人无法得知有原所有权人的存在，而在表见代理中，行为人必须以被代理人的名义作出代理行为，因此，相对人至少知道被代理人的存在，获知行为人无权代理的信息成本要低一些，因此，表见代理中相对人善意的要求程度更高一些。[②] 相对人不仅主观上不能有重大过失，一般过失也不能被允许，否则将会导致表见代理构成门槛过低，甚至引发滥用而损害被代理人的利益。而且，从体

① 参见王利明：《民法总则研究》，中国人民大学出版社2018年版，第675页。

② 参见王利明主编：《中国民法典释评·总则编》，中国人民大学出版社2020年版，第433页。

系解释上讲，《民法典》第172条规定的表见代理是以“有理由相信”作为要件，此与第171条规定的“善意”或者其反面的“知道或者应当知道”应该是不同的，否则也没有必要采取此不同表述。

经过慎重考虑，鉴于表见代理的具体适用规则是目前审判实践中较为关注的普遍适用问题，为保持法律适用上的连续性、一致性、稳定性，我们最终以《最高人民法院关于当前形势下审理民商事合同纠纷案件若干问题的指导意见》第13条为基础，将其重要内容上升为司法解释条文，对表见代理中的“有理由相信”作出细化解释，以给审判实践以相应指导。

三、表见代理中有关举证责任的分配

本条第2款规定举证责任的分配。本款明确相对人就存在有代理权外观承担举证责任，被代理人就相对人存在恶意承担举证责任。关于由被代理人就相对人存在恶意承担举证责任，主要考虑是贯彻善意推定的原则，并与《民法典物权编解释（一）》采取的善意推定的立场保持一致。

人民法院的民事裁判应当以证据支持的事实为根据，依据实体法规定确定民事责任的承担。《民事诉讼法》第64条第1款规定：“当事人对自己提出的主张，有责任提供证据。”当事人对有利于自己的主张，都应当提出证据加以证明。当事人对自己提出的诉讼请求所依据的事实或者反驳对方诉讼请求所依据的事实有责任提供证据加以证明。没有证据或者证据不足以证明当事人的事实主张的，由负有举证责任的当事人承担不利后果。①《民事诉讼法解释》对举证责任问题作出了规定。其第90条第1款规定：“当事人对自己提出的诉讼请求所依据的事实或者反驳对方诉讼请求所依据的事实，应当提供证据加以

① 王胜明主编：《中华人民共和国民事诉讼法释义》，法律出版社2012年版，第149页。

证明，但法律另有规定的除外。”第2款规定：“在作出判决前，当事人未能提供证据或者证据不足以证明其事实主张的，由负有举证证明责任的当事人承担不利的后果。”根据这一规定，在表见代理关系中，相对人欲证明无权代理人的代理行为属表见代理，便需要证明使表见代理成立的积极事实，即本条第1项中的“存在代理权外观”。

反驳诉讼请求往往表现为主张对方的实体权利因妨碍因素而未发生，或主张对方的权利已经消灭，因而要求对反驳诉讼请求所依据的事实负责举证，也就是要求对妨碍权利和消灭权利的要件事实负证明责任。① 具体到表见代理关系中，本条第1款第2项规定的相对人不知情且无过失系表见代理成立要件之一，在本质上属于消极事实。按照德国学者关于证明责任分配的规范说理论，可认为其属于权利发生规范。② 但本项的特殊性在于其属消极事实，按照关于证明责任分配的消极事实说，主张消极事实的当事人无需承担举证责任。③ 按照自消极事实说发展而来的基础事实说，主张权利发生的当事人应当对权利发生的要件事实承担证明责任，相对方对权利发生的欠缺要件承担证明责任。④ 这一观点较有道理。虽然，我国《民事诉讼法解释》第90条以法律要件分类说中的规范说为理论依据，但对于法律要件分类说中的一些缺点，如不能很好地兼顾个案公平，则可以通过实体法律和司法解释的特别规定予以矫正。⑤ 在表见代理中，既然“相对人不知道行为人行为时没有代理权且无过失”是相对人请求被代理人承担无权代理行为责任的条件，相对方即被代理人有必要对权利发生的欠

① 江伟主编：《民事诉讼法（第三版）》，中国人民大学出版社2007年版，第246页。

② 参见江伟、肖建国主编：《民事诉讼法（第八版）》，中国人民大学出版社2018年版，第214页；张卫平：《民事诉讼法（第四版）》，法律出版社2016年版，第239～240页。

③ 参见张永泉：《民事诉讼法证据原理研究》，厦门大学出版社2005年，第181页。

④ 参见张永泉：《民事诉讼法证据原理研究》，厦门大学出版社2005年，第182～184页。

⑤ 参见最高人民法院修改后民事诉讼法贯彻实施工作领导小组编著：《最高人民法院民事诉讼法司法解释理解与适用》，人民法院出版社2015年版，第316页。

缺要件承担证明责任。这也是这些年我国审判实践中普遍遵循的做法，司法解释对此予以明确，既符合对此事实进行举证的本质，也有利于确保法律适用上的连续性、稳定性。故基于此，本条第2款规定应当由被代理人对相对人不符合第1款第2项中的“不知情且无过失”负证明责任。换言之，被代理人应提供相应证据证明相反事实，指向消极事实不成立，即在与无权代理人为法律行为时，相对人知情或有重大过失。

【审判实践中应注意的问题】

关于本条的适用，要注意把握以下几个问题：

一、相对人有过失的具体参考因素

如上所述，相对人是否有过失是判断表见代理是否成立的重要要件之一，理论上一般采用通常判断能力或手段的标准。尽管如此，此种判断仍比较抽象，为应对审判实践中出现各类无权代理情形，有必要总结归纳判断相对人有无过失的具体影响因素。具体的判断过程包括行为人是否有权利外观以及相对人对此种程度的权利外观是否尽到了审核义务。

对于这一问题，各地法院都做了有益探索。比如，上海市高级人民法院《商事合同案件适用表见代理要件指引（试行）》就具体列举了关于代理权利外观的主要考量因素，主要包括：（1）合同是否以被代理人名义订立。若签订合同未使用被代理人名义，合同文本没有任何与被代理人有关联的文字表述，须慎重认定表见代理。（2）行为人的身份、职务是否与被代理人有关联。如，行为人在被代理人处任职职务越高、与从事业务关联度越强，或者与被代理人之间的其他身份联系越密切，对表见代理的证明力就越强；反之则越弱。（3）被代理人对行为人是否存在可合理推断的授权关系。如，行为人原有代理权已被终止但被代理人未对外告知等情形。(4) 合同等对外文件材料上是否加盖与被代理人有关的、可正常对外使用的有效印章。如，合同上加盖的被代理人项目部真实印章按常理可对外授权使用的，可作为考量因素；若按常理应当属于单位内部使用印章的，须慎重认定。(5) 合同关系的建立方式是否与双方以往的交易方式相符。如，以往交易长期由某部门负责人实际操作进行，且被代理人从无异议并正常结算认可的，此次有争议交易也采相同方式的，可参考以往交易行为判断。(6) 合同订立过程、交易环境和周围情势等是否与被代理人有关。如，行为人签约前曾陪同合同相对人参观考察被代理人的施工现场；签约地在被代理人营业地或办公场所的，可以作为判断因素。(7) 被代理人是否存在能够使人相信其参与合同履行的行为。如，被代理人实际支付过合同价款；被代理人与合同相对人就履约问题进行过交涉等，可作为考量因素。(8) 标的物的用途、交付方式与交付地点等是否与被代理人有关，被代理人是否取得履行合同的利益。如，合同标的物交付至被代理人营业场所或负责管领的其他场所；标的物被应用于被代理人本身或者直接从事的业务所需的，可以作为考量因素。(9) 其他具有代理权客观表象的情形。行为人在交易过程中存在其他行为，足以使一般常人合理推断该行为系基于被代理人合法授权的，可以作为认定的考量因素。

"上述因素及其组合可能形成或强或弱的代理权外观。"① 有学者还主张可区分以下不同情形讨论相对人是否有过错：(1) 超越代理权的表见代理；(2) 代理权消灭后的表见代理；(3) 代理权授予表示的表见代理，原因在于三种情况下无权代理人拥有代理权表象的确定程度并不相同。②

---

① 参见王利明主编：《中国民法典释评·总则编》，中国人民大学出版社 2020 年版，第 48 页。

② 参见陈甦主编：《民法总则评注》，法律出版社 2017 年版，第 1231 页。

就以往的司法经验而言，《最高人民法院关于当前形势下审理民商事合同纠纷案件若干问题的指导意见》第 14 条规定：“人民法院在判断合同相对人主观上是否属于善意且无过失时，应当结合合同缔结与履行过程中的各种因素综合判断合同相对人是否尽到合理注意义务，此外还要考虑合同的缔结时间、以谁的名义签字、是否盖有相关印章及印章真伪、标的物的交付方式与地点、购买的材料、租赁的器材、所借款项的用途、建筑单位是否知道项目经理的行为、是否参与合同履行等各种因素，作出综合分析判断。”上海市高级人民法院《商事合同案件适用表见代理要件指引（试行）》第 7 条列举了关于相对人善意的主要考量因素：“一般而言，上述第六条权利外观因素越充分，越能够说明合同相对人主观上善意无过失。”此外，可供用于判断相对人主观善意的其他考量因素还可包括：（1）合同相对人与被代理人之间是否存在交易历史以及相互熟识程度。如交易双方彼此陌生，则相对人需说明并证明其对行为人代理权产生信赖的理由。（2）合同相对人在订立合同之前是否即已充分知悉权利外观事实。对权利外观事实的充分收集，是合理信任行为人具有代理权的前提。相对人主张自己善意且无过失，应证明自己知悉权利外观事实的时间早于实施交易行为，实施交易行为后或风险产生后才了解的相关事实则一般不能支持对相对人善意的判断。如，某案合同相对人举证的权利外观证据系纠纷发生后为诉讼之需而收集获取，不足以证明相对人交易行为发生之时的主观善意。（3）合同相对人注意义务与交易规模大小是否相称。一般而言，标的物数量大、金额高的大宗交易，合同相对人应更加谨慎，此类情况下其是否善意的审查判断标准也需相应更高；反之，小额、便捷的交易，审查判断相对人是否善意的标准可相对降低。（4）交易对效率的要求与合同相对人核实代理权限的成本是否相称。若合同相对人核实代理权所需的时间和经济成本难以承受，并可能妨碍交易目的实现，且其为追求效率而放松对代理权限的核实并承担相应风险在商业上是合理的，可作为判断善意与否的考量因素；反之，合同相对人有机会通过方便、廉价手段核实代理权限但并未采取相关措施，因此承担了不合理商业风险的，可作为判断其过失的考量因素。(5) 其他影响合同相对人主观判断的因素。”也有观点指出，“即使形成了权利外观，相对人也应当负有进一步审核的义务：第一，合同标的数额较大或者对本人和相对人的利益影响较大。第二，相对人以前从未与无权代理人订立过合同，对无权代理人的个人情况毫不知情。第三，相对人需要交付一定的定金或者预付款”。① 即使是到了交易的履行阶段，也并不意味着相对人没有了注意和审核义务。例如，在买卖合同的无权代理过程中，不仅有必要在事前审核代理人的身份，在合同履行过程中，是否要求被代理人确认或追认也是判断相对人是否有过失的因素之一。②

上述两份规范性文件及学界意见所总结的共通因素包括交易时间、地点、额度、此前交易历史、是否履行对印章的形式审查义务③、核验成本与交易额是否成比例等代理权外观因素，可认为以上因素对于初步判断相对人有无过失起到至关重要的作用。代理权外观和相对人善意呈现一种正相关的关系，即代理权外观可信赖度越高，相对人越有可能是善意的；代理权外观可信赖度越低，相对人善意的可能性越小。④

---

① 参见王利明主编：《中国民法典释评·总则编》，中国人民大学出版社 2020 年版，第 48 页。

② 参见江苏省高级人民法院审判委员会：《关于买卖合同纠纷案中当事人行为是否构成表见代理认定问题的纪要》（审判委员会会议纪要〔2013〕3 号）。正是据此，法院认为相对人并无足够理由相信权利外观，且具有过失，不成立表见代理。

③ 该因素被特别强调，参见江苏省高级人民法院审判委员会：《关于买卖合同纠纷案中当事人行为是否构成表见代理认定问题的纪要》（审判委员会会议纪要〔2013〕3 号）。

④ 参见王利明：《民法总则研究》，中国人民大学出版社 2018 年版，第 677 页。

二、被代理人的可归责性问题

对于这一问题，无论是学界讨论，还是审判实践中均存在不同意见。学界大多认为表见代理的成立要求无权代理行为的发生与被代理人有关，即表见代理应当以本人具有可归责性为基础，具体而言，“尽管本人是否具有过错不被列入其中，但仍应适度地考虑本人的行为是否与无权代理有关，如果无权代理行为与本人无关，则该行为的后果不应当由本人承担”。① 这一意见背后的价值判断是在维护第三人的信赖利益的同时，也兼顾对所有人的利益的维护。表见代理诚然不必考虑本人的过错以及本人的意志问题，但也不能对本人强加过重责任，导致其不敢放手交易。

基于此，不少基层法院和专家建议对被代理人的可归责性问题予以明确。因为实践中存在有权代理外观的形成与被代理人无关联的案件，比如无权代理人私刻公章，是否构成表见代理易产生争议。在中国人民大学论证会上，与会专家就这一问题基本形成共识，认为应当确立“可归责性”规则。这主要是考虑到表见代理本质上系在衡平被代理人与善意相对人的利益保护和风险分配，如被代理人对有代理权外观的形成不具有可归责性，科以被代理人承担无权代理行为的法律后果未免过于严苛。并且《民法典》有关遗失物和盗赃物不适用善意取得的规则亦有此法理基础，故对可归责性予以明确。学界还存在所谓“隐藏的双重要件说”，也认为表见代理必须考虑被代理人的因素，同时被代理人的过错不是认定表见代理的必备要件。②

在起草本条的过程中，我们曾在解释稿中采纳“可归责性”的意见。但是，《民法典》总则编第 172 条在立法过程中，对于是否要求

---

① 参见王利明：《民法总则研究》，中国人民大学出版社 2018 年版，第 679 ~ 680 页。

② 参见冉克平：《表见代理本人可归责性要件的反思与重构》，载《法律科学》2016 年第 1 期。

以被代理人的过错作为表见代理的构成要件，最后结论认为表见代理最重要的特征就是相对人有正当理由相信行为人有代理权，而不问被代理人是否有过错。原因在于设立表见代理制度的目的是保护交易的安全性，不至于使没有过失的相对人劳而无获。因此，相对人只要证明自己和行为人实施民事法律行为时没有过失，至于被代理人在行为人实施民事法律行为时是否有过失，相对人很多情况下难以证明。[①]因此，尽管被代理人可能亦有不可归责的过失因素，但为了保护无过失信赖权利外观的相对人，应使本人承担相当于有权代理的法律后果。在本解释征求意见过程中，有关方面也认为“被代理人对有权代理权外观的形成具有可归责性”与《民法典》的立法本意不符，建议删除。我们认为，鉴于这一问题还存有争议，涉及表见代理中被代理人利益保护与相对人利益保护的平衡问题，在此先暂不规定，留作实践中作进一步探索积累经验。当然，对此类案件的处理有必要采取的基本立场是，紧扣《民法典》第172条立法本意，总结以往审判实践经验，充分发挥表见代理保护善意相对人利益、维护交易安全的基本功能作用，引导被代理人加强对其工作流程、公章保管等的管理和规范，同时不能让被代理人动辄得咎，不敢放手进行交易，从而阻碍经济发展。

对于这一问题，比较法上的做法可资参考借鉴。作为“可归责性”理论的首创者，《德国民法典》第170条规定：“代理权系以意思表示通知第三人者，在授权人向第三人通知代理权消灭之前，其代理权对于第三人仍为有效。”第171条第2款规定：“在用相同于授予代理权的方式，通知撤回代理权之前，代理权继续存在。”第172条第2款规定：“在授权书应当交换授权人或者宣告无效之前，代理权继续存在。在上述规定下，表见代理的成立需要本人对权利表象的成立具有一定的原因，本人与无权代理的产生应当具有一定的关联性。”《欧

① 参见黄薇主编：《中华人民共和国民法典总则编释义》，法律出版社2020年版，第456页。

洲合同法原则》第3:201条规定："如被代理人的陈述或行为诱使第三人合理、善意地相信，表见代理人已经获得实施某一行为的授权，那么被代理人应当被视为已经向表见代理人授权。"《日本民法典》于第109条、第110条与第112条规定的表见代理，在其学界，目前"正当理由归责性考虑说"居于通说地位，即在对相对人是否有正当理由进行判断时，应将被代理人一方的可归责性考虑进去。① 概言之，从比较法上看，各国或地区在借助表见代理制度保护交易安全的同时，并非无限度地牺牲被代理人的利益，而是尽量在本人可控制的范围内寻求最优的利益平衡。

【相关规定】

一、《民法典》第172条：行为人没有代理权、超越代理权或者代理权终止后，仍然实施代理行为，相对人有理由相信行为人有代理权的，代理行为有效。

二、《合同法》（已废止）第49条：行为人没有代理权、超越代理权或者代理权终止后以被代理人名义订立合同，相对人有理由相信行为人有代理权的，该代理行为有效。

三、《民法典物权编解释（一）》第14条：受让人受让不动产或者动产时，不知道转让人无处分权，且无重大过失的，应当认定受让人为善意。

真实权利人主张受让人不构成善意的，应当承担举证证明责任。

四、《最高人民法院关于当前形势下审理民商事合同纠纷案件若干问题的指导意见》第13条：合同法第四十九条规定的表见代理制度不仅要求代理人的无权代理行为在客观上形成具有代理权的表象，而

① 参见［日］近江幸治：《民法讲义Ⅰ：民法总则》，渠涛等译，北京大学出版社2015年版，第267～268页。

且要求相对人在主观上善意且无过失地相信行为人有代理权。合同相对人主张构成表见代理的，应当承担举证责任，不仅应当举证证明代理行为存在诸如合同书、公章、印鉴等有权代理的客观表象形式要素，而且应当证明其善意且无过失地相信行为人具有代理权。

第 14 条：人民法院在判断合同相对人主观上是否属于善意且无过失时，应当结合合同缔结与履行过程中的各种因素综合判断合同相对人是否尽到合理注意义务，此外还要考虑合同的缔结时间、以谁的名义签字、是否盖有相关印章及印章真伪、标的物的交付方式与地点、购买的材料、租赁的器材、所借款项的用途、建筑单位是否知道项目经理的行为、是否参与合同履行等各种因素，作出综合分析判断。

【典型案例】

一、蔡某红诉李某、麦某新股权转让纠纷案①［广东省高级人民法院（2015）粤高法民二终字第 1069 号民事判决］

裁判要旨：夫妻一方非因日常生活需要将夫妻共同财产转让给第

---

① 关于表见代理的认定，实践中还有以下案例：（1）最高人民法院（2016）民再 197 号民事判决：被告公司虽对行为人签字行为不予认可，但承认行为人是其员工。考虑行为人在案涉交易中的身份以及增值税票的特性，可以认定被告公司收到了原告公司向其开具的全部增值税发票。行为人还多次参与了后续的对账结算行为，其于 2011 年 10 月 9 日签字确认的商品混凝土对账清单，同时加盖了被告公司项目部的技术资料专用章。就此而言，原告公司相信行为人在案涉交易中具有代理被告公司的权利，法院予以支持。

（2）最高人民法院（2015）民二终字第 335 号民事判决：在长芦公司与建平公司存在长期密切往来的前提下，综观涉案合同的签订方式、结合之前 9750 万元的两份合同的签订和履行方式，再考虑到《三方协议》期间的三方行为，足以制造出长芦公司委托了建平公司从事交易、代收货款等表象，基于此，已经完成了汇票背书付款的沈阳公司有理由相信建平公司有权代理长芦公司领取 4900 万元汇票，在上述分析的综合考量下，法院经审理认为，认定长芦公司领取该汇票的行为构成表见代理更具有合理性。

（3）最高人民法院（2016）民再 386 号民事裁定：即便杨某源、马某实际上并未得到浩源公司的授权，鉴于杨某源、马某持有浩源公司的公章且系浩源公司的实际控制人，作为合同相对人的刘某武也有理由相信杨某源、马某是代表浩源公司的，符合《合同法》第 49 条的规定，构成表见代理。

三方，应取得另一方的同意，但该转让行为是为解决另一方紧迫困难，且第三人有理由相信其处分行为系夫妻双方共同意思表示的，另一方不得以不同意为由对抗善意第三人。

基本案情：蔡某红与麦某新婚后未曾对共有财产进行过分割。长新公司麦某新占股90%，蔡某红占股10%。2006年7月，蔡某红因涉嫌职务侵占罪被逮捕。麦某新向李某借款用于归还蔡某红挪用公款的缺口。同年8月6日，麦某新代表长新公司与李某签订协议书，约定将长新公司全部股份等整体转让给李某，由于特殊原因暂无法办理工商登记手续，该股份及项目转让事宜已事先取得长新公司全体股东决议通过。同日，双方签订确认书一份。2007年3月，蔡某红在《东莞日报》刊登声明，表明其不同意对麦某新未通知、也未经其同意转让股权的行为。2007年4月，蔡某红向法院起诉，请求确认麦某新与李某签订的协议书及其他股权转让行为无效。

生效裁判认为：麦某新是长新公司的法定代表人，与另一股东蔡某红是夫妻，麦某新以长新公司的名义将长新公司全部股权转让给李某，并特别注明该股份及项目转让事宜已事先取得长新公司全体股东决议通过，股权转让款优先抵扣借款。此后又签订确认书对股权转让事宜予以确认。这些客观事实足以使李某有理由相信，股权转让系蔡某红与麦某新夫妻双方共同的意思表示。

二、贵州建工集团第二建筑工程有限责任公司、贵州科润工贸有限公司买卖合同纠纷案［最高人民法院（2017）最高法民申4441号民事裁定］

裁判要旨：行为人伪造公司印章，以公司名义签订买卖合同，公司虽不知伪造公章的事实，但已实际履行买卖合同的主要义务，可认定行为人的行为构成表见代理，公司应当承担相应的法律后果。

生效裁判认为：2014年1月20日，张某华以建二公司名义向科润公司出具《授权委托书》，确定货物签收人。2014 年 3 月 28 日，张某华以建二公司名义与科润公司签订《钢材购销合同》。以上《授权委托书》《钢材购销合同》均加盖张某华私刻的印影为“贵州建工集团第二建筑工程有限责任公司甘塘产业园区项目部”的公章。建二公司虽不知张某华伪造公章与科润公司签订合同的行为，但在该钢材买卖合同履行过程中，科润公司多次向建二公司项目部直接供应钢材，建二公司通过项目部工作人员或者案外人直接向科润公司支付了绝大多数货款，科润公司也直接向建二公司开具发票。上述事实足以认定张某华的行为构成表见代理，建二公司应当承担相应的法律后果。并且建二公司项目部收到钢材后应当履行支付货款的义务，其向科润公司支付余下欠款并未损害自身利益。

三、王某诉安徽富煌钢构股份有限公司民间借贷纠纷案［安徽省淮北市中级人民法院（2017）皖 06 民终 979 号民事判决］

裁判要旨：出借人本应将出借款项汇入单位账户，却将借款汇入项目负责人指定的银行账户，而项目部负责人不具有履行公司职务行为的客观基础，且负责人系以本人名义签借款合同并出具借条，不构成表见代理。因此债务应由负责人个人承担，公司不必承担清偿责任。

基本案情：2013 年 9 月，金地御景项目部向王某借款。2013 年 9 月 16 日，王某将 8 万元汇入淮北公司。淮北公司将该 8 万元汇至范某明账户，范某明将该 8 万元汇至案外人张某的账户，用于支付金地御景项目部借款利息，金地御景项目部将此笔借款记账为第 0047 - 0001/0001 号。2013 年 11 月 27 日，王某将 2 万元现金交付金地御景项目部负责人季某满，季某满、范某明、李某杰向王某出具借条，金地御景项目部将此笔借款记账为第 0031 - 0001/0002 号。双方对借款均未约定借款期限及借款利率。后王某催要无果，诉至法院。

生效裁判认为：表见代理制度不仅要求代理人的无权代理行为在

客观上形成具有代理权的表象，而且要求相对人在主观上善意且无过失地相信行为人有代理权。本案中，季某满虽为金地御景项目部负责人但并不是富煌钢构公司员工，不具有履行公司职务行为的客观基础；王某理应知晓对单位而言应有完备的财务管理制度，其本应将出借的款项汇入单位账户，却将借款汇入季某满指定的银行账户，季某满以本人名义签借款合同并出具借条，不构成表见代理，也不构成职务行为。其让公司承担清偿责任，无事实和法律依据。

第二十九条　法定代理人、被代理人依据民法典第一百四十五条、第一百七十一条的规定向相对人作出追认的意思表示的，人民法院应当依据民法典第一百三十七条的规定确认其追认意思表示的生效时间。

【条文主旨】

本条是关于追认意思表示的作出对象与生效时间的规定。

【条文理解】

一、条文沿革和意义

《民法典》第145条规定，限制民事行为能力人实施与其年龄、智力、精神健康状况不相适应的非纯获利益的民事法律行为，经法定代理人同意或者追认后有效。《民法典》第171条规定，无权代理行为经被代理人追认对被代理人发生效力。前述行为被追认前，善意相对人有撤销的权利。为加强司法实践指导，有必要明确追认意思表示的作出对象以及生效时间认定。

《合同法解释（二）》第11条规定："根据合同法第四十七条、第四十八条的规定，追认的意思表示自到达相对人时生效，合同自订立时起生效。"该条只针对合同领域，尚未上升到整个民事法律行为领域。在体系上，《民法典》在总则编法律行为部分对此没有规定，有必要将原有实施效果较好的《合同法解释（二）》的有关内容上升为《民法典总则编解释》的内容，这既符合《民法典》的立法精神，也可以使之直接适用于整个法律行为体系，发挥更大作用。本条在《合同法解释（二）》第11条的基础上，参考日本《民法典》第113条第2款的规定，明确法定代理人对限制民事行为能力人行为的追认、被代理人对无权代理行为的追认，应当向相对人作出。另，考虑到本条有关追认意思表示属于有相对人的意思表示，该意思表示可能以对话方式或者非对话方式作出，其中对话方式采相对人知道主义，非对话方式采到达相对人主义，故本条明确人民法院应当依照《民法典》第137条的规定确认追认意思表示的生效时间。

二、法定代理人追认的对象和追认生效时间

《民法典》第145条规定："限制民事行为能力人实施的纯获利益的民事法律行为或者与其年龄、智力、精神健康状况相适应的民事法律行为有效；实施的其他民事法律行为经法定代理人同意或者追认后有效。相对人可以催告法定代理人自收到通知之日起三十日内予以追认。法定代理人未作表示的，视为拒绝追认。民事法律行为被追认前，善意相对人有撤销的权利。撤销应当以通知的方式作出。"根据该条的规定，除纯获利益的民事法律行为或者与其年龄、智力、精神健康状况相适应的民事法律行为外，限制民事行为能力人实施的民事法律行为需要其法定代理人同意或追认，在追认之前，其效力处于待定状态。这类效力待定民事法律行为有以下特点①：（1）民事法律行为已经成立，但效力并不齐备。民事法律行为已经成立主要是指意思表示一致；效力并不齐备，就限制民事法律行为而言，是指虽然成立，但还不具有生效条件，即不具备《民法典》第143条第1项规定的主体适格要件。（2）其效力是既非无效，也非有效，而是处于一种效力不确定的中间状态，即效力待定。（3）其效力如何，就限制民事法律行

① 最高人民法院民法典贯彻实施工作领导小组主编：《中华人民共和国民法典总则编理解与适用》，人民法院出版社2020年版，第727页。

为而言，有赖于法定代理人的态度。法定代理人同意或者追认的，有效；反之，不发生法律效力。

（一）关于追认的对象

《民法典》第145条未作规定。从法律行为所涉主体上说，追认的对象可能存在两个：一个是向限制行为能力人追认；另一个是向相对人追认。《民法典》第143条规定："具备下列条件的民事法律行为有效：（一）行为人具有相应的民事行为能力；（二）意思表示真实；（三）不违反法律、行政法规的强制性规定，不违背公序良俗。"限制行为能力人超出其年龄、智力、精神健康状况从事民事法律行为的，应由法定代理人代理限制行为能力人实施，如果法定代理人不向相对人追认，因限制行为能力人缺少相应的行为能力，则法律行为不生效。而法定代理人向限制行为能力人本人进行追认对民事法律行为的成立和生效没有意义，故本条规定由法定代理人向相对人追认。限制民事行为能力人所从事的超出其行为能力的民事法律行为，须经法定代理人同意或者追认才能有效。对于限制民事行为能力人而言，监护人为其法定代理人。限制民事行为能力人实施的民事法律行为要具有效力，一个重要的条件就是要经过法定代理人的同意或者追认。经过同意或者追认，民事法律行为就具有法律效力。如果没有经过同意或者追认，民事法律行为即使成立，也并不实际生效，而处于效力待定状态。当然，如果某一民事法律行为一直处于效力待定状态，不利于交易秩序和社会生活的稳定，《民法典》第145条规定了追认的时间，即相对人可以催告法定代理人自收到通知之日起三十日内予以追认。法定代理人未作表示的，视为拒绝追认。

（二）关于追认意思表示的生效时间

追认是一种单方意思表示，无须相对人同意即可发生法律效力。限制民事行为能力人实施民事法律行为后，与其从事民事法律行为的相对人可以催告限制民事行为能力人的法定代理人在30日内予以追认。法定代理人未作表示的，视为拒绝追认。需要说明的是，法定代理人对限制民事行为能力人行为的追认应当采用明示的方式作出，同时应为行为相对人所知晓才能发生效力。

追认分为两类：一类是未经相对人催告，法定代理人主动追认的；另一类是经相对人催告后法定代理人才追认的。这两类追认方式的生效时间并无差异，这涉及催告法律性质的认定。催告在民法理论上被称为“准法律行为”，是指民事法律行为的相对人要求法定代理人在一定期限内就是否认可限制民事行为能力人所实施民事法律行为的效力作出表示，逾期不作表示的，视为法定代理人拒绝承认行为的效力。① 所以是否经过催告并不影响追认的生效时间，当然，经过催告的追认应当在收到通知之日起三十日内予以追认，超过期限未作表示的视为拒绝。

《民法典》第137条规定：“以对话方式作出的意思表示，相对人知道其内容时生效。以非对话方式作出的意思表示，到达相对人时生效。以非对话方式作出的采用数据电文形式的意思表示，相对人指定特定系统接收数据电文的，该数据电文进入该特定系统时生效；未指定特定系统的，相对人知道或者应当知道该数据电文进入其系统时生效。当事人对采用数据电文形式的意思表示的生效时间另有约定的，按照其约定。”所谓意思表示，是将设立、变更、终止民事法律关系的内心意图以适当的方式表示出来的行为。追认作为意思表示的一种，其生效时间应按照意思表示生效的时间确定，即以对话方式作出的意思表示，相对人知道其内容时生效；以非对话方式作出的意思表示，到达相对人时生效；以非对话方式作出的采用数据电文形式的意思表示，相对人指定特定系统接收数据电文的，该数据电文进入该特定系统时生效；未指定特定系统的，相对人知道或者应当知道该数据电文

① 黄薇主编：《中华人民共和国民法典总则编释义》，法律出版社2020年版，第383页。

进入其系统时生效。

三、被代理人追认的对象和追认生效时间

《民法典》第171条规定："行为人没有代理权、超越代理权或者代理权终止后，仍然实施代理行为，未经被代理人追认的，对被代理人不发生效力。相对人可以催告被代理人自收到通知之日起三十日内予以追认。被代理人未作表示的，视为拒绝追认。行为人实施的行为被追认前，善意相对人有撤销的权利。撤销应当以通知的方式作出。行为人实施的行为未被追认的，善意相对人有权请求行为人履行债务或者就其受到的损害请求行为人赔偿。但是，赔偿的范围不得超过被代理人追认时相对人所能获得的利益。相对人知道或者应当知道行为人无权代理的，相对人和行为人按照各自的过错承担责任。"依据该条的规定，无权代理发生的法律后果根据被代理人是否追认而产生不同的法律后果。被代理人追认的，代理行为对被代理人有效，代理行为在被代理人和相对人之间发生法律效力。也就是说，无权代理设立的民事行为，如果经过被代理人的追认，使无权代理性质发生改变，其所欠缺的代理权得到补足，转化为有权代理，发生与有权代理同样的法律效果，等于是有权代理。代理人拒绝追认的，该行为对被代理人不发生效力。在此需要注意的是，《民法典》第171条规定的"未经被代理人追认的，对被代理人不发生效力"并不是指在这一情形下代理行为无效，仅是在被代理人追认前，对于被代理人而言处于效力待定状态，但即使未被追认，该行为也不是归于无效，而仅是对被代理人不发生效力，该行为同样可以在代理人与被代理人之间发生相应的法律效力，有关法律后果及法律责任由该代理人承担。①

① 最高人民法院民法典贯彻实施工作领导小组主编：《中华人民共和国民法典总则编理解与适用》，人民法院出版社2020年版，第857页。

关于被代理人追认的对象和追认的生效时间，在原理上和法定代理人对限制行为能力人实施的超越其行为能力实施的民事法律行为的追认相同。被代理人的追认是被代理人对无权代理行为事后予以承认的一种单方意思表示。追认的意思表示应当以明示的意思表示向相对人作出，如果仅向行为人作出意思表示，也必须使相对人知道后才能产生法律效果。①

四、法定代理人或者被代理人的撤销权

在限制民事行为能力人实施的超出其行为能力的民事法律行为、无权代理人实施的代理行为被追认前，善意相对人有撤销的权利。追认的作出需在撤销作出之前，否则可能产生善意相对人主张已经撤销，而法定代理人、被代理人主张已经追认的问题，故本条解释曾经单列一款对相对人撤销的作出对象和生效时间一并作出规定："相对人撤销限制民事行为能力人实施的民事法律行为、无权代理人实施的代理行为的，其撤销意思表示应当向法定代理人或者被代理人作出。"在本司法解释起草论证中，有学者认为，无权代理中，善意相对人的撤销权可以向被代理人为之，也可以向代理人为之，《德国民法典》存在类似规定。② 考虑到规定善意相对人撤销权仅能向被代理人作出并无明确的法律依据，最终的解释稿将撤销权作出的对象和生效时间删除。

《民法典》第145条和第171条未明确善意相对人行使撤销权的对象，也未规定撤销的生效时间。对于《民法典》第145条规定的限制行为能力人超越行为能力实施的民事法律行为，善意相对人撤销权的

---

① 黄薇主编：《中华人民共和国民法典总则编释义》，法律出版社2020年版，第452页。

② 参见《德国民法典》第178条：合同在被被代理人追认之前，相对人有撤回的权利，但相对人在合同订立时已经知道代理人没有代理权的除外。合同的撤回，也可以向代理人作出。

行使对象为法定代理人并无争议，撤销的生效时间也应按照《民法典》第137条的规定确定。

而对于《民法典》第171条规定的善意相对人的撤销权则较为复杂。此处的撤销权与债权人对债务人损害债权行为的撤销权、可撤销合同中的撤销权均不同，是指相对人在被代理人未追认无权代理行为之前，撤回其对无权代理人所作的意思表示。[①] 根据《德国民法典》第178条的规定，善意相对人的撤销权可以向被代理人作出，也可以向无权代理人作出。我国台湾地区学者王泽鉴也认为，相对人撤回无权代理人行为，阻止因被代理人的追认而发生效力，撤回得向被代理人或无权代理人为之。[②] 我们倾向于认为，因《民法典》没有明确限制善意相对人的撤销权只能向被代理人作出，考虑到其系撤回其对无权代理人所作的意思表示，故可以向被代理人或者代理人作出。

【审判实践中应注意的问题】

实践中，需要注意的是，《民法典》第145条和第171条中的追认生效有两个条件：一方面，如果相对人进行了催告，追认的意思表示需要在相对人催告期限尚未届满前作出，超过期限未作表示视为拒绝追认。另一方面，追认的生效以善意相对人未行使撤销权为前提。限制行为能力人或者无权代理人实施的行为被追认前，善意相对人有撤销的权利。

① 黄薇主编：《中华人民共和国民法典总则编释义》，法律出版社2020年版，第453页。

② 王泽鉴：《民法总则》，北京大学出版社2019年版，第447页。

【相关规定】

一、《民法典》第 137 条：以对话方式作出的意思表示，相对人知道其内容时生效。

以非对话方式作出的意思表示，到达相对人时生效。以非对话方式作出的采用数据电文形式的意思表示，相对人指定特定系统接收数据电文的，该数据电文进入该特定系统时生效；未指定特定系统的，相对人知道或者应当知道该数据电文进入其系统时生效。当事人对采用数据电文形式的意思表示的生效时间另有约定的，按照其约定。

第 145 条：限制民事行为能力人实施的纯获利益的民事法律行为或者与其年龄、智力、精神健康状况相适应的民事法律行为有效；实施的其他民事法律行为经法定代理人同意或者追认后有效。

相对人可以催告法定代理人自收到通知之日起三十日内予以追认。法定代理人未作表示的，视为拒绝追认。民事法律行为被追认前，善意相对人有撤销的权利。撤销应当以通知的方式作出。

第 171 条：行为人没有代理权、超越代理权或者代理权终止后，仍然实施代理行为，未经被代理人追认的，对被代理人不发生效力。

相对人可以催告被代理人自收到通知之日起三十日内予以追认。被代理人未作表示的，视为拒绝追认。行为人实施的行为被追认前，善意相对人有撤销的权利。撤销应当以通知的方式作出。

行为人实施的行为未被追认的，善意相对人有权请求行为人履行债务或者就其受到的损害请求行为人赔偿。但是，赔偿的范围不得超过被代理人追认时相对人所能获得的利益。

相对人知道或者应当知道行为人无权代理的，相对人和行为人按照各自的过错承担责任。

二、《民法通则》（已废止）第 66 条第 1 款：没有代理权、超越代理权或者代理权终止后的行为，只有经过被代理人的追认，被代理人才承担民事责任。未经追认的行为，由行为人承担民事责任。被代理人知道他人以被代理人名义实施民事行为而不作否认表示的，视为同意。

三、《合同法》（已废止）第47条： 限制民事行为能力人订立的合同，经法定代理人追认后，该合同有效，但纯获利益的合同或者与其年龄、智力、精神健康状况相适应而订立的合同，不必经法定代理人追认。

相对人可以催告法定代理人在一个月内予以追认。法定代理人未作表示的，视为拒绝追认。合同被追认之前，善意相对人有撤销的权利。撤销应当以通知的方式作出。

第48条： 行为人没有代理权、超越代理权或者代理权终止后以被代理人名义订立的合同，未经被代理人追认，对被代理人不发生效力，由行为人承担责任。

相对人可以催告被代理人在一个月内予以追认。被代理人未作表示的，视为拒绝追认。合同被追认之前，善意相对人有撤销的权利。撤销应当以通知的方式作出。

四、《合同法解释（二）》（已废止）第11条： 根据合同法第四十七条、第四十八条的规定，追认的意思表示自到达相对人时生效，合同自订立时起生效。

【典型案例】

一、北京中世国融投资管理有限公司与韩某仁合同纠纷案［北京市第一中级人民法院（2020）京01民终6504号民事判决］

裁判要旨： 代理人与相对人签订的《还款协议》虽然属于无权代理，但是被代理人按照《还款协议》向相对人履行了部分还款义务，应视为对代理行为的追认。

生效裁判认为： 本案中，王某新代表朱某飞与韩某仁签订《还款协议》的行为系无权代理，但是，根据朱某飞按照《还款协议》向韩某仁还款的事实，可以认定王某新代表朱某飞签订《还款协议》的行为得到了朱某飞的追认，朱某飞应当依据《还款协议》向韩某仁承担剩余还款责任。

二、刘某诉广州市海珠区哗宝自行车商店、欧某古买卖合同纠纷案［广东省广州市人民法院（2017）粤01民终1413号民事判决］

裁判要旨： 限制民事行为能力人超出能力范围订立的合同因其法定代理人不予追认而无效，其与法定代理人对该无效有过错的，应当承担相应的责任。

生效裁判认为： 本案中，哗宝自行车店和欧某古亦自认刘某来店选购自行车时身着校服。因此，哗宝自行车店和欧某古理应意识到刘某为未成年人的可能性极大。在此情况下，哗宝自行车店和欧某古应秉持最大限度的审慎注意义务，核实刘某持大额款项购买高端自行车是否已经过其父母的同意，以避免双方之间的买卖合同陷于无效的境地。所以，本院对哗宝自行车店和欧某古的上述意见不予采纳。哗宝自行车店和欧某古理应对合同无效承担一定的责任。但是，刘某及其父母对于本案纠纷的发生也并非完全没有责任。刘某作为未成年人，父母对其负有法定的监管责任。但是从刘某一方自述的情况来看，刘某未经父母同意从家里私自取用大额现金购买高端自行车，在骑行半个多月后刘某的父母才发现这一购车事实，方才前往哗宝自行车店与店方沟通退车事宜。这从侧面说明刘某的父母在一定程度上对刘某疏于监管。而刘某作为已经年满十四周岁的初中生即使不知道法律关于限制民事行为能力人订立合同的规定，也理应懂得在取用家中大额款项购买高端商品时应征得父母同意，此系中国社会普遍认可的家庭伦理。所以，对于涉案买卖合同归于无效，刘某及其父母也负有不可推卸的责任。因此，本院在考量双方当事人均有过错的前提下，结合涉案自行车系依照刘某意愿组装、整车另行销售的可能性较低、刘某已实际使用该车等等情况，酌判按照销售价格的七折即12600元退还涉案自行车货款。刘某一方应在收取该退款后及时将涉案自行车交还哗宝自行车店。

七、民事责任

第三十条　为了使国家利益、社会公共利益、本人或者他人的人身权利、财产权利以及其他合法权益免受正在进行的不法侵害，而针对实施侵害行为的人采取的制止不法侵害的行为，应当认定为民法典第一百八十一条规定的正当防卫。

【条文主旨】

本条是关于正当防卫的认定的规定。

【条文理解】

一、制定本条规定的主要考虑

正当防卫制度对于民事主体维护自身合法权益乃至国家、集体和他人利益免受不法侵害，弘扬社会主义核心价值观，具有重要意义。《民法典》第181条第1款规定，因正当防卫造成损害的，不负赔偿责任。这一规定完全承袭了《民法通则》第128条的规定，是我国民事审判中认定正当防卫的基本依据。但《民法通则》《民法典》的条文均只引入正当防卫一词，未对何为正当防卫（即应当如何认定正当防卫）作出明确规定。《民法通则意见》也未对如何认定正当防卫作出

规定。《民法典总则编解释》在起草过程中采纳有关意见，对正当防卫的认定问题作出规定，主要是基于以下考虑：①

（一）尽可能明确法律适用的依据

如前所述，自《民法通则》以来，我国民事立法未对何为正当防卫作出界定，因此司法实践中处理涉及正当防卫的相关纠纷时，实际上是依据法理对当事人是否构成正当防卫作出认定。《民法典总则编解释》起草过程中，不少法学专家建议在《民法典总则编解释》中明确民法法理可以作为民法的渊源。主要理由之一是单独虚伪表示、通谋虚伪表示不得对抗善意第三人、正当防卫的认定、紧急避险的认定，此前的民事法律及《民法典》均无相关规定，在数十年的司法实践中，大量的相关纠纷，人民法院均系根据法理作出裁判。这一见解有一定道理。有学者即认为，法理包括学说与判例，两者共同在习惯不能补充制定法的漏洞时，对制定法进行补充。② 但由司法解释作出规定似有超越权限的嫌疑。因为根据《立法法》第104条，最高人民法院、最高人民检察院作出的属于审判、检察工作中具体应用法律的解释，应当主要针对具体的法律条文，并符合立法的目的、原则和原意。《民法典》立法过程中，对于法理能否作为民法渊源的问题，并非没有考虑。基于此，我们认为司法解释不应对法理是否属于民法的渊源作出回应。同时，为回应有关方面的关切，我们采取了"两条腿走路"的思路。一是针对司法实践中常见的需要运用法理解决的问题，采取针对具体条文进行解释的方式，尽可能明确法律适用的依据。因此，我们在起草过程中对单独虚伪表示、通谋虚伪表示不得对抗善意第三人、正当防卫的认定、紧急避险的认定等司法实践中较为常见的问题拟定了相应规则。后根据各方面意见删除单独虚伪表示、通谋虚

① 《民法典总则编解释》对紧急避险作出规定，也是基于相似的考虑。

② 参见徐国栋：《论民法的渊源》，载《法商研究——中南政法学院学报》1994年第6期。

伪表示不得对抗善意第三人的规则，仍然保留了正当防卫、紧急避险的认定规则。二是对于其他需要运用法理解决的问题，由《民法典总则编解释》第1条第3款解决，即遵循民法的基本原则处理。民法的基本原则是民法法理的浓缩和提炼，蕴含着民法的基本价值和精神。因此，在缺乏具体的法律规定和相应的习惯规则时，法官可以依据民法基本原则的精神来裁判案件。[①] 对不确定概念作出界定，属于应用法律过程中针对具体条文的解释，符合司法解释的权限。

（二）统一正当防卫的认定标准

明确适用法律的依据，统一正当防卫的认定标准，也有重大实践价值。我国民法理论对于正当防卫的研究较为薄弱，远逊于刑法理论对正当防卫的研究，因此即使依据法理，也存在认识角度不一的问题。有的学者认为，正当防卫的构成要件有三：（1）侵害须为现时不法之侵害；（2）须为防卫自己或他人权利或公共利益；（3）须不超过正当防卫的限度。[②] 有的则主张，构成正当防卫须符合四个条件：一是防卫以存在不法侵害为前提，二是防卫具有必要性和紧迫性，三是必须针对不法侵害者本人，四是具有保护合法权益的目的性。[③] 还有的则主张正当防卫须具备五个条件：一是必须有侵害事实，二是侵害须为不法，三是须以合法防卫为目的，四是须对加害人本人进行，五是不能超过必要限度。[④] 各种学术观点在总体相同的同时也存在不小的差异，因此有必要在综合各家观点的基础上，提炼出统一标准，为司法实践提供明确指引。

---

① 石佳友：《民法典的法律渊源体系——以〈民法总则〉第10条为例》，载《中国人民大学学报》2017年第4期。

② 参见梁慧星：《民法总则讲义（修订版）》，法律出版社2021年版，第331～332页。

③ 参见王利明：《民法总则研究（第三版）》，中国人民大学出版社2018年版，第732页。

④ 参见杨立新：《民法总则（第三版）》，法律出版社2020年版，第309页。

（三）与防卫过当的认定相互衔接

如何认定正当防卫是否过当无论在刑事司法中还是在民事司法中，都是一个难题。个别案件中审判人员受结果责任观念的影响或者存在“和稀泥”心理，轻易将防卫行为认定为过当，造成了不良的社会效果。因此，明确防卫过当的认定标准，既是司法实践的需要，也是人民的呼声，对于弘扬社会主义核心价值观具有重大意义。但是，要明确防卫过当的认定标准，逻辑前提是要明确正当防卫认定标准。因为如果不能准确界定何为正当防卫，认定防卫过当就成了无本之木、无源之水。因此，《民法典总则编解释》对正当防卫及防卫过当的认定问题分别作出规定。

（四）与《刑法》规定保持一致并借鉴域外有益经验

正当防卫既是一个刑事问题，也是一个民事问题。因此，对于正当防卫的认定，应当遵循同一标准，不能出现《刑法》认定为正当防卫而民法不认定为正当防卫（或者相反）的情形。有关立法资料即指出，《民法典》第181条虽然没有对正当防卫的内容作出规定，但应与我国《刑法》的规定一致，正当防卫应是为了保护本人或者他人的人身、财产权利而实施的行为。① 我国《刑法》第20条第1款规定：“为了使国家、公共利益、本人或者他人的人身、财产和其他权利免受正在进行的不法侵害，而采取的制止不法侵害的行为，对不法侵害人造成损害的，属于正当防卫，不负刑事责任。”在我国《刑法》对正当防卫的认定作出明确规定的情况下，在民事司法中对正当防卫作出相应界定，消除所谓“一元论”“二元论”等不必要的认识分歧，就显得很有必要。此外，对何为正当防卫作出界定，也是比较法上的通行做法。德国、日本等国民法均对正当防卫的认定作出规定。如《德国民法典》第227条第2款规定：“正当防卫，是指为使自己或他

① 黄薇主编：《中华人民共和国民法典释义》，法律出版社2020年版，第357页。

人免于遭受现时的不法攻击而有必要进行的防卫。”

二、关于正当防卫的认定

本条以我国《刑法》第20条的规定为基础，综合民法学界、刑法学界对于正当防卫认定的理论成果，并参考有关域外立法，规定“为了使国家利益、社会公共利益、本人或者他人的人身权利、财产权利以及其他合法权益免受正在进行的不法侵害，而针对实施侵害行为的人采取的制止不法侵害的行为”，属于正当防卫。根据本条规定，人民法院在审查是否构成正当防卫时，应当从以下条件着手：

（一）防卫起因

存在现实的不法侵害，是正当防卫的起因条件。① 误以为存在不法侵害而实施所谓的防卫行为，属于假想防卫，不构成正当防卫。这里的不法侵害既包括侵犯生命、健康权利的行为，也包括侵犯人身自由、公私财产等权利的行为；既包括犯罪行为，也包括其他违法行为。因此，认定正当防卫时不应将不法侵害不当限缩为暴力侵害或者犯罪行为。但也要注意，不法侵害也不是泛指一切违法犯罪行为。② 例如，对于侵犯商标、专利权的行为，以及各类不正当竞争行为，一般可以通过诉讼、报案的方式维权，没有实施正当防卫的必要。不法侵害既包括针对本人的不法侵害，也包括危害国家、公共利益或者针对他人的不法侵害。例如，对于正在进行的拉拽方向盘、殴打司机等妨害安全驾驶、危害公共安全的违法犯罪行为，当然可以实行正当防卫。调研过程中，有意见主张删除“不法侵害”中的“不法”，主要考虑是侵害本身就具有不法性，无须专门强调。经研究，未采纳该意见。主要理由是：第一，侵害应当具有不法性。合法行为不具有实施正当防

① 参见张明楷：《刑法学（第四版）》，法律出版社2011年版，第191页。
② 参见张明楷：《刑法学（第四版）》，法律出版社2011年版，第192页。

卫的基础，比如国家公权力机关依法执行职务的行为造成侵害的，不具有不法性，不得对其实施正当防卫。对正当防卫、紧急避险行为不得实施正当防卫，因为该行为具有阻却违法性。调研中，有科研院所提出书面意见，建议在本条明确对紧急避险行为不得实施正当防卫。我们认为，该观点较有道理，但最终未在解释中明确，主要考虑是实践中此类案例十分罕见，司法解释应以解决司法实务中的问题为价值导向，而且这一观点可以从“不法”二字中解释出来。换言之，紧急避险行为不属于“不法侵害”，对其实施的防卫行为自然不构成正当防卫。第二，“不法侵害”属于民法、刑法理论界和实务界的惯常用语，不致引起误解，删除这一表述反而容易产生争议。如王利明教授认为，“正当防卫是指当公共利益、他人或本人的人身或其他利益受到不法侵害时，行为人所采取的一种防卫措施”①。张明楷教授也指出，正当防卫以现实存在的不法侵害为前提，“不法”即指违反法律。②

（二）防卫时间

正当防卫必须是针对正在进行的不法侵害。对于尚未开始或者已经结束的不法侵害实施的所谓防卫行为，称为事前防卫或者事后防卫，均属于防卫不适时的情形，不构成正当防卫。所谓不法侵害正在进行，是指不法侵害已经开始但尚未结束。故把握不法侵害正在进行，应当注意两个维度。一是不法侵害的开始时间。对此，民法学的研究较为薄弱，刑法学上则有进入侵害现场说、着手说、直接面临说与综合说等各种观点。③一般认为不法侵害已经开始是指合法权益已经直接面临不法侵害的侵害危险，包括不法侵害已经着手实行（合法权益正在

① 王利明：《民法总则研究（第三版）》，中国人民大学出版社2018年版，第731～732页。

② 张明楷：《刑法学（第四版）》，法律出版社2011年版，第191页。

③ 详见张明楷：《刑法学（第四版）》，法律出版社2011年版，第195页。

遭受不法侵害），不法侵害的实行迫在眉睫。[①]《最高人民法院、最高人民检察院、公安部关于依法适用正当防卫制度的指导意见》（以下简称《正当防卫指导意见》）第6条也认为，对于不法侵害已经形成现实、紧迫危险的，应当认定为不法侵害已经开始。我们认为，刑事理论及实务的相关经验，也值得民事审判中吸收借鉴。二是不法侵害结束的时间。刑法理论认为，不法侵害已经结束，是指法益不再处于紧迫、现实的侵害、威胁之中或者不法侵害已经不可能（继续）侵害或者威胁法益。[②]《正当防卫指导意见》第6条规定，不法侵害人确已失去侵害能力或者确已放弃侵害的，应当认定为不法侵害已经结束；不法侵害虽然暂时中断或者被暂时制止，但不法侵害人仍有继续实施侵害的现实可能性的，应当认定为不法侵害仍在进行；在财产犯罪中，不法侵害人虽已取得财物，但通过追赶、阻击等措施能够追回财物的，可以视为不法侵害仍在进行。有关思路值得借鉴。

（三）防卫对象

正当防卫必须针对实施不法侵害者本人实施。我国《刑法》第20条的表述没有明确制止不法侵害的行为应当针对不法侵害人实施，但理论上均认为正当防卫必须针对实施不法侵害者本人实施。如有学者指出，防卫行为只能损害不法侵害者本人的利益，不能损害与不法侵害无关的第三者的利益，否则，制止不法侵害、保护合法权益的防卫目的就无从谈起。[③]还有学者指出，正当防卫是制止正在进行的不法侵害、保护法益的行为，针对不法侵害人进行防卫，使不法侵害人不再继续实施不法侵害行为，才可能制止不法侵害、保护法益。[④]有关

① 参见高铭暄主编：《刑法专论（第二版）》，高等教育出版社2006年版，第421页。
② 张明楷：《刑法学（第四版）》，法律出版社2011年版，第195页。
③ 参见高铭暄主编：《刑法专论（第二版）》，高等教育出版社2006年版，第425页。
④ 张明楷：《刑法学（第四版）》，法律出版社2011年版，第199页。

立法资料也认为，正当防卫针对的是不法侵害者及其不法侵害行为。①我国民法学界一般也认为正当防卫应当针对不法侵害人本人实施（前已述及，此不再赘述）。基于此，《民法典总则编解释》本条在表述上明确正当防卫应当针对不法侵害人本人实施，为人民法院在认定正当防卫时提供明确指引。同时，明确这一点也有利于与紧急避险相互区分。例如，实践中常见的为规避越线车辆的撞击而造成第三人人身、财产损害的，一般可以认定为紧急避险。

（四）防卫意图

即正当防卫应当是为了保护本人、他人的合法权益而实施的制止不法侵害的行为。刑法理论上认为，防卫意图包括防卫认识和防卫目的（也称防卫意志）两方面内容。前者是指行为人认识到不法侵害正在进行，后者是指行为人实施防卫行为的目的是制止不法侵害、保护合法权益。防卫目的是防卫意图的关键，决定着防卫意图的正当性。②本条借鉴有关理论，明确防卫意图是制止正在进行的不法侵害，保护合法权益。准确把握防卫意图的实益在于将防卫挑拨、相互斗殴行为与正当防卫相互区分。前两者实际上是以侵害他人为目的，不具有防卫目的，不构成正当防卫。

三、其他有关问题

（一）关于防卫限度是否属于正当防卫构成要件的问题

无论刑法学界、民法学界，均有观点认为，防卫限度是正当防卫的构成要件。但从《民法典》第181条和《刑法》第20条规定的“正当防卫超过必要的限度”“正当防卫明显超过必要限度”的文义，

① 参见王爱立主编：《中华人民共和国刑法条文说明、立法理由及相关规定》，北京大学出版社2021年版，第49页。

② 参见高铭暄主编：《刑法专论（第二版）》，高等教育出版社2006年版，第425页。

可推知防卫限度不宜作为认定正当防卫的条件，而是在认定构成正当防卫的基础上，作为是否构成防卫过当的判断标准。故本条对正当防卫的认定未作防卫限度的要求。

（二）关于损害后果是否属于正当防卫构成要件的问题

本条起草过程中曾参考《刑法》第20条的规定，将造成损害作为正当防卫的条件。调研中，有意见指出，依照《民法典》第181条第1款的语义，正当防卫不以对实施侵害行为的人造成损害为必要条件。经研究，我们认为，正当防卫行为不一定造成损害后果，只是因为造成损害后果的正当防卫行为才可能产生纠纷进入司法调整环节，故而，是否有损害后果与行为是否构成正当防卫没有必然联系。因此，本条采纳了有关意见，删除了造成损害后果的要件。

此外，本条在起草过程中曾使用“合法权利”的表述，后考虑到有些民事权益尚未经法律确认为民事权利，而该部分民事权益亦存在保护的现实需要，故将原有的“合法权利”调整为“合法权益”。

【审判实践中应注意的问题】

一、准确界分正当防卫与相互斗殴

如前所述，相互斗殴的双方都不是正当防卫，因为不具有防卫意图。但实践中常见以下几种情形：一是双方因琐事发生冲突，冲突结束后，一方又实施不法侵害，对方还击，包括使用工具还击的，此时一般应当认定为防卫行为。二是有过错的一方先动手且手段明显过激或者一方先动手，在对方努力避免冲突的情况下仍继续侵害的，还击一方的行为一般应当认定为防卫行为。三是一方对发生冲突有预感，事先作了防卫准备的，不能仅因行为人事先进行防卫准备，就影响对其防卫意图的认定。对此，《正当防卫指导意见》第9条作出了指引性规定，可资借鉴。

二、关于正当防卫与见义勇为的关系

《民法典》第181条规定了正当防卫、第183条规定了见义勇为，调研过程中，有意见认为应当对正当防卫与见义勇为的界限作出准确区分。经研究认为，两者实际存在交叉关系，为保护国家、集体或者他人的合法权益而实施防卫行为的，同时也属于见义勇为的行为。对此，刑事领域已有共识。有关立法资料认为，规定正当防卫不负刑事责任，目的是鼓励群众见义勇为，积极同犯罪作斗争。[①] 有学者也指出，规定正当防卫是为了从制度上鼓励公民挺身而出，见义勇为，义无反顾，使公民在面临不法侵害时能及时有效地保护合法权益不受侵犯，可以弘扬社会主义道德和社会正气。[②] 可见，正当防卫行为是可以同时构成见义勇为的。前已述及，《民法典》有关立法资料认为，对正当防卫的理解应当与《刑法》保持一致。此前《侵权责任法》立法过程中，对正当防卫的理解也与刑事法律的理解是一致的。当时的立法资料指出，正当防卫是指本人或者他人的人身权利、财产权利遭受不法侵害时，防卫人所采取的一种防卫措施。[③] 换言之，正当防卫既包括保护自己权益的行为，也包括保护他人权益的行为，如将正当防卫与见义勇为进行严格切割，将导致正当防卫仅限于保护自己权益的行为，背离了立法原意。实际上《民法典》第181条关于正当防卫的规定旨在确立防卫人的免责事由，第183条关于见义勇为的规定旨在解决见义勇为人受有损害时的救济问题。两者有不同的功能使命。因保护他人合法权益实施防卫行为，致使侵害人损害的，依照《民法

① 参见王爱立主编：《中华人民共和国刑法条文说明、立法理由及相关规定》，北京大学出版社2021年版，第49页。

② 高铭暄主编：《刑法专论（第二版）》，高等教育出版社2006年版，第415页。

③ 参见王胜明主编：《中华人民共和国侵权责任法释义》，法律出版社2013年版，第165页。

典》第181条规定办理；防卫人受侵害人损害的，依照《民法典》第183条规定处理。

三、对无民事行为能力人、限制民事行为能力人实施的侵害行为能否正当防卫的问题

一般而言，如果防卫人不知道不法侵害人是无民事行为能力人、限制民事行为能力人的，应当允许其实施正当防卫；如果明知不法侵害人是无民事行为能力人、限制民事行为能力人的，则应当尽量采取合理方式避免或者制止损害，无法避免的，也应当允许其实施正当防卫。《正当防卫指导意见》实际上也持这种观点。

四、制止动物侵袭是否成立正当防卫的问题

一般而言，野生动物侵害合法权益时，行为人对该动物采取的措施宜认定为紧急避险。饲养动物侵害合法权益时，如果是所有人、管理人过失导致的，或者是其故意唆使的，行为人采取的措施宜认定为正当防卫。饲养动物侵害合法权益，所有人、管理人没有过失的，如系第三人行为导致的，对该动物采取的措施宜认定为紧急避险。

五、防卫行为造成第三人损害如何认定的问题

正当防卫只能针对不法侵害人本人实施，但实践中可能存在防卫人主观上意图针对不法侵害人本身，但客观上造成第三人损害的情形。如甲为制止乙的不法侵害开车撞向乙，乙躲开后撞上了丙，或者同时撞上了乙和丙。此时，如果甲是不得已而采取防卫措施，对丙造成的损害应认定为紧急避险。因此，丙遭受的损害应由引起险情发生的人（不法侵害人）承担。如果甲不符合“不得已”的条件，则不成立紧

急避险。对此刑法学界有观点认为，甲造成丙损害的行为成立假想防卫。①

【相关规定】

一、《民法典》第181条：因正当防卫造成损害的，不承担民事责任。

正当防卫超过必要的限度，造成不应有的损害的，正当防卫人应当承担适当的民事责任。

第183条：因保护他人民事权益使自己受到损害的，由侵权人承担民事责任，受益人可以给予适当补偿。没有侵权人、侵权人逃逸或者无力承担民事责任，受害人请求补偿的，受益人应当给予适当补偿。

二、《刑法》第20条：为了使国家、公共利益、本人或者他人的人身、财产和其他权利免受正在进行的不法侵害，而采取的制止不法侵害的行为，对不法侵害人造成损害的，属于正当防卫，不负刑事责任。

正当防卫明显超过必要限度造成重大损害的，应当负刑事责任，但是应当减轻或者免除处罚。

对正在进行行凶、杀人、抢劫、强奸、绑架以及其他严重危及人身安全的暴力犯罪，采取防卫行为，造成不法侵害人死亡的，不属于防卫过当，不负刑事责任。

三、《民法通则》（已废止）第128条：因正当防卫造成损害的，不承担民事责任。正当防卫超过必要的限度，造成不应有的损害的，应当承担适当的民事责任。

四、《正当防卫指导意见》第5条：准确把握正当防卫的起因条件。正当防卫的前提是存在不法侵害。不法侵害既包括侵犯生命、健康权利的行为，也包括侵犯人身自由、公私财产等权利的行为；既包

① 参见张明楷：《刑法学（第四版）》，法律出版社2011年版，第200页。

括犯罪行为，也包括违法行为。不应将不法侵害不当限缩为暴力侵害或者犯罪行为。对于非法限制他人人身自由、非法侵入他人住宅等不法侵害，可以实行防卫。不法侵害既包括针对本人的不法侵害，也包括危害国家、公共利益或者针对他人的不法侵害。对于正在进行的拉拽方向盘、殴打司机等妨害安全驾驶、危害公共安全的违法犯罪行为，可以实行防卫。成年人对于未成年人正在实施的针对其他未成年人的不法侵害，应当劝阻、制止；劝阻、制止无效的，可以实行防卫。

第6条：准确把握正当防卫的时间条件。正当防卫必须是针对正在进行的不法侵害。对于不法侵害已经形成现实、紧迫危险的，应当认定为不法侵害已经开始；对于不法侵害虽然暂时中断或者被暂时制止，但不法侵害人仍有继续实施侵害的现实可能性的，应当认定为不法侵害仍在进行；在财产犯罪中，不法侵害人虽已取得财物，但通过追赶、阻击等措施能够追回财物的，可以视为不法侵害仍在进行；对于不法侵害人确已失去侵害能力或者确已放弃侵害的，应当认定为不法侵害已经结束。对于不法侵害是否已经开始或者结束，应当立足防卫人在防卫时所处情境，按照社会公众的一般认知，依法作出合乎情理的判断，不能苛求防卫人。对于防卫人因为恐慌、紧张等心理，对不法侵害是否已经开始或者结束产生错误认识的，应当根据主客观相统一原则，依法作出妥当处理。

第7条：准确把握正当防卫的对象条件。正当防卫必须针对不法侵害人进行。对于多人共同实施不法侵害的，既可以针对直接实施不法侵害的人进行防卫，也可以针对在现场共同实施不法侵害的人进行防卫。明知侵害人是无刑事责任能力人或者限制刑事责任能力人的，应当尽量使用其他方式避免或者制止侵害；没有其他方式可以避免、制止不法侵害，或者不法侵害严重危及人身安全的，可以进行反击。

第8条：准确把握正当防卫的意图条件。正当防卫必须是为了使国家、公共利益、本人或者他人的人身、财产和其他权利免受不法侵害。对于故意以语言、行为等挑动对方侵害自己再予以反击的防卫挑拨，不应认定为防卫行为。

第9条：准确界分防卫行为与相互斗殴。防卫行为与相互斗殴具有外观上的相似性，准确区分两者要坚持主客观相统一原则，通过综合考量案发起因、对冲突升级是否有过错、是否使用或者准备使用凶器、是否采用明显不相当的暴力、是否纠集他人参与打斗等客观情节，准确判断行为人的主观意图和行为性质。

因琐事发生争执，双方均不能保持克制而引发打斗，对于有过错的一方先动手且手段明显过激，或者一方先动手，在对方努力避免冲突的情况下仍继续侵害的，还击一方的行为一般应当认定为防卫行为。

双方因琐事发生冲突，冲突结束后，一方又实施不法侵害，对方还击，包括使用工具还击的，一般应当认定为防卫行为。不能仅因行为人事先进行防卫准备，就影响对其防卫意图的认定。

【典型案例】

刘某与李某生生命权、健康权、身体权纠纷案［江苏省南通市中级人民法院（2017）苏06民终988号民事判决］

裁判要旨：公民在人身权利受到不法侵害时有采取必要的防卫措施的权利。

基本案情：2015年12月19日下午，刘某的嫂子朱某红与李某生的妻子张某花因摊位问题发生肢体冲突。下午5时许，李某生遭到朱某红、朱某红的婆婆刘某英及朱某红的公公倪某安殴打。李某生为免受殴打逃走，但被继续追打。在此过程中，李某生曾捡起瓷砖自卫。此后，刘某拉住李某生的衣服阻止李某生逃走，李某生为挣脱用手掰刘某的手，致刘某右手第五掌骨骨折。刘某感觉疼痛松手后将李某生摺倒。刘某等人对李某生继续进行殴打，致李某生面部头部受伤。

生效裁判认为：李某生遭到朱某红、刘某英、倪某安等人的殴打，其有躲避侵害、保护自己不受他人非法侵害的权利。李某生受到殴打后没有还手，而是躲避逃走，不具有故意侵害他人人身权利的故意，但其并没有因此免于殴打，而是被继续追打。刘某拉扯李某生的衣服，阻拦李某生躲避侵害，与其他人一起构成对李某生人身权利的侵害，其后将李某生撂倒并进行殴打的行为也可以证明其具有故意侵害李某生的主观故意。李某生为维护自己的人身安全掰开刘某的手，是正当防卫，且未超过必要限度，其对刘某的损害不存在过错，依法不应承担赔偿责任。刘某故意阻拦李某生躲避危险，并将李某生撂倒殴打，与其他人一起构成对李某生人身权利的侵权，依法应承担侵权责任，赔偿李某生的损失。

第三十一条　对于正当防卫是否超过必要的限度，人民法院应当综合不法侵害的性质、手段、强度、危害程度和防卫的时机、手段、强度、损害后果等因素判断。

经审理，正当防卫没有超过必要限度的，人民法院应当认定正当防卫人不承担责任。正当防卫超过必要限度的，人民法院应当认定正当防卫人在造成不应有的损害范围内承担部分责任；实施侵害行为的人请求正当防卫人承担全部责任的，人民法院不予支持。

实施侵害行为的人不能证明防卫行为造成不应有的损害，仅以正当防卫人采取的反击方式和强度与不法侵害不相当为由主张防卫过当的，人民法院不予支持。

【条文主旨】

本条是关于防卫过当的认定和责任的规定。

【条文理解】

一、制定本条规则的主要考虑

如何认定防卫过当，是审判实践中普遍感到不好把握的问题。有些法院掌握的标准过于严苛，导致防卫人的防卫行为很容易被定性为防卫过当，继而判处防卫人承担民事责任甚至刑事责任，滋生“谁受伤谁有理”的不良习气。有学者指出，部分法官之所以将正当防卫认定为防卫过当，可能是受客观责任或者结果责任观念的影响，审判者以防卫过当为名让防卫人承担一定责任，以息事宁人。① 这不仅背离了人民群众朴素的正义感，也与弘扬社会主义核心价值观的法治理念不符。因此，有学者指出，如何保障正当防卫者的合法权利，已是“努力让人民群众在每一个司法案件中感受到公平正义”的急迫问题。② 正当防卫及防卫过当的认定不好把握，是刑事审判和民事审判共同面临的问题，甚至可以认为民事审判面临的问题更甚。这是因为，刑法学界对正当防卫及防卫过当的认定问题给予了较高的关注，形成了一些研究成果。而在民法学界，对这一问题的研究和关注显著不足，使得正当防卫及防卫过当的认定不仅存在制度供给不足的问题，还存在理论供给不足的问题。

近年来，最高人民法院加大了对下指导的力度，要求各级人民法院进一步在“扶不扶”“劝不劝”“追不追”“救不救”“为不为”“管不管”等问题上亮明态度，坚决防止“和稀泥”，让司法有力量、有是非、有温度，让群众有温暖、有遵循、有保障。而要贯彻好这一理念，不仅要在见义勇为、自甘冒险、好意同乘等规则的法律适用上下功夫，还要在正当防卫、防卫过当、紧急避险、避险过当等规则的法律适用上作文章。以正当防卫、防卫过当的认定为例，如果不解决正当防卫轻易被认定为防卫过当的问题，人民就不敢积极主动地站出来对不法侵害说“不”，不敢积极主动地维护自己的合法权益或者保护国家、集体或者他人的合法权益，因而将无法彻底解决“救不救”“为不为”“管不管”的问题。长此以往，将不断助长恶人的嚣张气焰，使权利失去屏障，法治失去光芒。相反，只有鼓励正当防卫行为，

---

① 参见陈航：《“民刑法防卫过当二元论”质疑》，载《法学家》2016年第3期。

② 石经海、黄亚瑞：《防卫过当司法认定中的困惑、误区与匡正》，载《法律适用》2019年第21期。

避免动辄被认定为防卫过当，才能使社会正义彰显、正气充盈。为指导审判实践中正确适用正当防卫制度，促进民事司法和刑事司法形成合力，大力弘扬社会主义核心价值观，形成惩恶扬善的良好风尚，本条参考刑事司法的有益探索，对如何适用《民法典》第181条第2款规定的“正当防卫超过必要的限度”以及“适当的民事责任”，作出细化解释。

二、关于正当防卫超过必要限度的认定

依照《民法典》第181条第2款规定，构成防卫过当应当同时具备两个条件：一是正当防卫超过必要的限度，二是造成了不应有的损害。当然，这里还隐含了一个前提条件，即要构成防卫过当，首先要求该行为是正当防卫行为。换言之，假想防卫、事后防卫等，因根本就不构成正当防卫，自然也就不存在防卫过当的问题，而是不具有任何免责性的侵权行为。一些论者将未超过必要限度作为正当防卫的成立条件，①似有不妥。因为按照《民法典》第181条第2款“正当防卫超过必要的限度”的字面含义，显然可知必要限度不是正当防卫的成立条件。

所谓正当防卫的必要限度，是指为了有效制止侵害行为，防卫行为所不得不采取的手段和强度。② 所谓不应有的损害，是指因防卫行为超出必要限度而导致的损害。③ 因此，要准确认定防卫过当，前提和关键是要准确认定防卫行为是否超过必要限度。④ 本条第1款对此作出规定，明确规定对于《民法典》第181条第2款规定的“正当防卫超过必要的限度”，人民法院应当综合不法侵害的性质、手段、强

① 参见梁慧星：《民法总则讲义》，法律出版社2021年版，第332页。

② 参见王利明：《民法总则研究（第三版）》，中国人民大学出版社2018年版，第732页。

③ 参见陈甦主编：《民法总则评注》，法律出版社2017年版，第1298页。

④ 参见杨立新：《民法总则（第三版）》，法律出版社2020年版，第308页。

度、危害程度和防卫的时机、手段、强度、损害后果等因素判断。考虑到防卫过当的认定十分复杂，无法提出明确的标准，因此，本款参考《正当防卫指导意见》第12条的规定，采用动态系统论的思维，列出参考因素，指引法官进行综合判断。有学者也指出，在确定防卫行为是否过当时，可以考虑防卫人当时所处的境遇、意志状态、行为的合理性、保护的利益与侵害的利益的比例性、损害的严重程度等。①

一般认为，防卫行为须具备两个条件：一是必要性，二是相当性。② 判断防卫行为是否超过必要限度，也应当遵循必要性和相当性的原理。而要判断必要性，往往需要从不法侵害行为的角度去考虑；而判断相当性，则主要从防卫行为的角度去考虑。因此，本款分别从不同的角度列举了参考因素。从不法侵害行为的角度，重点要考量不法侵害的性质、手段、强度、危害程度等因素。从性质上看，有些不法侵害行为一般不具有急迫性，如侵害知识产权的行为，因此，在大多数情况下没有实施防卫行为的必要；有些不法侵害行为已经严重危及他人生命安全，如正在实施爆炸行为，此时无论采取何种防卫手段，都不能认为非必要。从手段上看，对于使用危险器具实施的不法侵害行为，一般不能认为防卫人相应采取器械进行防卫的行为，超过必要限度。从强度上看，辱骂行为与暴力殴打行为显然具有不同的强度，同样是殴打行为，多人围殴一人显然具有更高的强度。从危害程度上看，有的不法侵害行为只可能造成精神损害，如言语上的侮辱，有的不法侵害行为不仅造成精神损害而且会造成生命、健康损害。从防卫行为的角度，重点要考量实施防卫行为的时机、手段、强度、损害后果等因素。从时机上看，如果有时间采取其他更为缓和的维权方式，则可以认为防卫行为不具有相当性。从手段、强度上看，如前所述，

① 参见王利明：《民法总则研究（第三版）》，中国人民大学出版社2018年版，第733页。

② 参见梁慧星：《民法总则讲义》，法律出版社2021年版，第332页。

对于持械攻击行为，不能只要求防卫人只能采取徒手反击，对于遭遇围殴的情形，也不能轻易认为防卫人持械反击就是过当。从损害后果看，如果所造成的损害后果与被保护的利益明显不成比例，一般不能认为防卫行为具有相当性。

三、关于防卫过当的民事责任

本条第 1 款只解决防卫过当的认定问题，第 2 款则在此基础上，进一步解决防卫过当的民事责任问题，也就是《民法典》第 181 条第 2 款规定的“适当的民事责任”的具体适用问题。

本款第 1 句首先从价值导向的角度，明确正当防卫没有超过必要限度的，人民法院应当认定正当防卫人不承担责任。如前所述，超过必要限度是防卫过当的必备要件之一，没有超过必要限度则不构成防卫过当，也即属于《民法典》第 181 条第 1 款规定的正当防卫，不承担民事责任。本句对此进行了重申，目的是起到强调作用，并引导人民法院对防卫行为是否超过必要限度进行重点审查，防止只按结果定责的“和稀泥”做法，避免防卫行为动辄被认定为防卫过当。

本款第 2 句是关于“适当的民事责任”的细化适用规定。要鼓励民事主体依法保护自己和他人的合法权益，进一步弘扬社会主义核心价值观，达到惩恶扬善的目的，除了要明确正当防卫、防卫过当的认定标准，还要明确构成防卫过当的民事责任承担问题。因此，对于《民法典》第 181 条第 2 款规定的“适当的民事责任”应当如何理解，有必要给法官以更加具体、细化的指引。故本句规定：“正当防卫超过必要限度的，人民法院应当认定防卫人在造成不应有的损害范围内承担部分责任；实施侵害行为的人请求正当防卫人承担全部责任的，人民法院不予支持。”其核心要点有二：第一，防卫人只在造成不应有的损害范围内承担责任，而不是在造成损害的范围内承担责任。换言之，如果防卫行为未超过必要限度也会造成损害的，应当将该损害排除于责任承担范围。这也是根据《民法典》第 181 条第 2 款语义所能得出的结论。第二，防卫人只在造成的不应有的损害范围内承担部分责任，而不是全部责任。这是《民法典》及此前的《侵权责任法》的立法本意所在。所谓“适当的民事责任”，是指不对侵害人的全部损失赔偿，而是根据正当防卫人过错的程度，由正当防卫人在损失范围内承担一部分责任。① 其基本原理是，出现防卫的前提是侵害人的不法侵害，没有不法侵害就不会造成过当的后果。②

四、关于防卫过当的证明

本条第 3 款规定不法侵害人不得仅以反击方式和强度与不法侵害不相当为由主张防卫过当。这一规定，实际上是在第 1 款、第 2 款的基础上进一步强调了防卫过当的举证责任问题。按照谁主张谁举证的原理，似乎没有必要再规定举证责任问题，但在防卫过当的认定上，则有必要予以细化。如前所述，构成防卫过当应当具备两个条件：一是防卫行为超过必要限度；二是造成不应有的损害。两者缺一不可。因此，实施侵害行为的人要主张防卫过当的损害赔偿责任，不仅要证明防卫行为超过必要的限度，而且还要证明造成了不应有的损害。考虑到实践中实施侵害行为的人可能会以防卫人采取的反击方式和强度与不法侵害不相当为由主张防卫过当，因此，本款参考《正当防卫指导意见》第 11 条的精神，规定实施侵害行为的人在正当防卫未造成不应有的损害的情况下，仅因防卫方式和强度超过不法侵害主张防卫过当的，人民法院不予支持。本款的实质在于，通过规定举证责任的方式，明确认定防卫过当的核心在于是否造成不应有的损害。

---

① 黄薇主编：《中华人民共和国民法典释义》，法律出版社 2020 年版，第 358 页。

② 参见杨立新：《民法总则（第三版）》，法律出版社 2020 年版，第 309 页。

【审判实践中应注意的问题】

一、防卫过当能否免责的问题

调研中，对此有不同认识。一种观点认为，正当防卫人造成的不应有的损害较小时，也可以不承担民事责任。主要理由有二：第一，民事司法与刑事司法应当做好衔接，共同促进惩恶扬善良好社会风尚的形成。《刑法》第 20 条第 2 款规定："正当防卫明显超过必要限度造成重大损害的，应当负刑事责任，但是应当减轻或者免除处罚"。相应地民事责任不能只有减轻责任（部分责任）的规定，也应当要有免除责任的规定，才能充分发挥正当防卫制度的价值，形成合力，弘扬社会主义核心价值观。第二，免除责任符合民法法理。防卫过当构成侵权行为，但不法侵害人本身有重大过错，当造成的不应有损害较小时，基于过失相抵的原理，可以认定防卫人不承担责任。另一种观点认为，防卫过当不能免除责任。主要理由是：民事责任是一种财产责任，赔偿具有补偿和制裁的双重性质，不像刑罚那样，是人身的而且没有补偿性质的责任。因此，承担"适当的民事责任"的含义是承担责任，而不是免责。① 前一种观点似更有利于发挥正当防卫的制度价值；但后一种观点似更符合立法本意，因为《民法典》并未规定防卫过当可以免责。对此，审判实践中应予注意，如果实务中确实出现了判处防卫人承担民事责任将导致结果严重不公平的情形时，应当充分说理，基于过失相抵的规则并遵循民法的基本原则作出合理裁判。

---

① 参见陈甦主编：《民法总则评注》，法律出版社 2017 年版，第 1298 页。另见杨立新：《民法总则（第三版）》，法律出版社 2020 年版，第 309 页。

二、"适当的民事责任"中"适当"的认定

有学者指出，在具体理解"适当"时，要求赔偿不仅要与不应有的损害后果适当，也要与具体案情适当，且后者更为重要。主要理由是防卫人在防卫过程中，特别是在情况较危急的情况下，对反击行为的节制和后果的预见是受到限制的，不应对防卫行为要求过高、过苛。① 笔者认为，这一见解较有道理。

三、关于不应有的损害的认定

如前所述，正当防卫人只在造成的不应有的损害范围内承担赔偿责任。因此，审判实践中要注意对不应有的损害的审查。例如，甲殴打乙，乙实施防卫行为将甲推倒在地，后为防止甲起来继续实施侵害行为，乙又持械击打甲的头部，致其昏迷。此类情形中，乙推倒甲的行为根据具体情况，可能被认为未超过必要限度，如认为未超过必要限度，造成的相应损害则不属于"不应有的损害"，故在免责范围内。但乙持械击打甲的头部的行为，则存在明显超过必要限度的情形，相应的损害属于不应有的损害，故乙应当在该部分损害范围内承担部分责任。当然，实践中也有可能全部损害都是不应有的损害。还有可能出现有关损害与不应有的损害难以区分的问题，此时则需要结合具体案情酌情作出判断。

【相关规定】

一、《民法典》第181条：因正当防卫造成损害的，不承担民事责任。

---

① 参见杨立新：《民法总则（第三版）》，法律出版社2020年版，第309页。

正当防卫超过必要的限度，造成不应有的损害的，正当防卫人应当承担适当的民事责任。

二、《刑法》第20条：为了使国家、公共利益、本人或者他人的人身、财产和其他权利免受正在进行的不法侵害，而采取的制止不法侵害的行为，对不法侵害人造成损害的，属于正当防卫，不负刑事责任。

正当防卫明显超过必要限度造成重大损害的，应当负刑事责任，但是应当减轻或者免除处罚。

对正在进行行凶、杀人、抢劫、强奸、绑架以及其他严重危及人身安全的暴力犯罪，采取防卫行为，造成不法侵害人伤亡的，不属于防卫过当，不负刑事责任。

三、《正当防卫指导意见》第11条：准确把握防卫过当的认定条件。根据刑法第二十条第二款的规定，认定防卫过当应当同时具备“明显超过必要限度”和“造成重大损害”两个条件，缺一不可。

第12条：准确认定“明显超过必要限度”。防卫是否“明显超过必要限度”，应当综合不法侵害的性质、手段、强度、危害程度和防卫的时机、手段、强度、损害后果等情节，考虑双方力量对比，立足防卫人防卫时所处情境，结合社会公众的一般认知作出判断。在判断不法侵害的危害程度时，不仅要考虑已经造成的损害，还要考虑造成进一步损害的紧迫危险性和现实可能性。不应当苛求防卫人必须采取与不法侵害基本相当的反击方式和强度。通过综合考量，对于防卫行为与不法侵害相差悬殊、明显过激的，应当认定防卫明显超过必要限度。

第13条：准确认定“造成重大损害”。“造成重大损害”是指造成不法侵害人重伤、死亡。造成轻伤及以下损害的，不属于重大损害。防卫行为虽然明显超过必要限度但没有造成重大损害的，不应认定为防卫过当。

【典型案例】

王某君因与被上诉人王某永健康权纠纷案［北京市第三中级人民法院（2020）京03民终3686号民事判决］

基本案情：2016年3月23日，王某君与王某永的侄子王某鹏之间发生纠纷。19时许，王某永、王少某、王志某等在北京市朝阳区黑庄户乡全峰快递保安室内准备处理相应矛盾，王某永在王某君到达保安室后先动手攻击王某君，王某君还击，后王某永、王少某、王志某等共同殴打王某君，王某君用刀将王某永划伤。王某永受伤后被送往北京市朝阳区双桥医院，诊断为腹部开放性损伤、小肠穿孔、头部开放性损伤、出血性休克、面神经损伤等，并进行了手术治疗，住院22天。

北京市朝阳区人民法院（以下简称朝阳法院）于2018年12月21日作出（2018）京0105刑初1927号刑事判决书，认定王某君的行为构成故意伤害罪，判处有期徒刑二年。王某君不服提起上诉，北京市第三中级人民法院作出（2019）京03刑终66号刑事判决书，认为王某君的行为属于防卫过当，同时考虑王某君累犯、如实供述等情节，判决王某君构成故意伤害罪，改判有期徒刑一年三个月。在上述案件一审过程中，经法院委托，北京中正司法鉴定所出具鉴定意见书认定，王某永伤残程度为十级（伤残率10%）、误工期可考虑60－90日、护理期可考虑30－60日、营养期可考虑60－120日。

生效裁判认为：防卫过当不能免除民事责任，防卫过当造成的损害一般应当根据防卫过当造成的损害后果和案件的具体情况减轻承担民事责任，赔偿范围是超出防卫限度的那部分损害，即“不应有”的那部分损害。如在防卫过程中故意对加害人采取加害行为，则属于故意侵权行为，应当承担全部赔偿责任。本案中，已生效的刑事判决书认定王某君的行为属于防卫过当，构成故意伤害罪，而王某君未提交充分有效的证据足以推翻已生效刑事判决认定的事实，故一审法院认定王某君系防卫过当是正确的。王某君上诉主张其系正当防卫，不存在防卫过当，依据不足，不予采纳。根据已生效刑事判决书认定事实及本案查明的事实，王某君的防卫过当行为致使王某永重伤致残，王某君应对其超出必要限度的损害后果承担赔偿责任。一审法院综合考虑王某永等人伤害王某君在先，本身具有一定过错，王某君还击过程中将王某永致伤等本案具体情况，酌情认定王某君承担80%的责任未超出自由裁量范围，具有事实和法律依据，应予维持。

第三十二条 为了使国家利益、社会公共利益、本人或者他人的人身权利、财产权利以及其他合法权益免受正在发生的急迫危险，不得已而采取紧急措施的，应当认定为民法典第一百八十二条规定的紧急避险。

【条文主旨】

本条是关于认定紧急避险的规定。

【条文理解】

一、紧急避险概述

紧急避险是指为了使公共利益、本人或他人的合法权益免受现实和紧急的损害危险，不得已而采取的致他人或本人损害的行为。在民法理论中，其是作为民事责任减轻或免除的事由之一而存在的。紧急避险的重要特征是以造成较少的损失来保全更重大的利益，是在两种合法利益不可能同时都得到保护的情况下，不得已而采用牺牲其中较轻的利益，保全较重大的利益的合法行为。① 至于危险的来源则是多方面的，有时来自人的行为，有时来自自然原因。不管危险来源于哪儿，紧急避险人避让风险、排除危险的行为都有其正当性、合法性，因此各国和地区通行做法都是将紧急避险作为免责的情形之一。例如

① 参见杨立新：《侵权法论（第五版）》，人民法院出版社2013年版，第356页。

《德国民法典》第228条规定："为使自己或者他人避免急迫危险而损坏或者损毁他人之物的人，如果其损坏或者损毁行为系防止危险所必要，而且造成的损害又未超越危险程度时，其行为不为违法。如果行为人对危险的发生负有过失，则应负损害赔偿义务。"《越南民法典》第618条也规定："因紧急避险造成他人损害的，加害人不向受害人赔偿损害。超过紧急避险要求的限度造成他人损害的，加害人必须向受害人赔偿损害。引起危险情况发生从而导致损害的人，必须向受害人赔偿损害。"

我国民事立法长期重视发挥紧急避险在社会生活中的积极作用，于《民法通则》第129条即规定："因紧急避险造成损害的，由引起险情发生的人承担民事责任。如果危险是由自然原因引起的，紧急避险人不承担民事责任或者承担适当的民事责任。因紧急避险采取措施不当或者超过必要的限度，造成不应有的损害的，紧急避险人应当承担适当的民事责任。"此后，《侵权责任法》第31条规定："因紧急避险造成损害的，由引起险情发生的人承担责任。如果危险是由自然原因引起的，紧急避险人不承担责任或者给予适当补偿。紧急避险采取措施不当或者超过必要的限度，造成不应有的损害的，紧急避险人应当承担适当的责任。"《民法总则》以及《民法典》总则编对民事责任的免责事由作了系统梳理后，将上述《侵权责任法》第31条的规定删除，而统一纳入民事责任一章第182条予以规定。

相比于域外立法，我国《民法典》第182条对何为紧急避险并无明确界定，从而可能需要在学理上及司法解释中进一步明确，以便司法实践更好地发挥紧急避险的积极社会效果。基于此，为统一法律适用尺度，根据调研需求，本条对紧急避险的认定作出规定。

二、紧急避险的构成要件

就紧急避险的构成要件，很多国家或地区的《民法典》明确规定了紧急避险的内容。比如《俄罗斯民法典》第1067条规定："紧急避险所致损害，是指为了排除对本人或者他人构成威胁的危险而造成的损害，如果该危险在当时情况下不可能以其他方法排除，紧急避险所致损害应由致害人赔偿。法院可以考虑致害情况，责成因损害人的行为而受有利益的第三人负赔偿责任，或者全部或部分免除第三人或者致害人的赔偿责任。"学理和实务中的意见认为，紧急避险的构成要件应当包括：（1）须合法权益有现实紧迫的危险。如果危险已经消除或尚未发生或者已经发生但并不会造成对合法利益的侵害，则不得采取紧急避险。"如果基于对危险状况的误解、臆想或错误判断而采取避险措施，并致他人损害，应向他人负赔偿责任。"① （2）须为避免自己或他人生命、身体、自由、财产或公共财产上急迫危险而不得已为避险行为。（3）须避险行为不超过必要限度。② 也就是说在面临紧急危险时，实施紧急避险行为的人应采取适当的措施，以尽可能小的损害来保全更大的合法利益。概言之，紧急避险行为所引起的损害应轻于该危险所可能带来的损害。③

本条在此基础上，参考《刑法》第21条第1款和第2款，后者规定"为了使国家、公共利益、本人或者他人的人身、财产和其他权利免受正在发生的危险，不得已采取的紧急避险行为，造成损害的，不负刑事责任。紧急避险超过必要限度造成不应有的损害的，应当负刑事责任，但是应当减轻或者免除处罚"，对民事领域如何认定紧急避险作出规定：一是避险起因。即合法权益面临客观存在的急迫危险。二是避险目的。明确紧急避险系"为了使国家利益、社会公共利益、本人或者他人的人身权利、财产权利以及其他合法权益免受正在发生

① 王利明：《民法总则研究》，中国人民大学出版社2018年版，第734页。

② 参见梁慧星：《民法总则讲义（修订版）》，法律出版社2021年版，第333～334页。

③ 参见最高人民法院民法典贯彻实施工作领导小组主编：《中华人民共和国民法典总则编理解与适用》，人民法院出版社2020年版，第916页。

的急迫危险”。同前述正当防卫的认定一样，将原有的“合法权利”调整为“合法权益”。三是避险时间。明确合法权益面临“正在发生的急迫危险”。只有在存在现实的急迫危险的情况下，才能实施避险行为，如果危险已经消除或尚未发生或者已经发生但并不会造成对合法利益的侵害，不得采取紧急措施。四是避险必要。有学者强调不得已是指不采取避险措施，就不能保全更大的法益，而不是说避险人只能采取某一种而不能采取另一种避险措施。① 例如，甲、乙系邻居，乙的房子因雷击失火，甲为了引消防车进入，推倒了自己的院墙，使消防车进入后及时扑灭了乙家的大火。② 同样地，如果即使实施避险行为，牺牲另一种合法权益，也无法保护该种合法权益，亦不能实施避险行为。

满足上述四个要件，即构成本条所规定的紧急避险，可适用《民法典》第182条使实施避险行为的人对因此造成的损害免于承担民事责任。

三、紧急避险与正当防卫的异同比较

在认定紧急避险时，一定要注意其与正当防卫的异同。就其共同点而言，两者都是违法阻却行为，行为目的都是保护公共利益、公民和本人的合法利益，其成立的前提条件都是合法权益受到严重危险，两者都造成了一定的损害但都在符合各自构成要件的情况下免于承担民事责任。但两者属于独立的法律责任减免事由，具有明显的区别，主要包括：（1）紧急避险的危险来源多种多样，正当防卫的危险来源只是不法侵害人的非法侵害；（2）紧急避险造成的损害是排除危险的唯一方法，而正当防卫则不在此限；（3）紧急避险所造成的损害必须

① 参见王利明：《民法总则研究》，中国人民大学出版社2018年版，第734页。

② 参见王利明主编：《中国民法典释评·总则编》，中国人民大学出版社2020年版，第465～466页。

小于危险可能造成的损害，正当防卫则要求相适应即可；（4）正当防卫只能对不法侵害的本人实施，而紧急避险可以对第三者实施。例如，“就狗咬伤人而言，如果这只狗是被主人故意放出咬人的，则是行为人的不法侵害，狗构成行为人不法侵害的工具，是行为人的财产，打死狗的防卫反击，行为是指向行为人的，是正当防卫。如果是狗本身的侵袭，打死这只狗构成紧急避险，因为狗是直接的危险来源。”①

四、紧急避险造成的损害

本条在拟定紧急避险的构成要件时，于征求意见过程中采纳了有关高院意见，删除条文稿原有“造成损害”的表述。因此，本条主要强调避险行为所保护的各类合法权益，而对其造成的损害及赔偿应依据《民法典》第182条处理。这主要是为了补充第182条规定，即其“基本沿袭了《民法通则》和《侵权责任法》的规定，对紧急避险的内容没有明确规定，即没有明确是为了谁的利益而采取紧急避险行为”②。

就遭受损害的客体而言，有些国家和地区规定紧急避险损害的是他人的财产权利。例如《德国民法典》第228条规定：“为使自己或他人免于遭受他人的物所引起的急迫危险而毁损或毁坏他人的物的人，如毁损或毁坏对于避开危险是必要的，且损害并非与危险不相当，则不是不法地实施行为。危险系因行为人的过错而引起的，行为人有义务赔偿损害。”第904条规定：“为避开现时的危险，他人有必要干涉物，且将要发生的损害与因该干涉而对所有人发生的损害相比过于巨大的，物的所有人无权禁止该他人干涉物。所有人可以请求赔偿给自

① 杨立新：《侵权法论（第四版）》，人民法院出版社2011年版，第283～284页。

② 参见最高人民法院民法典贯彻实施工作领导小组主编：《中华人民共和国民法典总则编理解与适用》，人民法院出版社2020年版，第914页。

己造成的损害。”理论上分别称为“防御性紧急避险”与“攻击性紧急避险”。《日本民法典》第720条也规定：“(1) 对他人的不法行为，为防卫自己或者第三人的权利或者受法律保护的利益，不得已实施加害行为的人，不负损害赔偿责任。但是，不妨碍受害人对实施不法行为的人请求损害赔偿。(2) 前款规定，准用于为避免他人的物发生的急迫危难而毁损该物的情形。”有些国家和地区则规定紧急避险也包括损害他人的人身权利。例如，《越南民法典》第618条第1款规定：“因紧急避险造成他人损害的，加害人不向受害人赔偿损害。”《民法典》第182条第1款第1句“因紧急避险造成损害的”中的“造成损害”既包括对避险者本人、第三人财产权利的损害，也包括人身权利的损害。例如，甲为了接住从楼上坠下的小孩乙，在接住乙的瞬间将同行的丙撞伤在地，甲无须对丙的损害承担责任，而应由乙的监护人对丙给予补偿。①

另，我们曾起草了紧急避险中的受益人补偿规则，但有关方面认为此与《民法典》第182条第2款规定不尽一致，建议再作研究。我们最终采纳了该意见，对此未再规定，有关紧急避险人的补偿规则直接适用《民法典》第182条的规定，至于受益人是否补偿的问题，可以在实践中继续积累经验，必要时通过指导性案例的方式对下指导。

【审判实践中应注意的问题】

关于本条的适用，要注意以下问题：

一、区分不同原因引起的危险及不同受益人的情形问题

尽管本条未加规定，但区分引起各类危险的不同原因及避险行为

① 参见黄薇主编：《中华人民共和国民法典总则编释义》，法律出版社2020年版，第482～483页。

的不同受益人，是适用本条及《民法典》第 182 条的重要前提之一，原因在于我国民法上关于紧急避险法律效果的规定同时采取了三种不同的配置路径线索，包括引起危险的原因、避险行为所影响的法益以及危险的引起主体。① 故而，在确定紧急避险的法律效果时，不仅需要注意本条规定所保护的合法权益主体类型，同时需要关注开启避险行为的另一端所避免危险的产生。按立法机关的解释②和权威学者的意见③，包括如下情形：（1）紧急避险造成本人或他人损害的；（2）危险由自然原因引起，紧急避险人是为了他人的利益而采取了避险行为，造成第三人利益损害的；（3）危险由自然原因引起，紧急避险人是为了本人的利益而采取了避险行为，造成第三人利益损害的；（4）因紧急避险采取措施不当或者超过必要的限度，造成不应有的损害的。

有学者特别强调了因自然原因引起，避险人又不存在避险不当，避险行为给他人或自身造成了损害的情形，此时根据《民法典》第 182 条，避险人免予对第三人承担责任，理论上应由受益人给予适当补偿。但第 182 条第 2 款仅规定，避险人可以给予适当补偿，这对受害人或避险人显然有失公允。故应当对该款予以完善，从而更有利于维护避险人的利益，同时对受害人的损害进行一定的填补。④ 审判实务中，可以活用上述规定及意见，妥当解决对避险受损害方的补偿问题。

二、紧急避险中的举证责任问题

《民事诉讼法解释》对举证责任问题作出了规定，其第 90 条第 1

---

① 参见陈甦主编：《民法总则评注》，法律出版社 2017 年版，第 1305～1307 页。

② 参见黄薇主编：《中华人民共和国民法典总则编释义》，法律出版社 2020 年版，第 483 页。

③ 参见王利明主编：《中国民法典释评·总则编》，中国人民大学出版社 2020 年版，第 465～467 页。

④ 参见陈甦主编：《民法总则评注》，法律出版社 2017 年版，第 1308 页。

款规定："当事人对自己提出的诉讼请求所依据的事实或者反驳对方诉讼请求所依据的事实，应当提供证据加以证明，但法律另有规定的除外。"在民事责任领域，紧急避险属于免责事由。免责事由在诉讼法上又被称为抗辩事由，一般要由被告方承担举证责任。通常而言，首先由主张民事责任成立的当事人举证证明对方行为符合民事责任的构成要件，然后由该方当事人举证其行为符合紧急避险的构成要件，[①]即包括本条所规定的为保护各方合法权益免受正在发生的急迫危险，不得已而采取紧急措施，且未超过必要避险限度。若成立，则其不承担责任或根据受害人的受损情况和受益人的收益情况等因素给予适当补偿。

【相关规定】

一、《民法典》第182条：因紧急避险造成损害的，由引起险情发生的人承担民事责任。

危险由自然原因引起的，紧急避险人不承担民事责任，可以给予适当补偿。

紧急避险采取措施不当或者超过必要的限度，造成不应有的损害的，紧急避险人应当承担适当的民事责任。

二、《刑法》第21条：为了使国家、公共利益、本人或者他人的人身、财产和其他权利免受正在发生的危险，不得已采取的紧急避险行为，造成损害的，不负刑事责任。

紧急避险超过必要限度造成不应有的损害的，应当负刑事责任，但是应当减轻或者免除处罚。

第一款中关于避免本人危险的规定，不适用于职务上、业务上负

① 参见陈甦主编：《民法总则评注》，法律出版社2017年版，第1305～1307页。

有特定责任的人。

【典型案例】

高某丽、何某等与伍某友、李某某紧急避险损害责任纠纷案［河南省驻马店市中级人民法院（2016）豫17民终782号民事判决］

裁判要旨：因防止、制止国家的、集体的财产或者他人的财产、人身遭受侵害而使自己受到损害的，由侵害人承担赔偿责任，受益人也可以给予适当的补偿。

基本案情：2015年5月31日，伍某友驾驶摩托车带着其子由南向北行驶，摩托车后座上横着捆绑约有1米长的一辆小推车，李某某驾驶电动车由北向南行驶，因该路路东侧晒有新收小麦，占公路一半左右，伍某友的小推车挂着李某某的电动车左前把，将李某某挂倒在公路上。原告方亲属何某峰驾驶拖拉机由北向南行驶至此，恰遇前方事故，情况紧急下操作不当，向右打方向，致使拖拉机驶入沟内，何某峰当场死亡。2015年6月5日，道路交通事故认定书认定，何某峰未取得农机驾驶证驾驶无号牌、安全设施不全的四轮拖拉机上路行驶，未保持安全车速、未保持安全距离，且操作不当，是导致事故发生的根本原因，负事故的全部责任。该责任认定书没有将伍某友、李某某列为对方当事人，也没有对二人作出责任认定。事发后，原告方认为何某峰死亡与伍某友和李某某之间的交通事故存在因果关系，要求赔偿。

生效裁判认为：虽然道路交通事故认定书认定何某峰负事故全部责任，未将伍某友、李某某列为对方当事人并认定责任，但从本案审理的情况看，伍某友驾驶的拖拉机离伍某友与李某某很近，且何某峰知悉自己驾驶的车辆状况不佳，在当时前方伍某友与李某某突发事故的情况下，何某峰向右打方向，致使车毁人亡，完全是为了躲避前方的伍某友与李某某。因此，何某峰的行为应当认定为紧急避险，根据《民法通则》第一百零九条的规定，伍某友、李某某为受益人，应当给予适当补偿。

第三十三条 对于紧急避险是否采取措施不当或者超过必要的限度，人民法院应当综合危险的性质、急迫程度、避险行为所保护的权益以及造成的损害后果等因素判断。

经审理，紧急避险采取措施并无不当且没有超过必要限度的，人民法院应当认定紧急避险人不承担责任。紧急避险采取措施不当或者超过必要限度的，人民法院应当根据紧急避险人的过错程度、避险措施造成不应有的损害的原因力大小、紧急避险人是否为受益人等因素认定紧急避险人在造成的不应有的损害范围内承担相应的责任。

【条文主旨】

本条是关于避险不当的认定和责任的规定。

【条文理解】

《民法典》第182条第3款规定紧急避险采取措施不当或者超过必要限度应当承担适当的民事责任，即在立法假定中行为人必须妥当判断和把握避险行为可能带来的损害程度和范围，从而采取适当的避险措施。然而，相关法律规范中缺少如何判断避险限度和措施正当性的标准，故同防卫过当一样，实践中对于如何认定避险不当及相应的责任承担缺乏明确的法律依据，有必要在《民法典》第182条第3款规定的基础上，作出细化解释，以满足实践需求。

应当指出，避险不当的情形下在形式上满足其他紧急避险构成要件的最低要求，即行为人亦是在面临现实紧迫的危险时，为避免自己或他人生命、身体、自由、财产或公共财产上因急迫危险受损而不得已为避险行为。但实践中出现的具体危险情形和类型复杂多样，难以统一规定。因此，本条转而通过要求避险人具备一般人的理性能力，判断是否以及能在多大程度上实施某种避险行为。相应地，对于紧急避险不能超过必要限度的要求，人民法院应当按照一般人的判断能力，根据危险的性质和程度，结合避险行为的保护结果和损害后果等因素进行认定。这一规定与学界主流意见亦保持了一致，即“未采取适当的措施避险，表明避险人没有像一个合理的、谨慎的人那样行为，因而是有过错的”①。

“紧急避险采取措施不当”，是指在当时的情况下能够采取可能减少或避免损害的措施而未采取，或者采取的措施并非排除险情所必须。紧急避险“超过必要的限度”是指采取紧急避险措施没有减少损害，或者紧急避险所造成的损害大于所保全的利益。② 例如，甲家遭雷击起火，左邻的乙家人帮助用水灭火。在大火已被扑灭的情况下，乙家人未观察火情，而是担心火势复燃，继续往废墟上浇水，导致大量污水流入甲的右邻丙家。由于乙采取的紧急避险行为超过必要的限度，对丙的损害，乙应承担适当的责任。③ 学界定义与其相似，明确在此等情形下应使避险人承担相应责任。④

本条第1款所列举的认定因素系采取了动态系统论的思路，明确

---

① 王利明：《民法总则研究》，中国人民大学出版社2018年版，第735页。

② 参见最高人民法院民法典贯彻实施工作领导小组主编：《中华人民共和国民法典总则编理解与适用》，人民法院出版社2020年版，第918页。

③ 参见王胜明：《中华人民共和国侵权责任法释义》，法律出版社2010年版，第157页。

④ 参见王利明主编：《中国民法典释评·总则编》，中国人民大学出版社2020年版，第466～467页。

了对于紧急避险是否采取措施不当或者超过必要的限度，人民法院应当综合危险的性质、急迫程度、避险行为所保护的权益以及造成的损害后果等因素判断。这一对判断因素的总结和列举与我国《民法典》第 182 条规定的精神和思路保持了一致，主要是从引起危险的原因与避险行为所影响的法益两条线索作为法律效果的配置路径。① 一方面，危险的性质和程度对应着引起危险的原因。出现危险不仅意味着采取紧急避险的可能性，还影响着采取紧急避险的限度。另一方面，避险行为所影响的法益可同时涵摄避险所能保护的合法利益和可能损害的他人利益，即避险行为的保护结果和损害后果。此种比较损害后果与危险程度、保护法益的立法思路，在比较法上也有类似做法。如《德国民法典》第 228 条第 1 句对“防御性紧急避险”规定：“为使自己或者他人避免急迫危险而损坏或者损毁他人之物的人，如果其损坏或者损毁行为系防止危险所必要，而且造成的损害又未超越危险程度时，其行为不为违法。”而就避险适度性的要求，攻击性紧急避险一般比防御性紧急避险更为严格，原因在于前一类情形中避险行为所侵害的是与危险毫无关系之物，物之所有人所受之损失，要求避险行为人所保护的法益价值要远远大于该物的价值，才能认为该避险行为具有合法性。②《越南民法典》第 618 条第 2 句规定：“超过紧急避险要求的限度造成他人损害的，加害人必须向受害人赔偿损害。引起危险情况发生从而导致损害的人，必须向受害人赔偿损害。”因此，准确把握本条规定的精神，比较受损利益和保护利益的大小和类型，权衡避险行为的持续时间必要性及避险人本身能力等因素，可有利于在具体的个案中判断避险行为是否满足避险限度的必要性与避险措施的妥当性。

至于其中的举证责任问题，关于避险是否超过必要限度或采取措

① 参见陈甦主编：《民法总则评注》，法律出版社 2017 年版，第 1305 ~ 1307 页。

② 参见龙卫球、刘保玉主编：《中华人民共和国民法总则释义与适用指导》，中国法制出版社 2017 年版，第 636 页。

施不当，一般认为由避险人负举证责任，由其证明属于正当的紧急避险。主张民事责任成立的受损害方可提出反证。①

第2款规定的是“相应的责任”的具体适用问题。本款前半段首先从价值导向的角度，明确紧急避险采取措施并无不当且没有超过必要限度的，人民法院应当认定紧急避险人不承担责任。紧急避险采取措施不当或者超过必要限度的，则涉及“相应的责任”的认定问题。本款后半段明确，紧急避险人采取措施不当或者超过必要限度的，在造成的不应有的损害范围内承担相应的责任。审判实践中紧急避险的情形非常复杂。从危险发生的原因看，可能是自然原因引起的，也可能是第三人行为引起的，还有可能是避险人的行为引起的；从避险目的看，可能是为了保护避险人利益，可能是为了保护引起险情的人的利益，也可能是为了保护其他人利益，或者兼而有之；从避险过当造成的损害后果看，可能造成了避险人损害，可能造成了引起险情的人的损害，也可能造成了其他人的损害。故而应当区分受有损害的主体判断有无本条适用之余地。首先，因避险过当造成避险人自己损害的，避险人是自己超出避险限度内损失的第一责任人，应由其自行承担该部分损失。当然，其亦不能就该部分损失向其他主体承担民事责任。其次，就造成引起险情者或其他人损害，因其超出避险限度或避险措施不当，违反了行为人作为一般理性人的注意义务，应向受损方承担侵权责任。正如前述，避险人的一般理性标准难以直接转化为个案中的具体根据，为方便人民法院的现实裁判，本款也是采用了动态系统论的方法，② 要求人民法院应当根据紧急避险人的过错程度、避险措施造成不应有的损害的原因力大小、紧急避险人是否为受益人等因素认定紧急避险人在造成的不应有的损害范围内承担相应的责任。

① 参见陈甦主编：《民法总则评注》，法律出版社2017年版，第1307页。

② 参见［奥］瓦尔特·维尔伯格：《私法领域内动态体系的发展》，李昊译，载《苏州大学学报》（法学版）2015年第4期。

【审判实践中应注意的问题】

关于本条的适用，要注意以下问题：

一、关于受益人的补偿问题

紧急避险中的具体补偿规则是审判实践中较为普遍的问题。我国《民法通则意见》第156条也曾规定，受害人要求补偿的，可以责令受益人适当补偿。但《民法典》第182条第2款仅规定了危险由自然原因引起的，紧急避险人不承担民事责任，可以给予适当补偿。至于受益人是否需要补偿，涉及的情形较为复杂，有必要进一步细化。比如，对于避险人为自己利益避险、为他人利益避险即避险人和受益人分离的情形，以及补偿责任如何承担未作规定。我们曾就这一问题结合《民法通则意见》的前述规定，对有关紧急避险受益人的补偿规则做了细化规定。明确了“危险是由自然原因引起，受害人请求给予适当补偿的，人民法院按照下列情形处理：（一）避险人与受益人不是同一人，受害人请求受益人予以适当补偿的，人民法院应予支持；受害人请求避险人予以适当补偿的，人民法院不予支持；（二）避险人与受益人是同一人，受害人请求避险人予以适当补偿的，人民法院应予支持”。但有关方面回复意见认为这与《民法典》第182条第2款规定精神不一致。我们经研究后认为，从该款规定的文义看，此更具有行为规范而非裁判规范作用，其内容强调的是避险人可以给予补偿，而非人民法院可判令避险人赔偿，因为人民法院一旦判令，这里的“可以”对避险人而言就变成了“应当”，故在司法解释中不便表述，我们最终删除了这一规定。但基于倡导好人好事的导向和法律适用连续性、稳定性的考量，在具体个案中可以参考上述规则精神对紧急避险的补偿规则作有益探索。特别是在受益人和避险人非同一人，为避免当事人之间利益失衡而给予受害人适当补偿，或者避险人为自己利益采取紧急避险行为的情况下，这时避险人作为受益人给予受害人适当补偿，此即传承了《民法通则意见》第156条的规定精神，保持了法律适用的前后一致，也符合公平原则的要求。在此需要注意的是，依照《民法典》第182条第2款规定，有关补偿规则的适用前提为危险是由自然原因引起。受害人诉请紧急避险人给予适当补偿的，人民法院应当重点审查该紧急避险人是否为避免自身合法权益免受正在发生的急迫危险而实施紧急避险行为。如紧急避险人并非为保护自身利益，则紧急避险人不是受益人，受害人无权请求紧急避险人补偿；如紧急避险人系为保护自身利益，则紧急避险人与受益人是同一人，受害人有权依法请求紧急避险人适当补偿。

进而言之，在避险过当的情况下，有关补偿规则也应当有适用的空间。紧急避险制度在民法上是作为一种因有助于避免因人为或自然原因造成更大损害而减免责任的事由而存在的，其正当性与合法性的本质在于紧急避险行为所避免风险与所造成损失的平衡。现实生活中，因避险行为出现避险过当的情形属于客观现象，仅通过赔偿损失的规则一定程度上保护了受害人的利益，但可能难以满足受损害方的损害填补，特别是在险情是由自然原因引起的情况下，紧急避险人只有在采取措施不当或者超过必要限度的情形下对不应有的损害承担适当责任。这时如果不明确相应的受益人补偿规则，可能使无辜的受害人蒙受不公平。进而言之，若属于因自然原因引起危险又存在避险不当的情况，也有必要肯定受害人请求给予适当赔偿的做法，这里的补偿规则适用范围应当包括紧急避险人和受益人。

就具体的补偿数额，曾有意见认为适当补偿是应在50%和全部补偿之间根据情况确定一个比例。① 也有学者建议，“在紧急避险的制度

① 参见张新宝：《侵权责任法原理》，中国人民大学出版社2005年版，第122页。

设计中，更应当让本置身事外的遭受损失方获得至少不低于我国《海商法》对规定比例的补偿”①。按照立法精神，应注意“补偿不是赔偿，赔偿一般是填平原则，即损失多少赔偿多少，而补偿仅是其中的一部分，要根据受害人的受损情况和受益人的受益情况确定补偿的数额”②。这一考量因素的选定与见义勇为中受益人补偿责任的承担具有相似性，就其具体适用，亦可进一步参考本解释第 34 条，即按照避险行为受害人的利益受损程度和种类、避险行为所保护的民事权益大小和类型以及受益人的经济条件等因素确定补偿数额。

二、受损害方损失较小时行为人的担责问题

审判实践中可能出现的情形是受害人同时是危险的引起主体，虽因紧急避险人的避险过当而有损失，但损失较小。此时，是否应当适用《民法典》第 182 条第 3 款及本条第 2 款要求避险人承担相应的赔偿责任。

调研中，有意见认为，为倡导好人好事，营造良好风尚，如果险情是由受害人引起，且紧急避险人避险过当所致损害较小，人民法院可以认定紧急避险人不承担责任。因为在避险适当的情形下，依照《民法典》第 182 条第 1 款的规定，本应由受害人（引起险情发生的人）承担民事责任。在避险不当但损害较小的情形下，由于受害人（引起险情发生的人）本身有可归责性，不宜判令紧急避险人承担过重责任。这在价值导向上，与《刑法》中避险过当可以减轻或者免除处罚的精神保持一致。这一思路可供实践中进一步探索参考。

关于受害人的可归责性与损失较小的判断，人民法院在审判中应注意在权衡避险行为保护的法益大小、避险行为的持续时间必要性及

① 参见傅强：《紧急避险的民事责任》，载《浙江学刊》2010 年第 4 期，第 159 页。
② 参见黄薇主编：《中华人民共和国民法典总则编释义》，法律出版社 2020 年版，第 485 页。

避险人本身能力等因素的基础上综合判断，一个底线就是不宜对避险人课以过重的责任。

【相关规定】

一、《民法典》第182条：因紧急避险造成损害的，由引起险情发生的人承担民事责任。

危险由自然原因引起的，紧急避险人不承担民事责任，可以给予适当补偿。

紧急避险采取措施不当或者超过必要的限度，造成不应有的损害的，紧急避险人应当承担适当的民事责任。

二、《侵权责任法》（已废止）第31条：因紧急避险造成损害的，由引起险情发生的人承担责任。如果危险是由自然原因引起的，紧急避险人不承担责任或者给予适当补偿。紧急避险采取措施不当或者超过必要的限度，造成不应有的损害的，紧急避险人应当承担适当的责任。

三、《民法通则》（已废止）第129条：因紧急避险造成损害的，由引起险情发生的人承担民事责任。如果危险是由自然原因引起的，紧急避险人不承担民事责任或者承担适当的民事责任。因紧急避险采取措施不当或者超过必要的限度，造成不应有的损害的，紧急避险人应当承担适当的民事责任。

四、《民法通则意见》（已废止）第156条：因紧急避险造成他人损失的，如果险情是由自然原因引起，行为人采取的措施又无不当，则行为人不承担民事责任。受害人要求补偿的，可以责令受益人适当补偿。

【典型案例】

邵某飞与彭水县友谊公寓、重庆市君合物业管理有限公司生命权、健康权、身体权纠纷案［重庆市第四中级人民法院（2021）渝04民终273号民事判决］

裁判要旨：紧急避险措施明显不当使得自身受到损害的，适当减轻侵权人的赔偿责任。

基本案情：2019年1月29日邵某飞与其朋友入住友谊公寓（位于金山广场B栋A9－1）。1月30日8时46分左右，金山广场B栋一楼电缆井敷设的应急照明线路因电气线路故障引发火灾。友谊公寓当时只有经营者赵某汉一人在现场，其逐一敲公寓房间叫旅客逃生。邵某飞随人群向下走，由于浓烟顺着楼梯向上窜，其走到七楼时与他人一起准备翻越栏杆，当时有人在喊火灾已经扑灭了，不要翻。邵某飞未听劝阻，径直翻越摔伤。

生效裁判认为：邵某飞翻越栏杆虽然属于紧急避险，但其选择的措施明显不当，理应减轻君合公司的赔偿责任。一是在有人提醒火灾已经扑灭不要翻越栏杆的情况下，坚持翻越栏杆；二是在翻越栏杆的过程中未尽到自身安全注意义务导致跌落。

第三十四条　因保护他人民事权益使自己受到损害，受害人依据民法典第一百八十三条的规定请求受益人适当补偿的，人民法院可以根据受害人所受损失和已获赔偿的情况、受益人受益的多少及其经济条件等因素确定受益人承担的补偿数额。

【条文主旨】

本条是关于见义勇为受益人的补偿规则的规定。

【条文理解】

一、见义勇为概述

所谓见义勇为，是指在没有法定或约定义务的前提下，为保护他人的人身、财产权益，制止各种侵权行为、意外事件的救助行为。[①] 支持侵权人或受益人向见义勇为人赔偿或适当补偿是我国民事立法的一向态度，即鼓励和支持舍己为人的高尚行为，防止出现见义勇为者流血又流泪的问题。“就其法律性质而言，见义勇为行为应属于无因管理的范围，但它是一种特殊的无因管理。除若干特定的制度特殊性外，在其他问题的处理上有无因管理相关规范之适用空间。作为其特殊性之一，见义勇为者的财产或人身损害具有社会救济性。”[②] 在一定

①② 参见最高人民法院民法典贯彻实施工作领导小组主编：《中华人民共和国民法典总则编理解与适用》，人民法院出版社2020年版，第922页。

情况下可由国家和社会负相应的救济责任，由国家和社会对其予以补偿。但在无因管理中对管理人所造成的财产损失，如果是由第三人引起的，根据不真正连带、让与请求权理论，一般应由本人承担，政府和非政府组织不承担补偿责任。①

作为两类独立的减责免责事由的紧急避险与见义勇为具有很大的相似性，两者都是为了避免民事主体合法权益的紧迫危险而采取救助行为，两种情况下行为人为了保护被救助利益而可能给某一方民事主体合法利益带来损害，从而产生补偿问题。尤其是从发生原因上讲，此两者会存在交叉，甚至会是“一个硬币的两个面”。比如，在符合紧急避险的情况下，避险人为了他人利益而采取避险措施造成自己损害时的情况，就属于见义勇为的范畴，这时如果同时造成其他人的损害，则要根据《民法典》第 182 条规定情形适用有关紧急避险的规则。正因如此，在处理某些具体案件时，《民法典》的这两个条文的相应规则通常是可以并用的。

当然，在具体制度构造上，两者还是有明显的差异：一是保护利益范围不同。见义勇为要求保护他人人身和财产等民事权益，而紧急避险亦可保护自己的民事权益。② 二是是否存在法定的行为限度问题不同。紧急避险有法定的避险限度要件，避险不当应承担相应责任。而《民法典》第 183 条规定的见义勇为的受损人是行为人自己，为鼓励此等舍己为人的高尚行为，我国《民法典》并未设置行为限度。这也具有鲜明地提倡和引导助人为乐、好人好事的良好道德风尚，属于弘扬社会主义核心价值观的典型体现。

---

① 参见王利明等主编：《侵权责任法裁判要旨与审判实务》，人民法院出版社 2010 年版，第 139 页。

② 参见黄薇主编：《中华人民共和国民法典总则编释义》，法律出版社 2020 年版，第 485 页。

二、见义勇为受益人的补偿规则

基于公平原则和鼓励好人好事的价值导向，见义勇为的受益人的补偿规则有必要予以明确。对此，早在《民法通则》第109条即规定："因防止、制止国家的、集体的财产或者他人的财产、人身遭受侵害而使自己受到损害的，由侵害人承担赔偿责任，受益人也可以给予适当的补偿。"其后就见义勇为人的人身损害，《最高人民法院关于审理人身损害赔偿案件适用法律若干问题的解释》（法释〔2003〕20号）第15条规定："为维护国家、集体或者他人的合法权益而使自己受到人身损害，因没有侵权人、不能确定侵权人或者侵权人没有赔偿能力，赔偿权利人请求受益人在受益范围内予以适当补偿的，人民法院应予支持。"① 作为民事单行法，《侵权责任法》统一规定了见义勇为人的损害情形，于第23条规定："因防止、制止他人民事权益被侵害而使自己受到损害的，由侵权人承担责任。侵权人逃逸或者无力承担责任，被侵权人请求补偿的，受益人应当给予适当补偿。"《民法典》第183条继承了上述的立法精神，规定见义勇为受害人有权请求受益人适当补偿，具体可分为两种情形：（1）由侵权人承担民事责任的，受益人可以给予适当补偿。此时，受益人对受害人的适当补偿不具有强制性。②（2）没有侵权人、侵权人逃逸或者无力承担民事责任的，受益人应当给予适当补偿。此时受益人对受害人的适当补偿具有强制性。所谓逃逸，是指侵权人为躲避责任而逃离，不知去向。③ 在某些情况下，也可能是不能确定侵权人。例如，为制止针对他人的犯

① 2020年该司法解释修正后删除了该条规定。

② 参见最高人民法院民法典贯彻实施工作领导小组主编：《中华人民共和国民法典总则编理解与适用》，人民法院出版社2020年版，第923页。

③ 参见最高人民法院侵权责任法研究小组编著：《〈中华人民共和国侵权责任法〉条文理解与适用》，人民法院出版社2010年版，第178页。

罪行为遭受伤害，未能找到犯罪嫌疑人。① 该补偿责任的规定需结合见义勇为的构成要件予以适用，一般认为见义勇为属特殊的无因管理，而对于无因管理是否要求管理人（见义勇为人）有管理意思（见义勇为意图）学理上存在争议，有权威学者认为，“如果行为人实施某种行为时，主观上并没有为他人谋利的意思，但客观上有利于他人，也可以适用该规定”②。无论是“可以”还是“应当”适当补偿，审判实践的难点在于如何确定适当的补偿数额，以确保较好地平衡利益、分担损失，充分彰显《民法典》第183条所蕴含的鼓励助人为乐、见义勇为，乃至弘扬社会主义核心价值观的价值导向。

关于受益人适当补偿数额的认定，《民法通则意见》第142条规定列举了两个参考因素：受益人受益的多少及其经济状况。调研中，不少学者和法官提出，该条规定对于指引司法实践取得了较好效果，应予延续，同时可以进一步扩充相关参考因素。而至《侵权责任法》立法时，立法机关进一步丰富了决定补偿的因素，将被侵权人的受损情况及受益人的受益情况并列。③ 这一做法主要是综合考虑到受益人补偿责任的基础之一是保护他人利益实施见义勇为行为，使受益人受益与见义勇为人受损间的因果关系，这不仅包括责任成立上的因果关系，而且包括影响责任承担的原因力大小。④

为进一步弘扬社会主义核心价值观，不让见义勇为者流血又流泪，本条在总结实务经验的基础上，严格遵循《民法典》的规定精神，在《民法通则意见》规定的基础上，按照动态系统论的方法，对《民法典》第183条有关见义勇为受益人的“适当补偿”规则作出进一步规

① 王利明：《民法总则研究》，中国人民大学出版社2018年版，第737页。
② 王利明：《民法总则研究》，中国人民大学出版社2018年版，第736页。
③ 参见王胜明：《侵权责任法释义》，法律出版社2010年版，第115页。
④ 参见黄薇主编：《中华人民共和国民法典总则编释义》，法律出版社2020年版，第485页。最高人民法院民法典贯彻实施工作领导小组主编：《中华人民共和国民法典总则编理解与适用》，人民法院出版社2020年版，第923页。

定。一是保留了《民法通则意见》第142条有关“受益人受益的多少及其经济状况”作为考量因素的规定。二是采纳调研中意见，增加“受害人所受损失的情况”作为考量因素。主要考虑是受益人对受害人的法定补偿是侵权责任法分配正义的体现①，虽不适用赔偿责任的填平原则，但受害人的受损情况仍是最重要的考量因素。只有先确定受损情况，才能进一步确定补偿数额。一般而言，受害人所受损害严重的，应适当增加受益人补偿数额。三是采纳地方高院意见，增加“受害人已获赔偿的情况”作为考量因素。因为按照立法本意，见义勇为受害人的损失原则上应当由侵权人负责赔偿，仅是鼓励在有侵权人时受益人可以给予适当补偿。只有在没有侵权人、侵权人逃逸或者侵权人无力赔偿的情况下，才应当由受益人适当补偿。因此，受害人的损失已经由侵权人部分填补的，受益人的补偿责任应当相应减轻。遵循“填平原则”的要求，在存在其他救济或者救助等情况下，有关受益人的补偿数额也有必要适当减少，这也符合见义勇为作为良好道德风尚的基本出发点。

调研中，有意见提出经济条件作为考量因素不妥。我们经研究认为，适当补偿体现的是公平原则，由经济能力较强的受益人多承担部分补偿符合公平正义的要求。学界也认为，基于其公平责任的性质，②认为考虑双方当事人的经济状况，尤其是受益人的经济状况是正当的。③ 而且，在受益人应当给予适当补偿但其经济条件确实较差时，如果能考虑其经济条件，就不会给其带来过大的补偿负担，也有其合理性。当然，有关见义勇为的补偿，有必要在全社会形成完备的救济体系，使得见义勇为者更无后顾之忧。且《民法通则意见》施行三十

---

① 参见［美］约翰·罗尔斯：《正义论》（修订版），何怀宏等译，中国社会科学出版社2009年版，第12页。转引自王雷：《见义勇为行为中的民法学问题研究》，载《法学家》2012年第5期。

② 参见王利明：《民法总则研究》，中国人民大学出版社2018年版，第737页。

③ 参见陈甦主编：《民法总则评注》，法律出版社2017年版，第1310～1311页。

余年来，审判实践适用该规则认定补偿数额效果也较好（如闻某何诉闻某祥、闻某明见义勇为人受害责任纠纷［杭州市中级人民法院（2020）浙01民终5140号民事判决］，见本条后附典型案例三）。《最高人民法院关于确定民事侵权精神损害赔偿责任若干问题的解释》（以下简称《精神损害赔偿解释》）第5条也将侵权人承担责任的经济能力作为认定精神损害赔偿数额的参考因素。

另外，对本条在动态体系论思想下所设置“等因素”的具体范围，可综合认定，学界有意见指出对于见义勇为人受损的利益和受益人受益的利益，不仅有程度大小的差异，而且有种类的差异。[①] 例如一般认为人身法益通常情况下比财产法益位阶更高，在见义勇为人为保护他人民事权益而分别使人身权益和财产权益受损时，在补偿数额上可有所区别。

【审判实践中应注意的问题】

关于本条的适用，要注意把握以下问题：

一、关于受益人补偿责任的责任性质问题

长期以来，就受益人责任性质的各个方面，学界和实务界均出现了不少不同意见，间接影响到对受益人补偿责任范围的确定问题。其中包括受益人补偿责任与无因管理中补偿责任的关系，受益人补偿责任与侵权人赔偿责任的关系等两个疑难问题。

就第一个问题，其与见义勇为和无因管理的关系相关。我国《民法典》于第121条和第979条同时规定了无因管理制度，与见义勇为并存。就其关系，我国学界对该问题存在着属于无因管理类型之一、

① 参见陈甦主编：《民法总则评注》，法律出版社2017年版，第1311页。

属于广义无因管理以及不属于无因管理三种不同意见，若认为不属于无因管理责任，有观点指出其在性质上属于公平责任①，亦有观点认为，此属于一项独立类型的法定补偿义务②。就各国和地区立法例而言，也存在以无因管理统摄见义勇为行为的一元立法模式与为见义勇为单独设置规则的二元立法模式，采前者的如《日本民法典》第650条第2款规定：“受托人因处理委托事务，自己无过失而受损害时，得对委托人请求其赔偿。”而后者如《苏俄民法典》中关于公民因抢救社会主义财产而遭受人身或财产损失的，有权要求赔偿的规定。但此后《俄罗斯民法典》改采无因管理统摄的一元模式，于第980条、第983条和第984条规定利害关系人应补偿见义勇为者的财产损失和人身损害，两者之间可成立无因管理之债。③就大陆法系通行做法而言，一般采纳无因管理制度规范。④在我国理论和实务上主要也是采无因管理责任说⑤。因为，见义勇为与无因管理都是法律肯定的为保护他人利益而自己承担不利益的制度。⑥在法律适用逻辑上，应当明确见义勇为属于无因管理的特殊形式，遇到见义勇为的场合，应当直接适用《民法典》第183条和本条规定来处理，从这个角度讲，这两个条文相对于《民法典》第121条等关于无因管理的规定而言，具有特别规定和一般规定的关系。

---

① 参见王利明：《民法总则研究》，中国人民大学出版社2018年版，第737页。

② 参见王利明主编：《中国民法典释评·总则编》，中国人民大学出版社2020年版，第468~469页。

③ 参见王利明主编：《中国民法典释评·总则编》，中国人民大学出版社2020年版，第468~469页。

④ 参见王利明：《人身损害赔偿疑难问题》，中国社会科学出版社2004年版，第469~486页。

⑤ 参见最高人民法院民法典贯彻实施工作领导小组主编：《中华人民共和国民法典总则编理解与适用》，人民法院出版社2020年版，第920页；陈甦主编：《民法总则评注》，法律出版社2017年版，第1313页。

⑥ 参见陈甦主编：《民法总则评注》，法律出版社2017年版，第1313页；龙卫球、刘保玉主编：《中华人民共和国民法总则释义与适用指导》，中国法制出版社2017年版，第637页；杨立新：《人身损害赔偿司法解释释义》，法律出版社2004年版，第228页。

就第二个问题，存在着不真正连带责任与补充责任的不同观点。对此，不少观点倾向于认为对无因管理中受益人与第三方侵权人间的责任关系采取不真正连带请求权理论。① 我们认为，无论是补充责任还是不真正连带责任，都具有法定性。而且这一问题的关键在于能否赋予受益人对于侵权人以追偿权的问题。《民法典》第979条、第980条规定受益人的补偿义务时并未特别规定管理人需要先向侵权人主张责任，第183条规定更是没有强调侵权人的赔偿责任与受益人补偿问题之间需要有硬性的先后顺序，当然也不能将此"补偿"理解为补充责任。但是，在没有侵权人、侵权人逃逸或者无力承担民事责任时，这时的受益人是"应当"给予适当补偿，这就具备了强制性要求，属于责任的范畴，与补充责任或者不真正连带责任具有很强的相似性。在这种情况下，受益人承担补偿责任后，允许其向此后已确定且有偿付能力的侵权人追偿，似能更好地平衡见义勇为人、受益人与侵权人三方的利益，符合侵权人承担责任的基本法理乃至公平责任的基本要求。

二、关于受益人适当补偿的范围问题

本条对受益人补偿范围的处理需要在个案中具体实现，因而将面临各种不同的利益种类与大小间的比较。一种观点认为，就受偿人补偿的利益种类，不应包括精神损害赔偿。精神损害得到赔偿的前提是精神损害的结果由非法侵害造成。而在无加害人的见义勇为补偿案件中，受益人非加害人，其对见义勇为者的损害无过错，更谈不上是非法。在见义勇为者牺牲的情况下，会给其近亲属带来巨大的精神损害，但这种损害非受益人非法侵害所造成，所以不能由受益人给予赔偿或补偿。这一观点有一定道理，补偿责任并非赔偿责任，确实不存在精

① 参见最高人民法院民法典贯彻实施工作领导小组主编：《中华人民共和国民法典总则编理解与适用》，人民法院出版社2020年版，第922页。

神损害赔偿的问题，但适当补偿责任不是全部赔偿责任，补偿责任的范围应当根据见义勇为者所受损失情况、受益人的获益情况和其经济承受能力综合考虑，不必再进一步区分此补偿是否包括精神损害的补偿，还是仅有的人身、财产损害的补偿。① 进一步说，因为本条所规定的考量因素与《精神损害赔偿解释》第5条所列明的确定因素范围上具有相似性，不必专门单独列明是否包括精神损害的问题，以免引起不必要的争议。

关于见义勇为人轻微损失时受益人的担责问题，有观点认为，"受益人应当给予适当补偿"并不意味着受益人必须给予补偿，在受害人的损失显著轻微时，并不满足受益人应当负有补偿义务的条件。因为一般来说，见义勇为往往是出自助人精神所实施的自愿奉献行为。因此，一般会被受害人接受，只有当这种损失较大，给受害人造成了经济上的负担时，才应当构成其要求受益人给予补偿的正当理由。同时，若允许将有悖于鼓励见义勇为和帮助他人的目标，也会造成司法诉讼资源的浪费。② 我们认为在立法和审判实践上均不宜区别对待。第一，见义勇为是行为人高尚品行的表现，但绝不意味着不应为其提供要求补偿的法律渠道。换言之，法律关注的是见义勇为人行为时的表现，而不应在其行为后再对其课加过高的道德要求，否则反而不利于提倡和鼓励人们积极实施见义勇为行为。第二，同样也不能因损失利益轻微而拒绝提供法律保护途径。原因是利益轻微在实践中的复杂情形下难以把控，难免造成裁判尺度不一，变相导致对见义勇为人的救济不足。同时，即使可认定损失利益轻微，便于法律上拒绝救济，于立法上通过完善救济制度解决见义勇为人后顾之忧的精神也不相符合。基于以上理由，我们认为，即使对于轻微利益损失，本条和《民

---

① 参见最高人民法院民法典贯彻实施工作领导小组主编：《中华人民共和国民法典总则编理解与适用》，人民法院出版社2020年版，第924页。

② 参见陈甦主编：《民法总则评注》，法律出版社2017年版，第1311页。

法典》第 183 条的规定同样具有适用的空间。

三、与《民法典》第 184 条紧急救助制度免责的衔接问题

若见义勇为人在救助过程中同时造成受助人（受益人）损害的，其是否应当承担民事责任。对此，我们认为，《民法典》第 8 章所规定的各项民事责任减责免责事由并不相互排斥，在同一行为中，可能符合数个规定。特别是，从法律意义上讲，《民法典》第 184 条规定的紧急救助制度是指在无法定或约定义务的情况下①，针对紧急情势，及时对遭受困难的受助人予以救助的情形，是一种见义勇为的典型样态。② 因此，见义勇为人既保护了受助人免受侵权人的侵害，但同时造成受助人的其他损失时，可适用《民法典》第 184 条使见义勇为人免责。

就对见义勇为人的保护程度而言，按照立法精神，《民法总则（草案）》曾规定了“救助人因重大过失造成受助人不应有的重大损害的，承担适当的民事责任”，但最终通过的《民法总则》本着鼓励和倡导见义勇为、助人为乐行为的精神，将这一内容删除。依据本条的规定，自愿实施紧急救助行为对于因此造成受助人的损害属于免责事由，而非减责事由，至于受助人是否有故意或者重大过失均在所不问。当然，由于社会生活的复杂性，对这一问题还要结合案件具体情形进行价值判断和利益衡量，要适当考虑救助人有无救助职责、有无救助能力等因素。③

---

① 参见刘保玉：《〈民法总则〉：意义、创新与问题》，载《北京航空航天大学学报（社会科学版）》2017 年第 4 期。

② 参见最高人民法院民法典贯彻实施工作领导小组主编：《中华人民共和国民法典总则编理解与适用》，人民法院出版社 2020 年版，第 925 页。

③ 参见最高人民法院民法典贯彻实施工作领导小组主编：《中华人民共和国民法典总则编理解与适用》，人民法院出版社 2020 年版，第 928 页。

四、关于见义勇为受害责任的免责减责事由的适用

见义勇为受害责任作为一种侵权责任类型，有关侵权责任的减责免责事由，比如受害人故意、不可抗力等，在法律没有特别规定的情况下，对于见义勇为受害责任也要予以适用。这一意见符合学界的主流观点，“如果受害人虽然从事了某种见义勇为的行为，但损害并非因为此种见义勇为的行为所致，而是因其他原因造成的，或者完全是因自身的过错造成的，也不能请求受益人予以补偿”①。

五、见义勇为受害责任中的诉讼主体和举证责任的问题

虽然目前理论和实务上对于见义勇为受益人适当补偿责任与侵权人的直接责任是何种关系，是不真正连带还是补充责任存有很大争议，但从审判实务的角度看，这都是最终实体裁判结果的问题，并不能与程序上的确定诉讼主体资格问题相混淆。我们认为，从保护当事人诉权的角度讲，见义勇为者可以单独或者一并将侵权人和见义勇为受益人作为被告予以起诉，必要时人民法院也可以依照《民事诉讼法》及《民事诉讼法解释》的相关规定追加其为共同被告参加诉讼。②

就是否符合《民法典》第183条第2句的情形，应由被侵权人（见义勇为人）承担举证责任，即证明没有侵权人、侵权人逃逸或无力承担责任。③ 同时，这种补偿责任也需要见义勇为者提出，④ 人民法院不宜主动裁判，但可以根据案件具体情况予以释明。

---

① 王利明：《民法总则研究》，中国人民大学出版社2018年版，第737页。

② 参见最高人民法院民法典贯彻实施工作领导小组主编：《中华人民共和国民法典总则编理解与适用》，人民法院出版社2020年版，第923～924页。

③ 王利明：《民法总则研究》，中国人民大学出版社2018年版，第737页。

④ 参见王利明主编：《中国民法典释评·总则编》，中国人民大学出版社2020年版，第469～470页。

六、见义勇为行为可否兼为保护本人合法利益的问题

《民法典》第 183 条要求须为保护他人民事权益方成立见义勇为行为，现实中可能面临的常见问题是若行为人与受益人共同面临紧迫危险，行为人主动挺身而出，制止各种侵权行为、意外事件而因此受有损害，可否成立见义勇为行为而在没有侵权人、侵权人逃逸或无力承担民事责任时向其他受益人主张适当补偿。我们认为，一方面，从法律价值与精神上看，将其亦认定为见义勇为行为有利于更广泛且有力地鼓励人们与各类不法行为作斗争及互帮互助，弘扬公民间友善互助的社会主义核心价值观。另一方面，从理论上，如上述，一般将见义勇为行为认定为一种特殊的无因管理，而学界基本认可管理人在为被管理人谋利益的同时，为自己的利益实施管理或服务行为亦可成立无因管理。① 因此，我们认为，此种情形下亦宜认定成立见义勇为，见义勇为人也可依法主张相应的补偿。

【相关规定】

一、《民法典》第 183 条：因保护他人民事权益使自己受到损害的，由侵权人承担民事责任，受益人可以给予适当补偿。没有侵权人、侵权人逃逸或者无力承担民事责任，受害人请求补偿的，受益人应当给予适当补偿。

二、《民法通则》（已废止）第 109 条：因防止、制止国家的、集体的财产或者他人的财产、人身遭受侵害而使自己受到损害的，由侵害人承担赔偿责任，受益人也可以给予适当的补偿。

三、《侵权责任法》（已废止）第 23 条：因防止、制止他人民事

① 参见王利明等：《民法学（第五版）》，法律出版社 2017 年版，第 533 页。

权益被侵害而使自己受到损害的，由侵权人承担责任。侵权人逃逸或者无力承担责任，被侵权人请求补偿的，受益人应当给予适当补偿。

四、《最高人民法院关于审理人身损害赔偿案件适用法律若干问题的解释》（法释〔2003〕20号，已修改）第15条：为维护国家、集体或者他人的合法权益而使自己受到人身损害，因没有侵权人、不能确定侵权人或者侵权人没有赔偿能力，赔偿权利人请求受益人在受益范围内予以适当补偿的，人民法院应予支持。

五、《民法通则意见》（已废止）第142条：为了维护国家、集体或者他人合法权益而使自己受到损害，在侵害人无力赔偿或者没有侵害人的情况下，如果受害人提出请求的，人民法院可以根据受益人受益的多少及其经济状况，责令受益人给予适当补偿。

【典型案例】

一、刘某莲、郭某丽、郭某双诉孙某、河南兰庭物业管理有限公司信阳分公司生命权纠纷案［最高人民法院指导案例142号：河南省信阳市平桥区人民法院（2019）豫1503民初8878号民事判决］

裁判要旨：行为人为了维护因碰撞而受伤害一方的合法权益，劝阻另一方不要离开现场且劝阻没有超过合理限度的，属于合法行为。被劝阻人因自身疾病猝死，其近亲属请求行为人承担侵权责任的，人民法院不予支持。

基本案情：2019年9月23日19时40分左右，郭某骑自行车与5岁罗某相撞，造成罗某受伤。孙某见后将罗某扶起，与罗某母亲李某1联系，并让郭某等待罗某家长前来处理。郭某称是罗某撞了郭某，自己有事需要离开。因此，郭某与孙某发生言语争执。孙某站在自行车前面阻拦郭某，不让郭某离开。郭某称要拨打110，情绪激动并有骂人行为，小区保安李某2、吴某劝阻。19时46分，孙某报警。郭某将自行车停好，坐在石墩上不到两分钟即倒在地上。19 时 48 分，孙某拨打 120 急救电话。医护人员赶到现场对郭某实施抢救，郭某经抢救无效死亡。郭某之妻刘某莲及其女郭某丽、郭某双提起诉讼，要求孙某承担赔偿责任，物业公司承担管理不善的赔偿责任。

生效裁判认为：本案争议的焦点问题是孙某是否实施了侵权行为；孙某阻拦郭某离开的行为与郭某死亡是否有因果关系；孙某是否有过错。第一，郭某骑自行车与年幼的罗某相撞之后，罗某受伤出血倒地。郭某作为事故一方，没有积极理性处理此事，执意离开。对不利于儿童健康、侵犯儿童合法权益的行为，任何组织和个人有权阻止或者向有关部门控告。罗某作为未成年人，自我保护能力相对较弱，需要成年人对其予以特别保护。孙某见后，为保护罗某的利益，让郭某等待罗某的母亲前来处理，其行为符合常理。根据证据，孙某阻拦郭某的时间为 8 分钟左右。在阻拦过程中，虽然孙某与郭某发生言语争执，但其言语并不过激，且双方没有发生肢体冲突。孙某的阻拦方式和内容均在正常限度之内。因此，孙某的劝阻行为是合法行为，且没有超过合理限度，不具有违法性，应予以肯定。第二，郭某自身患脑梗、高血压、心脏病、继发性癫痫等多种疾病，事发当月曾在医院就医，事发前一周应其本人及家属要求出院。孙某阻拦郭某离开，郭某坐在石墩上，倒地后因心脏骤停不幸死亡。孙某的阻拦行为本身不会造成郭某死亡，郭某实际死亡原因为心脏骤停。因此，孙某的阻拦行为与郭某死亡并不存在法律上的因果关系。第三，虽然孙某阻拦郭某离开，诱发郭某情绪激动，但是，事发前双方并不认识，孙某不知道郭某身患多种危险疾病。孙某阻拦郭某的行为目的是保护儿童利益，并不存在侵害郭某的故意或过失。在郭某倒地后，孙某拨打 120 急救电话予以救助。由此可见，孙某对郭某的死亡无法预见，对郭某的死亡后果发生没有过错。

二、张某福、张某凯诉朱某彪生命权纠纷案［最高人民法院指导案例98号：河北省唐山市中级人民法院（2018）冀02民终2730号民事判决］

裁判要旨：行为人非因法定职责、法定义务或约定义务，为保护国家、社会公共利益或者他人的人身、财产安全，实施阻止不法侵害者逃逸的行为，人民法院可以认定为见义勇为。

基本案情：2017年1月9日上午，朱某彪发现张某焕肇事逃逸即驾车追赶，途中多次报警。朱某彪喊“你怼死人了往哪跑！警察马上就来了”，张某焕称“一会儿我就把自己砍了”，朱某彪说“你把刀扔了我就不追你了”。后张某焕跑上公路，被面包车撞倒后，又向铁路方向跑去。在此过程中，路政人员与朱某彪一起追赶，并警告路上车辆小心慢行，这个人想往车上撞。朱某彪边追赶边劝阻张某焕说：被撞倒的那个人没事儿，你也有家人，知道了会惦记你的，你自首就中了。11时56分，张某焕走向铁轨中间。朱某彪挥动上衣，向驶来列车示警。12时02分，张某焕被火车撞死。张某福、张某凯诉称，朱某彪对张某焕的生命造成了威胁，并数次谩骂张某焕，对张某焕的死亡存在主观故意和明显过错，应承担赔偿责任。

生效裁判认为：首先，事故发生后张某来受伤倒地昏迷，张某焕肇事逃逸违法。朱某彪作为目击人及时报警，并驱车、追赶张某焕，敦促其投案。朱某彪作为普通公民，挺身而出，制止正在发生的违法行为，属于见义勇为，应予以支持和鼓励。其次，从朱某彪的行为过程看，其并没有侵害张某焕生命权的故意和过失，且双方并无身体接触。考虑到事发突然，张某来倒地昏迷，在此情况下朱某彪未能准确判断张某来伤情，在追赶过程中有时喊话传递的信息不准确或语言不文明，但不构成民事侵权责任过错，也不影响其追赶行为的性质。在张某焕为逃避追赶进入火车运行区间后，朱某彪及时高声劝阻提醒，同时挥衣向火车司机示警，仍未能阻止张某焕死亡。故张某焕死亡与朱某彪的追赶行为之间不具有法律上的因果关系。

三、闻某何诉闻某祥、闻某明见义勇为人受害责任纠纷案［杭州市中级人民法院（2020）浙01民终5140号民事判决］

裁判要旨：因保护他人民事权益使自己受到损害且没有侵权人的，受益人应给予受害人适当补偿。关于补偿数额，法院可从受益人的经济状况、受害人的损失等因素考量。

基本案情：2019年7月，位于闻某何家屋后的闻某祥、闻某明家的厨房有冒烟迹象，闻某何遂前往闻某祥、闻某明厨房救助，在救助过程中闻某何被烧伤。

生效裁判认为：闻某何在发现邻居家厨房冒烟，有着火迹象的情况下，第一时间冒风险前往查看并采取相应措施，其救助行为系保护他人财产不受损害，属见义勇为行为，值得社会推崇。依据《民法总则》第183条之规定：因保护他人民事权益使自己受到损害的，由侵权人承担民事责任，受益可以给予适当补偿。没有侵权人、侵权人逃逸或者无力承担民事责任，受害人请求补偿的，受益人应当给予适当补偿。本案并无实际侵权人，闻某何的损失可由受益人给予适当补偿。一审法院结合闻某何、闻某祥、闻某明的经济状况，伤情给闻某何造成的损失及闻某祥、闻某明已支付部分医疗费等因素，认定闻某祥、闻某明另行补偿闻某何经济损失24000元，并无不当。

八、诉讼时效

第三十五条　民法典第一百八十八条第一款规定的三年诉讼时效期间，可以适用民法典有关诉讼时效中止、中断的规定，不适用延长的规定。该条第二款规定的二十年期间不适用中止、中断的规定。

【条文主旨】

本条是关于诉讼时效期间中止、中断和延长的规定。

【条文理解】

诉讼时效是指权利人在法定期间内不行使权利，义务人有权提出拒绝履行抗辩的法律制度。[①] 诉讼时效制度的价值在于督促权利人及时行使权利，同时有利于证据的收集和判断，便于法院处理民事纠纷，维护社会关系和秩序的稳定。诉讼时效由以下两个基本要素构成：一是须经过一定的期间，《民法典》第188条规定的普通诉讼时效为三年；二是须权利人持续地不行使权利，即权利人在能够行使权利的情况下不行使权利，并且该状态持续一定时间。

① 最高人民法院民法典贯彻实施工作领导小组主编：《中华人民共和国民法典总则编理解与适用》，人民法院出版社2020年版，第947页。

诉讼时效期间分为三类：第一类是普通诉讼时效期间，是普遍适用于应当适用诉讼时效制度的各种法律关系的时效期间，普通诉讼时效的期间为三年。第二类是特别诉讼时效期间，它是《民法典》及其他民事特别法规定的适用于某些民事法律关系、不同于普通诉讼时效期间的特定时效期间，如根据《民法典》第594条的规定，因国际货物买卖合同和技术进出口合同争议提起诉讼或者申请仲裁的时效期间为四年。又如，《保险法》第26条规定，人寿保险的被保险人或者受益人向保险人请求给付保险金的诉讼时效期间为五年。根据特别法优先于普通法的原理，特别时效优先于普通时效适用。普通诉讼时效期间和特别诉讼时效期间自权利人知道或应当知道权利遭受侵害和义务人之日起计算，也被称为主观诉讼时效期间。第三类是最长诉讼时效期间，最长诉讼时效为二十年，最长诉讼时效期间自权利受到损害之日起计算，也被称为客观诉讼时效期间。

普通诉讼时效的适用前提是权利人知道或者应当知道权利受到损害及义务人是谁。"知道"是指权利人主观上已经知道自己权利被侵害的事实；"应当知道"是一种法律推定，指基于客观事实及权利人智识经验应尽合理注意义务，权利人应当知悉其权利被侵害的事实，但是因其自身过失而未知情，在该情形下，法律推定权利人知道其权利受到损害。最长诉讼时效的适用前提是权利人不知或者不应当知其权利受到损害或者义务人是谁。在权利人不知其权利被损害的情况下，主张权利无从谈起；或者，如果权利人知道其权利被损害，但在三年诉讼时效期间不知义务人是谁，则无法主张权利。在此两种情况下，权利人不主张权利不是因为怠于行使权利，为防止权利人的权利因诉讼时效期间届满而无法得到司法救济，法律规定此两种情况适用最长诉讼时效。

一、关于诉讼时效的中止

根据《民法典》第194条的规定，诉讼时效中止是指在时效进行过程中，因发生一定法定事由使权利人不能行使请求权，从而暂停计算时效期间，待阻碍消灭后再继续计算时效期间的制度。法律之所以规定时效中止，主要为防止因权利人非因自身原因而造成时效届满，保证权利人有足够的时间主张权利。诉讼时效中止由以下四大要件构成：诉讼时效中止发生在诉讼时效期间内、诉讼时效中止发生在诉讼时效期间的最后六个月内、须发生法定的中止事由，以及权利人在中止事由发生期间不能行使请求权。引发诉讼时效中止的法定事由主要包括：不可抗力；无民事行为能力人或者限制民事行为能力人没有法定代理人，或者法定代理人死亡、丧失代理权、丧失民事行为能力；继承开始后未确定继承人或者遗产管理人；权利人被义务人或者其他人控制，以及其他导致权利人不能行使请求权的障碍等情形。诉讼时效中止后产生诉讼时效期间停止计算、此前已经经过的诉讼时效期间仍然有效，以及中止事由消失后再计算六个月时效期间的法律效果。法律之所以规定时效中止，主要为防止因权利人非因自身原因造成诉讼时效届满，保证权利人有足够时间主张权利。

诉讼时效中止机制并不适用于最长诉讼时效期间：前文已述，诉讼时效中止发生于诉讼时效进行过程中，即当事人已经知道或应当知道权利受侵害，诉讼时效起算后且届满前六个月发生法定事由时才可能产生诉讼时效中止的效果，而二十年最长诉讼时效期间是适用于当事人不知道或者不应知道其权利受侵害的情况，既然不知道或不应知道，则诉讼时效无从起算，因此，不适用中止机制。

二、关于诉讼时效的中断

根据《民法典》第 195 条的规定，诉讼时效中断是指在诉讼时效期间进行中，因法定事由的发生，导致已经经过的时效期间全部归于消灭，待该法定事由终止后，诉讼时效期间重新开始计算的法律制度。诉讼时效制度的设立目的在于维护稳定的市场交易秩序乃至社会秩序，鼓励和推动权利人及时行使权利。因此，对于权利人及时行使权利或者类似情形，比如义务人履行义务的情况下，诉讼时效的期间不应再计算，这时就会产生诉讼时效中断的问题。根据《民法典》第 195 条的规定，导致诉讼时效中断的事由包括权利人向义务人提出履行请求、义务人同意履行义务、权利人提起诉讼或者申请仲裁以及与提起诉讼或者申请仲裁具有同等效力的其他情形。

关于最长诉讼时效期间是否适用中断。《民法典》所规定的二十年最长诉讼时效期间可以适用时效延长的规定，但不适用中止、中断的规定。诉讼时效的中断仅适用于当事人知道或者应当知道其权利受侵害的情况，而二十年最长诉讼时效期间是适用于当事人不知道或者不应知道其权利受侵害的情况，既然当事人不知道或不应知道权利受侵害，则不可能出现权利人向义务人提出履行请求等引起中断的情形，因此，最长诉讼时效期限不会存在中断的情形。

三、关于诉讼时效的延长

诉讼时效期间的延长，是指人民法院对已经完成的诉讼时效延长其期限，仍对权利人的权利予以保护。根据《民法典》第 188 条的规定，诉讼时效期满后，权利人基于正当的事由申请延长诉讼时效期间，由人民法院决定是否延长的制度。诉讼时效期间必须在有“特殊情况”时才能予以延长。所谓“特殊情况”，必须是客观存在的，足以妨碍权利人行使请求权的事实，即权利人不是自己不行使权利，而是有客观原因不能行使权利。《民法典》颁布实施之前，《民法通则》第 137 条对诉讼时效的延长作出规定：“诉讼时效期间从知道或者应当知道权利被侵害时起计算。但是，从权利被侵害之日起超过二十年的，人民法院不予保护。有特殊情况的，人民法院可以延长诉讼时效期间。”《民法通则》第 137 条在规定最长诉讼时效期间为二十年之后，以句号结尾，然后又规定有特殊情况时，诉讼时效期间可以延长。该规定引发了关于诉讼时效期间延长的制度是仅适用于最长诉讼时效期间还是适用于普通诉讼时效期间的争议。一种观点认为，诉讼时效延长主要适用于普通诉讼时效期间，而不适用于最长权利保护期间，法律规定最长诉讼时效制度的主要目的是给权利行使设定一个固定期限，如果允许该期限延长，就会使该最长期限变成可变期限，法律设置该最长期限的目的也将不复存在。① 另一种观点认为，仅最长诉讼时效期间可以延长，普通诉讼时效不可延长："所谓诉讼时效期间的延长，只能适用于20年长期时效期间。3年普通时效期间，因有中止、中断的规定，不发生延长问题。"②

《民法典》第188条第2款规定了诉讼时效期间的延长，但与《民法通则》第137条规定存在细微差异：《民法通则》第137条但书中"有特殊情况的"前面为句号，而《民法典》中为逗号，即"但是，自权利受到损害之日起超过二十年的，人民法院不予保护，有特殊情况的，人民法院可以根据权利人的申请决定延长"。这一标点符号的调整，所体现的立法本意是仅最长诉讼时效期间可以延长，普通诉讼时效期间不可延长，有关立法资料明确了此观点。③ 起草本解释时，我们在充分结合《民法典》文义的基础上，征询立法机关意见后达成共识，明确了普通诉讼时效期间可以适用中止、中断的规定，不适用延长的规定，最长诉讼时效期间可以适用延长的规定，不适用中止、中断的观点。另，鉴于《民法典》第188条已经规定人民法院可以根据权利人的申请决定是否延长"二十年"期间，对此本条不再重复规定，只规定最长诉讼时效期间不适用中止、中断。

① 王利明、杨立新、王轶、程啸：《民法学》，法律出版社2020年版，第303页。
② 梁慧星：《民法总论》，法律出版社2017年版，第265页。
③ 黄薇主编：《中华人民共和国民法典释义》，法律出版社2020年版，第377页。

【审判实践中应注意的问题】

审判实践中，针对诉讼时效的相关问题，应当明确本解释与《诉讼时效规定》的适用问题。本解释紧扣总则编的条文进行，重在基于《民法典》具体规定构建完整的诉讼时效规则体系，紧密围绕《民法典》关于诉讼时效具体条文的细化展开，旨在解决《民法典》关于诉讼时效规则的相互衔接问题，起到一般规则的作用。而《诉讼时效规定》在2020年司法解释全面清理工作中经修正后重新发布，是针对司法实践中涉及诉讼时效适用的具体问题展开，目的在于就法官在司法实践中遇到的各类问题提供具体指导。按照最高人民法院关于构建《民法典》司法解释体系的思路，从体系上说，本解释与《诉讼时效规定》各有分工，内容相互呼应，从宏观到具体共同形成完整的诉讼时效规则体系。如本条规定所涉及的诉讼时效的中止、中断、延长问题，对于普通诉讼时效和最长诉讼时效是否适用中止、中断、延长，由本解释作出宏观规定，对于中止、中断、延长的具体理解与适用、具体实践情形的司法认定则交由《诉讼时效规定》等相关法律法规作出进一步阐述和明确。

【相关规定】

一、《民法典》第188条：向人民法院请求保护民事权利的诉讼时效期间为三年。法律另有规定的，依照其规定。

诉讼时效期间自权利人知道或者应当知道权利受到损害以及义务人之日起计算。法律另有规定的，依照其规定。但是，自权利受到损害之日起超过二十年的，人民法院不予保护，有特殊情况的，人民法院可以根据权利人的申请决定延长。

第194条：在诉讼时效期间的最后六个月内，因下列障碍，不能行使请求权的，诉讼时效中止：

（一）不可抗力；

（二）无民事行为能力人或者限制民事行为能力人没有法定代理人，或者法定代理人死亡、丧失民事行为能力、丧失代理权；

（三）继承开始后未确定继承人或者遗产管理人；

（四）权利人被义务人或者其他人控制；

（五）其他导致权利人不能行使请求权的障碍。

自中止时效的原因消除之日起满六个月，诉讼时效期间届满。

第195条：有下列情形之一的，诉讼时效中断，从中断、有关程序终结时起，诉讼时效期间重新计算：

（一）权利人向义务人提出履行请求；

（二）义务人同意履行义务；

（三）权利人提起诉讼或者申请仲裁；

（四）与提起诉讼或者申请仲裁具有同等效力的其他情形。

二、《全国法院贯彻实施民法典工作会议纪要》第5条第1款：民法典第一百八十八条第一款规定的普通诉讼时效期间，可以适用民法典有关诉讼时效中止、中断的规定，不适用延长的规定。民法典第一百八十八条第二款规定的“二十年”诉讼时效期间可以适用延长的规定，不适用中止、中断的规定。

【典型案例】

北京邦正巨元自动化设备有限公司与北京达三江电器设备厂买卖合同纠纷案［北京市第三中级人民法院（2021）京03民终16400号民事判决］

裁判要旨：权利人向义务人提出履行请求或者义务人同意履行义务的，诉讼时效中断，从中断时起，诉讼时效期间重新计算。

基本案情：2015年12月15日，达三江设备厂、邦正巨元公司双方签订《加工定作合同》，约定的付款时间为预付总价款的30%作为预付款，盘芯到货即付清全部货款。邦正巨元公司工作人员程某在《对账单》的购货方经办人处签字确认，并注明“只认数量，款项跟公司再对”，达三江设备厂在供货方经办人处签章。庭审过程中，邦正巨元公司认为程某签字时已经离职，也未获得公司授权，不能代表公司签字。因此，《对账单》不能产生诉讼时效中断的法律效果。生效裁判认为：邦正巨元公司虽上诉主张程某未取得公司对于确认项目金额的授权，但认可程某是《加工定作合同》履行过程中邦正巨元公司一方的联系人，有确认收货数量的权限，且邦正巨元公司认可三份对账单中货物的型号、数量均与《加工定作合同》约定的货物型号、数量一致，三份对账单中确认的已付和未付款项亦与《加工定作合同》的约定一致，邦正巨元公司的工作人员马某英也表示可以直接联系程某对账，故本院认为程某在三份对账单上签字可视为邦正巨元公司对剩余货款的确认，诉讼时效期间应重新计算，达三江公司提起诉讼未超过诉讼时效，邦正巨元公司应当支付剩余货款。

第三十六条　无民事行为能力人或者限制民事行为能力人的权利受到损害的，诉讼时效期间自其法定代理人知道或者应当知道权利受到损害以及义务人之日起计算，但是法律另有规定的除外。

【条文主旨】

本条是关于无民事行为能力人、限制民事行为能力人权利受到侵害时诉讼时效期间如何起算的规定。

【条文理解】

《民法典》第188条第2款规定了诉讼时效期间自权利人知道或者应当知道权利受到损害以及义务人之日起计算，但是对于权利人是无民事行为能力人或者限制民事行为能力人时，如何适用法律认定时效起算点，并无具体规定，故有必要根据实践需要予以明确。针对这一问题，本条规定了无民事行为能力人、限制民事行为能力人权利受到侵害时的诉讼时效起算时间，即“自其法定代理人知道或者应当知道权利受到损害以及义务人之日起计算，但是法律另有规定的除外”。

一、无民事行为能力人、限制民事行为能力人的监护人职责是代理被监护人实施民事法律行为。

《民法典》第34条第1款、第2款规定，监护人的职责是代理被监护人实施民事法律行为，保护被监护人的人身权利、财产权利以及其他合法权益等。监护人依法履行监护职责产生的权利，受法律保护。

依据该条款规定，监护人的职责包括：一是代理被监护人实施民事法律行为；二是保护被监护人的人身权利、财产权利以及其他合法权益等；三是当被监护人的合法权益受到侵害或与他人发生争议时，监护人应当代理被监护人进行诉讼以维护其合法权益。无民事行为能力人或者限制民事行为能力人由于意思表示受限，法律因此规定，其参与社会活动需由监护人担任其法定代理人。这种代理即法定代理，是基于法律的规定直接产生的代理。《民法典》第23条规定，无民事行为能力人、限制民事行为能力人的监护人是其法定代理人。因此，当无民事行为能力人或限制民事行为能力人的权利受到损害时，根据法律规定监护人职责，监护人应当作为被监护人的法定代理人，维护被监护人的合法权益。

二、无民事行为能力人、限制民事行为能力人的权利受到损害的诉讼时效期间的起算

法定代理可以分为实体法上的法定代理和程序法上的法定代理。实体法上的法定代理，是对无民事行为能力人或者限制民事行为能力人实施民事法律行为的代理，如监护人对被监护人实施法律行为的代理。程序法上的法定代理则是在诉讼中对于无民事行为能力人或者限制民事行为能力人实施的诉讼行为，由其监护人作为法定代理人参加诉讼的代理行为。监护人的重要职责之一就是当无民事行为能力人、限制民事行为能力人的权利受到损害时，由法定代理人向人民法院起诉请求保护其民事权利。与完全民事行为能力人一样，法定代理人向人民法院起诉请求保护无民事行为能力人或限制民事行为能力人的民事权利也存在诉讼时效以及诉讼时效期间的起算问题。无民事行为能力人、限制民事行为能力人的民事权利受到损害的，亦应当适用《民法典》第188条第1款的规定，即向人民法院请求保护民事权利的诉讼时效期间为三年。法律另有规定的，依照其规定。无民事行为能力

人、限制民事行为能力人的民事权利诉讼时效期间的起算亦应当根据《民法典》第188条第2款的规定，诉讼时效期间自权利人知道或者应当知道权利受到损害以及义务人之日起计算。由于法定代理人代无民事行为能力人或者限制民事行为能力人行使权利，故本条规定，无民事行为能力人或者限制民事行为能力人的权利受到损害的，诉讼时效期间自其法定代理人知道或者应当知道权利受到损害以及义务人之日起计算，但是法律另有规定的除外。当然，对于《民法典》第188条第2款第二句"自权利受到损害之日起超过二十年的，人民法院不予保护；有特殊情况的，人民法院可以根据权利人的申请决定延长"。本条虽没有完全引用，亦当然适用无民事行为能力人、限制民事行为能力人。

本条但书规定"但是法律另有规定的除外"，一是考虑到《民法典》第188条第2款亦规定了但书条款。所以第188条第2款的但书条款适用的情形依然适用无民事行为能力人、限制民事行为能力人的法定代理人。二是为了实现与《民法典》第190条规定的衔接。因为依照该条规定，无民事行为能力人或者限制民事行为能力人受到法定代理人侵害的，请求权非由法定代理人代为行使。

【审判实践中应注意的问题】

本条的适用与《民法典》第190条的关系问题。《民法典》第190条规定，无民事行为能力人或者限制民事行为能力人对其法定代理人的请求权的诉讼时效期间，自该法定代理终止之日起计算。该条规定的是监护人侵害无民事行为能力人或者限制民事行为能力人的合法权益的诉讼时效起算时间。《民法典》第36条规定，监护人实施严重损害有下列情形之一的，人民法院根据有关个人或者组织的申请，撤销其监护人资格，安排必要的临时监护措施，并按照最有利于被监护人的原则依法指定监护人：（1）实施严重损害被监护人身心健康的行为；（2）怠于履行监护职责，或者无法履行监护职责且拒绝将监护职责部分或者全部委托给他人，导致被监护人处于危困状态；（3）实施严重侵害被监护人合法权益的其他行为。有权提起撤销监护人资格的个人和组织包括：其他依法具有监护资格的人，居民委员会、村民委员会、学校、医疗机构、妇女联合会、残疾人联合会、未成年人保护组织、依法设立的老年人组织、民政部门等。无民事行为能力人或限制民事行为能力人对法定代理人的请求权从人民法院作出撤销监护人资格判决时开始起算。《民法典》第 190 条是为了明确因法定代理人侵害无民事行为能力人或限制行为能力人权益时，对法定代理人的请求权的起算期间。本条是为了解决无民事行为能力人或限制行为能力人受到法定代理人以外的人侵害时诉讼时效的起算问题。该条在起草过程中有意见提出建议增加法定代理人怠于行使权利的规定。也有意见认为，无民事行为能力人、限制民事行为能力人的请求权，诉讼时效因法定代理人怠于行使经过的，可依照《民法典》第 190 条有关对法定代理人的请求权的规定处理，对此可交由司法实践进一步探索。

【相关规定】

《民法典》第 34 条： 监护人的职责是代理被监护人实施民事法律行为，保护被监护人的人身权利、财产权利以及其他合法权益等。

监护人依法履行监护职责产生的权利，受法律保护。

监护人不履行监护职责或者侵害被监护人合法权益的，应当承担法律责任。

因发生突发事件等紧急情况，监护人暂时无法履行监护职责，被监护人的生活处于无人照料状态的，被监护人住所地的居民委员会、村民委员会或者民政部门应当为被监护人安排必要的临时生活照料措施。

第 188 条：向人民法院请求保护民事权利的诉讼时效期间为三年。法律另有规定的，依照其规定。

诉讼时效期间自权利人知道或者应当知道权利受到损害以及义务人之日起计算。法律另有规定的，依照其规定。但是，自权利受到损害之日起超过二十年的，人民法院不予保护，有特殊情况的，人民法院可以根据权利人的申请决定延长。

第 190 条：无民事行为能力人或者限制民事行为能力人对其法定代理人的请求权的诉讼时效期间，自该法定代理终止之日起计算。

第 194 条：在诉讼时效期间的最后六个月内，因下列障碍，不能行使请求权的，诉讼时效中止：

（一）不可抗力；

（二）无民事行为能力人或者限制民事行为能力人没有法定代理人，或者法定代理人死亡、丧失民事行为能力、丧失代理权；

（三）继承开始后未确定继承人或者遗产管理人；

（四）权利人被义务人或者其他人控制；

（五）其他导致权利人不能行使请求权的障碍。

自中止时效的原因消除之日起满六个月，诉讼时效期间届满。

【典型案例】

王某、中国太平洋财产保险股份有限公司广州分公司机动车交通事故责任纠纷案［福建省高级人民法院（2020）闽民再 238 号民事判决］

裁判要旨：无民事行为能力人的权利受到损害的，有关请求权诉讼时效期间自其法定代理人知道或者应当知道权利受到损害以及义务人之日起计算。

基本案情：2015 年 3 月 6 日凌晨 1 时许，王某华（王某父亲）驾车碰撞到王某庆停放的货车尾部。事后，王某华步行离开现场，2 时 22 分掉落在现场附近的河边。3 时 0 分左右，王某庆到现场，在不知情的情况下驾车离开。13 时左右，王某华被发现，经抢救无效死亡。交警认定王某庆与王某华负本起事故的同等责任。经保险理赔后，货车在保险公司的商业三者险限额剩余 625772.15 元。王某于 2015 年 11 月 25 日出生。2018 年 11 月 27 日，经鉴定，在排除同卵多胞、近亲和外源干扰的情况下，依据 DNA 分析结果，支持王某华是王某的生物学父亲。

生效裁判认为：王某出生于 2015 年 11 月 25 日，为无民事行为能力人，其诉讼行为能力应由其法定代理人母亲李某行使。本案系一般民事侵权责任纠纷，不适用《民法总则》第 196 条第 3 项关于请求支付抚养费、赡养费或者扶养费不适用诉讼时效的规定。李某作为交通事故案件原告，应当知道本案三年诉讼时效从王某出生开始计算，但其在王某出生后三年内未行使本案诉权，至王某起诉的 2019 年 1 月 2 日已超过三年的诉讼时效，且也无中止、中断事由，保险公司在庭审中提出诉讼时效抗辩，王某的胜诉权消灭。

第三十七条　无民事行为能力人、限制民事行为能力人的权利受到原法定代理人损害，且在取得、恢复完全民事行为能力或者在原法定代理终止并确定新的法定代理人后，相应民事主体才知道或者应当知道权利受到损害的，有关请求权诉讼时效期间的计算适用民法典第一百八十八条第二款、本解释第三十六条的规定。

【条文主旨】

本条是关于无民事行为能力人、限制民事行为能力人对法定代理人的请求权的诉讼时效期间的补充规定。

【条文理解】

《民法典》第190条规定了无民事行为能力人或者限制民事行为能力人对其法定代理人的请求权的诉讼时效期间，自该法定代理终止之日起计算。这一规定是针对出现法定代理人损害无民事行为能力人、限制民事行为能力人利益这一特殊情形作出的特殊安排，旨在保障无民事行为能力人、限制民事行为能力人对其法定代理人行使请求权。[①]这是因为无民事行为能力人、限制民事行为能力人行使权利依赖于法定代理人，但当法定代理人本身就是义务人时，该无民事行为能力人、

① 参见黄薇主编：《中华人民共和国民法典释义》，法律出版社2020年版，第379页。

限制民事行为能力人事实上处于无法行使权利的状态。其与法定代理人之间的债权债务，若由法定代理人代为行使权利，不仅有滥用代理权损害其合法权益之虞，而且由法定代理人代理权利人对法定代理人自己行使权利构成自己代理，违背《民法典》禁止自己代理之规则。[①]此外，考虑到法定代理关系基于亲属关系或其他信赖关系而产生，如果其间法定代理人侵害了被代理人利益，为保护被代理人利益，避免破坏既存的法定代理关系，也有必要对诉讼时效的起算作出特别安排。[②] 因此，《民法典》规定相关诉讼时效自法定代理终止之日起计算。《民法典》这一规定对于进一步完善无民事行为能力人、限制民事行为能力人的权利保护，具有重要意义。因为在此之前，针对无民事行为能力人、限制民事行为能力人利益被法定代理人损害的情形，司法实践只能援引 2008 年《诉讼时效规定》第 20 条第 3 项“权利人被义务人或者其他人控制无法主张权利”的规定，并进行扩张解释，从而适用《民法通则》关于诉讼时效中止的规定（该条在 2020 年修正《诉讼时效规定》时已删除）。

从司法实践效果看，《民法典》这一规定对于更好保护无民事行为能力人、限制民事行为能力人利益发挥了积极作用（如后附案例中的王某 1 与王某 3 等监护权纠纷案［北京市昌平区人民法院（2020）京 0114 民初 2193 号民事判决］），但也还存在一些适用上的困惑，需要进一步厘清。调研中发现，实践中也存在法定代理终止后才知道权利受到原法定代理人侵害的情形。一些法院对此时如何确定诉讼时效的起算点，产生了疑惑。即此时应当适用《民法典》第 190 条的规定，仍然认定自法定代理终止之日起计算，还是应当适用《民法典》第 188 条第 2 款的规定，自知道权利遭受损害及义务人之日起计算。

---

① 参见梁慧星：《民法总则讲义》，法律出版社 2021 年版，第 353～354 页。

② 参见王利明主编：《中国民法典释评·总则编》，中国人民大学出版社 2020 年版，第 491 页。

例如，后附案例中的陈某怡诉陈某君财产损害赔偿纠纷案［上海市奉贤区人民法院（2019）沪0120民初18099号民事判决］即出现了这一问题。原告陈某怡于2016年8月成年，但在2019年4月才知道权利受损害。为避免出错，该院在裁判说理时既肯定诉讼时效期间应当自知道权利受到损害之日起计算，同时又指出，即使从法定代理终止之日起算本案也未过诉讼时效。

为解决审判实践中的困惑，本条通过探寻立法原意和体系解释的方式，明确规定适用《民法典》第188条关于诉讼时效期间的一般规定，即诉讼时效期间自知道或者应当知道权利受到损害以及义务人之日起计算。主要考虑是，《民法典》第190条相对于《民法典》第188条第2款属于特别规定，旨在解决因法定代理的存在而使无民事行为能力人、限制民事行为能力人对其法定代理人主张权利产生障碍的问题，以更好地保护无民事行为能力人、限制民事行为能力人的合法权益。其虽表述为自法定代理终止时开始计算诉讼时效期间，但隐含的旨趣与《民法典》第188条第2款实质上并无不同，均是要表达自权利人得以行使权利时开始计算诉讼时效期间。① 而在法定代理终止后才知道权利受原法定代理人损害的，本身并不存在权利主张的障碍，因此，不属于第190条特别规定的调整范围，而是应当直接适用第188条第2款一般规定。相反，如果解释为即使在法定代理终止后才知道权利受原法定代理人损害的，诉讼时效期间也应当适用第190条的规定，则会导致明显不利于无民事行为能力人、限制民事行为能力人的后果。此时，相当一部分案件将因为诉讼时效期间已过，而使得无民事行为能力人、限制民事行为能力人的合法权益得不到妥善保护。显然，这一结论与第190条希望强化对无民事行为能力人、限制民事行为能力人合法权益保护的立法本意是不符的。综上，本条规定属于

① 参见陈甦主编：《民法总则评注》，法律出版社2017年版，第1369页。

对《民法典》有关诉讼时效规定的补充细化规定，系对《民法典》第188条、第190条规定作体系解释得出的结论，符合《民法典》规定的精神，强化了对无民事行为能力人或者限制民事行为能力人利益的保护，有利于避免法官机械理解《民法典》第190条的规定。

鉴于本条规定的请求权行使对象是原法定代理人，故在表述上无需再明确“知道义务人”这一条件。另，考虑到法定代理终止的情形较为复杂，可能是因受害人恢复民事行为能力，也可能是因变更监护关系而终止。对于后一种情形，有关诉讼时效应当自确定新的法定代理人并自知道权利受到损害之日起计算，以更充分地保护无民事行为能力人或者限制民事行为能力人的权利。因此，本条规定有关请求权的诉讼时效期间自受害人取得、恢复完全民事行为能力或者确定新的法定代理人且知道或者应当知道权利受到损害之日起计算。

本条曾直接表述有关诉讼时效期间自取得、恢复完全民事行为能力或者确定新的法定代理人且知道或者应当知道权利受到损害之日起计算。有关方面提出，该表述容易被误解为背离了《民法典》第190条规定精神，建议修改。经研究，我们采纳该建议，对表述进行修改，明确此种情形应当适用《民法典》第188条第2款和本解释第36条的规定。本解释第36条是对《民法典》第188条第2款的细化规定，明确无民事行为能力人或者限制民事行为能力人的权利受到损害的，诉讼时效期间自其法定代理人知道或者应当知道权利受到损害以及义务人之日起计算。因此，在原法定代理终止后才知道权利受损的情形下，如果原法定代理关系是因无民事行为能力人、限制民事行为能力人取得或者恢复完全民事行为能力而终止的，诉讼时效期间的计算适用《民法典》第188条第2款的规定，自权利人知道或者应当知道权利受损害之日起计算；如果是因代理人丧失民事行为能力或者被撤销监护资格、变更监护关系等而终止的，自新的法定代理人知道或者应当知道权利受到损害之日起计算。

【审判实践中应注意的问题】

本条规定及《民法典》第190条规定均属诉讼时效起算规则，适用时要注意与《民法典》第194条规定的诉讼时效中止（延期届满）规则区分。亦即，无民事行为能力人、限制民事行为能力人的权利受到法定代理人损害的，不属于《民法典》第194条第1款第4项规定的“权利人被义务人或者其他人控制”的情形，有关请求权的诉讼时效直接适用《民法典》第190条和本解释的有关诉讼时效起算的规则。故而，对于此类情形，审判实践不能再延续以往对2008年《诉讼时效规定》第20条第3项进行扩张解释，进而适用诉讼时效中止制度的思路。

【相关规定】

《民法典》第188条： 向人民法院请求保护民事权利的诉讼时效期间为三年。法律另有规定的，依照其规定。

诉讼时效期间自权利人知道或者应当知道权利受到损害以及义务人之日起计算。法律另有规定的，依照其规定。但是，自权利受到损害之日起超过二十年的，人民法院不予保护，有特殊情况的，人民法院可以根据权利人的申请决定延长。

第190条： 无民事行为能力人或者限制民事行为能力人对其法定代理人的请求权的诉讼时效期间，自该法定代理终止之日起计算。

【典型案例】

一、陈某怡诉陈某君财产损害赔偿纠纷案［上海市奉贤区人民法院（2019）沪0120民初18099号民事判决］

裁判要旨：无民事行为能力人或者限制民事行为能力人对其法定代理人的请求权的诉讼时效期间，自该法定代理终止之日起计算。

基本案情：陈某君与瞿某红2004年1月协议离婚，约定将房屋赠与女儿陈某怡所有。2007年10月陈某君出售房屋，11月办理变更登记。2019年4月，陈某怡得知房屋被出售，诉至法院请求陈某君赔偿。

生效裁判认为：陈某怡在2019年4月得知权利受到侵害后即提起本案诉讼，未超过诉讼时效。另外，根据法律规定，无民事行为能力人或者限制民事行为能力人对其法定代理人的请求权的诉讼时效期间，自该法定代理终止之日起计算。故即便从陈某怡年满18周岁（2016年8月29日）时起计算，也未超过诉讼时效。

二、王某1与王某3等监护权纠纷案［北京市昌平区人民法院（2020）京0114民初2193号民事判决］

裁判要旨：无民事行为能力人或者限制民事行为能力人对其法定代理人的请求权的诉讼时效期间，自该法定代理终止之日起计算。

基本案情：王某3与杜某于2002年11月离婚，约定房屋归儿子王某1（2018年法院宣告其为无民事行为能力人，同时指定监护人为爷爷王某2）所有，一切费用由王某3负责。2007年2月，王某3与赵某结婚，共同偿还房贷。2010年12月，王某3出售房屋并还完贷款。2011年1月，王某3和赵某购买新房。2015年9月，王某3与赵某离婚。2020年王某1以王某3和赵某侵占其卖房款为由诉至法院。

生效裁判认为：王某1向王某3提出请求权的起始时间为变更其监护人的判决生效之日。赵某作为共同侵权人，对其提起请求权的时间亦应自此计算。故王某1提起本案诉讼时，未超过三年诉讼时效。

第三十八条　诉讼时效依据民法典第一百九十五条的规定中断后，在新的诉讼时效期间内，再次出现第一百九十五条规定的中断事由，可以认定为诉讼时效再次中断。

权利人向义务人的代理人、财产代管人或者遗产管理人等提出履行请求的，可以认定为民法典第一百九十五条规定的诉讼时效中断。

【条文主旨】

本条是关于认定诉讼时效中断的规定。

【条文理解】

一、基本概念

诉讼时效中断，是指已经经过的诉讼时效因特定事由的发生而全部归于无效，待中断事由消灭后时效期间重新起算的制度。① 正如法谚所云，法律不保护在权利上睡眠之人。民法设立诉讼时效制度，实质是对民事权利的时间限制，因时效期间届满而发生与原权利人利益相反的法律效果。其规范功能在于督促权利人及时行使权利，稳定法律秩序和经济秩序，节约诉讼成本，减轻法院负担。但是，如果仅仅规定诉讼时效期间，难免会有义务人故意拖延履行义务，权利人继而因诉讼时效期间届满丧失胜诉权，权利无以实现。因此，要使诉讼时

① 梁慧星：《民法总论》，法律出版社2017年版，第263页。

效制度的价值和功能得到充分发挥，还有必要对时效期间的经过予以一定限制。① 诉讼时效中断是保障诉讼时效制度功能发挥的一项重要法律制度，一旦出现权利人积极行使权利的情形，即认定诉讼时效期间中断，诉讼时效期间重新计算。

二、诉讼时效中断的事由

《民法典》第195条规定了诉讼时效中断的事由，包括以下四种情形：

（一）权利人向义务人提出履行请求

权利人积极主张权利，表明其并未怠于行使权利，形成对诉讼时效期间进行的事实状态的否定，从而使诉讼时效失去适用基础。这里的义务人，并不限于义务人本人，应作广义理解，还包括义务人的代理人、财产代管人、清算组织等。《诉讼时效规定》第8条对权利人主张权利的具体情形作了规定：当事人一方直接向对方当事人送交主张权利文书，对方当事人在文书上签名、盖章、按指印或者虽未签名、盖章、按指印但能够以其他方式证明该文书到达对方当事人的；当事人一方以发送信件或者数据电文方式主张权利，信件或者数据电文到达或者应当到达对方当事人的；当事人一方为金融机构，依照法律规定或者当事人约定从对方当事人账户中扣收欠款本息的；当事人一方下落不明，对方当事人在国家级或者下落不明的当事人一方住所地的省级有影响的媒体上刊登具有主张权利内容的公告的，但法律和司法解释另有特别规定的，适用其规定。

（二）义务人同意履行

义务人向权利人表示同意履行义务的意思，是对权利人权利的承

① 王利明主编：《中国民法典释评·总则编》，中国人民大学出版社2020年版，第206页。

认，同样产生诉讼时效中断的效果。关于同意的方式，包括口头或书面、明示或默示。作出同意表示的原则上应为义务人本人，义务人的代理人在授权范围内作出同意表示的，也发生同意的效果。《诉讼时效规定》第 14 条规定："义务人作出分期履行、部分履行、提供担保、请求延期履行、制定清偿债务计划等承诺或者行为的，应当认定为民法典第一百九十五条规定的'义务人同意履行义务'。"本条第 2 款规定诉讼时效中断情形的认定，对《民法典》第 195 条第 1 项"权利人向义务人提出履行请求"作出细化规定。考虑到《民法通则意见》第 173 条规定："权利人向债务保证人、债务人的代理人或者财产代管人主张权利的，可以认定诉讼时效中断"，主要是对权利人主张权利的对象进行解释，经研究，保留"代理人、财产代管人"，并对标《民法典》第 195 条第 1 项的规定，将"债务人"表述为"义务人"，将"主张权利"表述为"提出履行请求"。调研中，有学者建议增加"遗产管理人"。经研究采纳该意见，主要理由是：《民法典》第 1147 条规定遗产管理人应当履行处理被继承人的债权债务的职责，故权利人请求遗产管理人履行的，同样发生诉讼时效中断的效果。另，考虑到主债务诉讼时效中断的，保证债务诉讼时效是否中断会因相关保证是一般保证还是连带责任保证而有所不同，且理论和实务上对保证债务诉讼时效中断效力是否及于主债务诉讼时效存在较大争议，因此，本条未对"保证人"的情形作出规定。

（三）权利人提起诉讼或者申请仲裁

提起诉讼或者申请仲裁，是权利人主张权利最为强烈的方式，与权利人向义务人请求履行一样，表明权利人已积极行使其请求权，对诉讼时效进行事实予以否认，自然同样发生诉讼时效期间中断的效力。《诉讼时效规定》第 10 条规定：当事人一方向人民法院提交起诉状或者口头起诉的，诉讼时效从提交起诉状或者口头起诉之日起中断。

（四）与提起诉讼或申请仲裁具有同等效力的其他情形

法律无法穷尽所有引起诉讼时效中断的情形，除权利人提起诉讼和申请仲裁外，如申请调解等其他启动司法程序的行为，同样表明权利人并未怠于行使权利，也产生诉讼时效中断的效力。当然，诉讼时效中断的事由必须由法律明文规定，与提起诉讼或申请仲裁具有同等效力的其他情形必须是法律规定和司法实践认可的情形。《诉讼时效规定》第11条规定：下列事项之一，人民法院应当认定与提起诉讼具有同等诉讼时效中断的效力：（1）申请支付令；（2）申请破产、申报破产债权；（3）为主张权利而申请宣告义务人失踪或死亡；（4）申请诉前财产保全、诉前临时禁令等诉前措施；（5）申请强制执行；（6）申请追加当事人或者被通知参加诉讼；（7）在诉讼中主张抵销；（8）其他与提起诉讼具有同等诉讼时效中断效力的事项。第12条规定：权利人向人民调解委员会以及其他依法有权解决相关民事纠纷的国家机关、事业单位、社会团体等社会组织提出保护相应民事权利的请求，诉讼时效从提出请求之日起中断。第13条第1款规定：权利人向公安机关、人民检察院、人民法院报案或者控告，请求保护其民事权利的，诉讼时效从其报案或者控告之日起中断。

三、诉讼时效可以多次中断

本条第1款规定诉讼时效可以多次中断。只要在最长诉讼时效期间内，诉讼时效期间的中断并无次数限制。《民法通则意见》第173条规定了诉讼时效可以多次中断，对于司法实践具有重要指引作用。本款延续了《民法通则意见》规定的精神，并对标《民法典》条文调整有关表述。考虑到《民法通则意见》第173条列举了权利人主张权利、义务人同意履行义务两种诉讼时效中断的情形，而该两种情形已被《民法典》第195条所涵盖，故表述为“依据民法典第一百九十五条的规定”中断。应当注意的是，诉讼时效中断虽然并无次数上的限制，但不能超过《民法典》关于20年最长权利保护期间的规定。

四、诉讼时效中断的法律效果

诉讼时效中断后，从中断或者有关程序终结时起，诉讼时效期间重新计算。换言之，在中断事由发生前已经过的诉讼时效期间，除非已届满，全部失去意义；在中断事由存续期间，诉讼时效不进行；在中断事由终止时起，诉讼时效期间重新计算。①

【审判实践中应注意的问题】

一、诉讼时效期间的起算

《民法通则》第140条中规定："从中断时起，诉讼时效期间重新计算。"这一规定过于粗疏，不能涵盖实践中的所有情形。尤其是在因提起诉讼或者申请仲裁而引起诉讼时效中断的情形下，因有些诉讼从起诉之日到作出终审判决之日可能耗时数年之久，从起诉之日还是从终审判决生效之日起重新计算诉讼时效差异明显，对权利人影响甚巨。因此，在重新计算诉讼时效期间的起算点上，应当根据不同情况区别处理。在"权利人向义务人提出履行请求"和"义务人同意履行"导致诉讼时效中断的情形下，一旦履行请求到达义务人，或者义务人同意履行的意思表示到达权利人，即可发生诉讼时效中断的效果，即在这两种情况下，诉讼时效期间从中断时起重新计算。在"权利人提起诉讼或者申请仲裁"和"与提起诉讼或者申请仲裁具有同等效力的其他情形"两种情形下，法律程序在进行过程中，权利人一直处于主张权利的事实状态，规定从有关程序终结时起重新计算诉讼时效是适当的。同时，也避免了规定诉讼时效从起诉之日或者从提起仲裁之

① 王泽鉴：《民法总则》，北京大学出版社2009年版，第425页。

日起重新计算，因法律程序烦琐、耗时过长、法律程序尚未终结而诉讼时效期间已经届满的情形的发生。

二、举证责任分配

诉讼时效中断，乃是为权利人利益而设，应由权利人主张证明，也就是说，依据《民法典》第193条规定，人民法院不得主动适用诉讼时效的规定。诉讼时效的中断，同样遵循当事人的主张抗辩规则。因此，若非义务人援引时效届满的抗辩，并不发生时效中断的适用问题，只有义务人援引时效抗辩，权利人为了对抗此等抗辩，才需要援引时效中断的规则。

【相关规定】

一、《民法典》第43条：财产代管人应当妥善管理失踪人的财产，维护其财产权益。

失踪人所欠税款、债务和应付的其他费用，由财产代管人从失踪人的财产中支付。

财产代管人因故意或者重大过失造成失踪人财产损失的，应当承担赔偿责任。

第188条 向人民法院请求保护民事权利的诉讼时效期间为三年。法律另有规定的，依照其规定。

诉讼时效期间自权利人知道或者应当知道权利受到损害以及义务人之日起计算。法律另有规定的，依照其规定。但是，自权利受到损害之日起超过二十年的，人民法院不予保护，有特殊情况的，人民法院可以根据权利人的申请决定延长。

第195条：有下列情形之一的，诉讼时效中断，从中断、有关程序终结时起，诉讼时效期间重新计算：

（一）权利人向义务人提出履行请求；

（二）义务人同意履行义务；

（三）权利人提起诉讼或者申请仲裁；

（四）与提起诉讼或者申请仲裁具有同等效力的其他情形。

第1147条：遗产管理人应当履行下列职责：

（一）清理遗产并制作遗产清单；

（二）向继承人报告遗产情况；

（三）采取必要措施防止遗产毁损、灭失；

（四）处理被继承人的债权债务；

（五）按照遗嘱或者依照法律规定分割遗产；

（六）实施与管理遗产有关的其他必要行为。

二、《民法通则意见》（已废止）第173条：诉讼时效因权利人主张权利或者义务人同意履行义务而中断后，权利人在新的诉讼时效期间内，再次主张权利或者义务人再次同意履行义务的，可以认定为诉讼时效再次中断。

权利人向债务保证人、债务人的代理人或者财产代管人主张权利的，可以认定诉讼时效中断。

三、《最高人民法院关于适用〈中华人民共和国担保法〉若干问题的解释》（已废止）第36条：一般保证中，主债务诉讼时效中断，保证债务诉讼时效中断；连带责任保证中，主债务诉讼时效中断，保证债务诉讼时效不中断。

一般保证和连带责任保证中，主债务诉讼时效中止的，保证债务的诉讼时效同时中止。

四、《诉讼时效规定》第15条第2款：对于连带债务人中的一人发生诉讼时效中断效力的事由，应当认定对其他连带债务人也发生诉讼时效中断的效力。

五、《全国法院贯彻实施民法典工作会议纪要》第5条：民法典第一百八十八条第一款规定的普通诉讼时效期间，可以适用民法典有关诉讼时效中止、中断的规定，不适用延长的规定。民法典第一百八十八条第二款规定的“二十年”诉讼时效期间可以适用延长的规定，不适用中止、中断的规定。

诉讼时效根据民法典第一百九十五条的规定中断后，在新的诉讼时效期间内，再次出现第一百九十五条规定的中断事由，可以认定诉讼时效再次中断。权利人向义务人的代理人、财产代管人或者遗产管理人主张权利的，可以认定诉讼时效中断。

【典型案例】

一、张某芳、梁某平民间借贷纠纷案［深圳市中级人民法院（2018）粤03民终23851号民事判决］

裁判要旨：权利人向义务人请求履行债务的，诉讼时效中断。

基本案情：2013年10月，梁某平向张某芳借款，钟某明作为保证人，承担连带责任。后梁某平还款至2015年1月，其后未再还款。张某芳诉至法院。

生效裁判认为：根据法律和张某芳提交的录音录像证据，足以证明该笔借款的诉讼时效应当从2015年5月发生中断，诉讼时效期间从2015年5月起重新计算二年，至2017年5月届满，而鉴于张某芳于2016年6月16日、2016年12月25日向钟某明进行了上门催收和发函催收，诉讼时效期再次中断，因此诉讼时效并未过期，应当依法承担担保责任。

二、马某菊与郑某、莫某民间借贷纠纷案［山东省日照市中级人民法院（2018）鲁11民终2378号民事判决］

裁判要旨：诉讼时效因权利人主张权利而中断后，权利人在新的诉讼时效期间内，再次主张权利的，可以认定为诉讼时效再次中断。

基本案情：2018年，马某菊向法院提交借条“今借王某2现金15

万元，借款期限一年，年息20%，到期不还承担违约金3万元整。借款人：郑某、莫某　2012.3.20日”以及王某2（马某菊前夫）的银行转账记录，主张郑某、莫某还款。

生效裁判认为：根据王某2证言，可以认定王某2于2015年农历八月十五左右向莫某索要过借款，诉讼时效中断。根据马某菊提交的对话录音，结合证人证言，能够认定马某菊于2017年8月9日找莫某索要过涉案借款，诉讼时效再次中断。自2017年8月9日至马某菊起诉之日（2018年1月19日），尚未超过三年的诉讼时效期间，故马某菊的起诉未超过诉讼时效。

九、附　则

第三十九条　本解释自2022年3月1日起施行。

民法典施行后的法律事实引起的民事案件，本解释施行后尚未终审的，适用本解释；本解释施行前已经终审，当事人申请再审或者按照审判监督程序决定再审的，不适用本解释。

【条文主旨】

本条是关于司法解释施行日期和溯及力的规定。

【条文理解】

关于本解释的施行日期，最高人民法院审判委员会第1861次会议进行了慎重研究，充分考量人民法院贯彻实施《民法典》的整体情况以及司法实践对总则编司法解释的迫切需要，最终决定以2022年3月1日作为本解释的施行日期。

本条第2款是关于司法解释溯及力的规定。司法解释是最高人民法院对审判工作中具体应用法律问题所作的具有法律效力的解释。关于民事司法解释的溯及力问题，目前并没有法律、司法解释明确规定，实务上通常是遵循“可以溯及其所解释的法律施行之日”的做法，除非某个司法解释对其能否溯及适用的问题有特殊规定。本解释起草过程中，为了科学准确划定本解释的溯及力问题，我们对我国民事类法律、司法解释溯及力问题进行了全面系统研究。

一、关于法律的溯及力问题

溯及力，又称溯及既往的效力，是指新的法律颁布后，对其生效前的事件和行为是否适用的问题，如果适用，则具有溯及力；如果不适用，则不具有溯及力。法不溯及既往是一项各国和地区法律普遍承认的原则，此原则在理论上可以认为是从法的安定性和信赖保护原则派生出来的。法治国家理念下的法的安定性和信赖利益保护原则是法不溯及既往原则的理论基础。因此，法律溯及或不溯及既往，都应该从法的安定性和信赖利益保护出发。换言之，溯及既往的法律之所以原则上被禁止，最根本的原因就在于破坏了法的安定性和侵犯了稳定的法律秩序下人们因对旧法的信赖而形成的既得权利。人们之所以要为自己的行为承担法律后果，就是因为事先已经知道或者应当知道哪些行为是法律允许的，哪些行为是法律不允许的，从而对人们的行为起指引和警示作用，故法律原则上只对其生效后的行为起规范作用，不能要求人们遵守还没有制定出来的法律。如果允许法律具有溯及力，人们无法预见自己的哪些行为会受到将来法律的禁止或者惩罚，就没有安全感，也没有行为的自由，信赖利益得不到保护，社会秩序也难以维持稳定。

一般情况下，我国法律坚持“法律不溯及既往”的原则，但也有例外，特别是在刑法中，目前各国和地区采用的通例是“从旧兼从轻”原则，我国现行《刑法》就采用“从旧兼从轻”原则。《立法法》第93条规定：“法律、行政法规、地方性法规、自治条例和单行条例、规章不溯及既往，但为了更好地保护公民、法人和其他组织的权利和利益而作的特别规定除外。”该条规定了法不溯及既往的原则以及有利溯及的例外情形。立法机关在该条的释义中认为，该条规定的“公民、法人和其他组织”是指法律、法规、规章等在具体事件中所直接指向的个别公民、法人和其他组织，是法律、法规、规章等规定的特定调整对象，并非泛指不特定多数人。同时，确定有关法律规范可以溯及既往必须考虑不改变当事人行为预期、不减损当事人既有权利与减轻特定当事人负担、有利于维护公序良俗的平衡，在民事领域也要考虑符合双方当事人的真实意愿、有利于鼓励交易等因素。这是我国《立法法》唯一认可的正当溯及既往的规则。当然，承认它有充分的道德理由。有利溯及既往就是形式上溯及既往的一种，而且它非但不会对自由造成损害，反而是扩大个人自由。法律（民事法律）的溯及适用必须对各方当事人都有利或者至少在不损害一方的前提下使另一方获利。[①] 2020 年 12 月 30 日，最高人民法院为贯彻实施《民法典》，根据《立法法》《民法典》等法律规定，制定发布了《民法典时间效力规定》，专门就人民法院在审理民事纠纷案件中有关适用《民法典》时间效力问题作出全面系统规定。其中，该司法解释第 2 条对有利溯及作出了规定，这是民事司法解释中第一次对有利溯及予以明确，具有重大理论价值。

二、关于司法解释的溯及力问题

早在 1955 年，《全国人大常委会关于解释法律问题的决议》就规定：“凡关于审判过程中如何具体应用法律、法令的问题，由最高人民法院审判委员会进行解释。”1979 年的《人民法院组织法》、1981 年《全国人大常委会关于加强法律解释工作的决议》、2015 年修正的《立法法》、2018 年修订的《人民法院组织法》均有明确规定。其中，2018 年修订的《人民法院组织法》第 18 条第 1 款规定：“最高人民法院可以对属于审判工作中具体应用法律的问题进行解释。”我国司法

① 参见房绍坤、张洪波：《民事法律的正当溯及既往问题》，载《中国社会科学》2015 年第 5 期。

解释经过60多年的发展，在统一法律适用、保障人民群众合法权益、促进和保障经济和社会不断发展等方面发挥了不可或缺的作用，实践充分证明，司法解释符合我国国情、行之有效，已经成为中国特色社会主义司法制度的重要组成部分。

司法解释对其生效以前的事件和行为有无溯及力的问题，较为复杂。《立法法》第93条并没有把法律解释和司法解释列入其中，理论和实务中对司法解释在适用时是否有溯及力，也存有不同认识：一种意见认为，司法解释是对现行立法的解释，故自公布之日起，对于人民法院尚未审结的一、二审案件均应当适用。这种对司法解释施行前人民法院已经受理、司法解释施行时尚未审结的案件加以适用司法解释的主张，实际上是赋予了司法解释一定的溯及力。另一种意见认为，司法解释虽然理论上是对既有法律的解释，但我国的司法解释在一定程度上起着填补立法空白，甚至创设新规则的作用。按照法律不溯及既往的原则，司法解释只能适用于公布施行后起诉到人民法院的案件。只要案件的一审程序受理于司法解释生效施行之前的，都不能适用该司法解释。① 我们倾向于第一种观点。一般认为，根据《人民法院组织法》等有关规定，最高人民法院对于在审判过程中如何具体应用法律的问题进行解释。司法解释是对法律的释明，虽在被解释法律实施后制定，但应视为被解释法律的一部分，其在生效之日就应适用于审判实践，而且具有溯及力，但其溯及力应受被解释法律的时间效力范围的限制，即如果以制定法为解释对象，该司法解释一般与被解释法律同步发生效力，被解释法律如果能够适用于某一类法律关系，该司法解释同样也应适用于该法律关系。比如，对于刑事司法解释的溯及力，《最高人民法院、最高人民检察院关于适用刑事司法解释时间效力问题的规定》第1条明确规定："司法解释是最高人民法院对审判

① 最高人民法院民事审判第一庭编著：《最高人民法院建设工程施工合同司法解释的理解与适用》，人民法院出版社2004年版，第244页。

工作中具体应用法律问题和最高人民检察院对检察工作中具体应用法律问题所作的具有法律效力的解释，自发布或者规定之日起施行，效力适用于法律的施行期间。”关于民事司法解释的溯及力，并无类似上述刑事司法解释溯及力的统一规定，相关内容通常都在各具体的司法解释当中。比如，《精神损害赔偿解释》（法释〔2001〕7号）第12条[①]规定：“在本解释公布施行之前已经生效施行的司法解释，其内容有与本解释不一致的，以本解释为准。”《最高人民法院关于审理铁路运输人身损害赔偿纠纷案件适用法律若干问题的解释》（法释〔2010〕5号）第16条[②]规定：“本院以前发布的司法解释与本解释不一致的，以本解释为准。本解释施行前已经终审，本解释施行后当事人申请再审或者按照审判监督程序决定再审的案件，不适用本解释。”这些规定一方面明确了新法优于旧法的规则，另一方面多是从终审案件不适用该司法解释的角度间接明确了只要是尚未终审的案件都可以适用该解释，或是直接明确凡是尚未终审的案件均适用该解释。表面上没有直接涉及溯及力问题，但实际上是承认了司法解释的溯及适用规则，即只要该案件处于一审、二审阶段，都可以适用该司法解释，至于引发此纠纷的法律事实发生在该司法解释之前还是之后，在所不问，这符合司法解释系解释相关法律的基本特点。但上述规定并没有解决此司法解释溯及至何时的问题，如上所述，有必要以其解释的法律施行之日作为起点。这在有关司法解释中也有先例，比如，《合同法解释（二）》[③] 第30条规定：“合同法施行后成立的合同发生纠纷的案件，本解释施行后尚未终审的，适用本解释；本解释施行前已经终审，当事人申请再审或者按照审判监督程序决定再审的，不适用本解释。”这一规定是对该司法解释溯及力问题作出的专门规定，强调该司法解

① 该司法解释2020年修正后，保留该条规定，条文序号调整为第6条。

② 该司法解释2021年修正后，保留该条规定，条文序号调整为第13条。

③ 该解释已于2021年1月1日废止。

释只适用于对《合同法》施行后成立的合同纠纷一审、二审案件。至于《合同法》施行以前成立的合同所发生的纠纷，无论是一审案件，还是二审案件，都不能适用该解释，而应当适用合同成立时的法律规定。《合同法》施行以前成立的合同所发生的纠纷，原则上适用合同成立时的法律规定，不应适用《合同法》，当然也不能适用该司法解释。有一点需要说明，关于《合同法》的适用范围，《合同法解释（一）》① 第1条规定："合同法实施以后成立的合同发生纠纷起诉到人民法院的，适用合同法的规定；合同法实施以前成立的合同发生纠纷起诉到人民法院的，除本解释另有规定的以外，适用当时的法律规定，当时没有法律规定的，可以适用合同法的有关规定。"根据《合同法解释（一）》的该条规定，"当时没有法律规定的，可以适用合同法的有关规定"，那么，当时没有法律规定的，是否也可以适用《合同法解释（二）》的相关规定呢？答案是否定的。因为《合同法解释（二）》第30条明确排除了《合同法》施行前成立的合同，将其限定在"合同法施行后成立的合同发生纠纷的案件"②。从这个角度讲，司法解释具有溯及力应该是一般原则，通常应该溯及其解释或者依据的法律施行时。在明确司法解释系对既有法律条文进行的解释这一基本出发点之后，同法律的溯及力一样，研究司法解释的溯及力问题，当然也要注重对当事人合理预期的保护。对于纯粹解释细化既有法律条文的司法解释规定，其内容属于完全符合立法本意的范畴，故对于该司法解释溯及相应法律施行之时，应认定为符合当事人基于该法律规定所形成的合理预期。但对于填补立法空白，明显创设或者修改规则的司法解释条文规定，则会涉及改变甚至背离当事人合理预期的问题，涉及对当事人信赖利益的保护，有必要区分不同情形。对于漏洞填补

① 该解释已于2021年1月1日废止。

② 参见最高人民法院研究室编著：《最高人民法院关于合同法司法解释（二）理解与适用》，人民法院出版社2009年版，第217页。

型的司法解释规定，在遵循《立法法》第93条规定的前提下，要结合《民法典时间效力规定》第3条规定的精神确定其溯及力问题，此也属于“过去没有规定而现在有规定的，可以适用现在的规定”的范畴，但要以不明显减损当事人合法权益、增加当事人法定义务或者背离当事人合理预期作为限定条件。对于修改规则型的司法解释规定，尤其是形式上是创设规则，实际上是修改规则的规定，则要贯彻法律不溯及既往原则，除非符合《立法法》第93条后段规定情形，方可予以有利溯及。这一情形比较典型的例子就是《最高人民法院关于建设工程价款优先受偿权问题的批复》（法释〔2002〕16号，已废止）第5条规定：“本批复第一条至第三条自公布之日起施行，第四条自公布之日起六个月后施行。”而第4条即为建设工程承包人行使优先权6个月期限的规定，这实际上是限定了该优先受偿权期限规定的溯及适用问题，考虑的就是对当事人合理预期的保护。

那么，司法解释能否溯及其解释或者所依据法律实施之前的法律事实引发的纠纷案件呢？如上所述，司法解释原则上要溯及该司法解释所解释或者依据的法律施行之日，但对于该司法解释能否溯及该法律之前，目前没有明确规定。我们认为，鉴于司法解释与其解释或者依据法律在条文内容、精神要旨方面的一致性，司法解释能否进一步溯及其解释或者依据的法律施行之前，首先要依照该法律的溯及适用标准进行判断。以《民法典》的溯及适用为例，依照《民法典时间效力规定》第2条、第3条的规定，符合有利溯及、空白溯及情形的，要适用《民法典》的规定，同样要适用与《民法典》相关的司法解释规定，这是一般原则。但是，要注意两个例外：一是某司法解释对其溯及力问题作了明确限定的，则要遵循该司法解释的规定，如上述的《合同法解释（二）》第30条的规定。二是基于保护当事人合理预期需要的，对于某司法解释具体规定都不能溯及适用于该司法解释施行之前的，当然也不能溯及适用于该司法解释所解释或者依据的法律施行之前，如上述《合同法解释（二）》第24条有关合同解除异议权3个月行使期间的规定。

需要注意的是，《民法典时间效力规定》等衔接适用的司法解释具有一定特殊性，这类司法解释主要解决新旧法律的适用规则，而并不针对法律具体条文进行细化解释。具体而言，与实体类司法解释规范相比，它并不直接调整当事人之间的实体权利，而是指明如何在新旧法律规范中选择适用的法律、司法解释规范，间接确定具体权利义务；与程序类司法解释规范相比，它只是提供评价法律适用正确性的标准和指引，一般不直接规定诉讼参与人的程序权利和义务。因此，衔接适用类司法解释的溯及力具有特殊性，与《民法典总则编解释》等实体类司法解释的溯及适用规则有所不同。

三、不同民商事司法解释关于溯及力规定的比较分析

关于民商事司法解释的溯及力问题，不同民商事司法解释的规定并不一致，大致有以下几种情况：

第一种是只规定生效时间，不对司法解释的溯及力问题进行规定。例如，《民法典物权编解释（一）》第21条规定："本解释自2021年1月1日起施行。"

第二种是在规定生效时间的同时，规定司法解释不溯及适用于已经终审的案件。例如，《最高人民法院关于适用〈中华人民共和国公司法〉若干问题的规定（一）》第5条和第6条规定，人民法院对公司法实施前已经终审的案件依法进行再审时，不适用《公司法》的规定。该规定自公布之日起实施。

第三种是在规定生效时间的同时，规定司法解释溯及适用于尚未审结的案件。例如，《最高人民法院关于适用〈中华人民共和国公司法〉若干问题的规定（四）》第27条规定："本规定自2017年9月1日起施行。本规定施行后尚未终审的案件，适用本规定；本规定施行

前已经终审的案件，或者适用审判监督程序再审的案件，不适用本规定。”

第四种是在规定生效时间的同时，规定司法解释适用于其施行后新受理的案件。例如，已经废止的《最高人民法院关于适用〈中华人民共和国婚姻法〉若干问题的解释（二）》（法释〔2003〕19号）第29条规定：“本解释自2004年4月1日起施行。本解释施行后，人民法院新受理的一审婚姻家庭纠纷案件，适用本解释。本解释施行后，此前最高人民法院作出的相关司法解释与本解释相抵触的，以本解释为准。”

第五种是对司法解释溯及力作出特殊规定。例如，《最高人民法院关于审理民间借贷案件适用法律若干问题的规定》（2020年8月19日修正）第32条规定：“本规定施行后，人民法院新受理的一审民间借贷纠纷案件，适用本规定。借贷行为发生在2019年8月20日之前的，可参照原告起诉时一年期贷款市场报价利率四倍确定受保护的利率上限。本规定施行后，最高人民法院以前作出的相关司法解释与本解释不一致的，以本解释为准。”但是，该规定已经被《最高人民法院关于审理民间借贷案件适用法律若干问题的规定》（2020年12月29日修正）第31条修正，该条规定：“本规定施行后，人民法院新受理的一审民间借贷纠纷案件，适用本规定。2020年8月20日之后新受理的一审民间借贷案件，借贷合同成立于2020年8月20日之前，当事人请求适用当时的司法解释计算自合同成立到2020年8月19日的利息部分的，人民法院应予支持；对于自2020年8月20日到借款返还之日的利息部分，适用起诉时本规定的利率保护标准计算。本规定施行后，最高人民法院以前作出的相关司法解释与本规定不一致的，以本规定为准。”

第六种是在规定生效时间的同时，规定司法解释溯及适用于其施行后尚未审结的一审、二审案件。比如，《民法典时间效力规定》第

28条规定："本规定自2021年1月1日起施行。本规定施行后，人民法院尚未审结的一审、二审案件适用本规定。"而对于2021年1月1日《民法典》施行前已经终审的案件，或者适用审判监督程序再审的案件，并未表述为"再审案件不适用本解释"，而是以"一般规定"的形式明确"既判力优先于溯及力"规则，该司法解释第5条规定："民法典施行前已经终审的案件，当事人申请再审或者按照审判监督程序决定再审的，不适用民法典的规定。"主要理由在于：《民法典时间效力规定》具有特殊性，整体上是关于选法规则的规定，解决特定情形适用《民法典》还是适用相应旧法规定的问题，这与之前的对有关法律规定的实体权利义务内容进行解释或者依据相关法律作的涉及实体权利义务内容的司法解释有着本质不同。如依旧采用"再审案件不适用本解释"的表述，只能明确再审案件不适用本解释所规定的选法规则，但是并不能明确再审案件是适用《民法典》还是适用之前的法律。因此，有必要单独对此类案件的适用问题予以明确。

第七种是在规定生效时间的同时，规定司法解释对其施行前的法律事实不溯及适用。比如，《最高人民法院关于审理使用人脸识别技术处理个人信息相关民事案件适用法律若干问题的规定》（法释〔2021〕15号）第16条规定："本规定自2021年8月1日起施行。信息处理者使用人脸识别技术处理人脸信息、处理基于人脸识别技术生成的人脸信息的行为发生在本规定施行前的，不适用本规定。"之所以如此规定，主要是因为人脸识别司法解释结合个人信息保护立法最新成果，将《民法典》中的"同意"标准细化、明确为"单独同意"，基于对当事人合理预期的保护，有必要明确本解释的有关内容自施行时发生效力，对此前有关行为无溯及力，避免对信息处理者课以过重责任，妥善处理好惩戒侵权和鼓励数字科技发展之间的关系。

之前，曾有学者建议对司法解释的溯及力问题作出统一规定，并提出如下建议：第一，对有明确解释对象的，效力及于被解释法律生效之时。第二，对于没有明确的解释对象的，应区分两种情形：一是旧法（包括司法解释）没有规定的，适用补缺例外规则，或称“空白追溯”规则；二是旧法（包括司法解释）有规定的，采取从旧兼有利等规则。第三，对于连续性事实或持续性法律关系，采用即行适用原则。第四，如果对明确的法律规定作出直接修改，则不得具有溯及力。第五，如果司法解释一时不能做到分别情况规定溯及力，也应统一规定适用于一、二审案件，而不应区分新受理的一审案件与审理中的案件或只规定一个实施日期。①

对此，我们认为，司法解释的溯及力问题较为复杂，这也是不同司法解释规定存在差异的根本原因。首先，决定司法解释是否适用的基础是法律事实的发生时间，司法解释具有溯及力意味着对其施行前发生的法律事实也适用。法律事实的发生时间早于纠纷产生的时间，更早于起诉和审理的时间，虽然很多司法解释没有明确提出“法律事实”“行为或者事件”等概念，但是通过“尚未终审”“尚未审结的一审、二审案件”“新受理的案件”等表述实现了同样的效果。司法解释施行时“尚未终审”或者“尚未审结的一审、二审案件”的法律事实必然发生在该司法解释施行前；司法解释施行后“新受理的案件”的法律事实可能发生司法解释施行前，也可能发生在其施行后。其次，对于有明确解释对象的司法解释，如前文所述，其溯及适用于被解释法律施行之时，这与一些学者的观点也是一致的，该类司法解释一般可以溯及至该司法解释施行时尚未审结的一、二审案件，以及法律事实发生在该司法解释施行之前、在该司法解释施行后起诉的案件，但是该司法解释施行时已经终审的案件除外。最后，应当允许司法解释在坚持法不溯及既往基本原则的前提下基于特殊考量对自身溯及力问题作出特殊规定，不能认为存在矛盾或者错误。司法解释是对

① 张新宝、王伟国：《最高人民法院民商事司法解释溯及力问题探讨》，载《法律科学》2010年第6期。

法律所作的更加具体和更有操作性的解释，出于保护当事人合理预期等因素的考虑，可以对司法解释的溯及力问题作出特别规定。例如，一些司法解释规定其施行后新受理的案件可以适用，排除了尚未审结的案件的适用。虽然新受理的案件的法律事实可能和尚未审结的法律事实一样发生在司法解释施行前，但是在司法解释施行后起诉和施行前起诉对当事人的诉讼预期的影响是有差异的，一些司法解释根据其条文对当事人合理预期、社会经济秩序的影响等因素作出上述规定并无不可。

四、关于本解释溯及力规定的考量

关于本解释的时间效力问题，我们经过对民事法律、司法解释溯及力问题进行系统梳理和认真研究，对《民法通则》《民法总则》《民法典》的内容、关系进行充分考量，起草过程中形成了三种方案。第一种方案为："本解释施行后尚未终审的案件，适用本解释；本解释施行前已经终审，当事人申请再审或者按照审判监督程序决定再审的案件，不适用本解释。"该方案赋予本解释过强的溯及力，可能导致大量法律事实发生在《民法典》甚至《民法总则》施行前的民事案件适用本解释，经反复论证后予以舍弃。另二种方案为："《民法总则》施行后的法律事实引起的民事案件，本解释施行后尚未终审的，适用本解释；本解释施行前已经终审，当事人申请再审或者按照审判监督程序决定再审的，不适用本解释。"这一方案的合理之处在于：充分考虑到《民法典》总则编与《民法总则》一脉相承的关系，在限制本解释溯及力的同时，尽可能延伸了其适用空间。但也存在如下不合理之处：一是2021年1月1日《民法总则》已经被废止，本解释以一个被废止的法律作为溯及适用的起点，不太合适；二是《民法总则》施行期间（2017年10月1日至2020年12月31日），《民法通则意见》等民事类司法解释尚在施行，如本解释溯及适用至2017年10月1日，可能导致相似的解释规则同时并行，从而引发地方法院援引司法解释的混乱。三是本解释不仅涉及总则编的内容，还涉及总则编与各分编之间的关系问题，全部溯及适用并不妥当。因此，我们也没有采用这种方案。第三种方案即为当前方案，即："民法典施行后的法律事实引起的民事案件，本解释施行后尚未终审的，适用本解释；本解释施行前已经终审，当事人申请再审或者按照审判监督程序决定再审的，不适用本解释。"这种方案符合了《民法典时间效力规定》的基本规则，避免因赋予司法解释强溯及力所引发的规则冲突，最为科学。鉴于《民法总则》与《民法典》总则编内容的延续性，对于法律事实发生在《民法总则》施行后、《民法典》施行前的，人民法院在审理相关纠纷时，如无相关细化规定，可以参照本解释的规定精神处理。

【相关规定】

一、《民法典时间效力规定》第1条：民法典施行后的法律事实引起的民事纠纷案件，适用民法典的规定。

民法典施行前的法律事实引起的民事纠纷案件，适用当时的法律、司法解释的规定，但是法律、司法解释另有规定的除外。

民法典施行前的法律事实持续至民法典施行后，该法律事实引起的民事纠纷案件，适用民法典的规定，但是法律、司法解释另有规定的除外。

第2条：民法典施行前的法律事实引起的民事纠纷案件，当时的法律、司法解释有规定，适用当时的法律、司法解释的规定，但是适用民法典的规定更有利于保护民事主体合法权益，更有利于维护社会和经济秩序，更有利于弘扬社会主义核心价值观的除外。

第3条：民法典施行前的法律事实引起的民事纠纷案件，当时的法律、司法解释没有规定而民法典有规定的，可以适用民法典的规定，但是明显减损当事人合法权益、增加当事人法定义务或者背离当事人合理预期的除外。

第5条：民法典施行前已经终审的案件，当事人申请再审或者按照审判监督程序决定再审的，不适用民法典的规定。

第28条：本规定自2021年1月1日起施行。

本规定施行后，人民法院尚未审结的一审、二审案件适用本规定。

二、《最高人民法院关于审理使用人脸识别技术处理个人信息相关民事案件适用法律若干问题的规定》第16条：本规定自2021年8月1日起施行。

信息处理者使用人脸识别技术处理人脸信息、处理基于人脸识别技术生成的人脸信息的行为发生在本规定施行前的，不适用本规定。

三、《最高人民法院关于适用〈中华人民共和国公司法〉若干题的规定（五）》第6条第2款、第3款：本规定施行后尚未终审的案件，适用本规定；本规定施行前已经终审的案件，或者适用审判监督程序再审的案件，不适用本规定。

本院以前发布的司法解释与本规定不一致的，以本规定为准。

四、《最高人民法院关于审理医疗损害责任纠纷案件适用法律若干问题的解释》第26条：本院以前发布的司法解释与本解释不一致的，以本解释为准。

本解释施行后尚未终审的案件，适用本解释；本解释施行前已经终审，当事人申请再审或者按照审判监督程序决定再审的案件，不适用本解释。

五、《合同法解释（二）》（已废止）第30条：合同法施行后成立的合同发生纠纷的案件，本解释施行后尚未终审的，适用本解释；本解释施行前已经终审，当事人申请再审或者按照审判监督程序决定再审的，不适用本解释。

六、《最高人民法院关于适用〈中华人民共和国担保法〉若干问

题的解释》（已废止）第133条第2款、第3款：担保法施行以后因担保行为发生的纠纷案件，在本解释公布施行前已经终审，当事人申请再审或者按审判监督程序决定再审的，不适用本解释。

担保法施行以后因担保行为发生的纠纷案件，在本解释公布施行后尚在一审或二审阶段的，适用担保法和本解释。

七、《最高人民法院关于审理劳动争议案件适用法律若干问题的解释（二）》（已废止）第18条：本解释自二〇〇六年十月一日起施行。本解释施行前本院颁布的有关司法解释与本解释规定不一致的，以本解释的规定为准。

本解释施行后，人民法院尚未审结的一审、二审案件适用本解释。本解释施行前已经审结的案件，不得适用本解释的规定进行再审。

附　录

征求意见稿一

最高人民法院
关于适用《中华人民共和国民法典》总则编的解释（一）

（2021 年 10 月 19 日上海市第二中级人民法院调研座谈会讨论稿）

为正确审理民事纠纷案件，依法保护民事主体的合法权益，维护社会和经济秩序，根据《中华人民共和国民法典》《中华人民共和国民事诉讼法》等相关法律规定，结合审判实践，制定本解释。

一、基本规定

第一条【法律的范围、习惯的适用】 人民法院处理民事纠纷时应当依法引用法律、行政法规、地方性法规、自治条例、单行条例的规定作为裁判的法律依据。

没有前款所列规定的，人民法院可以依照民法典第十条的规定将习惯作为裁判的法律依据。当事人仅以部门规章、地方政府规章的规定不同于习惯为由主张不适用习惯的，人民法院一般不予支持。

在一定地域、民族、行业范围内长期为一般人确信并普遍遵守的民间做法或者商业惯例，可以认定为民法典第十条规定的习惯。

第二条【民事纠纷的法律适用】 人民法院处理民事纠纷时应当优先适用民法典第二编至第七编的规定；前述各编没有规定的，适用第一编的规定。

其他法律的规定属于对民法典规定具体细化的，人民法院应当优先适用该法律的规定。其他法律的规定与民法典的规定不一致的，人民法院应当适用民法典的规定，但是民法典明确其他法律可以作出不同规定的除外。其他法律没有规定的，适用民法典的规定。

民法典及其他法律对民事关系没有具体规定的，人民法院可以引用民法典有关基本原则的规定作为裁判依据。

二、民事权利能力和民事行为能力

第三条【胎儿利益的保护】 涉及遗产继承、接受赠与、保险受益、人身损害赔偿、抚养费请求等胎儿利益保护，父母在胎儿娩出前代为主张相应权利的，人民法院依法予以支持。

涉及人身损害赔偿，父母可以在胎儿损害后果、有关因果关系等事实确定后代为起诉；父母在胎儿娩出前已经起诉的，人民法院可以根据查明的案件具体情况，依照《中华人民共和国民事诉讼法》第一百五十条第一款第六项的规定中止审理。

胎儿娩出时为死体，有关当事人请求返还利益的，人民法院依法予以支持。

因侵权人的行为导致胎儿娩出时为死体，父母主张相应损害赔偿的，人民法院依法予以支持。

第四条【行为与年龄、智力、精神健康状况相适应的认定】 限制民事行为能力人实施的民事法律行为是否与其年龄、智力、精神健康状况相适应，人民法院可以从行为与本人生活相关联的程度，本人的智力、精神健康状况能否理解其行为并预见相应的后果，以及标的、数量、价款或者报酬等方面认定。当事人就限制民事行为能力人的智力、精神健康状况申请鉴定，人民法院认为有必要的，应予以准许。

第五条【行为时欠缺民事行为能力的认定】 当事人一方主张对方在实施民事法律行为时欠缺相应民事行为能力的，应当承担举证责任。当事人提出鉴定申请，人民法院认为有必要的，可以准许。

三、监护

第六条【监护能力的认定】 人民法院认定监护人的监护能力，应当根据监护人的年龄、身心健康状况、经济条件等因素确定。

第七条【遗嘱指定监护人】 被监护人的父母通过遗嘱指定监护人，遗嘱生效时被指定的人不同意担任监护人，依法具有监护资格的人申请指定监护人的，人民法院依法予以支持。

被监护人的父亲通过遗嘱指定的监护人与母亲通过遗嘱指定的监护人不一致，父母均已死亡的，以后死亡一方通过遗嘱指定的人作为监护人；在该遗嘱生效时，其不同意担任监护人的，适用前款规定。被监护人的父母同时死亡的，人民法院应当按照最有利于被监护人的原则在父母指定的监护人中确定，并尊重被监护人的真实意愿。

第八条【协议确定监护人】 未成年人的父母与其他依法具有监护资格的人通过协议约定，免除有监护能力的父母的监护职责的，人民法院不予支持。协议约定在未成年人的父母丧失监护能力时由该具有监护资格的人监护的，人民法院依法予以支持。

依法具有监护资格的人之间依照民法典第三十条的规定，约定由民法典第二十七条第二款、第二十八条规定的不同顺序的人共同担任监护人的，人民法院可以准许。

第九条【指定监护】 人民法院依照民法典第三十一条第二款、第三十六条第一款的规定指定监护人时，应当按照最有利于被监护人健康成长或者健康恢复、最有利于保护被监护人合法权益的原则，尊重被监护人的真实意愿，并参考以下因素确定：

（一）与被监护人生活、情感联系的密切程度；

（二）具有监护资格的人的监护顺序；

（三）是否有不利于履行监护职责的违法犯罪情形；

（四）具有监护资格的人的监护能力、意愿、品行等。

人民法院依法指定的监护人可以是一人，由数人共同担任监护人更有利于保护被监护人利益的，也可以是数人。

第十条【意定监护】 具有完全民事行为能力的成年人依照民法典第三十三条的规定与他人事先协商确定自己的监护人的，监护协议的成立、生效等，可以依其性质参照适用民法典合同编通则和合同编关于委托合同的规定。

任何一方在该成年人丧失或者部分丧失民事行为能力前请求解除监护协议的，人民法院依法予以支持。在该成年人丧失或者部分丧失民事行为能力后，监护人、其他具有监护资格的人请求解除监护协议的，人民法院不予支持。

监护协议生效后，监护人存在民法典第三十六条规定的情形之一，其他具有监护资格的人请求撤销其监护人资格的，人民法院应予支持。

第十一条【监护职责委托行使】 监护人因外出务工等原因在一定期限内不能完全履行监护职责，将全部或者部分监护职责委托给他人，当事人主张受托人因此取得监护人资格的，人民法院不予支持。

第十二条【申请撤销、恢复监护人资格案件的管辖和程序】 申请撤销、恢复监护人资格案件，按照特别程序审理，可以由被监护人住所地、监护人住所地基层人民法院管辖。

第十三条【对监护的监督】 监护人存在民法典第三十六条第一款规定的情形之一，父母在遗嘱中指定的监护监督人、依法具有监护资格的人之间在监护协议中约定的监护监督人，或者具有完全民事行为能力的成年人在与他人事先订立的监护协议中约定的监护监督人，请求撤销监护人资格的，人民法院依法予以支持。

四、宣告失踪和宣告死亡

第十四条【申请宣告失踪的利害关系人】 民法典第四十条规定的申请宣告失踪的利害关系人包括：

（一）被申请人的近亲属；

（二）债权人、债务人、合伙人等与被申请人有民事权利义务关系的民事主体，但是不申请宣告失踪不影响其权利行使、义务履行的除外。

第十五条【财产代管人的诉讼地位】 失踪人的财产代管人向失踪人的债务人请求偿还债务的，应当作为原告提起诉讼。

债权人提起诉讼，请求失踪人的财产代管人支付失踪人所欠的债务和其他费用的，人民法院应当将财产代管人列为被告。

第十六条【申请宣告死亡的利害关系人】 人民法院应当认定被申请人的配偶、父母、子女为民法典第四十六条规定的利害关系人。

被申请人的其他近亲属符合下列情形之一的，人民法院应当认定为民法典第四十六条规定的利害关系人。

（一）被申请人的配偶、父母、子女死亡或者下落不明的；

（二）被申请人的其他近亲属不申请宣告死亡不能保护其相应合法权益的。

被申请人的债权人、债务人、合伙人、所属单位、社保机构等民事主体原则上不能认定为民法典第四十六条规定的利害关系人，但是不申请宣告死亡不能保护其相应合法权益的除外。

第十七条【战争期间下落不明申请宣告死亡的期间】 自然人在战争期间下落不明的，利害关系人申请宣告死亡的期间适用民法典第四十六条第一款第一项的规定。

五、民事权利

第十八条【个体工商户的字号保护】 个体工商户因字号受到侵害，请求予以保护的，人民法院可以参照适用民法典关于名称权保护的规定。

第十九条【滥用民事权利的认定】 对于民法典第一百三十二条

所称的滥用民事权利，人民法院可以根据权利行使的时间、方式、对象、目的、造成当事人之间利益失衡的程度以及实现权利内容的可替代性等因素作出认定。行为人故意以损害他人合法权益为目的行使民事权利的，人民法院可以认定构成滥用民事权利。

六、民事法律行为

第二十条【民事法律行为的其他形式】 当事人未以书面形式或者口头形式实施民事法律行为，但是从实施的行为能够认定其有实施民事法律行为的意思表示的，人民法院可以认定是以民法典第一百三十五条、第四百六十九条第一款中的“其他形式”实施的民事法律行为。法律另有规定的，依照其规定。

第二十一条【意思表示的误传不得对抗善意相对人】 意思表示由第三人转达，第三人转达错误，善意相对人主张其因此实施的民事法律行为对意思表示人发生效力的，人民法院依法予以支持。意思表示人主张构成重大误解，请求撤销的，人民法院依法予以支持。

第二十二条【单独虚伪意思表示】 行为人内心不希望受意思表示约束但仍以该意思表示实施民事法律行为，其请求确认该民事法律行为不生效的，人民法院不予支持。但是，行为人能够证明相对人知道或者应当知道该意思表示不真实或者依照日常生活经验法则能够认定该意思表示不真实的除外。

第二十三条【重大误解的认定】 行为人对行为的性质、对方当事人、标的物的品种、质量、规格和数量等的错误认识，可以认定为误解。

行为人的误解符合下列情形之一，且按照常人的理解如果不发生该误解就不会作出相应意思表示的，人民法院可以认定为民法典第一百四十七条规定的重大误解：

（一）相对人的行为导致该误解发生的；

（二）相对人知道或者应当知道行为人存在误解，仍然违反诚信原则使法律行为成立的；

（三）行为人和相对人就法律行为的基础条件产生相同误解的。

相对人举证证明双方另有约定或者行为人的意思表示符合相应交易习惯的，不适用前款规定。

第二十四条【欺诈的认定】 故意告知虚假情况，或者根据法律规定、诚信原则负有告知义务的人故意隐瞒真实情况，诱使当事人作出错误意思表示的，人民法院可以认定为民法典第一百四十八条、第一百四十九条规定的欺诈。

第二十五条【胁迫的认定】 以给自然人及其亲友等的人身、财产权益造成损害或者以给法人、非法人组织的名誉、荣誉、财产等造成损害为要挟，迫使其作出不真实的意思表示的，人民法院可以认定为民法典第一百五十条规定的胁迫。

第二十六条【撤销权的行使】 权利人以提起诉讼、反诉的方式行使民法典第一百四十七条至第一百五十一条规定的撤销权，或者在诉讼中提出具有行使撤销权意思的抗辩，经审查撤销权成立的，人民法院依法予以支持。权利人未主张撤销的，人民法院不得依职权撤销民事法律行为。

第二十七条【民事法律行为不成立的法律后果】 民事法律行为不成立，当事人请求返还财产、折价补偿或者赔偿损失的，参照适用民法典第一百五十七条的规定。

第二十八条【民事法律行为附不可能条件或违法条件】 民事法律行为所附条件违反法律、行政法规的强制性规定，违背公序良俗，或者不可能发生，当事人约定为生效条件的，人民法院应当认定民事法律行为不生效；当事人约定为解除条件的，应当认定未附条件，民事法律行为是否失效，依照民法典和相关法律的规定认定。

第二十九条【民事法律行为部分条款附条件】 民事法律行为的

部分条款所附生效条件尚未成就，且该部分条款不影响其他部分效力，当事人一方请求对方履行该其他部分义务的，人民法院依法予以支持。

民事法律行为的部分条款所附解除条件已经成就，且该附解除条件的条款不影响其他条款效力，当事人主张民事法律行为全部失效的，人民法院不予支持。

七、代理

第三十条【共同代理】 数个委托代理人共同行使代理权，其中一人或者数人未与其他委托代理人协商，擅自行使代理权的，依照民法典第一百七十一条、第一百七十二条的规定处理。

第三十一条【紧急情况下的转代理】 由于急病、通讯联络中断等特殊原因，委托代理人自己不能办理代理事项，又不能与被代理人及时取得联系，如不及时转托他人代理，会给被代理人的利益造成损失或者扩大损失的，人民法院应当认定属于民法典第一百六十九条中的“紧急情况”。

第三十二条【追认、撤销的意思表示生效认定】 法定代理人或者被代理人依据民法典第一百四十五条、第一百七十一条的规定向相对人作出追认的意思表示的，人民法院应当依照民法典第一百三十七条的规定确认其追认意思表示的生效时间。

相对人依据民法典第一百四十五条、第一百七十一条的规定向法定代理人、被代理人作出撤销的意思表示的，人民法院应当依照民法典第一百三十七条的规定确认其撤销意思表示的生效时间。

八、民事责任

第三十三条【正当防卫】 为了使国家利益、社会公共利益、本人或者他人的人身、财产和其他合法权利免受正在进行的不法侵害，而在必要限度内采取的制止不法侵害的行为，对不法侵害人造成损害的，应当认定为民法典第一百八十一条规定的正当防卫。

第三十四条【防卫过当的认定和责任】 对于民法典第一百八十一条规定的“正当防卫超过必要的限度”，人民法院应当综合不法侵害的性质、手段、强度、危害程度和防卫的时机、手段、强度、损害后果等情节，考虑双方力量对比，立足防卫人防卫时所处情境，结合社会公众的一般认知作出判断。

经审理认定正当防卫超过必要的限度的，人民法院可以判决防卫人在造成的损害范围内承担相应的赔偿责任；防卫人仅有轻微过失的，也可以判决不承担责任。不法侵害人请求正当防卫人承担全部责任的，人民法院不予支持。

不法侵害人仅以防卫人采取的反击方式和强度与不法侵害不相当为由主张防卫过当的，人民法院不予支持。

第三十五条【紧急避险】 为了使国家利益、社会公共利益、本人或者他人的人身、财产和其他合法权利免受正在发生的危险，不得已而采取紧急措施造成损害的，应当认定为民法典第一百八十二条规定的紧急避险。

第三十六条【紧急避险受益人的补偿规则】 因紧急避险造成损害，危险是由自然原因引起，受害人请求给予适当补偿的，人民法院按照下列情形处理：

（一）避险人与受益人不是同一人，受害人请求受益人予以适当补偿的，人民法院应予支持；受害人请求避险人予以适当补偿的，人民法院不予支持；

（二）避险人与受益人是同一人，受害人请求避险人予以适当补偿的，人民法院应予支持。

人民法院可以根据受害人所受损失的情况、受益人受益的多少及其经济状况等因素确定补偿数额。

第三十七条【避险不当的认定和责任】 对于民法典第一百八十

二条规定的“紧急避险采取措施不当或者超过必要的限度”，人民法院应当按照常人的判断能力，根据危险的性质和程度，结合避险行为的保护结果和损害后果等因素进行认定。

经审理认定紧急避险采取措施不当或者超过必要的限度的，人民法院可以判决紧急避险人在造成的损害范围内承担相应的赔偿责任；紧急避险人仅有轻微过失的，也可以判决不承担责任。受害人请求紧急避险人承担全部责任的，人民法院不予支持，但是紧急避险人引起险情或者紧急避险人是受益人的除外。

第三十八条【见义勇为受益人的补偿规则】 因保护他人民事权益使自己受到损害，受害人依照民法典第一百八十三条的规定请求受益人适当补偿的，人民法院可以根据受害人所受损失的情况、受益人受益的多少及其经济状况等因素确定受益人的补偿数额。

第三十九条【紧急救助的法律适用】 因自愿实施紧急救助行为造成受助人损害，受助人请求救助人承担赔偿责任的，人民法院不予支持，但下列情形除外：

（一）受助人的损害是由救助人故意造成的；

（二）负有法定救助义务的救助人未依法履行相应义务造成受助人损害的。

第四十条【请求权竞合】 当事人依照民法典第一百八十六条的规定向人民法院起诉时作出选择后，在一审开庭以前又变更诉讼请求的，人民法院应当准许。对方当事人提出管辖权异议，经审查异议成立的，人民法院应当移送有管辖权的人民法院。

因当事人一方的违约行为，损害对方的人格权益、因婚姻家庭关系等产生的身份权益或者具有人身意义的特定物造成严重精神损害，受损害方选择请求对方承担违约责任，并在同一诉讼中请求精神损害赔偿的，人民法院依法予以支持。

九、诉讼时效

第四十一条【诉讼时效期间的中止、中断和延长】 民法典第一百八十八条第一款规定的普通诉讼时效期间，可以适用民法典有关诉讼时效中止、中断的规定，不适用延长的规定。民法典第一百八十八条第二款规定的“二十年”诉讼时效期间可以适用延长的规定，不适用中止、中断的规定。

第四十二条【无民事行为能力人、限制民事行为能力人诉讼时效期间的起算】 无民事行为能力人或者限制民事行为能力人的权利受到损害的，诉讼时效自其法定代理人知道或者应当知道权利受到损害以及义务人之日起计算，但是法律、司法解释另有规定的除外。

第四十三条【对法定代理人诉讼时效期间的补充规定】 无民事行为能力人、限制民事行为能力人的权利受到原法定代理人损害的，有关请求权的诉讼时效期间自其取得、恢复完全民事行为能力，或者确定新的法定代理人，且知道或者应当知道权利受到损害之日起计算。

第四十四条【遭受法定代理人性侵害时诉讼时效期间的起算】 未成年人遭受其法定代理人性侵害，损害赔偿请求权的诉讼时效期间自受害人年满十八周岁之日起计算。但是受害人年满十八周岁以后知道或者应当知道遭受原法定代理人性侵害的事实的，诉讼时效期间自其知道或者应当知道该事实之日起计算。

受害人年满十八周岁时不具备完全民事行为能力，法定代理因取得完全民事行为能力而终止的，诉讼时效期间自该法定代理终止之日起计算；法定代理因法定代理人被撤销监护人资格、丧失民事行为能力等原因而终止的，诉讼时效期间自确定新的法定代理人且知道或者应当知道遭受原法定代理人性侵害的事实之日起计算。

第四十五条【诉讼时效期间的多次中断】 诉讼时效依照民法典第一百九十五条的规定中断后，在新的诉讼时效期间内，再次出现第一百九十五条规定的中断事由，可以认定为诉讼时效再次中断。权利人向义务人的代理人、财产代管人或者遗产管理人主张权利的，可以认定诉讼时效中断。

十、附则

第四十六条【司法解释生效时间】 本解释自 2021 年　月　日起施行。

征求意见稿二

最高人民法院
关于适用《中华人民共和国民法典》总则编的解释（一）

（2021 年 11 月 21 日中国人民大学专家研讨会讨论稿）

为正确审理民事纠纷案件，依法保护民事主体的合法权益，维护社会和经济秩序，根据《中华人民共和国民法典》《中华人民共和国民事诉讼法》等相关法律规定，结合审判实践，制定本解释。

一、一般规定

第一条【民事纠纷的法律适用】　民法典第二编至第七编对民事关系有具体规定的，人民法院应当适用该规定；前述各编没有规定的，适用民法典第一编的规定。

其他民商事法律的规定属于对民法典规定的具体细化的，应当优先适用该法律的规定。民法典明确法律另有规定的除外等情形的，适用该法律的规定。

民法典及其他法律对民事关系有具体规定的，人民法院应当适用该规定；民法典及其他法律对民事关系没有具体规定的，人民法院应当适用民法典关于诚信、公序良俗、绿色等基本原则的规定。

第二条【习惯作为法源的适用】　在一定地域、行业范围内长期为一般人普遍遵守的民间风俗、惯常做法或者商业惯例等，可以认定为民法典第十条规定的习惯。

当事人主张适用习惯的，应当就习惯的存在及其内容提供相应证据；必要时，人民法院应当依职权查明。

适用习惯时，人民法院应当依法审查习惯是否符合社会主义核心价值观，是否违背公共秩序和善良风俗。

第三条【滥用民事权利的认定】 对于民法典第一百三十二条所称的滥用民事权利，人民法院可以根据权利行使的时间、方式、对象、目的、造成当事人之间利益失衡的程度等因素作出认定。

行为人故意以损害国家利益、社会公共利益、他人合法权益为主要目的行使民事权利的，人民法院应当认定构成滥用民事权利。

二、民事权利能力和民事行为能力

第四条【胎儿利益保护一】 涉及遗产继承、接受赠与等胎儿利益保护，父母在胎儿娩出前作为法定代理人代为主张相应权利的，人民法院依法予以支持。

第五条【胎儿利益保护二】 涉及人身损害赔偿，父母在胎儿出生后作为法定代理人代为主张相应权利的，人民法院依法予以支持。

前款情形下，父母在胎儿娩出前作为法定代理人代为起诉的，人民法院依法予以受理；父母代为申请保全，或者因追索医疗费用等代为申请先予执行，经审查符合法律规定的，人民法院应当依法采取保全措施或者裁定先予执行；有关损害后果、因果关系等事实需要在胎儿娩出后才能确定的，人民法院可以根据案件的具体情况，依照《中华人民共和国民事诉讼法》第一百五十条第一款第六项的规定中止审理。

胎儿娩出时为死体，有关当事人请求胎儿父母返还利益的，人民法院依法予以支持；但是，为治疗和保障胎儿正常发育，侵权人依照民法典第一千一百七十九条规定支出的医疗费、护理费、交通费、营养费、住院伙食补助费等合理费用以及父母因误工减少的收入除外。

第六条【行为与年龄、智力、精神健康状况相适应的认定】 限制民事行为能力人实施的民事法律行为是否与其年龄、智力、精神健康状况相适应，人民法院可以从行为与本人生活相关联的程度，本人的智力、精神健康状况能否理解其行为并预见相应的后果，以及标的、数量、价款或者报酬等方面认定。

三、监护

第七条【监护能力的认定】 人民法院认定自然人的监护能力，应当根据其年龄、身心健康状况、经济条件等因素确定；认定有关组织的监护能力，应当根据其资质、信用、财产状况等因素确定。

第八条【遗嘱指定监护人】 担任监护人的被监护人父母通过遗嘱指定监护人，遗嘱生效时被指定的人不同意担任监护人的，应当适用民法典第二十七条、第二十八条的规定确定监护人。其他具有监护资格的人对监护人的确定有争议，申请指定监护人的，人民法院应当依照民法典第三十一条的规定处理。

未成年人由父母担任监护人的情形下，父母中的一方通过遗嘱指定监护人，另一方在遗嘱生效时有监护能力，有关当事人对监护人的确定有争议的，人民法院应当适用民法典第二十七条第一款的规定。

【第三款】

方案一 被监护人父母中的一方通过遗嘱指定的监护人与另一方通过遗嘱指定的监护人不一致，且双方均已死亡的，人民法院应当尊重被监护人的真实意愿，按照最有利于被监护人的原则在不同遗嘱指定的监护人中确定监护人；遗嘱生效时，被指定的人不同意担任监护人的，适用第一款规定。

方案二 被监护人父母中的一方通过遗嘱指定的监护人与另一方通过遗嘱指定的监护人不一致，且双方均已死亡的，以后死亡一方通过遗嘱指定的人作为监护人；在该遗嘱生效时，被指定的人不同意担任监护人的，适用第一款规定。被监护人的父母同时死亡的，人民法院应当尊重被监护人的真实意愿，按照最有利于被监护人的原则在父母指定的监护人中确定。

第九条【协议确定监护人】 未成年人的父母与其他依法具有监护资格的人订立协议，约定免除该具有监护能力的父母的监护职责的，人民法院不予支持。协议约定在未成年人的父母丧失监护能力时由该具有监护资格的人监护的，人民法院依法予以支持。

依法具有监护资格的人之间依照民法典第三十条的规定，约定由民法典第二十七条第二款、第二十八条规定的不同顺序的人共同担任监护人，或者由顺序在后的人担任监护人的，人民法院应当依法认定其效力。

第十条【指定监护】 人民法院依照民法典第三十一条第二款、第三十六条第一款的规定指定监护人时，应当尊重被监护人的真实意愿，按照最有利于被监护人的原则，参考以下因素确定：

（一）与被监护人生活、情感联系的密切程度；

（二）具有监护资格的人的监护顺序；

（三）是否有不利于履行监护职责的违法犯罪等情形；

（四）具有监护资格的人的监护能力、意愿、品行等。

人民法院依法指定的监护人一般应当是一人，由数人共同担任监护人更有利于保护被监护人利益的，也可以是数人。

第十一条【指定监护争议的处理】 有关当事人不服居民委员会、村民委员会或者民政部门的指定，申请人民法院指定监护人的，应当在接到指定通知之日起三十日内提出申请。经审理认为指定并无不当的，人民法院应当裁定驳回申请；指定不当的，应当判决撤销指定并依法另行指定监护人。

有关当事人逾期提出申请的，人民法院应当按照申请变更监护关系处理；符合本解释第十三条规定的，依法判决变更监护关系。

第十二条【意定监护】 具有完全民事行为能力的成年人依照民法典第三十三条的规定与他人事先协商确定自己的监护人的，监护协议的成立、生效等，可以依其性质参照适用民法典合同编通则和合同编关于委托合同的规定。

任何一方在该成年人丧失或者部分丧失民事行为能力前请求解除监护协议的，人民法院依法予以支持。在该成年人丧失或者部分丧失民事行为能力后，监护人、其他具有监护资格的人请求解除监护协议的，人民法院不予支持；但是，符合民法典第三十九条第一款规定的情形的，人民法院应当依法认定监护关系终止。

监护协议生效后，监护人存在民法典第三十六条第一款规定情形之一，该条第二款规定的有关个人、组织申请撤销其监护人资格的，人民法院应予支持。

第十三条【申请变更监护关系】 监护人、其他依法具有监护资格的人之间就监护人是否具有民法典第三十九条第一款第二项、第四项规定的应当终止监护关系的情形产生争议，申请变更监护人的，人民法院应当依法予以受理。经审理认为理由成立的，人民法院应当依照本解释第十条的规定另行指定监护人。

被依法指定的监护人与其他具有监护资格的人之间协议变更监护人的，人民法院应当尊重被监护人的真实意愿，按照最有利于被监护人的原则作出裁判。

第十四条【监护职责委托行使】 监护人因外出务工等原因在一定期限内不能完全履行监护职责，将全部或者部分监护职责委托给他人，当事人主张受托人因此成为监护人的，人民法院不予支持。

第十五条【申请变更监护关系案件、申请撤销、恢复监护人资格案件的审理程序和管辖】 申请变更监护关系案件以及申请撤销、恢复监护人资格案件，参照特别程序审理，可以由被监护人住所地、监护人住所地基层人民法院管辖。

第十六条【对监护的监督】 当事人依照民法典第二十九条、第三十条或者第三十三条的规定通过遗嘱指定或者协议约定监护人，同时指定或者约定监护监督人的，人民法院应当依法认定该指定或者约定的效力。监护人存在民法典第三十六条第一款规定的情形之一或者当事人约定的情形，监护监督人请求撤销监护人资格的，人民法院依法予以支持。

监护监督人存在民法典第三十六条第一款规定情形之一，该条第二款规定的有关个人、组织申请撤销其监督人资格的，人民法院依法予以支持。

四、宣告失踪和宣告死亡

第十七条【申请宣告失踪的利害关系人】 人民法院审理申请宣告失踪案件时，下列人员应当认定为民法典第四十条规定的利害关系人：

（一）被申请人的近亲属；

（二）债权人、债务人、合伙人等与被申请人有民事权利义务关系的民事主体，但是不申请宣告失踪不影响其权利行使、义务履行的除外。

第十八条【财产代管人的诉讼地位】 失踪人的财产代管人向失踪人的债务人请求偿还债务的，人民法院应当将财产代管人列为原告。

债权人提起诉讼，请求失踪人的财产代管人支付失踪人所欠的债务和其他费用的，人民法院应当将财产代管人列为被告。经审理债权人的诉讼请求成立的，人民法院应当判决财产代管人从失踪人的财产中支付失踪人所欠的债务和其他费用。

第十九条【申请宣告死亡的利害关系人】 人民法院审理申请宣告死亡案件时，被申请人的配偶、父母、子女应当认定为民法典第四十六条规定的利害关系人。

被申请人的其他近亲属符合下列情形之一的，应当认定为民法典第四十六条规定的利害关系人：

（一）被申请人的配偶、父母、子女均已死亡或者下落不明的；

（二）被申请人的其他近亲属不申请宣告死亡不能保护其相应合法权益的。

被申请人的债权人、债务人、合伙人、所在单位等民事主体原则上不能认定为民法典第四十六条规定的利害关系人，但是不申请宣告死亡不能保护其相应合法权益的除外。

第二十条【战争期间下落不明申请宣告死亡的期间】 自然人在战争期间下落不明的，利害关系人申请宣告死亡的期间适用民法典第四十六条第一款第一项的规定。

五、民事法律行为

第二十一条【民事法律行为的其他形式】 当事人未以书面形式或者口头形式实施民事法律行为，但是从实施的行为能够认定其有实施民事法律行为的意思表示的，人民法院可以认定是以民法典第一百三十五条、第四百六十九条第一款规定的“其他形式”实施的民事法律行为。

第二十二条【真意保留】 行为人内心不希望受意思表示约束但仍以该意思表示实施民事法律行为后，又请求确认该民事法律行为不发生效力的，人民法院不予支持。但是，行为人能够证明相对人明知该意思表示不真实的除外。

第二十三条【通谋虚伪表示不得对抗善意第三人】 行为人与相对人以虚假的意思表示实施民事法律行为后，又以该民事法律行为无效为由，主张对抗善意第三人的，人民法院不予支持。民法典及其他法律对善意相对人的保护另有规定的，依照其规定。

第二十四条【重大误解的认定】

方案一　行为人对行为的性质、对方当事人、标的物的品种、质量、规格、价格和数量等产生错误认识，且按照通常理解如果不发生该错误认识行为人就不会作出相应意思表示的，人民法院可以认定为民法典第一百四十七条规定的重大误解。行为人主张撤销该民事法律行为的，人民法院依法予以支持。

相对人举证证明双方另有约定或者依交易习惯行为人不能基于重大误解主张撤销的，不适用前款规定。

方案二　行为人对行为的性质、对方当事人、标的物的品种、质量、规格、价格和数量等产生错误认识，且按照通常理解如果不发生该错误认识行为人就不会作出相应意思表示的，人民法院可以认定为民法典第一百四十七条规定的重大误解。

行为人存在重大误解，且符合下列情形之一，行为人主张撤销该民事法律行为的，人民法院依法予以支持：

（一）相对人导致该错误认识发生的；

（二）相对人知道或者应当知道行为人存在错误认识，仍然促使该民事法律行为成立的；

（三）行为人和相对人存在相同错误认识的。

相对人举证证明双方另有约定或者依交易习惯行为人不能基于重大误解主张撤销的，不适用前款规定。

第二十五条【意思表示的误传不得对抗善意相对人】　意思表示人委托第三人转达意思表示，第三人转达错误，善意相对人主张其因此实施的民事法律行为对意思表示人发生效力的，人民法院依法予以支持。

第二十六条【欺诈的认定】　故意告知虚假情况，或者依照法律规定、诚信原则、交易习惯等负有告知义务的人故意隐瞒真实情况，诱使当事人作出错误意思表示的，人民法院可以认定为民法典第一百四十八条、第一百四十九条规定的欺诈。

第二十七条【胁迫的认定】 以给自然人及其亲友等的人身、财产权益造成损害或者以给法人、非法人组织的名誉、荣誉、财产等造成损害为要挟，迫使其作出不真实的意思表示的，人民法院可以认定为民法典第一百五十条规定的胁迫。

第二十八条【撤销权的行使】

方案一 权利人以提起诉讼、反诉的方式行使民法典第一百四十七条至第一百五十一条规定的撤销权，或者在诉讼中提出具有行使撤销权意思的抗辩，经审查撤销权成立的，人民法院依法予以支持。权利人未主张撤销的，人民法院不得依职权撤销民事法律行为。

方案二 当事人以提起诉讼、反诉的方式行使民法典第一百四十七条至第一百五十一条规定的撤销权，经审查撤销权成立的，人民法院依法予以支持。当事人未主张撤销的，人民法院不得依职权撤销民事法律行为。

当事人主张以抗辩方式行使撤销权的，人民法院应当向当事人释明，告知其另行起诉或者提起反诉。经释明后当事人不提起诉讼或者反诉的，人民法院对其主张不予支持。

第二十九条【民事法律行为不成立的法律后果】 民事法律行为不成立，当事人请求返还财产、折价补偿或者赔偿损失的，参照适用民法典第一百五十七条的规定。

第三十条【民事法律行为附不可能条件或违法条件】 民事法律行为所附条件违反法律、行政法规的强制性规定，违背公序良俗，或者不可能发生，当事人约定为生效条件的，人民法院应当认定民事法律行为不生效；当事人约定为解除条件的，应当认定未附条件，民事法律行为是否失效，依照民法典和相关法律、行政法规的规定认定。

第三十一条【民事法律行为部分条款附条件】 民事法律行为的部分条款所附生效条件尚未成就，且该部分条款不影响其他部分效力，当事人一方请求对方履行其他部分义务的，人民法院依法予以支持。

民事法律行为的部分条款所附解除条件已经成就，且该附解除条件的条款不影响其他条款效力，当事人主张民事法律行为全部失效的，人民法院不予支持。

六、代理

第三十二条【共同代理】 数个委托代理人共同行使代理权，其中一人或者数人未与其他委托代理人协商，擅自行使代理权的，依照民法典第一百七十一条、第一百七十二条的规定处理，但是当事人另有约定的除外。

第三十三条【紧急情况下的转代理】 由于急病、通讯联络中断、重大突发事件等特殊原因，委托代理人自己不能办理代理事项，又不能与被代理人及时取得联系，如不及时转托他人代理，会给被代理人的利益造成损失或者扩大损失的，人民法院应当认定属于民法典第一百六十九条规定的“紧急情况”。

第三十四条【无权代理的适用】 无权代理行为未被追认，相对人请求行为人履行债务或者赔偿损失的，由行为人就相对人知道或者应当知道行为人无权代理承担举证责任。行为人不能证明的，人民法院应当依法支持相对人请求行为人履行债务或者赔偿损失的主张；行为人能够证明的，人民法院应当按照各自的过错认定行为人与相对人的责任。

行为人能够证明自己非因过失而不知道行为时没有代理权、超越代理权或者代理权已终止，善意相对人请求履行债务或者赔偿无权代理被追认时所能获得的利益的，人民法院不予支持；善意相对人请求赔偿因信赖行为人有权代理所受到的损失的，人民法院依法予以支持。

第三十五条

方案一**【表见代理中相对人有理由相信行为人有代理权的认定】**

同时符合下列条件的，人民法院可以认定为民法典第一百七十二条规定的“相对人有理由相信行为人有代理权”：

（一）无权代理在客观上存在有权代理的外观；

（二）相对人善意且无过失地相信行为人行为时有代理权。

方案二【**表见代理的认定**】无权代理同时符合下列条件的，可以认定为民法典第一百七十二条规定的表见代理：

（一）无权代理在客观上存在有权代理的外观；

（二）有权代理外观的形成与被代理人具有关联性；

（三）相对人善意且无过失地相信行为人行为时有代理权。

第三十六条【追认、撤销意思表示的作出对象及生效时间】　法定代理人或者被代理人依照民法典第一百四十五条、第一百七十一条的规定向相对人作出追认的意思表示的，人民法院应当依照民法典第一百三十七条的规定确认其追认意思表示的生效时间。

相对人依照民法典第一百四十五条、第一百七十一条的规定向法定代理人或者被代理人作出撤销的意思表示的，人民法院应当依照民法典第一百三十七条的规定确认其撤销意思表示的生效时间。

七、民事责任

第三十七条【正当防卫】　为了使国家利益、社会公共利益、本人或者他人的人身、财产和其他合法权益免受正在进行的不法侵害，而在必要限度内采取的制止不法侵害的行为，应当认定为民法典第一百八十一条规定的正当防卫。

第三十八条【正当防卫超过必要限度的认定和责任】　对于民法典第一百八十一条第二款规定的“正当防卫超过必要的限度”，人民法院应当综合不法侵害的性质、手段、强度、危害程度和防卫的时机、手段、强度、损害后果等情节，考虑双方力量对比，立足防卫人防卫时所处情境，结合社会公众的一般认知作出判断。

经审理认定正当防卫超过必要限度的，人民法院可以判决防卫人在造成的不应有的损害范围内承担部分责任；造成的不应有的损害较小的，也可以判决不承担责任。不法侵害人请求正当防卫人承担全部责任的，人民法院不予支持。

不法侵害人不能证明防卫行为造成不应有的损害，仅以防卫人采取的反击方式和强度与不法侵害不相当为由主张防卫过当的，人民法院不予支持。

第三十九条【紧急避险】 为了使国家利益、社会公共利益、本人或者他人的人身、财产和其他合法权益免受正在发生的危险，不得已而采取紧急措施的，应当认定为民法典第一百八十二条规定的紧急避险。

第四十条【紧急避险受益人的补偿规则】 因紧急避险造成损害，危险是由自然原因引起，受害人请求给予适当补偿的，人民法院按照下列情形处理：

（一）避险人与受益人不是同一人，受害人请求受益人予以适当补偿的，人民法院应予支持；受害人请求避险人予以适当补偿的，人民法院不予支持；

（二）避险人与受益人是同一人，受害人请求避险人予以适当补偿的，人民法院应予支持。

人民法院可以根据受害人所受损失的情况、受益人受益的多少及其经济条件等因素确定补偿数额。

第四十一条【避险不当的认定和责任】 对于民法典第一百八十二条规定的“紧急避险采取措施不当或者超过必要的限度”，人民法院应当按照一般人的判断能力，根据危险的性质和程度，结合避险行为的保护结果和损害后果等因素进行认定。

经审理认定紧急避险采取措施不当或者超过必要的限度的，人民法院可以判决紧急避险人在造成的不应有的损害范围内承担部分责任；

造成的不应有的损害较小的，也可以判决不承担责任。受害人请求紧急避险人承担全部责任的，人民法院不予支持，但是紧急避险人引起险情或者紧急避险人是受益人的除外。

第四十二条【见义勇为受益人的补偿规则】 因保护他人民事权益使自己受到损害，受害人依照民法典第一百八十三条的规定请求受益人适当补偿的，人民法院可以根据受害人所受损失和已获赔偿的情况、受益人受益的多少及其经济条件等因素确定受益人的补偿数额。

第四十三条【违约和侵权请求权竞合】 当事人依照民法典第一百八十六条的规定向人民法院起诉时作出选择后，在一审法庭辩论终结前又变更诉讼请求的，人民法院应当准许。

八、诉讼时效

第四十四条【诉讼时效期间的中止、中断和延长】 民法典第一百八十八条第一款规定的“三年”诉讼时效期间，可以适用民法典有关诉讼时效中止、中断的规定，不适用延长的规定。该条第二款规定的“二十年”期间可以适用延长的规定，不适用中止、中断的规定。

第四十五条【无民事行为能力人、限制民事行为能力人诉讼时效期间的起算】 无民事行为能力人或者限制民事行为能力人的权利受到损害的，诉讼时效期间自其法定代理人知道或者应当知道权利受到损害以及义务人之日起计算，但是法律另有规定的除外。

第四十六条【对法定代理人诉讼时效期间的补充规定】 无民事行为能力人、限制民事行为能力人的权利受到原法定代理人损害的，有关请求权的诉讼时效期间自其取得、恢复完全民事行为能力或者确定新的法定代理人，且知道或者应当知道权利受到损害之日起计算。

第四十七条【诉讼时效期间的多次中断】 诉讼时效依照民法典第一百九十五条的规定中断后，在新的诉讼时效期间内，再次出现第一百九十五条规定的中断事由，可以认定为诉讼时效再次中断。

权利人向义务人的代理人、财产代管人或者遗产管理人等提出履行请求的，可以认定诉讼时效中断。

九、附则

第四十八条【司法解释生效时间】 本解释自2021年 月 日起施行。

本解释施行后尚未终审的案件，适用本解释；本解释施行前已经终审，当事人申请再审或者按照审判监督程序决定再审的案件，不适用本解释。

后 记

法律的生命在于实施。贯彻实施好《民法典》，是人民法院的崇高使命和神圣职责。《民法典》总则编在整部《民法典》中起着提纲挈领、统帅全局的作用，鲜明体现了《民法典》的体系逻辑和适用规律。准确理解和把握《民法典》总则编的核心要义，是做好《民法典》贯彻实施工作的应有之义。

《民法通则意见》《合同法解释（一）》《合同法解释（二）》等司法解释废止后，其中与《民法典》总则编的适用密切相关，不与《民法典》冲突且仍有重要指导意义的内容，需要梳理整合。上述司法解释施行以来，各级人民法院在司法实践中积累形成了一些新的经验、新的裁判规则，需要总结吸收。特别是《民法总则》施行以来，如何把握总则“总”的特点与规律，按照法典化、体系化思维准确理解相关的法律适用问题，需要明确指引。为此，最高人民法院在总结以往审判实践经验的基础上，紧紧围绕《民法典》总则编的规定精神，经过广泛调研论证，制定通过了《民法典总则编解释》。

为方便各级人民法院和社会各界准确理解、正确适用《民法典总则编解释》，我们组织人员（包括参与调研起草《民法典总则编解释》人员）撰写了本书。本书由最高人民法院常务副院长架荣定稿，副院长杨万明、审判委员会副部级专职委员刘贵祥、研究室副主任郭锋核稿，研究室民事处处长陈龙业、副处长蒋家棣统稿。本书编委由最高人民法院郭锋、陈龙业，北京平谷法院杜岩，上海二中院张新，山东高院陈东强，重庆高院曹晓锐等20人担任。参与本书编写的人员和分工如下：

郭　锋：前言、第1条、第2条

陈龙业：第4条、第7条、第28条、第32条、第33条、第34条

沙　玲：第6条、第23条

李予霞：第10条、第36条

蒋家棣：第3条、第19条、第20条、第27条、第30条、第31条、第37条

贾玉慧：第12条、第17条、第39条

杜圣杰：第5条、第38条

张　音：第35条

程立武：第18条、第21条、第29条

李明明：第13条

张晓光：第8条、第9条、第14条、第15条

刘　婷：第11条、第16条、第22条、第24条

牛晓煜：第25条、第26条

在《民法典总则编解释》起草过程中，我们得到了全国人大常委会法制工作委员会民法室的全程指导和悉心帮助，得到了中央宣传部、中央政法委、最高人民检察院、公安部、司法部等中央单位的有力支持，得到了王利明、孙宪忠、杨立新、王轶、刘保玉、申卫星、于飞、石佳友、朱广新、朱虎、李玉子、龙俊、熊丙万、王雷等专家学者的指导支持。征求意见过程中，全国各高院认真组织三级法院研究讨论，提供了宝贵意见建议和案例材料；浙江高院、上海普陀法院、四川高院、南通中院、深圳中院、上海二中院、北京平谷法院等先后精心筹备座谈会。本书编辑出版过程中，人民法院出版社陈建德、姜峤等同

志付出了大量心血。在此一并向有关单位和同志表示衷心感谢。由于时间仓促、水平有限，本书疏漏之处在所难免，敬请广大读者批评指正。

编 者

2022 年 4 月